U0534484

当代中国的日本研究

(1981—2020)

杨伯江　主编

中国社会科学出版社

图书在版编目（CIP）数据

当代中国的日本研究：1981—2020／杨伯江主编．—北京：中国社会科学出版社，2021.8

ISBN 978-7-5203-8161-1

Ⅰ.①当… Ⅱ.①杨… Ⅲ.①日本—研究—1981-2020 Ⅳ.①K313.07

中国版本图书馆 CIP 数据核字（2021）第 054965 号

出 版 人	赵剑英
责任编辑	刘凯琳
责任校对	乔镜蛩
责任印制	王 超
出　　版	中国社会科学出版社
社　　址	北京鼓楼西大街甲 158 号
邮　　编	100720
网　　址	http://www.csspw.cn
发 行 部	010-84083685
门 市 部	010-84029450
经　　销	新华书店及其他书店
印　　刷	北京君升印刷有限公司
装　　订	廊坊市广阳区广增装订厂
版　　次	2021 年 8 月第 1 版
印　　次	2021 年 8 月第 1 次印刷
开　　本	710×1000　1/16
印　　张	21
字　　数	338 千字
定　　价	118.00 元

凡购买中国社会科学出版社图书，如有质量问题请与本社营销中心联系调换

电话：010-84083683

版权所有　侵权必究

前　言

杨伯江

为贯彻落实习近平总书记"5·17"重要讲话和三次致中国社会科学院贺信精神，加快构建有中国特色日本研究的学科体系、学术体系和话语体系，中国社会科学院日本研究所在建所40周年之际，系统全面梳理过去40年来中国国内有关日本政治、经济、外交、中日关系、安全、社会、文化、历史、思想研究的相关成果和学科发展历程，认真总结成绩与不足，这对于新形势下深化日本研究、促进学科发展、实现学术创新具有重要深远意义。

中国社会科学院日本研究所经国务院批准于1981年5月成立，是中国社会科学院下属的专门从事当代日本问题研究的学术机构和智库单位，以有关日本的重大理论与现实问题为研究方向。经过40年的发展，日本研究所的研究已全面涵盖当代日本的政治、经济、外交、战略、社会、文化、思想等领域，夯实了日本研究学科发展和应用研究的基础，推出了众多高水平科研成果，成为国内当代日本综合研究的中坚力量。日本研究所代管中华日本学会、全国日本经济学会两个国家级日本研究学术团体，在推动日本研究、为全国日本研究界搭建共同学术平台方面发挥了积极作用。

中国的日本研究40年来取得了长足发展和丰硕成果。一是随着现实国际关系的演进、中国自身需求的多元化以及国际关系、国际政治理论的发展，日本研究的内涵日趋全面、综合、立体，推动学科建设向纵深发展。二是研究范式更加丰富完善，开始注重理论分析和方法论应用，方法论创新、创新性释析的特征趋于明显，长期以来对理论规范和方法论介入重视不足的状况逐步改观。三是越来越注重将日本以及中日关系置于国际格局变动、中国战略全局之中加以定位和分析，战略性、前瞻性研究日趋活跃。四是研究主体自身出现重要变化，学科队伍结构趋向合理与高阶化，部分学者尝试脱离"即事研究"的传统套路，侧重基础性、理论性研究，高质量研究成果随之增多。

本书分为前言和正文九章，在分析日本研究的发展历程、主要成果、主要特点、存在的问题的基础上，展望未来日本研究的发展方向。

40年来中国的日本政治研究，分为起步奠基期（20世纪80年代至90年代早期）、提速发展期（20世纪90年代中期至2005年左右）和稳定繁荣期（从2005年左右至今）三个发展阶段。经过40年的发展，中国的日本政治研究成果已具备一定深度和广度，研究的理论性、思辨性和系统性逐渐加强，研究范式和方法论稳步进化。但是，日本政治研究也面临专业研究理论不足、后继乏人，研究方法论和路径上仍需进一步规范和创新等问题。

40年来中国的日本经济研究，分为兴盛期（1981—1991年）、全面充实期（1992—2012年）和深度扩展期（从2013年至今）三个发展阶段。40年来，中国的日本经济学界追随中国经济建设的步伐和现实需要，对日本经济相关问题进行了全方位、多视角、多层面的追踪研究，取得了丰硕成果。在复杂严峻的新形势下，中国的日本经济研究界要勇于开拓创新，不断提升成果质量和学科水平。

40年来中国的日本外交研究，分为起步阶段（20世纪80年代）、成熟阶段（20世纪90年代）和蓬勃发展阶段（自21世纪以来）三个发展阶段，研究的水准逐年提高，研究成果不论在数量上还是在质量上都取得了可观的成绩。但是，从日本外交的总体研究情况看，著述及论文大多就事论事，宏观探讨长于微观分析，应用研究多于理论研究，尤其是中日关系的文章超过以日本外交为主的研究篇数，造成一提日本外交研究就等于中日关系研究的错觉，直接影响了日本外交研究在国际关系、外交学和比较政治学范畴内进行学科深化、拓展的创新力度。

40年来中国的中日关系研究，可分为恢复发展期（20世纪80年代至

90年代初）、多维拓展期（20世纪90年代中至2010年前后）和深化发展期（2010年以来）。每个时期都各有鲜明的阶段性特征，而总体上经历了从单一到多元、从单向到交叉、从平面到立体的拓展深化过程。经过40年的发展，中日关系研究的学科工具更加丰富，跨学科、多学科方法得到广泛运用，视角更加多元，成果更具体系性，出现了一批高质量学术作品，科研队伍整体水平也有所提高。但是，中日关系研究仍存在基础理论性研究不足，学科间融合不够以及资源配置失衡等问题。

40年来中国的日本安全研究，分为起步阶段（20世纪80年代）、提速发展与成型阶段（20世纪90年代）、快速发展与初始繁盛阶段（20世纪头十年）、加速前行与提质升级阶段（2011—2020年）四个发展阶段，展现出三个特点：（1）学科队伍发生了重要变化，纵向老中青三代结合，横向知识结构趋向合理和高阶。（2）研究成果涵盖范围广泛而多元。（3）研究成果具备一定深度，理论性、思辨性和系统性不断加强，方法日益多元，符合学术规范的成果增多。但是，40年来中国的日本安全问题研究也存在跟"风"追"热"、研究视野亟待扩宽等问题。

40年来中国的日本社会研究，分为两个阶段，即1981—2000年、2001—2020年。其间，中国的日本社会研究取得了可喜进步，学术成果不断诞生，研究领域不断扩大，研究队伍进一步壮大，论文和专著数量增多，成果质量日趋精良，理论性和学术性逐步加强，一些传统意义上的社会研究领域呈现出跨学科研究的趋势。但是，日本社会研究的学术专著数量还不够多，精品力作还比较少。

40年来中国的日本文化研究，在研究方法上呈现出历史学研究方法成为比较通用的一种方法、文化人类学方法越来越受到重视、知识社会学方法崭露头角等特点。未来的日本文化研究，有效解决基础研究与应用研究相结合问题关乎学科的未来发展，拓展视野多角度全方位地开展研究势在必行，研究方法有待进一步提升。

40年来中国的日本历史研究，经过焕发生机（1977—1987年）、成果丰硕与走出国门（1988—2000年）、进入新世纪（2001—2020年）三个发展阶段。40年间，日本通史、断代史、专题研究成果丰硕，中日学者共同推出成系列的大部头著作，中国的日本史研究走向世界。各地高校与社科院竞相成立日本史研究机构，形成南北相互促进的研究格局。进入21世纪，中国的日本史研究全面发展，人才辈出、成果丰硕，前景广阔，同时也存在若干亟待解决的新问题，未来应继续推进中国特色日本史研究体系的建设。

40年来中国的日本思想研究，主要经过恢复发展期（20世纪80年代）、不断完善期（20世纪90年代）和全面深化期（21世纪以来）三个发展阶段，研究队伍不断壮大，研究成果数量可观，从整体上初步建立了日本思想史研究的框架。但是，从总体上看，中国的日本思想研究还未完全形成自己的话语体系。从学科建设的角度上看，未来中国的日本思想史研究可在以下几个方向上着力发展。（1）将日本思想史研究进一步向国民思想研究方向扩展。（2）将日本思想史研究纳入日本社会系统中研究。（3）将日本思想史研究寓于文化研究之中研究。

本书是在中国社会科学院日本研究所时任所长李薇研究员主编的《当代中国的日本研究（1981—2011）》基础上的进一步丰富和拓展，本书的作者除中国社会科学院日本研究所各学科带头人外，还适当吸收了所外专家。在本书编写过程中，中国社会科学出版社的领导和编辑给予了大力帮助，中国社会科学院日本研究所日本学刊编辑部唐永亮、叶琳在稿件编校方面付出了辛苦努力，在此一并表示感谢。

目　录

第一章　中国的日本政治研究 …………………………………………（1）
　第一节　日本政治研究的内容史 ………………………………………（2）
　第二节　日本政治学科发展的特点 ……………………………………（30）
　第三节　当前日本政治研究领域面临的挑战及发展前景 ……………（32）

第二章　中国的日本经济研究 …………………………………………（37）
　第一节　日本经济研究的历程 …………………………………………（37）
　第二节　日本经济研究的主要领域及成果 ……………………………（45）
　第三节　日本经济研究的主要特点 ……………………………………（58）
　第四节　日本经济研究面临的课题与展望 ……………………………（71）

第三章　中国的日本外交研究 …………………………………………（76）
　第一节　日本外交研究的勃兴阶段——20世纪80年代 ……………（77）
　第二节　日本外交研究的成熟阶段——20世纪90年代 ……………（80）
　第三节　21世纪初期日本外交研究的蓬勃发展及趋势 ……………（87）
　第四节　日本外交研究的问题及发展方向 ……………………………（107）

第四章　中国的中日关系研究 …………………………………………（110）
　第一节　中日关系研究的分期与特征 …………………………………（111）
　第二节　中日关系研究的主题与重点 …………………………………（117）
　第三节　中日关系研究的主体与方法 …………………………………（131）

第四节　中日关系研究存在的问题与努力方向 ………………… (137)

第五章　中国的日本安全防卫研究 ………………………………… (139)
　　第一节　起步阶段——20世纪80年代 ……………………… (142)
　　第二节　提速发展与成型阶段——20世纪90年代 ………… (144)
　　第三节　快速发展与初始繁盛阶段——21世纪头10年 …… (151)
　　第四节　加速前行与提质升级阶段——2011—2020年 …… (159)
　　第五节　日本安全防卫研究存在的问题及前景 ……………… (167)

第六章　中国的日本社会研究 ……………………………………… (170)
　　第一节　日本社会研究的历程 ………………………………… (171)
　　第二节　日本社会研究几个主要领域 ………………………… (176)
　　第三节　日本社会研究的主要特点 …………………………… (197)
　　第四节　日本社会研究存在的问题与展望 …………………… (206)

第七章　中国的日本文化研究 ……………………………………… (209)
　　第一节　日本文化研究的历程 ………………………………… (210)
　　第二节　日本文化研究的主要领域及成果 …………………… (216)
　　第三节　日本文化研究的主要特点 …………………………… (231)
　　第四节　日本文化研究存在的问题与展望 …………………… (241)

第八章　中国的日本历史研究 ……………………………………… (248)
　　第一节　改革开放前的奠基与挫折(1949—1976年) ……… (249)
　　第二节　焕发生机(1977—1987年) ………………………… (254)
　　第三节　成果丰硕与走出国门(1988—2000年) …………… (260)
　　第四节　进入新世纪(2001—2020年) ……………………… (269)
　　第五节　中国日本史研究的展望 ……………………………… (283)

第九章　中国的日本思想研究 ……………………………………… (286)
　　第一节　日本思想研究的恢复发展期——20世纪80年代 …… (286)

第二节　日本思想研究的不断完善期——20世纪90年代 ……… (293)
第三节　日本思想研究的全面深化期——进入21世纪以来 …… (300)
第四节　日本思想研究存在的问题与展望 ………………………… (323)

第 一 章

中国的日本政治研究[*]

中日两国是近邻，中日关系一向被中国视为最重要的双边关系之一。从20世纪80年代至今，40年来，日本政治领域持续出现了诸多令世人瞩目的重大变化[①]：国家总体战略大目标上，从追求"国际国家"（实为"准政治大国"），到"普通国家"（政治大国、军事大国），再到"全面大国化"的"国际社会主要玩家"[②]；在政治思想上，从保守、革新阵营对峙，再到总体保守主义化、右倾化；在政党体制及政局演变上，从中选举区制到小选举区制，从自民党长期一党"优位"的"1955年体制"走向终结，历经多党重组、"十年九相"[③]、自民和民主疑似两大政党对峙等局面，再到近年来的安倍晋三超长期政权和自民党一党独大；而在政体改革及央地关系上，又有围绕集权与放权、公平与效率的反复博弈过程。

日本政治的这些变化对中日关系产生了直接或间接的波及效应，是造成两国关系不断震荡的一个重要主动性原因。因而，不断提升中国的日本

---

[*] 吴怀中，中国社会科学院日本研究所副所长、研究员，中日关系研究中心主任；张伯玉，中国社会科学院日本研究所政治研究室副主任、研究员，日本政治研究中心副主任；孟明铭，中国社会科学院日本研究所政治研究室助理研究员。

[①] 此处是指狭义的"日本政治"范畴，不包括日本外交以及安全防卫等领域。

[②] 集中体现在安倍试图以"安倍经济学""安倍国防学""安倍外交学"三大综合政策，强势推动实现"夺回强大日本"、争做"亚太经济及安全主导者"以及"国际社会主要玩家"的国家战略构想上。

[③] "十年九相"有两种说法。一说为1989年的宇野宗佑内阁至1998年小渊惠三内阁成立这段时间；一说为2001年森喜朗辞职至2012年安倍晋三二次上台。然而无论如何，日本首相从20世纪80年代末至21世纪10年代初一直更迭频繁。

政治研究的质量，加深对日本政治演变规律、发展趋向及其对外影响的跟踪和分析，是中国社会科学领域尤其是政治学学科的重要课题和任务。

第一节　日本政治研究的内容史

将40年的日本政治研究作为一个整体来看，可以发现几个明显的阶段性特征。也即，在日本国内政治形势尤其是政局重大变动期、体制及模式转换摸索期、政治思潮倾向明显变化期，以及与此相关日本安全及外交政策出现重大调整动向期间，中国学术界对日本政治领域的研究往往会出现研究成果大量涌现的现象。据此，中国的日本政治研究可分为起步奠基期（20世纪80年代至20世纪90年代早期）[1]、提速发展期（20世纪90年代中期至2005年左右）和稳定繁荣期（从2005年左右至今）三个大的阶段。各个阶段划分的标准不仅是以论著数量的多少为依据，还看研究成果的理论突破即质量的提升状况。当然，如果再细分的话，每一个大的时段又可以划分出具有一定特征的若干个小区间。

40年来中国日本政治研究的课题，可以归纳为如下几大类：第一，对日本政治体制、机制及其转型过程的整体分析；第二，对日本政治思潮（特别是右倾化及保守化）或政治文化的分析；第三，对日本政党和选举制度的分析；第四，对政局演变或时局变化的分析；第五，对日本政治与对外关系（内政与外交关联）的分析。[2] 以下按照这几大类对40年中国的日本政治研究内容做一概观。

一　对日本政治体制、机制及其转型的研究

从中国的日本研究起步的20世纪80年代至今，这40余年也是日本政治发生重大转型的时期。具体而言，从冷战后期到现在，在日本国家发展

---

[1] 这个阶段的日本政治研究很多偏重于介绍或解释，故在此不做详细论述。
[2] 郭定平：《中国的日本政治研究回顾与展望》，载李薇主编《当代中国的日本研究（1981—2011）》，中国社会科学出版社2012年版。

战略宏观转型的背景下，日本政治中的诸构成要素，例如选民与政党的关系、政府与社会的关系、中央与地方的关系、决策过程中的政官关系等，都处于深度调整及变化之中。在这种形势下，中国日本政治研究自然将对日本政治体制机制及其转型的研究作为重点领域。大体上看，目前该领域主要围绕着以下几个主题进行讨论。

第一个主题是对日本政治体制机制及其转型的长时段或整体研究。这方面的代表成果有：郝赤和谭健《日本政治概括》（中国社会科学出版社1984年版）较为全面系统地介绍了日本的政治制度、政府机构、宪法特点、司法制度、政党和群众团体、垄断财团、外交关系、人民运动等内容，有学者认为这标志着学术界对日本政治的研究从"总体的日本研究"中独立出来[①]。蒋立峰《日本内阁制度建立以来的行政改革》（《日本问题》1985年第2期）从精简机构、文官制度和内阁职能三个方面讨论了日本内阁制度建立百年来的改革措施。田桓《战后日本公务员制度的形成》（《历史研究》1985年第6期）认为，战后日本公务员制度的形成是战后民主改革的重要内容和成果之一，美国占领当局在改革中起到的作用是不可否认的，但归根到底是顺应了战后初期日本人民民主运动的大势。关南和郝赤等《战后日本政治》（航空工业出版社1988年版）主要论述了战后40多年间日本政治的历史演变历程，力求通过对重要事件和政治人物的分析研究来揭示其规律。宋益民《试论战后日本政治体制及其演变》（《日本问题》1990年第2期）认为战后日本政治体制和运行机制同战前相比发生了根本性变化，作为保守阵营代表的自民党长期执政，但自从20世纪60年代以来日本经济高速增长所带来的利益主体分化、决策多元趋势日渐明显，这使得自民党政权的根基越发不稳，日本政治将走向动荡局面。邹钧《日本行政体制和管理现代化》（法律出版社1994年版）运用跨学科理论知识，较全面系统地阐析了日本行政体制改革及管理现代化的历程、规律和基本经验等，指出"人才""法制""改革""效率"是日本行政体制的突出特点和改革方向，同时作者还结合中国国情，为中国行政体制改革和管理现代化提出了相应的意见。蒋立峰《日本政治概论》（东方

---

① 北石：《战后60年来中国的日本研究》，《日本学论坛》2005年第Z1期。

出版社1995年版）以政治学理论为指导，将阶级关系、国家权力、政党政治、政治参与、决策过程、行政机制、政治文化和政治学理论等纳入研究范畴，促使日本政治研究的内涵框架进一步得以完善。郑励志《日本公务员制度与政治过程》（上海财经大学出版社2001年版）介绍了日本公务员制度，就日本公务员制度的形成和发展，以及日本公务员的录用与晋升制度、进修与考核制度、工资制度、惩戒与保障制度、福利保障制度进行了深入分析。王新生《政治体制与经济现代化：日本模式再探讨》（社会科学文献出版社2002年版）针对"日本模式"在20世纪90年代初以后陷入的低迷困局进行分析，探讨了第二次世界大战后日本政治体制与经济现代化的关系，分析了自民党独掌大权的保守的"1955年体制"形成的原因、特点及其功能、演变、终结以及与战后日本经济的关联。商文斌《从政治体制视角看战后日本社会的政治稳定》（《江汉论坛》2003年第8期）认为，权威主义政治理念的承继与维持、政治体制的适时调整、政治运作的法制化、中央集权体制的建构等因素，不仅为日本实现社会的政治稳定确立了思想基础和调节机制，而且还提供了法制屏障和体制保证，并最终导致日本现代化的达成。金仁淑《日本政治制度演化与经济绩效》（《日本学刊》2005年第6期）认为以多元官僚制为特征的日本政治制度有力地促进了日本经济的高速增长，但作为一个高度分散化的体系，其效率取决于其所依存的环境。随着20世纪90年代后日本经济所面临的国内外环境的变化，日本政治制度变成阻碍经济摆脱萧条、推进经济改革的绊脚石。因此，日本经济制度改革必须与政治制度改革实现互补性与整体性推进。郭定平《制度改革与意外后果：日本发展模式转型的政治学分析》（《复旦学报》2009年第6期）认为20世纪90年代初期日本经济泡沫破灭之后，在全球化不断深入发展的背景下，日本通过政治改革、行政改革和结构改革等一系列制度改革，促使日本政治体制与政治过程发生显著变化，推动了日本发展模式的转型。新旧模式转换过程中矛盾和摩擦大量出现，致使日本在应对危机和模式重建过程中步履维艰。李海英《日本国会选举》（世界知识出版社2009年版）运用历史、理论与实证相结合的分析方法，对日本的国会选举进行了全面、系统的探讨。李寒梅《三十年来日本的政治转型与政党体制变化》（《国际政治研究》2010年第1期）强调从政治发展的宏观过程来看，20世纪70年代至21世纪初日本经历了三大转变，即国家发展的指导思想从"经济中心主义"向"政治中心主义"转变，国家发展模式从"国家主导型"向"市场主导型"转变，国家发展战略从"经济大国"向"政治大国"转变。在这一转变过程中，政治意识形态及政党均走向趋同化。王新生《日本政治的未来发展趋势——从各政治主体相互关系的视角》(《国际政治研究》2011年第3期)认为因近年来日本行政改革及利益集团的衰退，政府与社会的关系处在较大的变化之中。因此，持续的政界分化组合引起的政权更替使日本政治乃至政局在一段时间内难以稳定下来。未来的日本政治体制将仍以一个较大的政党为中心组建政权。周颂伦、郑毅《近代以来立宪政治在日本的命运——多数主义向工具主义的坠落》(《日本学刊》2017年第4期)认为，战后日本确立了新的宪法体制，但战前某些涉及宪政的政治操作手法仍旧沿袭至今。立宪政体中常见的"多数争夺"现象，在日本政治中被改变成为由某一势力集团专属的多数控制。控制多数的政治势力成为国家的行政主体，国策的制定及执行完全被纳入其意志范畴之内，这可能将日本送往摆脱战后体制束缚的目的地。徐万胜《日本首相更迭的政治学研究》(《日本学刊》2017年第4期)认为，日本众议院选举、参议院选举及执政党党首选举，是促发首相更迭的制度性因素。在首相更迭的政治过程中，派阀领袖是最核心的行为主体，且党首选举与派阀政治共生，社会传媒影响内阁存续。首相任期与经济增长、派阀抗争、日美同盟等政治生态因素密切关联。在自民党政权的不同发展阶段，首相更迭的利弊得失不尽相同，冷战后党员投票制度的引入则强化了新任首相的决策权威性。吴怀中《需要重新审视日本"保守政治"吗？——比较政治学视野下的当代日本评价》(《国外理论动态》2018年第11期)一文提出日本保守精英层自近代以来在面对西力冲击时始终试图调和保守和开放、传统和现代、自由和克己、个体和集体等微妙关系。近年来美欧政治及社会的乱象，反衬出日本保守政治及其施政的稳定性和价值性。西方部分学者提出可对日本保守政治或"日式"治国理政进行再评价。

第二个主题是对于冷战后日本政治体制、机制的专项改革措施的研究。伴随着冷战的结束，自民党"1955年体制"终结，日本精英阶层开始了政治改革进程,以适应新时代的发展需要。中国学界也同步开始对此进行分析、反思和借鉴。蒋立峰《自民党政治改革的实质及前景》(《日本学刊》1991年第5期)分析了20世纪90年代初自民党危机四起的局面,提出政治改革是日本自民党政权所面临的当务之急和主要课题之一,并认为探究自民党政治改革的实质及前景,对于认识日本资本主义国家的阶级实质、把握日本政体结构的演变趋势及预测日本政局发展的前景,都具有重要的意义。高洪《拉开帷幕的日本行政组织改革》(《当代世界》1997年第12期)对于当时执政的桥本龙太郎内阁所提出的行政大改革进行了分析,认为由泡沫经济崩溃所导致的日本"官僚一流"神话破灭后,桥本内阁率先推出的精简合并省厅机构已经成为当前日本政治生活中迫在眉睫的课题。张亲培《日本众议院选举制度改革之研究》(《东北亚论坛》1999年第2期)对于1994年以来的日本选举改革进行了研究,探索了日本众议院选举制从战前至1994年一直采用的中选区制的种种缺陷,对各阶层、各党派围绕中选区制的观点背后的目的进行了分析,并对新的选举制度"小选区比例代表并立制"的前景进行了展望。徐万胜《日本中央省厅改革分析》(《当代亚太》1999年第10期)研究了1999年小渊惠三内阁提出的《中央省厅改革大纲》,分析了该方案的背景、重点与难点。吴寄南《新世纪日本的行政改革》(时事出版社2003年版)对进入21世纪的日本推行的新一轮行政改革进行了分析,涉及政府机构调整、职能转变、公营事业民营化、地方分权和公务员制度改革等各个方面,作者运用实地调查的第一手资料,介绍日本新一轮行政改革的背景、指导思想及在各个具体领域的实施进程。李海鹏《日本政治体制改革的比较分析》(《日本学刊》2005年第5期)强调,政治发展史表明不同制度之间存在着相互借鉴与渗透,但模仿并不等于简单移植,不同民族的政治借鉴会出现种种复杂情况。作者希望从日本民族的一些根本特点出发,结合美国政治体制和民族性上的特点,通过对比分析两者的异同,力求从长远角度探讨日本政治体制的发展。臧志军《论日本的新保守集权改革》(《国际观察》2006年第4期)认为20世纪90年代以来日本的政治与行政改革是新保守集权改革,改革的主旨是消除双重权力结构,提高效能,将国家权力进一步集中于以党首—首相为首的保守政治统治集团手中。经过改革,日本新保守主义政治势力在多个领域基本实现了上述目标。王新生《首相官邸主导型决策过程的形成及挫折》(《日本学刊》2008年第3期)指出,冷战以后日本在政治、行政等领域的改革使首相官邸成为决策过程的中心,其原因在于首相不仅通过改革,使其作为执政党总裁拥有了国会议员候选人的公认权和政治资金的分配权,也作为最高行政者弱化了行政官僚的权力,同时小选区制度也让大部分在野党无力翻身等。张晓磊《东日本大地震对日本政治体制变革的影响》(《日本学刊》2011年第4期)分析了东日本大地震发生后政治家、官僚与利益集团三方的应对博弈过程,认为对于日本政治体制变革的主导者民主党来说,大地震对日本政治体制变革起着重要的推动作用,并将加快日本政治体制变革的进程,同时官僚主导将逐渐被政治主导代替,政治家、官僚与利益集团三位一体的政治同盟也将面临深层次的变革。周杰《日本选举制度改革探究》(社会科学文献出版社2012年版)以冷战后日本的选举改革为个案,说明选举制度改革的过程和制度演化轨迹,解释各个政治行为主体在政治系统中是如何影响选举制度改革的过程等,试图以历史制度主义理论建构一套解释日本选举制度改革的框架。张伯玉《制度改革与体制转型——20世纪90年代日本政治行政改革分析》(《日本学刊》2014年第2期)总结了日本20世纪90年代以来的政治改革,认为其目的是通过多项分进式制度改革实现政治体制的渐进转型,即由一党单独控制国会多数议席、弱势首相、官僚主导体制向多党联合控制国会多数议席、强势首相、政治主导体制转型。张晓磊《论安倍内阁的安保法制改革》(《日本学刊》2015年第3期)认为安倍第二次上台后为启动修宪进程,通过变更宪法解释解禁日本集体自卫权、放出"安保三箭"、制定并修改一揽子安保相关法律,安保法制改革即将在具体法律层面得到全方位实现,对日本国内、亚太地区乃至世界安全造成影响。徐冰清《金权政治下日本〈政治资金规正法〉的困境》(《上海党史与党建》2017年第12期)从日本《政治资金规正法》的历史发展脉络出发,结合政治献金的历史与现实背景,分析金权政治下《政治资金规正法》难以规范政治资金的原因。赵立新《战后日本公务员制度改革中的政治随意性——以日本公务员法律地位的变迁为中心》(《国家行政学学院学报》2012年第5期)认为,日本政府于2011年向国会提出了国家公务员制度"2011年修改法案",该法案将使日本公务员制度"脱离战后政治"的目的逐步达到,但改革仍保留了作为美国占领政策产物的、禁止公务员争议行为和从事政治活动的统一规定,明显体现了国家公务员制度改革中的政治随意性。刘红《论日本民主党政权下的政治决策体制改革》(《日本研究》2012年第3期)指出,"1955年体制"下日本形成了由官僚和"族议员"主导的、自下而上的政治决策体制。2009年民主党上台后尝试要打破自明治维新以来确立的根深蒂固的官僚制度,铲除传统的政官商的"铁三角关系",加快了由官僚主导向政治主导的转变。孟明铭和吴怀中《试析冷战后日本政治决策机制的演变及影响——安倍政权的调整和重塑》(《东北亚学刊》2020年第6期)指出,随着国际国内形势的变化,冷战后日本政治决策机制发生了深刻变化,决策机制内部各决策主体——首相、政党和行政官僚的关系格局出现明显变化,由此前"1955体制"下首相相对弱势、政党和行政官僚"自下而上"主导决策的局面逆转为首相主导、后两者翼从合作的状态。在这一转变过程中,包括安倍晋三在内的数届内阁的政治改革发挥了主要作用。尤其是安倍晋三长期执政时期,在决策制度、决策流程和个人决策风格三个方面,对政治决策机制进行了关键调整和重塑。在后安倍时代,影响政治决策机制演变趋势的内外部因素未出现根本变化,首相主导在短中期内仍是其主要特征,但也存在着引发政局不稳的隐患。

第三个主题是围绕日本政治的特点进行的专项研究。这方面的代表性成果有:淳于淼泠《宪政制衡与日本的官僚制民主化》(商务印书馆2007年版)从民主化的角度研究战后日本官僚制,着重对战后日本官僚制民主化的成因进行了初步探讨,主要从与官僚制民主化有着直接密切关联的历史因素、宪政制度、政党政治、利益集团、社会监督等方面进行了分析。赵铭《当代日本政治中的官僚——以国家发展模式转换为视角》(《日本问题研究》2008年第2期)指出日本的现代化进程是在作为国家行政主体代表的官僚的主导下推动和进行的,但是现代化实现后,日本的国家发展模式开始从"国家主导"向"民间/市场主导"转换。冷战后日本进行了两次大的行政改革,使得日本官僚机构在日本政治过程中的地位从匿名的政策决定者变为单纯的政策执行者。乔林生《日本政治权力"家族化"现象评析》(《人民论坛》2013 年第 20 期)指出,当今日本政坛上活跃着许多政治家族,反映出日本政治制度的不成熟性。这种政治权力"家族化"现象源于文化传统、政治体制和经济利益等方面的诱因,其违背了民主的理念与精神,阻塞了人才的选拔途径,劣化了政治决策体制,诱发了政治腐败。徐万胜《安倍内阁的"强首相"决策过程分析》(《日本学刊》2014 年第 5 期)认为 2012 年底自民党再次上台后,其政权决策过程呈现官邸主导、政官合作、政高党低、朝野交错的特征,从而导致出现了"强首相"这一趋势。该决策过程是为了满足日本全面"正常国家化"战略转型的现实需求,却也可能由于缺乏决策制衡而误导日本的国家发展。郭定平《论日本首相权力一元化》(《东北亚学刊》2018 年第 2 期)认为,20 世纪末期以来,日本通过一系列的政治与行政改革,推动从"官僚主导"向"政治主导"的转变,首相的地位和作用显著提升,形成了首相权力一元化的新政治体制。首相权力一元化具有一定的积极意义,但是在民族主义和民粹主义走强的历史时期,首相权力一元化也有一定的危险性。邵建国、张择旭《日本政治已是"首相官邸主导"模式了吗?——基于数据的实证分析》(《国际论坛》2018 年第 6 期)一文采取定量分析的研究方法,分别从日本中央政府的各省厅向国会提交的立法草案数量、公务员人数的增加情况、审议会设置数量和召开次数这三方面进行统计分析,得出了内阁府和内阁官房在这三个方面都占据优势的结论,由此论证出日本已经出现"首相官邸主导"政治运行模式。张鑫《混合选举制度对整体体系之影响:基于德国和日本的比较研究》(天津人民出版社 2018 年版)通过考察德国和日本两个案例并对其进行比较分析,从而探究选举制度(尤其是混合制)对政党体系的具体影响力,认为选举制度(尤其是混合制)对政党体系之影响取决于选举比例性。基于此研究发现可对法国学者莫里斯·迪维尔热提出的著名相关论断(即"迪维尔热命题")作出补充和修正。白智立、邹昀瑾《论代表性官僚制在日本的应用实践》(《日本学刊》2019 年第 3 期)运用代表性官僚制理论,从公务员性别问题入手,分析了近些年来日本对公务员制度所进行的改革措施和未来发展走向趋势。何晓松《日本"首相官邸主导型政治"的比较政治制度论分析》(《东北亚学刊》2019 年第 5 期)从比较政治制度论的视角指出,安倍执政时通过各项改革,改变了首相和议员、官僚间的分立程度,建立了比较完善的首相官邸主导型政治。康达、高洪《松下政经塾在当代日本政治中的地位与影响》(《日本研究》2019年第3期)回顾了松下政经塾40年来发展历程,剖析了松下政经塾的现状与走势,研究其在当代日本政治生活中的地位与影响。朱清秀《战后日本选举与政治资金问题》(社会科学文献出版社2019年版)分析战后日本的选举制度和政治资金之间的关联问题,认为对政治资金的管制问题成为日本议会政治的核心话题之一,议会内各党派并不想从本质上解决政治资金问题,而是想利用资金改革削弱对手,政治家后援会在政治资金制度中起关键作用。张伯玉《日本首相安倍晋三何以长期执政》(《人民论坛》2020年第20期)一文指出,2012年12月再次上台执政的日本首相安倍晋三已连续执政近八年之久。以选举政治为分析视角,安倍长期执政与以下因素密切相关:从党内选举政治来看,自民党内没有能够取安倍而代之的竞争对手;从政党间选举政治来看,一是在野党势弱不能对安倍领导下的自民党形成有效竞争,二是自民党还有来自实力"外援"公明党的"加持",三是低投票率的国政选举对拥有大量固定票的自民党极为有利。

二 对政治思潮及政治文化的研究

由于历史和现实的原因,日本政治思潮尤其是右倾化和总体保守化对国家政策的规范作用也会给中国及中日关系带来影响。因而,中国的日本研究者对日本的这种政治动向一直给予了持续的高度关注,对日本右倾化和保守化的背景及成因、定义及特征、表现及走向、对修宪等国家大计的影响等展开了诸多探讨,多年来发表了不菲的学术成果。如:高洪《日本当代佛教与政治》(东方出版社1995年版)指出,即使在高度发达、贯彻政教分离原则的现代日本社会中,佛教依然同政治保持着多种联系,主要表现为僧侣集团同政治事件的联系、佛教系新兴宗教信徒的政治活动、佛教教义理念对政治间接潜在的影响以及和佛教教义相关政治性社会运动。彭曦等《冷战后的日本政治:保守化的历程》(中国社会出版社2003年版)旨在对造成中日关系紧张等问题的日本政治背景进行梳理与分析,认为可以用"保守化"这个词来概括冷战后日本政治的总体趋势,同时也对日本政治是怎样走向保守化的，以及为什么会保守化这一问题，从议员选举制度、政治意识、政党、政权等几个角度进行了诠释。孙立祥《战后日本右翼势力研究》（中国社会科学出版社2005年版）从战前日本右翼势力的回顾、战后日本右翼势力的演变、战后日德两国右翼势力之比较、战后日本右翼势力存在的社会基础和抬头的原因、战后日本右翼势力与中国问题五个角度入手，对日本右翼进行了专项研究，并对粉碎日本右翼的阴谋和尽早推进中日关系走出低谷提出了自己的见解。张广宇《冷战后日本的新保守主义与政治右倾化》（北京大学出版社2005年版）首次将日本的新保守主义作为重大课题加以系统完整论证，以日本新保守主义的发展轨迹为主线，对日本保守政治与右倾化进行了定位。吕耀东《冷战后日本的总体保守化》（中国社会科学出版社2004年版）提出日本的总体保守化是日本政治体制转型的指向性变化。总体保守化作为一个动态过程，在日本政党格局的变动中体现为传统在野党与保守的执政党在纵向上的此消彼长和横向上的同向变化，与国际环境和日本国内的政治改革、社会变迁中的阶级阶层结构变化及国民意识等因素相互影响，密切相关。李莹《日本战后保守政治体制研究》（世界知识出版社2009年版）论证了战后日本保守政治体制在实现社会统合功能上的有效性，从执政党内部、主要政治主体之间、朝野政党之间、中央与地方关系四个角度分析了政治体制中不同层面上的政治力量关系，运用"政治力学"的方法来论证战后保守政治长期化的原因并最终总结了日本保守政治体制转型的基本方向和特征。李秀石《日本新保守主义战略研究》（时事出版社2010年版）分析了20世纪的日本新保守主义政治家与21世纪的新保守主义政治家在掌权以前、执政期间和卸任以后的思想脉络、对外政策和变化轨迹，进一步阐明日本新保守主义战略的发展过程。李寒梅《日本民族主义形态研究》（商务印书馆2012年版）分析认为，从纵向视角看，日本民族主义的形态是伴随国家发展模式的转型而演变的，它与国家发展转型之间具有互动关系；从横向视角看，在日本民族国家发展过程中始终存在着"传统"与"现代"融合与冲突的内在矛盾，在很大程度上影响和推动了日本民族主义的起伏波动及其形态演变。王星宇《冷战后日本政治思潮研究》（世界知识出版社2012年版）指出冷战后日本的政治思潮在国家安全战略的核心理念、日本国家安全战略的合理性和合法性、整合并达成了对冷战后日本国家安全战略的充分理解和认同这三个方面对冷战后日本国家发展战略产生了影响。廉德瑰《日本会议与日本右倾政治分析》(《日本学刊》2017年第5期)认为右翼团体"日本会议"的存在,是日本近年来政治右倾化的根源之一。"日本会议"与安倍晋三互相利用,安倍实际上成了"日本会议"在日本政界的代言人,"日本会议"也是安倍依赖的政治基础之一,但当前"日本会议"与安倍的大政方针并非完全趋同。熊达云以"日本政治右倾化是一个长期形成的过程"为题组织了一组笔谈文章(《东北亚学刊》2018年第6期)。其总结认为,日本政治已经右倾化,且右倾化不是由社会主导的,而是由政治精英主导的。右倾化过程不是单线型,是经过了30多年逐步积累形成的。

在该领域研究当中,政治思潮对日本修改宪法的影响得到了学术界的特别关注,有关这方面的专项成果有:高洪《日本国家发展道路的思考与抉择》(《日本学刊》2003年第1期)将目光投向了当时日本国会围绕《众议院宪法调查会中期报告书》的出台而产生的争论,指出这场争论是对日本国家发展道路带有根本性质的讨论,并预判尽管报告书在形式上采取了客观罗列各种意见的方式,但实际上修宪正在从政见争议走向政治实践。孙伶伶《修宪预示日本未来政治走向——解析日本众参两院宪法调查会修宪报告书》(《日本学刊》2005年第3期)认为,日本众议院宪法调查会《最终报告书》在"承认自卫队和自卫权的存在""允许海外行使武力""行使集体自卫权"上达成多数意见,反映了在日本保守政治思潮影响下安保政策上的根本转变。两院报告书的出台加快了修宪的进程,预示了修宪的主要方向,将对日本的内政外交产生重大影响。孙伶伶《日本修宪与民族保守主义思潮》(《当代亚太》2007年第3期)一文中认为自20世纪80年代以来,日本的民族保守主义思潮作为政治家的执政理念、政策路线和政治主张,已开始影响并逐渐主导日本政坛,还发展成为日本社会和国民中的一种意识。日本修宪已呈不可避免之势。

除此之外,政治文化等新研究领域也得以发掘和拓展,这进一步夯实了日本政治研究的基础。例如,武寅《集团文化心理与战后日本政治》

(《日本学刊》1992年第1期)指出日本文化的集团性特点几乎已为人们所公认,并从集团文化的角度对战后日本政治的发展情况加以探讨,将之同战后日本政治领域的重大问题如民主改革、议会政治以及自民党内部的派系斗争等联系起来,揭示集团文化心理在战后日本政治领域的影响与作用方式。任志安《中日两国政治文化比较研究》(《日本学刊》1999年第3期)指出政治文化对一个国家或民族的政治现代化起着巨大的制约作用。每一个走向现代化的发展中国家都面临着发达国家政治文化的冲击和挑战。中国要在深入认识发达国家的政治文化同时,找出异同点进行有选择的借鉴。苑崇利《试析日本政治文化的思想根源》(《外交学院学报》2003年第2期)认为日本集团主义精神既能迸发出巨大的集体力量,但这一精神的根源——日本的"村落"意识又带有狭隘性和个性抹杀性,导致日本民族性格带有从众心理的特点和"与强为伍"的倾向。当代日本人依然受到集团主义观念的影响,而且在当今日本的国内国际政治上有所体现。纪廷许《泡沫经济与日本政治文化的演变》(《日本学刊》2005年第2期)认为泡沫经济及其崩溃对日本产生了全方位的冲击,特别是政治文化方面的变化。日本思想界开始重新审视当代日本,出现了对"日本奇迹"和"日本模式"的质疑与否定,不仅加速了日本社会的结构疲劳,更扩大了社会思潮的混沌,从而进一步导致了日本滑向政治保守化。臧秀玲《日本政治文化对外交政策的影响》(《东北亚论坛》2006年第1期)认为日本政治文化对外交有如下几点影响:暧昧性使得日本外交具有两面性,等级观念驱使日本极力寻求扩大国际影响力,"耻感文化"使日本外交具有敏感、被动特性,"集团主义"表现为日本热衷于追求与占据主导地位的美国结盟。金赢《密室与剧场——现当代日本政治社会结构变迁》(人民出版社2009年版)基于社会学研究视角,深入分析了日本政治与社会结构的关系、日本媒体与政治的关系以及小泉内阁、第一次安倍内阁的演变历程,进而探寻了日本政治社会结构变迁的深层次规律与未来走向。贾璇《日本战后主要政治思潮的变迁》[《齐齐哈尔大学学报(哲学社会科学版)》2011年第1期]认为,战后以来日本主要政治思潮的变迁有三条线索:新和平主义与和平主义貌合神离,背道而驰;新保守主义基本延续了传统保守主义的思想精髓,但具有明显的民族主义色彩;新民族主义思潮与战后初期的民族主义思潮在表现和内容上虽然不同,但其思想根源都是日本人意识中的神国观念和所谓的"爱国心"。梅肖娟《略论西方文明影响下日本政治文化的嬗变》(《边疆经济与文化》2013年第7期)认为,日本政治文化中有两个重要内容:等级制及和平主义。等级制是日本侵略性外交政策和第二次世界大战后强化"美日同盟"的外交政策的根本原因,并在偏离和平主义路线。这些改变的发生都离不开西方文明的影响。田庆立《试析日本政治文化中集团主义的主要内涵》(《东北亚学刊》2014年第3期)认为日本集团主义内部尊奉和崇尚"和"的思想和意识,注重协调与合作,而对于外部则奉行"内外有别"的竞争法则,蕴含着非理性及盲目排外的负面因子。该主义在很大程度上主导和界定了日本人的思维模式和价值取向,潜移默化地影响和制约着日本政治家的思维方式和日本的决策机制。乔林生《当代日本"世袭政治"的文化解读》[《南开学报(哲学社会科学版)》2015年第3期]认为日本作为一个后发现代化国家,虽然历经洗礼,但传统文化中的家族制度理念、身份等级意识和恩情主义观念依旧无处不在地影响着现实政治生活,其突出地表现在政治选举上。郭定平《论日本儒家政治文化的发展与变异》(《江苏社会科学》2016年第3期)指出,儒家政治文化在日本得到广泛传播并产生重大影响的过程中,与日本历史文化传统相适应、与日本社会政治需要相结合,逐渐发生一些重要的转化与变异,并形成日本特色和日本化的政治文化。欧阳登科《论中国佛教文化对日本的政治文化发展的影响》(《求知导刊》2016年第3期)认为古代中国佛教对推动落后的日本政治迅速地向前发展具有极大作用。中国佛教在推动中国文化向日本传播过程中不可低估的桥梁作用是不容置疑的。杨鲁慧、马冉冉《后冷战时期日本新民族主义产生的政治生态环境》(《社会主义研究》2016年第1期)运用国际关系研究中的层次分析法考察后冷战时期日本新民族主义产生的原因,并以体系层次、国家层次、社会层次为揳入点,探讨日本新民族主义产生的外部环境和社会基础。周颂伦《战后日本制宪过程中的政治交换——兼论日本的修宪指向》[《四川师范大学学报(社会科学版)》2016年第1期]指出,在《日本国宪法》的制定过程中,放弃战争权和象征天皇制,成为战后日本宪法两大基本特征,亦是防止军国主义在日本再度复活的法律性限制措施。如今日本政坛的修宪思路，则是从根本上颠覆宪法的这两个基本特征，应引起国际社会关注。王希亮《战后日本政治右倾化的历史轨迹及主要特征》（《日本侵华史研究》2016 年第 2 辑）分析指出，战后日本政治始终呈现保守化和右倾化的态势。《旧金山和约》上签字后，日本旧皇国史观沉渣泛起，一大批负有战争责任的政治家、官僚重返政坛，否认东京审判，美化侵略战争的思潮初露端倪。与此同时，执政当局展开了修改宪法的切实步骤。随着新保守主义的出现，历史修正主义开始泛滥，一系列架空宪法、突破"专守防卫"宪法约束的"战争法"出台，日本迈出了建设政治、军事大国的步伐。赵晓靓《近代日本政治思想中的〈孟子〉——以北一辉思想为例》[《南开学报（哲学社会科学版）》2017 年第 4 期] 通过研究《孟子》在日本的传播过程，指出该书中的思想到近代被日本法西斯主义的"教祖"北一辉所利用，他吸收及曲解《孟子》的理论并将之运用于分析东亚国际关系，形成了"大亚细亚主义"思想。朱晓琦《日本政治文化与选举制度——以政治家后援会为中心的研究》（社会科学文献出版社 2018 年版），以实地调查所搜集的第一手资料为基础，考察了自民党、公明党、无党派政治家后援会的典型案例，比较了不同政党的政治家后援会组织。通过以上研究，认为日本传统的集团主义文化是政治家后援会长期存在的根本原因。邱静《"非西方"的可能性：丸山真男的日本政治思想史研究方法及启示》（《日本学刊》2019 年第 4 期）研究了丸山真男对整体（包括西方）思想史研究方法的反思，认为有必要通过重读丸山思想，进一步拓展思想史方法论。区建英《丸山真男思想史学的轨迹》（《日本学刊》2019 年第 3 期）通过把握历史的脉络和丸山思想的脉络来分析丸山政治思想转变过程中的几个节点，形成了一个相对完整的小型的丸山学术传记。王新生《"国民国家论"评介》（《日本学刊》2020 年第 3 期），主要对"国民国家论"做了综合评介。该文指出，西川长夫认为，法国大革命 200 周年标志着一个时代的结束，即革命时代的终结乃至国民国家时代的终结。由于法国大革命是近代国民国家的起点，因而应将今后研究的焦点对准国民国家。国民国家有五个特征：具有国民主权和国家主权、为整合国民需要强有力的意识形态、位于世界性的国民国家体系、矛盾性、模仿性等。批判"国民国家论"的最主要观点认为"国民国家论"

过高评价国民国家的国民整合能力。但其也激发了对少数人的历史、社会性别史、殖民地史的研究，并由此诞生了新的学科，出现了许多学术性的相关研究成果。王超《丸山真男的民族主义论："现代性危机"的反思》(《日本学刊》2020年第4期)认为，丸山真男指出民族主义运动的精神动力之一是非理性的民族情感。如果任由这种民族情感不断膨胀，民族主义将会变质并最终堕落为帝国主义。因此，民族主义必须借助民主主义的力量化解民族情感的狂动，完成"民族主义的合理化"，并最终获得理性的自我治理精神。王振涛、唐永亮《试析清水几太郎的战后和平思想》(《日本研究》2020年第4期)指出，将清水几太郎的和平思想放在战后日本和平运动流脉中进行考察，分析其思想内涵、特征与影响，既有助于客观评价清水几太郎，也有助于深刻把握当代日本和平运动的发展与走向。清水几太郎的战后和平思想是围绕着和平运动展开的，主要包括反对单独媾和、军事基地、再军备、修宪等内容，促进了当时大众运动的蓬勃发展与和平思想的普及。

三 对政党及政党体制的研究

进入21世纪后，日本的政党体制及其运作是中国的日本政治研究体系中得到较快发展的一个领域。各种涉及政党及其外围政治势力的政治现象及规律均被作为分析对象。综合性的整体研究成果计有：林尚立《政党政治与现代化——日本的历史与现实》(上海人民出版社1998年版)在对日本政党政治的形成与发展历史进行分析研究的基础上，指出了日本现代化进程对政党政治和结构的影响，揭示了日本政党政治的本质特征和政治基础。高洪《日本政党制度论纲》(中国社会科学出版社2004年版)结合国际政治学理论，从日本政党制度产生、发展入手，在着重全面透辟分析冷战结束后日本各党派间分化组合过程与政治斗争实质的基础上，描绘了21世纪初期日本政党制度的前景以及今后日本的发展趋势，力求展示出日本政党制度与模式的立体图景。王振锁《战后日本政党政治》(人民出版社2004年版)以史为序，对战后日本政党政治的沿革与演进进行了较为详尽、系统的分析，尤其对自民党长期政权的兴衰过程、原因及其对内对外政策做了比较系统、客观的论述，提出了相应观点。徐万胜《日本自民党"一党优位制"研究》(天津人民出版社2004年版)以"一党优位制"为题对战后日本政党政治及政党体制进行研究,通过分析以自民党为核心的政党政治,较为系统、深入地探讨了战后日本的政党体制。徐万胜《无党派阶层与日本政党体制的转型》(《日本学刊》2004年第2期)认为无党派阶层是促使战后日本政党体制转型的重要因素之一。在"1955年体制"时期,日渐发展的无党派阶层导致自民党一党支配体制趋向"非稳定";冷战后日本的无党派阶层急剧增加且呈"脱党化"倾向;无党派阶层的走向是影响21世纪初期日本政党体制重构的关键因素。张伯玉《日本政党制度政治生态分析》(世界知识出版社2006年版)探讨了日本政党制度的发生根源、历史演化,分析了日本政党制度的系统构成和特定功能,社会生态环境对政党制度的影响与制约,从而揭示出日本政党制度的演进规律与发展趋势,表明政党制度是特定民族国家社会生态环境的产物。徐万胜《政治资金与日本政党体制转型》(《日本学刊》2007年第1期)从政治资金的视角,对冷战后日本政治资金制度的改革及其影响进行了分析,认为在新的制度框架下,政治捐款的减少与政党交付金的导入,是20世纪90年代中期以来日本政治资金收入结构最显著的变化,但是现存的政治资金制度仍有利于执政的自民党。政治资金制度问题必然导致朝野政党间的抗争不时加剧。徐万胜《冷战后日本政党体制转型研究——1996年体制论》(社会科学文献出版社2009年版)认为,冷战后从1996年1月桥本内阁诞生直至2009年9月麻生内阁垮台民主党上台,日本政党体制形成了以自民党为核心联合执政的所谓"1996年体制"。在此期间,新选举制度的运用、政治与行政制度改革、政治右倾化倾向、在野党势力的崩溃与重建、自民党支配体制的变化等诸因素都对这一政党体制形成及其终结产生了深刻影响。曲静《日本政治改革后政党体制的变化》(《日本学刊》2012年第1期)认为政治资金和组织效能是支撑政党发展的重要因素,也是评价政党体制的主要指标。1994年日本国会通过的"政治改革四法案"引入政党补助金,将中选举区制改为小选举区比例代表并立制,政党对企业团体的政治献金依赖度不断降低。派阀作为利益诱导政治的主要角色,在政治改革和小泉时代的结构改革后难以发挥作用。1999年开始的地方分权改革导致地方议员减少,自民党的地方组织被弱化。张伯玉《日本选举制度与政党政治》（中国经济出版社2013年版）围绕"冷战后日本选举制度改革与政党制形态、政党政治的变化以及日本民主模式的转换"这一主题，指出自20世纪90年代以来，日本众议院选举导入新选举制度后，经过多次选举实践，政党政治、政党体制以及政党势力的消长都发生了重要变化。作者结合有关选举制度的基本理论、准确把握新选举制度在日本独特的社会风土实践中体现出来的特性，及其对日本政党制形态、民主模式，以及政党政治的变化、政党势力的消长等的影响。盘永楠《日本选举政治背景下族议员对政治的影响》（《湖南行政学院学报》2016年第5期）的研究表明，日本的"族议员"影响决策主要依靠集体作战和个人影响力两大主要途径发挥作用，在政治上"族议员"起到了利益表达代表的作用，但也带来了利益固化和腐败滋生等问题。在日本选举制度变化后，"族议员"作为日本政坛的一支活跃力量将会较长时间地继续发挥作用。徐万胜《论日本平成时代政党政治：改革、竞争与独大》（《日本学刊》2019年第2期）认为平成时代政党政治发端于自民党"一党支配"体制的动摇，历经"多党重组"及"两党竞争"，终止于自民党"一党独大"格局的形成。张伯玉《日本自民党"一强"优势的延续及其原因分析》（《当代世界》2019年第11期）从选民支持基础、政党政治格局、政党选举策略等方面进行了分析，认为自民党"一强"优势或将长期延续。暴凤明《日本新宗教团体创价学会与公明党之政教关系》（《日本问题研究》2020年第1期）指出，创价学会与公明党之间的关系经历了四个时期：教团主导政教合一时期（1964—1969年），政教分离时期（20世纪70—90年代初），教团成为政党斗争工具时期（20世纪90年代），政党保守化与教团集权化时期（从2000年至今）。徐万胜、王明芳《日本第25届参议院选举及政局走向》（《东北亚学刊》2020年第1期）指出，日本第25届参议院选举，是在安倍政权长期执政与在野党势力孱弱的背景下举行的。安倍政权通过此次选举巩固了执政基础，将保持内政与外交政策的连续性，但其人事调整及修宪路线值得密切关注。

在对各政党的研究方面，目前的研究成果分布中，涉及自民党的占很大部分，这与日本政治结构的历史与现状有很大关系。这方面有刘映春《自民党概况》（《日本问题》1985年第3、4期，1986年第1、2期）全面介绍了自民党简史、财界与自民党的关系、自民党的政策方针、自民党的派系与组织等内容。王振锁《自民党的兴衰——日本"金权政治"研究》（天津人民出版社1996年版）认为，"1955年体制"下的日本自民党政权，其金权政治较之其他西方国家更突出、明显。自民党通过政治资金的运作来维系政权，但由于其组织结构和政治运作方面存在明显滞后性，导致贪腐和权钱交易现象层出不穷，最终走向分裂重组。王振锁《试论日本自民党政权》（《世界历史》2000年第2期）总结了20世纪自民党的发展历程，认为其存在"形成—成长—危机—再建"四个阶段，由于"政—官—财"三位一体的存在，自民党总能保住"一党优位"。此外，党内派阀竞争、日本国民"中流"保守意识的增长、在野党势力薄弱等因素也是很重要的客观原因。徐万胜《利益诱导与自民党政权——以自民党农林族议员为视角》（《日本学刊》2002年第3期）指出利益诱导是日本自民党政权有效地统合社会各阶层的重要手段。作者以自民党农林族议员为视角，分析了其发展对自民党施政产生的影响，并对利益诱导与后自民党时代日本政党政治的走向做了初步探讨。游国龙、尚会鹏《自民党得票率与日本的米价——对自民党统治与其农业政策关系的数量分析》（《日本学刊》2004年第3期）采用数量分析的方法，研究日本稻米生产、稻米价格与日本自民党得票的大量统计资料，得出自民党的地区得票率与该地区稻米产量的高低呈正向关联，并认为农业政策是自民党维系政权的有力武器。徐万胜《论冷战后日本自民党的派阀政治》（《日本学刊》2006年第2期）认为，自1996年初自民党重新主导政权以来，其党内各派阀相继"复活"，但却因"政治改革"等制度性因素的影响而开始削弱。在此背景下，2000年以来发生的"加藤之乱"和"小泉变革"的实施，则导致自民党的派阀政治逐步走向衰落，各派阀的"细小化"与"流动化"趋势更加明显。高洪《安倍政权的政治属性与政策选择》（《日本学刊》2006年第6期）认为安倍掌握自民党新政权后，标志着"1955年体制"余波的消亡，日本的权力中心和决策机制不断向首相官邸集中，自民党新老政治家之间的权力交替，新政治势力开始按照日本的国家战略利益需要，一面推进修改宪法等基本国策，一面调整经济政策。杨伯江、霍建岗《日本自民党政治走向历史性衰退》（《现代国际关系》2009年第8期）分析了自民党政权易手的原因，认为选举制度的改革与后援团体的弱化，削弱了党的根基，而世袭政治和金权勾结，更使党深陷泥潭。安倍晋三、福田康夫与麻生太郎三位首相在发展与改革问题上始终提不出明晰的路线图，以致失去民众的信任。王新生《竞争性政党政治奠定了日本成为经济大国的基础》（《中国与世界观察》2015年第3、4期）指出，战后自民党、社会党对立的竞争性政党政治保障了政策的合理性、可操作性，为日本成为经济大国奠定了政治性基础。随着日本在野党的弱化，失去应有的监督、牵制功能，导致了政治资金丑闻、行政官僚腐败、内需严重不足、面向国内的制造业及服务业乃至农业国际竞争力低下等问题。栾欣超、谭君久《日本自民党派阀政治探析》（《湖北社会科学》2012年第6期）认为，在自民党长期执政背景下，日本政权的更迭不是在政党之间，而是在自民党内部各派系之间。徐万胜《行政改革与日本自民党支配体制变迁》（《日本问题研究》2018年第3期）指出在日本，行政改革与自民党支配体制的变迁密切关联。从决策过程的视角看，行政改革持续推进了"官邸主导"型决策模式的机制化建设，但其决策效益的发挥则受多重因素的影响。行政改革对自民党社会支持基础的影响则是复杂的，面对日趋多元化的市民社会，自民党政权是难以通过行政改革来"固化"其社会支持基础的。张伯玉《论自民党的中央集权化》（《日本问题研究》2018年第3期）认为20世纪90年代以来，日本制度改革推动了自民党的中央集权化。自民党内以派阀为代表的非正式组织功能弱化，以总裁为中心的执行部的重要性增强，首相权力的扩大与自民党总裁权力的集中相互作用、相互影响。"安倍一强"的出现，是自民党中央集权化趋于成熟的象征。曲静《日本自民党的适应性改革及其"一强"政党地位的确立》（《东北亚学刊》2019年第3期）认为，自民党远胜于其他政党的适应能力和自我改良、建设机制，是其长期执政、"一强"政党地位越发巩固的重要原因。何晓松《日本自公联合政权长期稳定执政的理论分析》（《东北亚学刊》2020年第6期）指出，1994年日本实行政治改革后多党联合政权成为日本政权主要组成形式。1999年自民党和公明党建立了长期稳定的联合政权，公明党在自公联合政权中发挥重要作用。以新制度理论、生命周期理论等政党联合理论可以分析自公联合政权的形成和发展，能够揭示自公联合政权长期稳定执政的原因,特别是两党间的政策协调机制是消除两党"合作困境"的重要手段。

而民主党执政的3年多时间里,对该党的相关研究也曾有大量涌现的现象。杨伯江《民主党新政与日本之"变"》(《外交评论》2009年第5期)认为民主党上台政策调整先从内政开始,要打破"政官同治",构建"政主官从"的决策机制。但要想解决这一问题,关键是在参众两院都获得优势地位,因此出台惠民政策迎合选民,是其最大考验。徐万胜《论政官关系与日本民主党政权》(《日本学刊》2010年第4期)认为民主党政权具有"由官僚主导转向政治主导"的政策理念。民主党鸠山内阁上台执政以后,设置了国家战略室和行政刷新会议,并通过"事业甄别"与"国会立法"的方式来实施政官关系改革。在此过程中,民主党政权对运营机制做出了相应调整,但也显现了弊端,成效将受到诸多因素制约。徐万胜《论利益集团与日本民主党政权》(《日本学刊》2011年第2期)认为民主党上台执政后,利益集团的政治参与能力与政党支持取向发生了不同变化。在依赖工会团体"联合"支持的基础上,民主党政权与财界团体"经团联"之间相互试探,并动摇了业界团体的政党支持取向。在利益集团与民主党政权的利益互换过程中,二者的合作是存有限度的。吴寄南《民主党执政后的政官关系》(《日本学刊》2011年第5期)认为民主党执政后锐意推行"政治主导"路线,但由于官僚系统的抵制及民主党的先天缺陷,这场旨在打破"官僚主导"体制的攻势逐渐减弱,东日本大地震更恶化了这一趋势。这一轮政官博弈最终以民主党放弃其竞选公约中的部分承诺为代价,形成了一种脆弱的妥协。张伯玉《浅析民主党政府的政治改革》(《日本学刊》2012年第4期)认为民主党执政后大力推进的政治改革,实质上仍处于20世纪90年代中期以来日本制度改革与模式转型的延长线上。其改革的基本理念是实现"从官僚主导的政治向政治主导的政治"的转变,同自民党政府的改革取向有差异,但理念并无本质区别,目标是确立以首相为中心的内阁主导的政治体制。

而对各在野党的研究则可算是一种后起之秀。代表作有:曹天禄《日本共产党的"日本式社会主义"理论与实践》(中国社会科学出版社2004年版)以特定时期的日本国内外政治、经济形势和世界共产主义运动发展状况为背景,对战后日共的"日本式社会主义"的理论与实践活动进行重点剖析,发现其一般规律,总结其经验教训,前瞻其未来发展。华桂萍《护宪和平主义的轨迹——以日本社会党为视角》(人民出版社 2005 年版)多视角地对社会党的安保政策进行了深入的探讨,也为学界提供了一个较新的研究视角,在一定程度上弥补了我国学界对日本社会党及其安保政策研究的空白和不足。乔海波《日本政治生态之维新会崛起与选战前景分析》(《吉林省教育学院学报》2013 年第 8 期)指出,近些年日本的政治舞台中"新微型政党"异常活跃。其中,大阪市市长桥下彻成立的日本维新会对日本政党政坛有着较为深刻的影响,并一度发展成为继自民党和民主党之后众议院第三大政党。然而桥下彻在地方政府中所显示出来的强势领导风格,使得该党始终处于一种领导和政治主张上的混乱状态,致使维新会前景堪忧。李若愚《"正常国家化"背景下的自公执政联盟走向——以公明党为中心的考察》(《当代世界》2014 年第 9 期)从处于"关键少数"的公明党的视野来审视主宰当前日本政坛的体制,认为安倍政府得以力排众议且一意孤行的政治基础,便是目前自民党与公明党的联合政权。陈月娥《日本共产党关于"天皇制"的概念形成、嬗变与认识变迁》(《日本学刊》2019 年第 5 期)虽没有直接谈及当时热门的改元问题,但从日本共产党对天皇制度的认知出发,为我们把握和研判战后天皇制提供了有益启示。

四 对日本政局变化的时评分析

由于一系列内外因素的影响,冷战结束后日本政界持续分化组合,引起了政权频繁更替,政局动荡不稳。这一宏大的"政治试验场"成为中国日本政治研究的重要对象,每次日本政局的重要变化都被作为研究界讨论和写作的热点题目,对政局演变以及政坛分化组合的特点与性质进行分析,或者是对未来政局及其带动的相关政策走向的研判。

代表性成果主要有:刘江永《论日本政局的历史性重大变化》(《日本学刊》1993 年第 6 期)分析了 1993 年自民党下台的原因和对细川护熙内阁进行了展望,认为这是一场平成保守维新,结束了"1955 年体制",是新保守势力取代传统保守势力的一场变革,保守势力分裂却膨胀,实际上由小泽一郎掌权,虽然改变了一党独大,但这是日本保守势力谋求政治改良过程的一个开端。凌星光《日本村山内阁诞生的背景及其性质与展望》(《世界经济与政治》1994年第11期)分析了村山富市内阁的性质,认为村山政权的诞生既有偶然性,又有必然性,将可能对日本、亚洲和世界政治产生巨大影响,中国要抓住这次良机,加强中日关系。鲁义《日本大选与政局走势分析》(《日本学刊》1997年第1期)围绕第二次桥本龙太郎内阁的组成过程,基于作者对日本的实际考察,重点对大选的背景、大选的选定时机、大选活动和竞选纲领及未来日本的政局走势做了分析。吴寄南《新进党解散后的日本政局》(《国际展望》1998年第2期)认为新进党的解散原因是小泽一郎的运作所致。尽管日本政局聚散离合,混乱不堪,但是桥本龙太郎内阁本身也有着很多缺陷,前景不明朗。高洪《日本新型政治结构探析——以新进党解体后的政局走势为中心》(《日本学刊》1998年第2期)认为日本新进党的解散不是一个单独事例,需要将其放到日本政治改革的整个过程中来考察,是政治体制变革中的一个环节。在政治家个人进退、政党消长的背后孕育着面向21世纪的政治模式,新的政治结构正在逐步构建之中。高洪《日本"有事立法"中的政治力学管窥》(《日本学刊》2003年第4期)从日本国会通过"有事三法案"说开去,指出在冷战后日本政坛的转型乱象中,掩盖着保守政治中朝野双方"貌离神合"的本质属性。举凡决定国家道路的原则问题,从旧自民党派生出来的各种新党最终总要同自民党形成一股政治合力,驱策日本在既定的道路上前行。王屏《日本政界重组拉开帷幕》(《日本学刊》2005年第6期)认为日本第44届大选的主题是小泉纯一郎内阁引发的邮政改革斗争。经过这次大选,自民党一党独大已成定局,正在形成中的两党制受到严重挑战。超级执政党的诞生以及小泉所在的森派系的"一枝独秀"都将对未来的日本政局产生深刻的影响。马俊威《日本政局步入新的转折期》(《现代国际关系》2007年第11期)指出2007年7月底参议院选举后,分掌国会众参两院的自民党与民主党之间争夺执政地位的斗争空前激烈,其焦点在于是否批准新《反恐特措法》,2008年春季的众议院选举可能将决定政权的最终归属。第一次安倍晋三政权的夭折意味着其"脱战后体制"激进改革路线碰壁、求稳怕乱成为日本国内各界的共识。福田康夫政权提出以

"自立与共生"为基调的内外政策,力保自民党的执政地位,但能否收到预期效果尚难预料。张智新《麻生上台后的日本政局及其对华政策》(《当代世界》2008年第11期)认为麻生太郎政权成立以后面临的关键问题是如何应对民主党掌握参议院主导权。他认为日本实现稳定的两党制是不大可能的,并认为麻生访华可能会有助于两国关系改善。冯昭奎《日本政权更迭与中日关系》(《日本研究》2009年第4期)认为民主党取代自民党具有非凡的历史意义。其不仅终结了自民党半个世纪的垄断,而且打破了日本政治"政官财"勾结的传统,在一定程度上也改变了日本右翼民族主义的发展势头。不过民主党和自民党既有差异也有共同点,中日关系虽然进入了新的发展阶段,但是能否全面好转还有待观察。胡令远《日本政局的困局》(《国际问题研究》2010年第5期)指出在日本第22届参议院选举中,执政不足一年的民主党惨败,日本政坛再度形成执政党与在野党分别在众参两院占据多数的"拧劲国会";在此背景下即将举行的民主党党代表选举被视为危机选举。以上因素使日本政局及中日关系充满变数和不确定性,也给两大政党化中的日本政党政治带来挑战和机遇。吕耀东《总体保守化与政治右倾化的关联性分析——兼论第23届参院选举后的日本政局》(《日本学刊》2013年第5期)从日本政党政治的历史与现实出发,证实日本的总体保守化与政治右倾化相向而行且表现出直接的相关性。日本已不足以形成遏制总体保守化和政治右倾化的有生力量。自民党在众参两院的选举中获胜,不仅打破"扭曲国会"困局,回归自民党"一党独大"的政治格局,也宣告"两党制"构想及实践告一段落,导致日本的总体保守化再次提速,政治右倾化加剧。徐万胜《日本第47届众议院选举及政局走向》(《国际观察》2015年第1期)认为2014年12月的日本第47届众议院选举是日本首相安倍晋三精于政局算计,突然提前解散众议院而举行的。选举结果为执政党大胜并占绝对优势,其根本原因在于现阶段在野党势力低迷,无力应对众议院选举。在"一强多弱"的政党格局下,安倍内阁执政或呈长期化趋势。张伯玉《从第47届大选看自民党"一党独大"》(《日本学刊》2015年第1期)以第47届大选为角度分析了自民党重夺政权以来"一党独大"问题,认为自民党"一党独大"是安倍成功的选举战略和日本"自、公联合"和在野党不断衰退的政治生态环境相互作用的结果。刘江永《论大选后安倍的修宪政治及影响》(《日本学刊》2017年第6期)认为安倍为长期执政并最终实现修宪政治目标,决定于2017年10月提前举行众议院选举并获胜。围绕修宪问题,日本各种政治势力将继续较量,总体形势对安倍更为有利。安倍意在通过修宪或制定新宪法,为根本改变战后体制、全面推行右倾化大国路线确立国家根本大法。尽管日本修宪未必会马上导致军国主义复活,但修宪后的日本国家战略走向及其对亚洲安全带来的影响,值得密切关注。何晓松《"小池现象"与日本政党分化重组》(《东北亚学刊》2018年第6期)认为东京都知事小池百合子所属"都民第一之会"在东京都议会选举中大胜,这一"小池现象"是日本民粹主义政治家崛起的产物,是选民对安倍政权长期以来"傲慢"政治运营的反对,是公明党在地方自治体选举中有着举足轻重地位的反映。"小池现象"所代表的日本大城市政党崛起趋势还会继续影响日本政坛。徐万胜《论日本第48届众议院选举及安倍政权走向》(《和平与发展》2018年第1期)认为,第48届众议院选举的提前举行,是日本首相安倍晋三基于内阁支持率回升、自民党处于领先优势、民进党势力低迷及新兴政治势力立足未稳等因素而做出的政治决定。执政联盟获胜的原因是多方面的,不仅由于在野党势力的孱弱与分裂,也是日本选民"别无选择"的无奈之举。大选后组建的安倍内阁呈长期执政态势,其延续"安倍经济学"、强化对朝施压、推进修宪路线等政策取向值得关注。高洪《日本确立"令和"年号过程中的政治因素探析》(《日本学刊》2019年第3期)探讨了此次年号确立过程中日本各方政治势力的博弈情况及新年号背后隐含的安倍政权的政治寓意和发展愿景。冯晶《日本新年号"令和"及其政治考量》(《日本问题研究》2019年第4期)认为,新年号显露出日本执政阶层对平成时代的总体看法,这将对日本国家未来走向产生重要影响。胡令远、寇建桥《当前日本政治形势与修宪问题》(《现代国际关系》2019年第12期)指出,2019年日本参议院选举后,以自民党为核心的修宪势力未及修宪所需2/3门槛,认为未来自民党将一方面在国会内重新整合集结修宪势力,重新跨越修宪门槛,并迫使在野党就范;另一方面利用政治资源广泛动员民众,为国民投票预做准备。程洁、廉德瑰《年号政治与日本右派民族主义的困境》(《日本问题研究》2020年第2

期）指出，日本千年来的传统是年号要从中国古代经典中选择词组构成。"令和"年号却从日本古典文献中选择出来。其变化背后既是日本右派的民族主义活动，试图在这个问题上"去中国化"，推行右倾民族主义政策，也是安倍与右派组织日本会议在修改宪法等问题上的政治交换。从右派曾极力主张年号法制化以维护日本传统来看，现在又通过推行年号"国书化"来改变传统，反映了其在文化和政治上的困境。《日本学刊》2020年第5期发表了一组从政治、经济、外交、安全及中日关系角度深入剖析日本政权交接及其深刻外溢影响的文章。涉及日本政治学科的文章主要有两篇。一篇是张伯玉的《后安倍时代的开启：自民党总裁选举的政治学分析》（《日本学刊》2020年第5期）。该文指出，从形式上看，"继承安倍政治"是菅义伟获得压倒性支持的大义名分，实际上这是自民党内以细田派和麻生派等为代表的主流派不希望在国民中拥有高知名度的反安倍"斗士"、自民党前干事长石破茂成为安倍继任者，以"摧毁石破"为第一要义进行应对的结果。菅义伟政府到底是过渡性质的，还是会在2021年9月的党总裁选举中再赢得一个任期，存在不确定性。另一篇是徐万胜的《安倍之后：日本政局走向的不确定性增加》（《日本学刊》2020年第5期）。该文指出，虽然目前尚难以断言"安倍之后"的日本必将出现内阁更迭频繁的状况，但在制度规定、政治生态及政策路线层面上，诱发内阁再次更迭的各种潜在因素滋长，从而导致日本政局走向的不确定性增加。

五 有关政治与对外关系的研究

中国的日本学界对日本国内政治与对外关系联动的研究，主要集中在两个方面，一是从广义上和总体上考察日本内政（决策）与外交的关系；二是围绕特别个案（尤其是钓鱼岛事件）进行的一种案例分析型的剖析和考察，这也是进入21世纪后得到迅速发展的一个新兴领域。

关于第一类的研究，代表性著作主要有：包霞琴等《变革中的日本政治与外交》（时事出版社2004年版）认为自20世纪90年代以来，日本进入了全面而深刻的大变革时期，是日本历史上的第三次"开国"。该书选取政治与外交两大主题，围绕着政治制度、决策过程、防卫政策和外交战略等方面的变革，进行了深入的剖析和研究，进而强调日本的变革对中日关系的巨大影响和众多挑战。李建民《冷战后日本的"普通国家化"与中日关系的发展》（中国社会科学出版社 2005 年版）将研究重点放在了日本的"普通国家化问题"上，从冷战后日本的"普通国家化"的背景分析、冷战后日本的"普通国家化"与 20 世纪 90 年代的中日关系、新世纪初期日本"普通国家化"进程的加速、21 世纪初中日关系的回顾与前瞻五部分进行了论证与分析。徐万胜《日本政治与对外关系》（人民出版社 2006 年版）从政治制度、政党政治与政党体制、经济外交、对华关系、对联合国和东南亚国家的外交等视角，全面论述了日本的政治结构和日本的对外关系。黄大慧《日本大国化趋势与中日关系》（社会科学文献出版社 2008 年版）认为日本政治正不断走向保守化，使得日本新国家主义逐渐形成。大国化趋势从内部讲表现为围绕修订和平宪法的斗争已经日趋激烈，从外部讲是强化日美安保体制并凸显日本的独立行动力以及谋求联合国安理会席位。在这一趋势下，中日关系向何处去已经成为我们必须思索解决的难题。刘宗和《日本政治发展与对外政策》（世界知识出版社 2010 年版）着重分析了日本明治维新以来政治发展的轨迹以及日本对外政策的变化，进而研究日本内政、外交的可能发展趋势。郭定平等《日本政治与外交转型研究》（复旦大学出版社 2010 年版）聚焦于 21 世纪日本政治与外交转型，收录了关于日本制度改革与发展模式转型、日本政权交替与政治结构转型、日本行政体制改革与发展、日本外交战略的调整与变化、日本对外关系的最新发展等方面的研究论文 16 篇，对新世纪日本政治行政改革与发展、日本外交战略调整与走向进行了多学科、多角度、多层面的分析和研究。

除论著外，该类的论文还有：桐声《日本右翼势力及其对日本内外政策的影响》（《日本学刊》2005 年第 6 期）指出日本右翼战前积极参与日本对外扩张政策的谋划和充当军国主义侵略战争的急先锋；战后对内试图扭转国家的和平发展道路，对外信奉实力政策和强硬外交，正直接、间接地影响着日本对内对外政策的制定与实施。张瑶华《日本政坛动荡对其内政和外交的影响》（《国际问题研究》2010 年第 5 期）指出日本民主党上台后，由于对选民背信弃义，支持率很快下滑。但自民党并未获利反而继续衰退，且不断涌现的小党形成了日本政党政治的"第三极"力量。日本政局不稳，不仅使日本在寻求国家发展方向的道路上继续徘徊，而且增加了日本对外政策的不确定性。孙承《试析日本鸠山内阁的政治与外交》（《国际问题研究》2010年第2期）认为，以鸠山由纪夫为首的民主党取代长期执政的自民党组成新内阁，是日本政治史上一个新的开端，长期以来酝酿形成的两大政党轮换执政的体制或将由此形成。鸠山内阁在外交上更强调自主性，主张对日美关系重新定位和以构建东亚共同体为目标。翟新《日本民主党政权应对钓鱼岛事件的异常性问题》（《国际问题研究》2011年第3期）针对当时出现的钓鱼岛撞船事件，认为其对菅直人内阁来说是一大外交难题。日本民主党执政后内政外交的政绩不佳，因此该政权在处理钓鱼岛事件过程中存在着借外交事件处理，达成调整对外政策方针和巩固政权基础等目标。徐万胜《政党体制转型与日本对外政策》（《外交评论》2012年第6期）基于冷战后日本政党体制转型的具体内涵，阐释其对日本对外政策的深刻影响，认为总保守化引发对外政策的右倾，推动了20世纪90年代中后期日美同盟的强化，并导致对外政策偏重意识形态考量。自民党、民主党两大政党的对外政策不断趋同，日本政党体制转型能否顺应国际社会发展潮流，满足日本国家发展战略正确抉择的内在需求，值得关注。吴寄南《试析钓鱼岛争端的日本国内政治背景》（《国际观察》2012年第6期），分析了日本民主党的野田佳彦政权"购买"钓鱼岛风波，认为这实质上是日本右翼势力和野田内阁合演的一出"双簧戏"，其深层原因是日本当权者试图遏制中国崛起势头，蓄意推翻第二次世界大战后形成的国际秩序，钓鱼岛争端将对日本政局和中日关系带来深刻的负面影响。吴怀中《日本政治变动及其对华影响》（《日本学刊》2013年第2期）着眼于2012年日本政权更替，从政党结构、政治生态和政策倾向三个维度考察从民主党到自民党的政治变迁及其对外影响，着重分析了"结构保守化""生态右倾化"和"政策正常化"三个核心变量给中日关系带来不断的影响和考验。周璐铭《日本政治右倾化及其对中日关系的影响》（《东北亚学刊》2013年第6期）认为战后美国对日非军事化改革不彻底和日本独特的政治文化风土是日本政治右倾化出现的根源，国际冷战格局转变为右翼势力抬头提供了契机，日美同盟的不断强化赋予右翼势力以国际支持，中日经济实力逆转加速了日本政治右倾化的步伐。魏少峰《日本政治全面右倾化及其对中国国家核心利益的危害》（《湖北行政学院学报》2013年第5期）指出日本政治的右倾化既有日本自身的历史和现实原因，也有美国的影响，它在钓鱼岛问题上态度强硬，危害中国主权；在中国周边构筑包围圈，威胁中国战略安全，严重危害了中国的国家核心利益。中国必须对此高度警惕。宋海洋《当前日本政治的右倾化及其对中日关系的影响》（《江南社会学院学报》2014年第1期）指出2012年安倍晋三政府上台以来，日本政治思潮急剧右转，政治右倾化加剧。日本政治右倾化的历史根源在于战后民主改革的不彻底性和美国的扶植，现实背景则是美国正在实施的亚太再平衡战略和中国经济的快速崛起。日本政府如果不采取措施解决，中日关系的矛盾将加深，东亚一体化进程将遭受挫折。梁云祥《日本政治右倾化与中日关系》（《国际政治研究》2014年第2期）认为，日本政治右倾化对中日关系造成了负面影响，但不能简单将中日关系恶化都归咎于日本政治右倾化，因为右倾化并非简单等于军国主义化和挑战第二次世界大战后国际秩序，其中有些内容并没有违反现有国际规则和日本法律，或已经被日本国民所接受，因此，这一政治倾向将是一个长期现象。目前的中日关系之所以恶化的更深层次原因在于两国关系中的一些结构性矛盾，只能在承认日本政治现实和适度影响日本政治的同时，去寻找缓解中日关系结构性矛盾的具体办法。廉德瑰《"修宪派"与战后日美关系的历史考察》（《日本学刊》2014年第2期）指出日本存在着一股引领修宪思潮的"修宪派"。该股势力立志摆脱美国主导的所谓"战后体制"，修改和平宪法。安倍晋三是"修宪派"的继承人，他利用美国的亚太战略调整，再次提起修改宪法问题，是为摆脱美国主导的战后体制、加强日本独自的防卫能力进行挑战性尝试，恢复日本的大国地位。王京滨《代理懈怠与日本政治变局——兼论中日政治关系的走向》（《社会科学》2016年第6期）基于委托代理理论，分析了作为代理人的日本政治家在监督机制陷入功能不全的状态下所暴露出来的代理懈怠问题，进而诠释中日政治关系恶化的本质是日本民主制度机能衰退的显现，而不真正代表日本的整体民意。日本政治右倾实质上是民主主义机制后退状态下的代理人危机问题。从这一角度来看，中日政治关系一波三折的现象会在世代交替和年轻群体政治参与的增加中趋向平缓。束必铨的《日本官邸外交决策机制演变特征及其局限性》（《世界政治与经济论坛》2018年第4期）认为，第二次世界大战后日本确立起内阁官邸主导外交的决策机制，但由于多重因素的影响，这种官邸决策机制功能没有发挥实际效力，通过改革主导权经历从外务省官僚、自民党政治家向首相官邸过渡的过程。纵观决策机制演变过程及驱动因素，日本外交决策机制表现出决策主体多元化、决策权力集中化、决策理念保守化和决策立场亲美化的特征。在实际运行过程中，其局限性也越发突出，外交平衡性、决策效果、社会共识和民主监督机制均受到考验，这些问题处理不好将冲击战后日本民主体制的发展。何晓松《日本政治生态变化及中国的外交战略应对》（《外国问题研究》2019年第2期）分析了2012年以来日本政治生态出现的思潮保守化、路线右倾化、自民党一家独大、安倍首相官邸集权等特征，并针对这一变化趋势对中日关系影响及我国应对方式提出了意见建议。

第二节　日本政治学科发展的特点

经过40年的发展，中国日本政治研究的成果已具备一定的深度和广度，研究的理论性、思辨性和系统性逐渐加强，研究范式和方法论稳步进化，符合学术规范的成果增多，知识创新得以推进。以上积极趋向与时间的推移呈正相关关系，进入21世纪后这种关系则更为明显。

一　基础研究日臻扎实，应用研究持续推进

40年来，日本政治研究中相对偏重于应用与时政研究的格局得到了一定程度的平衡。在上述5个领域的研究中，基础研究一直占有重要的地位和分量，例如在对日本政治体制、政党政治、政治思想及政治文化、内政与对外关系的研究中，较为厚重的学术成果（尤其是专著）已经陆续出版了至少几十部，如蒋立峰的《日本政治概论》、王新生的《现代日本政治》、王振锁的《战后日本政党政治》、林尚立的《政党政治与现代化——日本的理论与现实》、高洪的《日本政党制度论纲》、徐万胜的《冷战后日本政党体制转型研究》、李寒梅的《日本民族主义形态研究》等。这些著述在多方面填补

了相关领域的学术空白。应用与时政研究更不必说,历来就是日本政治研究的热门和重头,例如关于日本政治体制改革、政党政治态势及走向、政局演变新动向、政治右倾化及其相关影响的论著,至少在数量上还是远超基础研究成果。下文中所附的《日本学刊》刊发的有关日本政治研究论文的数量及比例表就很好地说明了这一点。

二 理论探索及概念创新有突破

经过多年的积累,在奠定了一定的基础之后,中国的日本政治研究学界开始摸索自主创新,在理论构建、概念生成方面力图有所作为、有所突破,以早日掌握学术话语权,占据学科建设的高地,引领相关研究的发展和进步。例如,国内媒体经常提及日本"右倾化"和"保守化",很难准确说明日本政治生态现状及实质,针对此现状,日本政治领域的研究者们进行了专门探讨,如桐声《当代日本政治中的民族保守主义》一文中就指出,之所以用"民族保守主义"概念来归纳当今日本政坛上的主流政治意识,是因为迄今为止人们对冷战结束以来的种种界定,并未能够完整、准确地究明其本质。对照之下,民族保守主义的概念界定,即"带有强烈民族主义色彩的保守政治的系统理论和主张,其本质是激进保守的执政理念中夹杂了浓烈的民族主义政治思想"。随之吕耀东的《试析日本的民族保守主义及其特性》、张进山的《当代日本的民族保守主义:生成、概念和释疑》等文章适时跟进,起到了引领问题研究方向的作用,在很大程度上能够较好地概括冷战后日本政坛主流政治思潮的流变和特质,及时发挥了解释现实、引领研究的作用。

此外,中国的日本政治研究还就日本政党转型及体制提出了自创的定义和概念,例如本质上属于"准一党优位制"的"1996年体制",以及自民党强势主导政坛的"2005年体制"等。

三 方法论的运用日渐成熟

这表现为日本政治研究在如下两大方面所取得的一定的进展。

第一是较为成熟地将政治学的理论与方法论进一步运用于日本政治研究。毋庸置疑,政治学的研究方法首先是推动日本政治研究发展进步的基本手段。多年来，运用经典的政治学方法进行的研究不断增多。例如，林尚立的成果运用政治学的理论和方法，分析了政党政治在日本现代化历程中的结构与功能，探讨了日本政治过程和政治发展的基本特征。王新生的研究基于政治学中经典的政治过程分析法，再加以制度、结构的辅助视角，深入剖析了当代日本政治的状况。其代表作《政治体制与经济现代化——"日本模式"再探讨》则基于广义政治经济学的视角，探讨了战后日本政治体制与经济现代化的互动关系。郭定平的研究成果很大程度上推动了将"多元主义政治分析法"引入中国的日本政治研究中。张伯玉运用政治生态学研究方法来分析日本的政党体制及其与政治社会环境的相互关系。周杰等学者尝试用历史制度主义理论建构一套解释日本选举制度改革的框架，然后运用这一框架寻找解释影响日本选举制度改革动力的各项因素，结合运用西方选举制度理论来分析日本具体问题，实际上挑战了迄今为止国内所未尝试的领域。

第二是正逐步尝试将多学科的研究方法综合集成加以运用。正如当代社会科学发展的大趋势一样，多学科及跨学科研究方法的综合运用，往往能更好地开辟相关研究的新天地和新路径。例如，高洪的《日本当代佛教与政治》采用宗教学、社会学与政治学相结合的多学科研究方法，揭示了日本当代佛教与国家政治生活相互制约、相互作用的依存关系。淳于淼泠的《宪政制衡与日本的官僚制民主化》则尝试采用政治学、历史学、法学、行政学等社会科学的既有成果，对战后日本官僚制民主化进行综合性分析研究。曹天禄的《日本共产党的"日本式社会主义"理论与实践》在以马克思主义为指导的基础上，采用历史分析、比较分析、系统分析、文献查阅和归纳等主要方法，对第二次世界大战后日共的"日本式社会主义"的理论与实践活动进行了重点分析。

第三节　当前日本政治研究面临的挑战及发展前景

日本政治研究需要兼具高度的理论水平以及对日本政治现实长期跟踪的学术积累，在整个日本研究中并不属于热门和显学。比起直接与中日关系紧密相连的历史与经济领域,日本政治类的成果在数量上从来不占优势。

例如,根据日本学刊编辑部发表的《中国的日本研究著作目录(1993—2016)》(日本学刊2016年增刊)所提供的数据,收录的日本研究相关著作共七大类、4716种,其中,综合类239种、占5.1%,历史类1234种、占26.2%,外交类197种、占4.2%,经济类845种、占17.9%,社会文化类1159种、占24.6%,文学艺术类482种、占10.1%,政治类仅有560种、占11.9%。(参见图1)

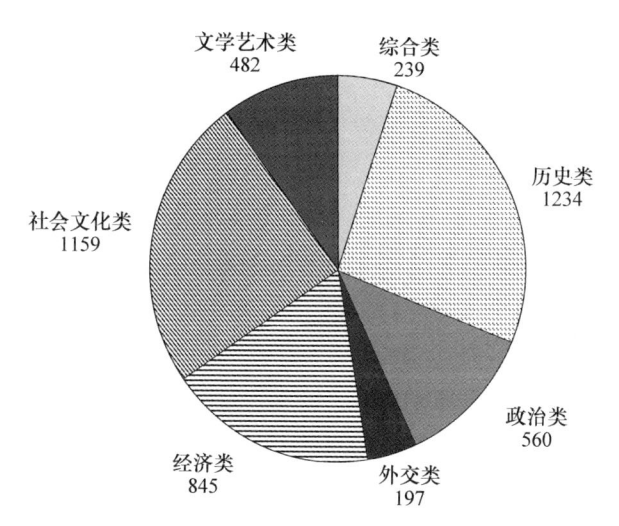

图1 《中国的日本研究著作目录(1993—2016)》所收录日本研究各领域著作的分布情况

这一数据似可与《日本学刊》所收录的论文数据相呼应印证:即便在《日本学刊》这样的业内权威期刊上,日本政治类论文的数量比重仍然相对较小。根据笔者的统计,在2000年到2020年,《日本学刊》上发表的日本政治类论文比重仅占发表论文总篇数的9%左右。

表1　《日本学刊》刊载的政治类论文（2000—2020年）

年份	政治类论文数	刊发总篇数	政治类论文比重（%）
2000	5	92	5.4
2001	9	83	10.8
2002	6	83	7.2
2003	7	83	8.4
2004	11	78	14.1
2005	13	88	14.8
2006	13	94	13.8
2007	6	96	6.3
2008	6	95	6.3
2009	9	92	9.8
2010	5	96	5.2
2011	7	93	7.5
2012	10	80	12.5
2013	7	74	9.5
2014	6	72	8.3
2015	6	84	7.1
2016	6	73	8.2
2017	4	56	7.1
2018	3	58	5.2
2019	3	68	4.4
2020	6	57	10.1
总计	148	1695	8.7

除了数量上的劣势以外，40年来中国的日本政治研究虽然取得了不少显著的学术成就，但依然面临着一系列的发展瓶颈和问题挑战。

首先，依旧是专业研究理论不足、后继乏人的问题。虽然学界号称从事日本政治外交研究的人员数量众多，但细分之下即可发现，大部分人平素都在从事热点（外交、军事安全、争端冲突）议题的跟踪和分析，真正专注于日本内政问题的研究者数量却是少之又少。这一现状与日本政治学科的地位不相符合，也无法满足中日关系发展的现实需求。因而，如果能够通过有效的途径与方式来扩充队伍规模，必将有力地推动日本政治学科及相关研究事业不断向前发展。

其次，在研究方法论和路径上仍面临着规范和创新的问题。跨学科和多学科的日本研究能从更加广阔的视角准确地把握日本，将日本研究提高到新的水平，然而迄今为止的日本政治研究，主要运用的研究方法仍是较为单一的政治学方法——而且这种政治学方法的运用本身尚存有诸多不足之处。今后，日本政治研究学科应该力争进一步运用历史学、政治学、法学、行政学、统计计量学、社会心理学、博弈论等社会科学发展的前沿理论和成果，对战后尤其是冷战后的日本政治进行综合性的分析研究，力求从不同的角度和层次展开分析论述，以期能够发现和提出中国的日本政治学界所独有的分析、解释和结论①。

最后，日本政治研究在选题和学术站位上存在一些偏颇的取向，需要坚守作为学者的客观理性态度。学界对于与中国有直接关系的日本政治动向和政策调整比较敏感，跟踪也较及时，但对有些看似关系不十分密切的其他领域和部分，乃至全局把握、总体研究和基础整理等工作则深入得并不充分。从中国近代开始，日本政治右倾化及保守化以及由此生成的外交及军事安全问题历来是国人关心的热点和焦点，特殊的"对日感情论"往往夹杂其中。而现代媒体的发达又直接助长了这一现象。如果对日本政治、法制、决策、文化与外交安全动向的内在联系（这种联系的程度远远超过其他国家）缺乏深入的研究，那就难以有效地去判别重大而紧要的现实问题。国内各股研究日本的力量缺乏必要的组织和分工，重复跟"风"追"热"，对政治问题的研究显得既不深也不透。所以，中国的日本政治学者不能跟风走，要以正确的选题意识、专业立场和深入研究来为外界提供准确无误的学术成果。

---

① 谷口将纪、竹中治坚、上神贵佳、菅原琢、饭田健、大川千寿等日本中青年政治学者在运用定量分析与计量政治学方法的同时，吸收西方经济学、社会学等的方法论，近年出版了多部有关日本选举制度及投票行动、政党体制等的重量级学术著作。

40年来，我国学术界从事日本研究的工作者们，已经在日本政治学科分领域内，有力发挥了坚守理论阵地、深化研究力度的作用，相应取得了积极的影响和效应。日本政治形势的发展和国内外的相关研究表明，及时准确地梳理、分析和总结日本政治的动态和走向，正确地把握日本的政治变动的特性和实质，对于我们妥善判断和处理中日关系、塑造对中国崛起至关重要的周边地缘环境，都具有十分重要的意义。中国的日本政治学科领域理应在整个日本研究中继续体现出更为重要的分量，通过努力创新、开拓进取，在既有的基础和成绩上更进一步，为学术研究和政策需要做出应有的贡献。

第 二 章

中国的日本经济研究*

　　进入20世纪80年代，中国实施改革开放政策，广泛了解和学习发达国家，而战后实现经济高速增长的邻国日本，则成为重要的研究对象。1981年，中国社会科学院日本研究所应运而生，并设立日本经济研究室，从此汇入中国的专业化日本经济研究队伍中。40年来，中国的日本经济学界一方面注重追踪和探讨日本经济的发展变化，把握其未来走势，以制定和调整对日经济政策及外交战略，促进中日经贸合作、双边关系以及东亚区域经济的发展；另一方面，针对中国经济发展的现实需要，深入分析和借鉴日本经济发展过程中的经验与教训，以趋利避害，为中国经济建设及融入世界经济体系寻求有效途径。由此而言，中国的日本经济研究发展历程，不仅反映了第二次世界大战后日本经济的发展轨迹，也折射出中国改革开放、经济发展以及中日经贸关系的演变过程。

第一节　日本经济研究的历程

　　日本经济学科同时属于国际问题和经济学研究的范畴，内含日本宏观经济、金融、财政、产业、能源、企业、对外经济关系等领域。其中，日本宏观经济研究主要包括日本经济发展史、经济运行、经济政策、中日经济比较等；金融研究涉及金融政策、金融组织、金融市场、金融监管等；

---

* 徐梅，中国社会科学院日本研究所经济研究室主任、研究员，中日经济研究中心副主任。

财政研究主要包括财政政策、税收制度、财政预算、地方财政等；产业研究涵盖产业政策、产业组织、产业技术、三次产业等；能源研究涉及能源政策、能源技术、能源贸易、能源开发与投资、能源生产与消费、新能源等；企业研究涵括企业组织、企业经营、中小企业等；对外经济关系研究则覆盖贸易、投资、政府开发援助（ODA）、双边经贸关系以及多边合作、区域经济一体化、相关国际经济组织等内容。

一 中华人民共和国建国前后日本经济研究的萌芽与奠基时期

在中华人民共和国成立之前，老一辈国际问题专家便发表了一些有关日本经济社会发展状况和动态的文章[①]，反映了当时所处的时代背景。1949年中华人民共和国成立后，北京大学、人民日报国际部进行有关日本历史、语言文学等方面的教学或报道工作，涉及日本经济问题。20世纪50—60年代，中国与日本先后签署了四个《中日民间贸易协定》和《中日长期综合贸易备忘录》[②]，双方经贸往来主要限于民间。1972年，中日两国实现邦交正常化，第二年中国驻日本大使馆设立商务处。1974年初，日本外相大平正芳访问中国，中日两国签署《中日贸易协定》，双边经贸活动步入正轨。

这期间，中国的日本经济研究及学科建设提上日程。20世纪60年代，在周恩来总理的关怀和指示下，吉林、河北等的地方院校成立日本研究机构，开始出现一批专门从事日本经济研究的学者，以"日本"命名的学术刊物也相继问世，如1964年河北大学日本研究所创刊《日本问题研究》等，为改革开放后的中国日本研究奠定了基础。遗憾的是，60年代中期后的十年"文化大革命"，导致中国的学术研究几近停滞状态，加之当时中

[①] 参见纪元《日本金融寡头与军部结合的新倾向》，《世界知识》1937年第1期；骆耕漠：《日本对华的资本输出》，《世界知识》1937年第3期；思慕：《日本物资总动员与其影响》，《世界知识》1938年第1期；郑森禹：《一年来敌国财政恐慌的深化》，《世界知识》1938年第1期；孟宪章：《美国独占资本导演下重复踏上侵略道路的日本对外贸易》，《世界知识》1948年第6期。

[②] 1962年11月，中方代表廖承志与日方代表、前通商产业大臣高碕达之助以民间形式在北京签署《中日长期综合贸易备忘录》，由于两位代表的英文名字首位字母分别为"L"和"T"，该协议被称为"LT贸易"。根据协议，双方互设联络处，利用政府担保资金进行半官半民的贸易活动，对促进中日民间贸易发展、中日关系改善发挥了重要而积极的作用。

日两国尚未建交、中国也未打开国门，对日本经济的了解和认知主要限于零散的译文资料、相关信息、形势简析等，缺乏系统性。

二 中国改革开放后日本经济研究的兴盛时期

第二次世界大战后，在美国的扶持下，遭受战争摧毁的日本经济很快得以恢复，20世纪50年代中期进入高速增长轨道。1968年，日本跃升为资本主义世界第二经济大国，仅用不到20年的时间创造了世人瞩目的"经济奇迹"。1973年第一次石油危机爆发，给能源短缺的日本经济造成重创，以此为转折，日本开始大力推动能源结构转型，促进制造业从资源消耗型重化工业向低能耗的技术密集型产业转变。经过调整和转型后，日本不仅在节能环保技术方面走在世界前沿，对大宗商品价格波动的承受能力增强，而且实现了产业结构升级，劳动生产率明显高于欧美发达国家，日本经济率先走出危机，经济实力进一步增强。

到80年代中期，日本基本实现赶超欧美大国的目标，跻身世界经济大国以及对外贸易大国、投资大国、援助大国、债权大国之列，众多国家和地区纷纷学习和效仿日本经济发展的成功之路。中国在1978年12月召开党的十一届三中全会，决定实施改革开放政策。刚刚打开国门的中国，不仅希望了解邻国日本的政治、经济、社会状况，更加关注其在较短时期内跃升为世界第二经济大国的"奥秘"，希望学习和借鉴其发展经济的经验，引进日本的资金和技术。于是，日本经济研究成为中国日本研究和国别经济研究的重中之重。

（一）研究队伍不断充实和壮大

1978年，中华全国日本经济学会（现为全国日本经济学会）成立，为国内日本经济学界加强交流与合作、提升研究水平、对外开展学术活动搭建了重要平台。进入20世纪80年代，中国社会科学院、复旦大学、南开大学等院校相继成立日本研究机构，中国的日本经济研究队伍日益壮大，形成以京津并零散分布于冀、上海、吉林、辽宁等地相对集中、全国各地零散分布的格局。同时，有关日本问题的杂志期刊增多，成为中国日本学界研究成果的重要载体，也是对日进行学术交流、宣传中国改革开放政策、促进中日经贸合作的主要阵地。

随着日本经济研究力量的增强及研究的逐步推进，国内出现一批学科带头人，如任文侠、池元吉、宋绍英、金明善、孙执中、郑励志等。到1984年末，中国从事日本问题研究的人员约1130人，其中经济相关人员占1/5左右[1]，老一辈日本经济研究专家培养的研究生也逐渐成长为中国日本经济研究的中坚力量。科研人员密切跟踪日本经济领域的发展变化及前沿动态，追随中国改革开放和经济建设的步伐，不断推进日本经济研究。根据国内外形势的发展和需要，全国日本经济学会组织学术活动，定期或不定期举办各类研讨会，互通信息，交流观点，推动日本经济研究和学科建设，如1984年8月全国日本经济学会在上海举办第三届年会，探讨"日本对外经济战略和新技术革命"。

（二）学科体系逐步形成

随着中国日本经济研究升温、研究队伍日益壮大以及改革开放不断推进，开始出现一些全面、系统阐述和分析战后日本经济发展变化的成果，如著书《现代日本经济问题》[2]、《战后日本经济概述》[3]、《日本经济》[4]、《日本经济论》[5]等，反映了中国的日本经济研究逐渐形成一个学科体系。值得一提的是，中国社会科学院日本研究所组织全国九家主要日本研究机构联合编写了"战后日本丛书"（航空工业出版社1988年版）。在九部丛书中，除《战后日本政治》一书外，任文侠和吕有晨主编《日本的宏观经济管理》、金明善主编《战后日本经济发展史》和《战后日本产业政策》、孙执中主编《战后日本财政》、盛继勤主编《战后日本国民经济基础结构》、郑励志和陈建安主编《战后日本对外贸易》、金泰相和张赤宸主编《战后日本垄断资本》、王琥生和赵军山主编《战后日本经济社会统计》等八部著书均以经济内容为主题，可见当时日本经济研究所受到的重视程度。这种状况一直持续到20世纪90年代中期。

20世纪80年代是中日关系的"蜜月期"，为两国学界间的交往营造了

---

[1] 日本国际交流基金编：《中国的日本研究》，1987年。
[2] 金明善：《现代日本经济问题》，辽宁人民出版社1983年版。
[3] 王章耀：《战后日本经济概述》，中国人民大学出版社1984年版。
[4] 池元吉、张贤淳编著：《日本经济》，人民出版社1989年版。
[5] 余昺雕：《日本经济论》，吉林大学出版社1989年版。

良好环境。1981年6月，中日两国共同举办"中日经济知识交流会议"，小宫隆太郎、大来佐武郎、下河边淳、馆龙一郎、金森久雄等日本著名经济学家来华访问与交流。在1982年10月中日建交十周年之际，中日两国专家首度合作，编写工具书《现代日本经济事典》[①]，系统而详细地介绍了日本经济发展状况。该书被称为了解日本经济的"入门"书，成为中国日本经济研究较早且较具体系的代表性成果之一，对全面了解战后日本经济、吸取日本经验具有宝贵的参考价值。上述对外交流与合作，为深化中国的日本经济研究、促进学科体系建设拓宽了视野。

三 "泡沫经济"崩溃后日本经济研究的全面充实时期

20世纪80年代中期以后，日本的后发效应消退，国内市场日渐饱和。在1985年"广场协议"后日元大幅升值的情况下，日本采取了宽松货币政策，以防止出口下滑和经济萧条。释放出的资金大量进入房地产和股票市场，推高了地价和股价，经济"泡沫"膨胀。20世纪90年代初，"泡沫经济"崩溃，日本经济陷入长期低迷。

（一）形势变化提出众多新课题

冷战结束后，国际政治安全环境发生重大变化，世界经济从工业化时代向信息化、网络化时代过渡，经济形势趋于复杂多变。1997年，亚洲金融危机爆发，东亚区域经济合作真正起步。随着新兴市场经济快速发展，生态环境、地区差距等问题日益显现。2008年，源于美国的国际金融危机爆发，随后出现欧洲债务危机，世界经济陷入低迷并伴有通货紧缩，经济可持续发展问题成为各国和地区面对的重大课题。2009年，美国宣布"重返亚太"，并参与和主导"跨太平洋伙伴关系协定"（TPP），劝说日本加入，使东亚及亚太区域经济一体化形势更加复杂。在国际和地区形势变化的同时，日本与中国的经济实力对比发生变化。

日本在"泡沫经济"崩溃后采取了诸多措施以刺激经济复苏，但未能如愿。到20世纪90年代中期，日本政府开始推动体制改革，如实施"放

---

① 中国社会科学院工业经济研究所、日本综合研究所编：《现代日本经济事典》，中国社会科学出版社1982年版。

松规制计划",减少政府限制,扩大内需和市场开放。由于日本的体制改革滞后于时代发展、政局不稳导致政策缺乏连续性、人口老龄化加剧给日本经济带来负面影响,加之亚洲金融危机、国际金融危机造成外部环境恶化,日本经济持续低迷,其改革效果有限。而这期间,中国经济保持快速增长,市场化进程加快,2001年12月加入世界贸易组织(WTO),进一步推进改革开放。日本企业看好中国经济前景,中日经贸合作迈上一个新台阶。2010年,中国经济总量首次超过日本,成为世界第二经济大国,并且这一中日差距逐渐拉大,由此引发两国关系在政治外交、军事安全等领域的调试。在上述国内外形势下,出现很多新现象和新问题,要求学界扩展和深化日本经济相关问题的研究。

(二) 学科体系日趋健全和完善

在日本经济长期低迷、中日关系波动不稳的情况下,中国的日本学界对日本政治、外交领域的关注度持续上升,而日本经济研究的地位相对下降。但是,随着中国经济改革的进展、新现象和新问题增多,国内日本经济学界不断延伸研究的广度和深度。学者们一方面继续追踪日本经济学科的前沿动态,力求把握未来发展趋势,一方面深入探讨日本"泡沫经济"的生成和影响、经济长期低迷的制度性原因以及改革方向,并且从过去以正面探讨日本经济的成功经验为主开始转向全面客观研究日本,也注重从反面吸取日本经济发展中的教训,以趋利避害。随着20世纪90年代初中国开始明确实行社会主义市场经济体制后,有学者带着中国问题意识,探讨"日本式市场经济体制的模式界定与中国市场经济体制运行的模式选择"[①] 等问题。

这一时期,经济国际化、信息化、网络化快速发展,对外学术交流与合作日趋活跃,电脑等设备逐渐普及,大大提高了研究效率,科研成果大量涌现,而且内容涉猎广泛,覆盖日本经济学科的各领域,研究视野和方法不断拓宽。专业化研究机构的科研人员构成趋于年轻化、高学历化、多语种化,知识结构更加合理。围绕日本经济问题在国内期刊杂志撰文立说

---

① 刘力臻:《日本式市场经济体制的模式界定与中国市场经济体制运行的模式选择》,《世界经济与政治》1996年第12期。

的作者群体日益多元化，不仅有全国各地日本研究机构的专家学者、在读研究生，也有政府部门、企业相关人员以及外国学界、企业界人士，展现出百花齐放、百家争鸣的学术氛围，日本经济学科体系不断充实和完善。

四 新形势下日本经济研究的深度扩展时期

进入 21 世纪第二个十年，全球政治经济秩序深度调整，科技革命日新月异，数字经济快速发展，制造业呈现智能化、自动化、生态化发展趋势，同时地缘政治风险上升，地区冲突不断，大国博弈加剧。

（一）形势复杂化中研究热点纷呈

2012 年 12 月，安倍晋三二度执政，并成为日本历史上在任时间最长的首相。安倍上台后，开始实施"安倍经济学"，采取宽松货币政策和积极财政政策，推动国内结构改革，以摆脱长期通货紧缩，重振日本经济。2017 年初特朗普就任美国总统后，给世界带来新的不确定性。在经贸领域，特朗普政府对外实行"美国优先"和贸易保护政策，2018 年挑起中美贸易争端，对华采取大范围加征关税措施，并延伸至科技、金融等领域，有意打压崛起中的中国，并且挑战 WTO 等国际组织的权威性，全球治理面临新课题。在政治安全领域，特朗普政府推出"印太战略"，旨在抑制中国在印太地区的影响力。中美两个大国间的经贸摩擦，导致世界经济面临下行风险。在欧洲，一体化面临挑战，2016 年英国公投决定脱离欧盟，历经艰难谈判后英国于北京时间 2020 年 2 月 1 日正式"脱欧"。在本已复杂化的形势下，2020 年伊始，新冠肺炎疫情突如其来并迅速扩散，造成国家间前所未有的隔离状态，全球产业链供应链调整加快。

随着不确定因素日益增多，日本加快推进构建经济伙伴关系，全面扩展对外经贸合作，积极参与区域经济一体化及全球价值链重构。2018 年，在日本的推动和主导下，11 个成员签署没有美国参加的 TPP 即"全面与进步跨太平伙伴关系协定"（CPTPP），并与欧盟达成日欧"经济伙伴关系协定"（EPA）[①]，

[①] 日本追求高质量、内容广泛的自由贸易协定（Free Trade Agreement, FTA），将之称为"经济伙伴关系协定"（Economic Partnership Agreement, EPA）。根据日本外务省的定义，EPA 是指："在特定的两个或两个以上的国家之间，以促进贸易投资自由化和便利化、取消国内限制及协调各种经济制度、加强广泛的经济关系为目的的协定。"

这两个贸易协定均已生效。在日本国内,面对少子老龄化形势加剧,劳动力供给不足,安倍政府继续推进劳动力市场、社会保障等制度改革。2019年5月1日,日本始于1989年1月的"平成时代"结束,开始进入"令和"时代。此次改朝换代,开辟了天皇生前退位的先河,年号的选定也一改以往源自中国《尚书》《诗经》等典籍的惯例,而选自日本《万叶集》,反映了"百年未有之大变局"下日本求新求变、追求文化独立性及自身影响力的发展取向。新年号"令和"蕴含着日本在经历了平成经济萧条后希冀迎来一个美好和谐新时代的祈愿。这期间,中日关系因2012年9月"钓鱼岛事件"恶化,双方经贸关系连续数年降温。2013年下半年,中国国家主席习近平提出"一带一路"倡议,得到众多国家和地区的响应。随着2017年春季后中日关系逐渐重回正常轨道,日本对"一带一路"倡议的消极态度发生变化,中日第三方市场合作成为中日经贸合作的新亮点。上述形势变化及热点问题,受到国内日本经济学界的广泛关注和追踪,研究的广度和深度不断扩展。

(二)"三个体系"建设齐头并进

学科体系是支撑哲学社会科学"三个体系"建设的基础,学术体系是促进学科体系和话语体系建设的发展动力,话语体系是学科体系和学术体系建设的内在要求和评价标准,三者密切相联。随着日本经济学科体系、学术体系日益发展和充实,话语体系建设亦取得进展。国内日本经济研究最重要的学术团体全国日本经济学会,不仅成为中国日本经济学界科研成果以及国内外相关机构人员学术交流的重要平台,也成为中国对外宣传改革开放政策、促进中日相互了解和经贸合作的一个重要阵地。

成立40多年来,全国日本经济学会一直致力于推动学术交流,每年举办大型年会和研讨会,在年会的基础上,2008年由王洛林和张季风主编、社会科学文献出版社首次出版了《日本经济蓝皮书》,至今已连续出版13部。蓝皮书由中日两国日本经济研究权威人士和专家学者撰稿,以年度重大问题为核心,回顾过去一年日本经济运行和中日经贸关系状况,展望和分析未来一年的发展趋势,全面解析年度热点问题及重大事件。日本经济学界与时俱进,及时反映学科发展前沿动态,通过各类组织团体、著书、期刊杂志、新闻媒体、网络平台等扩大内外交流和宣传,提升影响力和话语权,对推动中国的日本经济研究、"三个体系"建设及中国经济发展发挥了积极作用。

第二节 日本经济研究的主要领域及成果

近 40 年来,中国日本经济学界追随中国经济建设的步伐和现实需要,对日本经济相关问题进行了全方位、多视角、多层面的研究,并取得了丰硕成果,主要体现在以下方面。

一 日本宏观经济

追踪和分析日本宏观经济发展变化及走势,是日本经济学界的一个永恒课题,相关成果颇丰,而且不同时期所研究的侧重点有所不同。在 20 世纪 80 年代中国改革开放初期,学界全面梳理战后日本经济的发展变化,同时热衷于探讨日本经济高速增长的"奥秘"及可资中国借鉴的经验,相关著书有:《战后日本经济高速发展的原因》[1]、《战后日本实现现代化的经验》[2]、《日本崛起论》[3]、《走向世界大国之路 日本经济国际化简论》[4]、《日本经济控制论纲》[5] 等;相关论文如:《二重结构与日本经济的高速发展》[6]、《现阶段日本经济的特征及今后的发展趋势》[7]、《日本实现国民经济现代化的几个主要标志》[8] 等。

日本"泡沫经济"崩溃后,有关日本经济发展、改革状况及解析日本

---

[1] 张贤淳:《战后日本经济高速发展的原因》,吉林大学出版社 1986 年版。
[2] 上海社科院世界经济研究所编:《战后日本实现现代化的经验》,上海社会科学院出版社 1987 年版。
[3] 宋绍英:《日本崛起论》,东北师范大学出版社 1990 年版。
[4] 樊勇明主编:《走向世界大国之路 日本经济国际化简论》,上海三联书店 1990 年版。
[5] 白成琦:《日本经济控制论纲》,吉林大学出版社 1990 年版。
[6] 吕有晨:《二重结构与日本经济的高速发展》,《吉林大学学报(社会科学版)》1979 年第 6 期。
[7] 孙汉超:《现阶段日本经济的特征及今后的发展趋势》,《现代日本经济》1983 年第 1 期。
[8] 孔凡静:《日本实现国民经济现代化的几个主要标志》,《经济学动态》1986 年第 6 期。

经济长期低迷的成果大量涌现，如《问题·对策·机制——日本经济发展的经验教训》[1]、《日本经济国际化》[2]、《冷战后的日本经济》[3]、《战后日本经济剖析》[4]、《现代日本经济概论》[5]、《日本的规制改革》[6]、《日本经济体制变革研究》[7]、《挣脱萧条：1990—2006年的日本经济》[8]、《新时代的日本经济》[9]、《激变的日本经济》[10]、《走向新起点——日本的经济复苏与中日经济关系》[11]、《苦涩的日本：从"赶超"时代到"后赶超"时代》[12]等著书，以及《"住专"处理与日本型市场经济的制度变革》[13]、《20世纪90年代的日本经济》[14]、《论20世纪90年代日本的景气刺激对策》[15]、《日本经济增长的制约因素及其前景》[16]等论文。学者们带着中国改革及经济发展中的问题意识，基于变化的形势，深入探讨日本宏观经济问题。

安倍晋三于2012年底二度执政后实施的"安倍经济学"及其效果备受关注。"安倍经济学"包括大胆的量化宽松货币政策、积极的财政政策、以结构改革为核心的经济增长战略。其中，结构改革内容涉及降低法人税、建立国家战略特区以及劳动力市场、农业、养老金等制度改革。2016

---

[1] 中国社会科学院日本研究所课题组编：《问题·对策·机制——日本经济发展的经验教训》，经济科学出版社1994年版。
[2] 宋绍英：《日本经济国际化》，东北师范大学出版社1997年版。
[3] 孙景超、张淑英编：《冷战后的日本经济》，社会科学文献出版社1998年版。
[4] 赵儒煜：《战后日本经济剖析》，吉林大学出版社2000年版。
[5] 刘昌黎：《现代日本经济概论》，东北财经大学出版社2002年版。
[6] 徐梅：《日本的规制改革》，中国经济出版社2003年版。
[7] 崔岩：《日本经济体制变革研究》，辽宁大学出版社2004年版。
[8] 张季风：《挣脱萧条：1990—2006年的日本经济》，社会科学文献出版社2006年版。
[9] 张淑英：《新时代的日本经济》，东方出版社2006年版。
[10] 江瑞平：《激变的日本经济》，世界知识出版社2008年版。
[11] 赵晋平：《走向新起点——日本的经济复苏与中日经济关系》，中国人民大学出版社2009年版。
[12] 徐平：《苦涩的日本：从"赶超"时代到"后赶超"时代》，北京大学出版社2012年版。
[13] 李晓：《"住专"处理与日本型市场经济的制度变革》，《世界经济》1997年第4期。
[14] 王洛林、余永定、李薇：《20世纪90年代的日本经济》，《世界经济》2001年第10期。
[15] 张玉棉：《论20世纪90年代日本的景气刺激对策》，《现代日本经济》2003年第1期。
[16] 田中景、池元吉：《日本经济增长的制约因素及其前景》，《世界经济》2008年第8期。

年由人民出版社出版、李晓主编的《安倍经济学与中日经济关系》一书认为，日本是发达国家中最早遭遇经济增长瓶颈的国家，主要原因在于投资收益率下降所导致的结构性的经济长期低迷，加之人口严重老龄化，其试图通过零利率、量化宽松等金融政策解决问题的思路和方法有误。从长期来看，日本在世界经济中的地位和作用将继续下降。日本经济不再是寻找新起点的过程，而是寻找新的均衡点的过程。"安倍经济学"的实施及日本经济长期低迷，对东亚政治经济格局尤其中日经济关系会产生重大影响。有关"安倍经济学"的论文也大量出现，如《"安倍经济学"的背景、机理及风险探析》[1]、《"安倍经济学"与日本主权债务：风险与前景》[2]、《从"安倍经济学"的前景看中国经济面临的挑战与机遇》[3]、《"安倍经济学"能拯救日本经济吗？》[4]、《"安倍经济学"与中国企业的对日并购》[5]、《"安倍经济学"的困境与日本经济前景》[6]、《后安倍时代日本经济政策举措与展望》[7] 等。

也有学者从时代划分、经济战略及供给侧等角度探讨日本宏观经济问题。譬如，论文《日本经济长期低迷的新解说：基于供给的视角》[8] 指出，包括安倍内阁在内的历届日本政府，不惜在财政赤字恶化的形势下继续出台旨在拉动内需的量化宽松货币政策，以刺激经济复苏，但效果并不明显，表明政策没有完全对症下药。20世纪90年代后日本经济长期低迷，主要是由于建立在高科技平台上的"新供给"缺失造成的。相关成果还有《日本经济战略转型与对策》[9]、《日本平成时期经济增长与周期波动研

---

[1] 郑蔚：《"安倍经济学"的背景、机理及风险探析》，《东北亚学刊》2013年第5期。
[2] 赵瑾：《"安倍经济学"与日本主权债务：风险与前景》，《财贸经济》2013年第10期。
[3] 李晓、张虎、丁一兵：《从"安倍经济学"的前景看中国经济面临的挑战与机遇》，《国际经济评论》2014年第1期。
[4] 伞锋、张晓兰：《"安倍经济学"能拯救日本经济吗？》，《东北亚论坛》2014年第1期。
[5] 丁红卫：《"安倍经济学"与中国企业的对日并购》，《现代日本经济》2014年第6期。
[6] 姜跃春：《"安倍经济学"的困境与日本经济前景》，《国际问题研究》2015年第2期。
[7] 刘瑞：《后安倍时代日本经济政策举措与展望》，《人民论坛》2020年第30期。
[8] 张乃丽：《日本经济长期低迷的新解说：基于供给的视角》，《山东大学学报（哲学社会科学版）》2015年第3期。
[9] 任景波、杜军：《日本经济战略转型与对策》，经济日报出版社2014年版。

究》①、《日本平成经济通论》② 等著书以及《日本供给侧结构性改革的时机、措施与效果研究》③、《供给侧结构性改革与宏观经济政策协调》④、《日本经济"平成萧条"与"令和"展望》⑤ 等论文。

二　日本金融与财政

（一）金融相关问题

20世纪80年代，日美两国经贸摩擦不断升级。1985年9月，西方五国财长签署"广场协议"，日元大幅升值，"日元升值萧条"下日本实施的宽松货币政策推动了经济"泡沫"膨胀，同时也使日本企业加快向亚洲等地区大规模转移生产。这一时期，日本与美国等主要发达国家之间的经济实力对比发生质变，对外经济关系和债权关系有所变化。在此背景下，出现《日本的债权国地位及特点》⑥、《日元升值对亚太地区贸易结构和产业分工的影响》⑦ 等论文。

随着"泡沫经济"崩溃，日本金融机构出现大量不良资产，银行"不倒神话"破灭，暴露出之前金融体制改革不彻底以及存在的结构性问题。不良资产、金融改革、金融监管等成为研究热点，特别是桥本龙太郎内阁时期实施的以自由化内容为主的金融大改革一度受到热议，相关成果有《日本"大和银行事件"剖析》⑧、《日本版"金融大爆炸"能否根除"40年体制"》⑨、《日本金融体制的问题及改革》⑩、《日本处理

---

① 崔岩：《日本平成时期经济增长与周期波动研究》，社会科学文献出版社2016年版。
② 张季风：《日本平成经济通论》，社会科学文献出版社2017年版。
③ 崔健：《日本供给侧结构性改革的时机、措施与效果研究》，《日本学刊》2019年第3期。
④ 田正：《供给侧结构性改革与宏观经济政策协调》，《广西师范大学学报（哲学社会科学版）》2020年第3期。
⑤ 徐梅：《日本经济"平成萧条"与"令和"展望》，《现代日本经济》2020年第5期。
⑥ 李龙云：《日本的债权国地位及特点》，《日本问题》1987年第3期。
⑦ 高连福：《日元升值对亚太地区贸易结构和产业分工的影响》，《亚太经济》1988年第1期。
⑧ 阎坤：《日本"大和银行事件"剖析》，《日本学刊》1996年第2期。
⑨ 刘军红：《日本版"金融大爆炸"能否根除"40年体制"》，《现代日本经济》1997年第5期。
⑩ 张淑英：《日本金融体制的问题及改革》，《世界经济》1998年第7期。

银行不良债权的行政措施与操作重点》①、《日本银行业的不良资产为何难以解决》②、《金融自由化与金融监管体制改革——以日本为实例的分析》③、《日本"新金融行政框架"与不良债权的治理》④ 等。

安倍二度执政后，为摆脱长期通缩，实施了量化宽松货币政策，其效果受到广泛关注，出现《日本长期通货紧缩与量化宽松货币政策——理论争论、政策实践及最新进展》⑤、《日本通缩问题对中国通缩治理的启示》⑥、《再通胀主义学理逻辑视角下日本通缩治理及启示》⑦、《日本量化质化宽松货币政策效果及原因分析》⑧ 等论文。在人口少子老龄化加剧的形势下，有学者撰文《日本第三支柱养老金资产管理：运营模式、投资监管及经验借鉴》⑨。

（二）财政相关问题

日本经济学界始终注重研究日本财税政策、制度、税种改革及其效果、债务问题等，如《战后日本财产税改革及其效应》一书⑩，以战后日本土地税制、证券税制、遗产税、赠予税等主要税种的改革历程和效果为线索，对日本财产税制改革的经济效应进行实证分析，系统探讨了日本房地产评估体系和财产税制的征收体系，认为日本税改的经验与教训值得中国参考和借鉴。相关论文有《浅析战后日本税制的若干问题》⑪、《日本：

---

① 陈虹、李薇：《日本处理银行不良债权的行政措施与操作重点》，《国际金融评论》1999年第8期。

② 袁跃东：《日本银行业的不良资产为何难以解决》，《世界经济》2003年第3期。

③ 殷立春、陈治国：《金融自由化与金融监管体制改革——以日本为实例的分析》，《现代日本经济》2004年第2期。

④ 戴晓芙：《日本"新金融行政框架"与不良债权的治理》，《日本学刊》2009年第1期。

⑤ 刘瑞：《日本长期通货紧缩与量化宽松货币政策——理论争论、政策实践及最新进展》，《日本学刊》2013年第4期。

⑥ 郭可为：《日本通缩问题对中国通缩治理的启示》，《日本问题研究》2015年第5期。

⑦ 陈刚：《再通胀主义学理逻辑视角下日本通缩治理及启示》，《浙江学刊》2015年第6期。

⑧ 袁薇、康书生：《日本量化质化宽松货币政策效果及原因分析》，《日本问题研究》2020年第1期。

⑨ 宋凤轩、张泽华：《战后日本财产税改革及其效应》，《现代日本经济》2020年第4期。

⑩ 裴桂芬、王曼：《战后日本财产税改革及其效应》，人民出版社2015年版。

⑪ 黄晓勇：《浅析战后日本税制的若干问题》，《日本问题》1985年第4期。

灾后重建使主权债务问题进一步升级》①、《日本提高消费税税率的原因及实施效果评析》②、《日本消费税改革：增税抑或延期的两难困境》《消费税改革与日本平成时期经济社会变迁》③ 等。

日本是世界上为数不多的成功摆脱"中等收入陷阱"的国家之一。随着中国成为中等偏上收入国家，"跨越中等收入陷阱"成为一大挑战。《中等收入阶段税收对居民收入的作用机理及效应：日本的经验及借鉴》④、《分配制度、收入差距与中等收入陷阱的跨越——基于日本的经验》⑤ 等论文，着力探讨日本中等收入阶段的有关分配制度、居民收入问题，认为日本居民收入的稳步增长，有赖于适度的宏观税收负担、合理的税收结构以及较完善的所得税、消费税及资产税制度模式，中国需要借鉴日本的一些做法，实施税制改革，如提高直接税比重，适度降低间接税负担，调整个人所得课税方式，使消费课税制度显性化，整合资产课税制度等。

三 日本产业与企业

（一）产业相关问题

随着20世纪90年代后日本经济长期低迷、产业竞争优势相对下滑，如何评估日本产业竞争力成为热议话题。《日本产业竞争力与竞争优势分析》⑥ 一文认为，日本经济虽然不景气，但其优势产业的格局基本上没有太大变化。当今一国经济发展中后天形成的竞争优势的作用越来越大于天然禀赋的比较优势，表明支撑发达国家强盛的国家竞争优势有着许多共性。关于日本产业政策、发展机制、结构转型、供应链及制造业、农业、服务业等问题一

---

① 施锦芳：《日本：灾后重建使主权债务问题进一步升级》，《国际金融》2012年第12期。
② 倪月菊：《日本提高消费税税率的原因及实施效果评析》，《国际金融》2014年第8期。
③ 参见李清如《日本消费税改革：增税抑或延期的两难困境》，《国际税收》2016年第10期；《消费税改革与日本平成时期经济社会变迁》，《国际税收》2020年第2期。
④ 崔景华：《中等收入阶段税收对居民收入的作用机理及效应：日本的经验及借鉴》，《现代日本经济》2015年第2期。
⑤ 王婉郦、王厚双：《分配制度、收入差距与中等收入陷阱的跨越——基于日本的经验》，《日本问题研究》2017年第2期。
⑥ 傅钧文：《日本产业竞争力与竞争优势分析》，《日本学刊》2003年第5期。

直受到学界关注，出现《论战后日本产业政策的调节对象及调节机制》①、《日本知识产权助推产业发展机制研究》②、《日本的体制变革、产业调整与资本输出》③、《日本生产性服务业与制造业产业升级的内生与联动效应分析》④、《日本农业的兼业化分析》⑤、《日本农地规模化经营的动向及启示》⑥、《大数据背景下日本信息产业发展成效与问题》⑦、《日本助推医疗产业国际化的官民协同支持体系》⑧、《日本护理产业发展的制度环境、现状及问题》⑨、《试析日本文化产业战略的内涵和特征》⑩ 等论文。

随着技术革新快速发展，科技创新和提高劳动生产率成为各国和地区间产业竞争的关键要素。《日本全要素生产率研究》一书⑪探讨了战后日本主导产业的升级与全要素生产率提升之间的关系，以及日本经济增长与全要素生产率变化之间的内在规律，并对产业政策、贸易政策及经济制度变化以及技术进步对全要素生产率的影响和作用进行了分析。著书《日本经济产业解析——改革、创新与演进》⑫ 则围绕"改革、创新与演进"这条主线，全面梳理了平成三十年日本经济发展状况，对"平成萧条"进行了独特的解读。作者并非要否定日本经济陷入结构性衰退的事实，而是强调日本恰恰因直面这种事实，进行了一系列改革与创新，从而实现经济产业的大规模转型，其中一个突出的特征是将触角延伸到

---

① 莽景石：《论战后日本产业政策的调节对象及调节机制》，《日本研究》1988 年第 3 期。
② 侯水平：《日本知识产权助推产业发展机制研究》，《现代日本经济》2014 年第 4 期。
③ 孙震海：《日本的体制变革、产业调整与资本输出》，《世界经济》1996 年第 6 期。
④ 庞德良、苏宏伟：《日本生产性服务业与制造业产业升级的内生与联动效应分析》，《亚太经济》2016 年第 3 期。
⑤ 倪心一：《日本农业的兼业化分析》，《世界农业》1988 年第 11 期。
⑥ 焦必方：《日本农地规模化经营的动向及启示》，《复旦学报（社会科学版）》2000 年第 6 期。
⑦ 李彬：《大数据背景下日本信息产业发展成效与问题》，《东北亚学刊》2015 年第 1 期。
⑧ 程永明：《日本助推医疗产业国际化的官民协同支持体系》，《现代日本经济》2018 年第 1 期。
⑨ 田香兰：《日本护理产业发展的制度环境、现状及问题》，《日本问题研究》2014 年第 5 期。
⑩ 唐永亮：《试析日本文化产业战略的内涵和特征》，《日本研究》2013 年第 4 期。
⑪ 田正：《日本全要素生产率研究》，社会科学文献出版社 2018 年版。
⑫ 张玉来：《日本经济产业解析——改革、创新与演进》，江苏人民出版社 2019 年版。

海外，构建起深度国际化的日本经济。相关论文有《从全要素生产率的国际比较看日本的产业竞争力》①、《日本科技创新政策形成机制的制度安排》② 等。

（二）企业相关问题

20 世纪 80 年代，学者们热衷探讨日本企业在日本经济高速增长中发挥的积极作用，如著书《日本中小企业与经济振兴》③ 及论文《日本提高企业活力对策特点》④、《论日本企业的活力及其源泉》⑤ 等。90 年代中期以后，越来越多的学者研究日本企业存在的问题、生产经营转型、研发创新等问题，相关论文有《经济转型中的企业成长路径选择：索尼案例的思考》⑥、《日本政府支持新兴产业发展的政策措施——以降低企业技术创新成本为视角》⑦、《日本经济政策不确定性与企业研发投资——基于日本上市企业微观数据的实证检验》《中日两国经济政策不确定性对企业研发影响的比较分析》⑧ 等。

僵尸企业问题是日本"泡沫经济"崩溃后经济复苏和发展面临的一个难题。在中国存在僵尸企业这一棘手问题的情况下，有学者撰文《日本处理僵尸企业问题的经验教训研究》⑨，认为早期日本政府将注意力主要集中于如何解决银行巨额不良债权方面，因政策重心的错位及其滞后性非但没有较好处理不良债权问题，反而使僵尸企业问题愈发严重。小

---

① 侯珺然、郭士信：《从全要素生产率的国际比较看日本的产业竞争力》，《日本学刊》2002 年第 2 期。
② 平力群：《日本科技创新政策形成机制的制度安排》，《日本学刊》2016 年第 5 期。
③ 任文侠、李玉潭：《日本中小企业与经济振兴》，江苏人民出版社 1987 年版。
④ 于永达：《日本提高企业活力对策特点》，《世界经济》1987 年第 8 期。
⑤ 金凤德、刘昌黎：《论日本企业的活力及其源泉》，《现代日本经济》1990 年第 6 期。
⑥ 李毅：《经济转型中的企业成长路径选择：索尼案例的思考》，《日本学刊》2014 年第 4 期。
⑦ 平力群：《日本政府支持新兴产业发展的政策措施——以降低企业技术创新成本为视角》，《东北亚学刊》2013 年第 3 期。
⑧ 参见邓美薇《日本经济政策不确定性与企业研发投资——基于日本上市企业微观数据的实证检验》，《日本问题研究》2020 年第 1 期；《中日两国经济政策不确定性对企业研发影响的比较分析》，《东北亚学刊》2020 年第 2 期。
⑨ 孙丽：《日本处理僵尸企业问题的经验教训研究》，《日本学刊》2017 年第 3 期。

泉内阁总结前期的经验教训，采取了政府、银行、企业三方联手应对措施，最终取得了良好效果。近年来，随着新兴经济体制造业的快速发展、日本人口老龄化加剧、国内劳动力短缺以及企业成本压力增大、原有经营体制变革，日本制造业企业的"工匠精神"相对以往有所褪色，企业造假、违规事件增加，日本制造业传统的"工匠精神"、诚信基础受到质疑，《日本制造业："丑闻"频发 竞争力下降》[1]等论文对此进行了论述和分析。

四 日本能源环保

能源资源匮乏的日本，其能源战略、能源政策、海外能源合作贯穿战后经济发展的各个时期。《日本能源形势与能源战略转型》报告[2]阐述了战后日本能源战略的演变，经历了重点发展煤炭与钢铁、"油主煤辅"的能源结构转型、替代石油、能源多元化、石油危机后的节能、石油储备、3E（Energy，Economy，Environment）协调发展等阶段，其对日本确保能源安全、实现经济腾飞和长期发展发挥了重要作用。其中，20世纪70年代初第一次石油危机对日本能源战略转型产生重大影响，日本开始大力推行石油替代政策，开发节能及新能源技术，促进海外能源开发与投资，以保障本国能源安全。相关论文有：《从管制到放松：日本石油政策演变及其成因》[3]、《日本与德国新能源产业结构转型的比较分析》[4]、《日美能源合作的新动向及对中国的影响》[5]等。

20世纪90年代以后，全球气候变暖，生态环境问题日益凸显，中国等新兴市场经济快速增长，对能源需求扩大，美国页岩革命取得成功，全球能源供需格局发生变化，主要能源供需国开始调整能源政策和能源结构，新能源开发提速，以促进经济可持续发展。作为节能环保、新能源技

---

[1] 金仁淑、孙玥：《日本制造业："丑闻"频发 竞争力下降》，《现代日本经济》2019年第6期。
[2] 张季风：《日本能源形势与能源战略转型》，中国社会科学出版社2016年版。
[3] 朴光姬：《从管制到放松：日本石油政策演变及其成因》，《日本学刊》2013年第2期。
[4] 雷鸣：《日本与德国新能源产业结构转型的比较分析》，《现代日本经济》2013年第1期。
[5] 陈友骏：《日美能源合作的新动向及对中国的影响》，《上海经济研究》2014年第12期。

术的先行者，日本相关政策措施及效果受到中国学界关注，出现《日本环境保护政策的演变及其启示》[1]、《日本节能减排的特点、举措及存在的问题》[2]、《日本构建低碳社会行动及其主要进展》[3]、《财政政策在日本低碳经济发展中的作用》[4] 等论文。

2011年3月11日，东日本大地震及福岛核泄漏事故突发，给日本经济社会造成重创，促使日本加快开发新能源，也使很多国家和地区重新思考核电及能源安全、灾害应对、灾害保险等问题，调整能源结构。中国社会科学院日本研究所于2013年申请立项院创新课题"日本国家能源战略研究"，课题组成员发表了《福岛核事故及其对日本核电事业的影响》[5]、《民主党政权零核政策主张引发日本能源战略调整》[6] 等阶段性成果。冯昭奎则从核电技术的角度撰文《试论日本的核电技术发展——福岛核事故与日本核电发展路径缺陷》[7]，认为福岛核事故是各种不安全因素日积月累的结果，是有先兆的危机。从日本核电技术发展历程中可见其路径缺陷：美日政府共同制造的"绝对安全"，促使日本核电事业迅速起步；一味引进存在本质缺陷的美式轻水堆，给核电安全埋下隐患；核燃料循环技术自主开发乏善可陈，暴露出日本这方面技术"应用强、基础弱""模仿能力强、自主开发弱"的特征；基于核电技术军民两用特征，日本发展核电存在"双重动机"。今后日本核电将在"拥核"与"反核"两种力量更加激烈的博弈中艰难前行，但"拥核"仍占主流。关闭所有核电站的"零核电"并不意味着"零风险"，还需要在处置核电"负遗产"的过程中继续与"不安全"因素做斗争。相关著书还

---

[1] 张宝珍：《日本环境保护政策的演变及其启示》，《日本问题研究》1995年第4期。
[2] 杨书臣：《日本节能减排的特点、举措及存在的问题》，《日本学刊》2008年第1期。
[3] 陈志恒：《日本构建低碳社会行动及其主要进展》，《现代日本经济》2009年第6期。
[4] 苏杭、孙健：《财政政策在日本低碳经济发展中的作用》，《东北财经大学学报》2010年第6期。
[5] 胡欣欣：《福岛核事故及其对日本核电事业的影响》，《东北亚学刊》2013年第3期。
[6] 丁敏：《民主党政权零核政策主张引发日本能源战略调整》，《东北亚学刊》2013年第3期。
[7] 冯昭奎：《试论日本的核电技术发展——福岛核事故与日本核电发展路径缺陷》，《日本学刊》2014年第4期。

有《战后日本能源安全保障研究》① 等。

五 日本对外经贸关系

对外贸易、对外投资、ODA 等是日本对外经济关系的重要内容。学界对各个时期日本对外经贸关系的发展变化进行了追踪和研究，相关成果大量涌现，如著书《日本的投资与亚洲的崛起》②、《90 年代的日本经济及日本对外经济关系》③ 以及论文《战后日本如何扩大出口贸易》④、《调整后的日本外向型经济发展战略》⑤、《日本贸易顺差在缓解全球储蓄短缺中的作用》⑥、《日本的对外援助：发展、特点与课题》⑦、《金融危机下的日本 ODA 战略分析》⑧、《全球价值链视角下的日本出口价值分解》⑨、《日本的海外金融资产：评估、特点、影响及启示》⑩ 等。

随着中国经济产业实力增强，对外经贸摩擦增多，日美经贸摩擦成为跨世纪的热点问题。20 世纪 70 年代以后，日本产业竞争力日益增强，日美经贸摩擦频发，从最初的纺织品扩大到钢铁、彩电、汽车、半导体等领域，并从贸易领域延伸至金融、科技等方面。为缓解和规避摩擦，日本采取了自主限制出口、扩大内需和进口、促进产业结构升级、扩大对外直接投资等对策，日美经济关系在摩擦与协调的交织中发展。著书《日美经济战》⑪ 及论文《新技术革命中的日美经济贸易摩擦》⑫、《日美贸易摩擦和

---

① 尹晓亮：《战后日本能源安全保障研究》，江苏人民出版社 2019 年版。
② 樊勇明：《日本的投资与亚洲的崛起》，上海三联书店 1991 年版。
③ 刘昌黎：《90 年代的日本经济及日本对外经济关系》，大连理工大学出版社 1994 年版。
④ 施用海：《战后日本如何扩大出口贸易》，《国际贸易》1982 年第 1 期。
⑤ 金柏松：《调整后的日本外向型经济发展战略》，《现代日本经济》1988 年第 6 期。
⑥ 应子宁：《日本贸易顺差在缓解全球储蓄短缺中的作用》，《国际金融研究》1990 年第 11 期。
⑦ 马成三：《日本的对外援助：发展、特点与课题》，《日本学刊》1991 年第 2 期。
⑧ 张彤：《金融危机下的日本 ODA 战略分析》，《日本学刊》2009 年第 5 期。
⑨ 李清如：《全球价值链视角下的日本出口价值分解》，《日本学刊》2015 年第 3 期。
⑩ 刘瑞：《日本的海外金融资产：评估、特点、影响及启示》，《日本学刊》2019 年第 5 期。
⑪ 张可喜：《日美经济战》，四川人民出版社 1993 年版。
⑫ 樊勇明：《新技术革命中的日美经济贸易摩擦》，《世界经济》1984 年第 8 期。

日本的对策》①、《日美之间的贸易战及其前景浅析》②、《从日美金融摩擦看日本金融资本的发展动向》③、《摩擦与协调——日美经济关系的轨迹》④、《日美经济贸易的摩擦和协调》⑤、《经济高速增长时期日本对美国的经济外交》⑥、《美日贸易摩擦及各自的对策》⑦、《日美经济的相互依存与摩擦》⑧等反映了战后日美经贸关系与摩擦状况。

进入21世纪，中国取代日本，成为美国挑起经贸摩擦的主要对象。在此形势下，日美经贸摩擦问题再次被纳入研究视野。《日美贸易摩擦与日本产业结构调整》⑨一书，从理论和实证方面探讨了日本的产业结构如何引发日美经贸摩擦，认为日本以机械工业为主体、高度依赖对外贸易的全套型产业结构导致对美国出口激增，成为引发日美经贸摩擦的导火索，而且经贸摩擦随着日本产业结构的升级而不断激化。日本为化解经贸摩擦而采取的自主出口限制、对外直接投资、日元升值和扩大国内需求等对策，又促进了日本产业结构的调整优化。随着2018年美国挑起中美贸易摩擦，有关日美经贸摩擦的研究热度不减，出现《中美贸易战与日美贸易摩擦及同盟悖论》⑩、《日美贸易摩擦再评估：从广场协议到结构性改革》⑪等论文。这一时期，区域经济合作日益兴盛，日本积极参与其中，本章第三节中将对此进行论述和解析。

日本重要的双边经贸关系及参与全球治理问题，也是学界研究的一个主要内容。在经济国际化、国内外形势复杂化的形势下，日本十分重视加

---

① 宋益民：《日美贸易摩擦和日本的对策》，《日本问题》1985年第4期。
② 李公绰：《日美之间的贸易战及其前景浅析》，《外国问题研究》1986年第1期。
③ 李桂山：《从日美金融摩擦看日本金融资本的发展动向》，《日本学刊》1991年第1期。
④ 余昺雕：《摩擦与协调——日美经济关系的轨迹》，《东北亚论坛》1994年第3期。
⑤ 张宝珍：《日美经济贸易的摩擦和协调》，《世界经济》1994年第11期。
⑥ 张健：《经济高速增长时期日本对美国的经济外交》，《日本学刊》1996年第2期。
⑦ 于永达：《美日贸易摩擦及各自的对策》，《当代亚太》1999年第10期。
⑧ 徐显芬：《日美经济的相互依存与摩擦》，《日本学刊》1999年第5期。
⑨ 马文秀：《日美贸易摩擦与日本产业结构调整》，人民出版社2010年版。
⑩ 廉德瑰：《中美贸易战与日美贸易摩擦及同盟悖论》，《亚太安全与海洋研究》2020年第1期。
⑪ 孙杰：《日美贸易摩擦再评估：从广场协议到结构性改革》，《江苏社会科学》2020年第2期。

强与东盟、印度、非洲、俄罗斯、欧盟等国家和地区的双边经贸关系，相关论文如《欧洲统一大市场的建立与日欧关系》①、《80年代以来苏联与日本在西伯利亚及远东地区的经济贸易关系》②、《日本与苏联东欧经济关系的回顾与展望》③、《战后70年日本的东南亚外交——经济外交的开启与发展》④、《日欧经贸关系与英脱欧对日本经济的影响》⑤、《日本对印度的经济布局：演变、动向及启示》⑥、《日本与非洲能源合作的深层目的及其面临的挑战》⑦、《关于日欧EPA的深度分析：内容、诉求及影响》⑧ 等。另外，在WTO体制及全球治理面临挑战的情况下，有学者发表《日本的全球治理战略评析》⑨、《日本应对WTO改革的政策动向》⑩ 等论文。关于中日经贸关系，是研究日本双边经贸关系中的重点，已成为中国日本经济研究极为重要的构成内容，对此将在日本经济研究的主要特点中着重阐述。

除上述领域外，学者们也对其他日本经济相关问题展开研究，出版和发表了大量成果，如著作《日本国土综合开发论》⑪，勾勒出战后日本国土综合开发的基本轮廓，在此基础上针对中国西部大开发可能或正在遇到的问题，探讨日本国土开发过程中的法制、规划、资金筹措及运用等，并解析这一过程中出现的有损环境、造成严重公害的具体事例。针对小泉内阁时期的改革，有学者撰文《日本邮政民营化分析》⑫。在新冠肺炎疫情突发

---

① 黄晓勇：《欧洲统一大市场的建立与日欧关系》，《日本问题》1989年第6期。
② 徐平、崔日明：《80年代以来苏联与日本在西伯利亚及远东地区的经济贸易关系》，《日本研究》1990年第4期。
③ 冯昭奎、张宇贤：《日本与苏联东欧经济关系的回顾与展望》，《日本问题》1990年第6期。
④ 白如纯：《战后70年日本的东南亚外交——经济外交的开启与发展》，《现代日本经济》2015年第6期。
⑤ 徐梅：《日欧经贸关系与英脱欧对日本经济的影响》，《东北亚学刊》2017年第5期。
⑥ 李清如：《日本对印度的经济布局：演变、动向及启示》，《东北亚学刊》2018年第1期。
⑦ 庞中鹏：《日本与非洲能源合作的深层目的及其面临的挑战》，《日本问题研究》2018年第5期。
⑧ 张季风等：《关于日欧EPA的深度分析：内容、诉求及影响》，《日本学刊》2018年第5期。
⑨ 王亚琪、葛建华、吴志成：《日本的全球治理战略评析》，《当代亚太》2017年第5期。
⑩ 倪月菊：《日本应对WTO改革的政策动向》，《国际问题研究》2019年第2期。
⑪ 张季风：《日本国土综合开发论》，世界知识出版社2004年版。
⑫ 姚海天：《日本邮政民营化分析》，《日本学刊》2005年第3期。

的背景下，有学者发表《日本危机管理机制研究》①等论文。

第三节　日本经济研究的主要特点

纵观40年来中国日本经济研究的发展历程，各时期的研究内容和成果反映出如下研究特点。

一　紧跟中国改革开放和形势需要

经济学研究的首要任务是为经济发展和经济决策服务，国别经济研究的核心则在于解剖他国经济发展状况，探寻经济发展规律及可借鉴的经验与教训，从而为本国经济持续发展、更好地融入世界经济体系寻求捷径。改革开放后的中国，希望学习发达国家发展经济的成功做法，尤其借鉴同为东亚国家日本的经验。在中国，相对于其他国别经济研究，日本经济研究具有更强的现实意义，其成果也更易被采纳和付诸实践。

回顾中国日本经济研究历程，现状和对策研究是主流，而且随着形势变化及国内改革开放的需要不断推进和深化。战败后的日本，惨遭战争破坏的经济很快得以恢复，继而实现高速增长，并于1968年成为资本主义世界第二经济大国，20世纪80年代中期基本实现赶超欧美的目标。在中国改革开放初期，国内日本经济学界注重从政府宏观调控、金融财政体制、产业政策、对外贸易和投资、企业经营管理、中小企业、科技教育以及战后民主化改革、美国因素等角度，探析日本经济高速增长的"奥秘"，吸取日本经济发展中值得借鉴的经验。

日本"泡沫经济"崩溃后，面对经济长期低迷、制度性和结构性问题突显，学者们带着中国改革及经济发展中的问题意识，从形势变化的角度出发，深入探讨相关问题。《日本泡沫经济新论》②一书，系统论述和分析了日本"泡沫经济"的成因、过程及影响等，认为日本"泡沫经济"的产

---

① 许悦雷、董佳：《日本危机管理机制研究》，《现代日本经济》2020年第4期。
② 孙执中主编：《日本泡沫经济新论》，人民出版社2001年版。

生有一定的客观必然性，也与日本经济政策失误有关，其影响主要表现为银行倒闭、金融危机、经济长期低迷。"住专"问题是认识日本"泡沫经济"影响的一个典型实证分析。该书对中国如何防止和消除经济"泡沫"具有一定的启示。中国加入 WTO 后，贸易规模迅速扩大，出口竞争力日益增强，对美贸易顺差持续增加。随着 2008 年国际金融危机爆发、世界经济陷入低迷、贸易保护主义升温，对美存有巨额贸易顺差的中国，成为全球经贸摩擦的风源地。一些学者重新审视战后日美经贸摩擦问题，从中探寻可资中国借鉴的经验与教训，相关成果如《日本化解贸易摩擦的策略分析——以日美贸易摩擦为例》[1]、《经贸摩擦与大国崛起——日美经济战对中国的启示》[2]、《日本对美贸易战失利的教训与启示》[3]、《关于日美贸易摩擦中汇率问题的思考》《中美贸易摩擦与日美贸易摩擦的比较分析》[4]、《日本遭受美国反倾销的影响因素及其应对策略分析》[5] 等论文。

随着"未富先老"的中国在 2000 年跻身老龄化国家行列，老龄人口持续增加、社会保障费用不足、医疗支出增大等问题日益显现。应对老龄化社会、促进经济社会持续发展，成为当前中国面对的重大课题，也是学界探讨的一大热点。日本早在 20 世纪 70 年代便进入老龄化社会，是目前全球人口老龄化程度最高的国家。安倍政府加快劳动力市场改革，扩大女性和退休人员就业，放宽对外国劳动力限制，并从法规制度、服务、设施等方面配套施策。《日本人口老龄化问题研究》[6] 一书，将人口结构变化纳入经济增长与社会发展理论框架，全面系统地阐述了日本人口结构变化、人口老龄化的成因、现状及趋势，分析了老年人医疗制度、护理保险制

---

[1] 余晓泓：《日本化解贸易摩擦的策略分析——以日美贸易摩擦为例》，《现代日本经济》2004 年第 5 期。

[2] 樊勇明、贺平：《经贸摩擦与大国崛起——日美经济战对中国的启示》，《日本学刊》2006 年第 3 期。

[3] 金柏松：《日本对美贸易战失利的教训与启示》，《国际贸易》2007 年第 11 期。

[4] 参见徐梅《关于日美贸易摩擦中汇率问题的思考》，《日本学刊》2010 年第 5 期；《中美贸易摩擦与日美贸易摩擦的比较分析》，《日本学刊》2014 年第 3 期。

[5] 张季风、房汉国：《日本遭受美国反倾销的影响因素及其应对策略分析》，《日本学刊》2014 年第 3 期。

[6] 丁英顺：《日本人口老龄化问题研究》，社会科学文献出版社 2018 年版。

度、年金、老人赡养、老年人贫困和犯罪等人口老龄化带来的相关问题，指出中日两国虽然社会制度不同，但在人口老龄化特征、结构变化、老人福利文化等方面有着相似之处，可借鉴日本的一些对策。论文《战后劳动力短缺对日本经济发展的影响分析》[1]则针对中国劳动力减少的现象，分析日本劳动力短缺对经济增长的负面影响。依据经济发展与劳动力供求之间的相互联系，战后日本经济发展中出现过三次劳动力短缺，分别发生在经济高速增长时期、"泡沫经济"时期、经济长期低迷时期。劳动力短缺对经济发展的影响体现在经济增长和经济结构两个层面，并随着经济发展阶段以及劳动力短缺的演变而呈现出不同的特点。劳动力短缺越来越成为日本经济增长的"瓶颈"，加剧了日本经济结构的不均衡和脆弱性。张淑英撰文《日本人口老龄化与社保制度改革》[2]，着眼于日本人口老龄化与政府债务压力之间的关系，介绍了日本政府为同时解决健全社保制度与缓解财政危局两大问题，推出了"一体化改革"设想及其配套措施。提高消费税并将其作为社保专项资金来源带有的不确定性，反映出日本经济社会面临的老龄化、政府债务等重大课题。《日本的年金制度及其改革》[3]一文对社保问题进行深入分析，认为作为社会保障之根本的公共年金制度，反映了20世纪80年代后日本人口老龄化的加剧。从日本人口构成推算，以现有制度下的缴纳支付方式，未来日本会面临年金保费总收入额低于年金的总支付额的风险，需要改革现行年金制度。

根据当前形势及党的十九届五中全会精神，面向"十四五"时期，中国日本经济学界十分关注日本经济绿色转型、数字化、宏观经济政策、科技创新、制造业升级、现代农业和服务业、新能源、企业国际化经营、中小企业发展、少子老龄化应对以及对外经贸合作、区域经济一体化等问题。综上可见，中国的日本经济研究历程，既是战后以来日本经济发展轨迹的写照，也在很大程度上折射了中国经济发展、改革开放的演变过程。在这一过程中，学界始终重视借鉴邻国日本发展经济的经验与教训。

---

[1] 崔健、肖美伊：《战后劳动力短缺对日本经济发展的影响分析》，《日本学刊》2017年第5期。
[2] 张淑英：《日本人口老龄化与社保制度改革》，《求是》2013年第6期。
[3] 杜军、任景波：《日本的年金制度及其改革》，《现代日本经济》2004年第6期。

二 中日经贸合作一直是重大研究课题

研究日本经济的目的是为本国经济建设服务，促进对日经贸交流与合作，提升国民福祉，因而中日经贸关系问题是中国日本经济学界长期追踪和探讨的重大课题。20世纪80年代，学界重点关注中日经贸关系发展状况、中日贸易、日本对华直接投资、对华日元贷款以及双方合作中出现的问题、发展趋势等。仅《日本问题》（现为《日本学刊》）就刊发了大量文章，如《亚太地区的贸易及产业调整——兼论中日贸易不平衡及其对策》①、《谈谈中日经济关系问题》②、《日本的经济结构调整与中日经济合作》③、《日本企业对中国的直接投资及其经营》④、《浅析中日经济关系及其发展前景》⑤等。《现代日本经济》《世界经济》《国际贸易》等期刊也登载了有关文章，如《对日本企业向我直接投资的基本估计》⑥、《面对日本加速海外投资谈我国吸收日本投资问题》⑦、《关于积极而有效地利用低息日元贷款的建议》⑧、《中日长期贸易协议的回顾与展望》⑨、《日本经济动向和中日经济关系的前景》⑩、《当前中日经贸关系的特点及努力的方向》⑪等。

进入20世纪90年代，中国确立社会主义市场经济体制，经济快速发展。2001年中国加入WTO，中日经贸关系再上新台阶，除了日本对华

---

① 郭忠信、毕志恒：《亚太地区的贸易及产业调整——兼论中日贸易不平衡及其对策》，《日本问题》1986年第4期。
② 何方：《谈谈中日经济关系问题》，《日本问题》1987年第1期。
③ 彭晋璋：《日本的经济结构调整与中日经济合作》，《日本问题》1987年第3期。
④ 陈建安：《日本企业对中国的直接投资及其经营》，《日本学刊》1991年第4期。
⑤ 李玉潭：《浅析中日经济关系及其发展前景》，《日本学刊》1991年第6期。
⑥ 金凤德：《对日本企业向我直接投资的基本估计》，《世界经济》1985年第8期。
⑦ 高明超：《面对日本加速海外投资谈我国吸收日本投资问题》，《现代日本经济》1987年第3期。
⑧ 凌星光：《关于积极而有效地利用低息日元贷款的建议》，《世界经济与政治》1987年第10期。
⑨ 吕克俭：《中日长期贸易协议的回顾与展望》，《国际贸易》1988年第8期。
⑩ 池元吉：《日本经济动向和中日经济关系的前景》，《日本研究》1989年第1期。
⑪ 马君雷：《当前中日经贸关系的特点及努力的方向》，《国际贸易》1990年第8期。

ODA 逐步减少外，其他领域的中日经贸合作日益扩展和深化。投资领域的合作从日本对华单向逐渐转为双向流动，中国企业对日投资逐渐增加。中日两国在能源领域存在竞争关系的同时，能源合作也成为新的增长点。论述和分析这一时期中日经贸关系发展变化的论文很多，如《值得关注的问题——日本调整政府开发援助政策及对我国的影响》[1]、《中日两国在能源领域的竞争与合作》[2]、《中日"春晓"油田之争的"结"与"解"》[3]、《中国资源型城市经济转型与日本经济合作初探》[4]、《中日经济关系的制度环境与技术基础》[5]、《中日环保合作的市场化运作模式探析》[6]、《在曲折中前行的中日经贸关系》[7]、《关于后奥运时期中国经济转型与建立中日环境合作机制的思考》[8] 等。

2012 年，中日关系因"钓鱼岛事件"恶化，双方经贸关系降温。《当前日本经济形势与中日经贸关系》[9] 一文论述了当时状况，作者认为，受财政危机愈演愈烈、通货紧缩死灰复燃等内部因素以及全球市场再度萎缩、日元汇率过速攀升等外部因素的影响，日本经济回升在 2012 年遭遇严重波折，增速再度放缓，生产持续萎缩，企业经营困难，消费需求低迷。中日经贸关系因钓鱼岛争端导致的中日关系恶化而遭受冲击，对两国经济尤其日本经济的正常运行和发展造成直接影响，其主要表现在双边贸易急剧萎缩、双向投资风险陡增、高层对话被迫终止等方面。随着 2017 年春季后中日关系逐渐重回正常轨道，日本对"一带一路"倡议的态度出现积极变化，双方步入务实性探讨和初步合作阶段。《日本问题研究》

---

[1] 徐长文：《值得关注的问题——日本调整政府开发援助政策及对我国的影响》，《国际贸易》1997 年第 4 期。

[2] 张季风：《中日两国在能源领域的竞争与合作》，《日本学刊》2004 年第 6 期。

[3] 尹晓亮：《中日"春晓"油田之争的"结"与"解"》，《日本问题研究》2005 年第 2 期。

[4] 赵兴武、罗元文：《中国资源型城市经济转型与日本经济合作初探》，《日本研究》2005 年第 4 期。

[5] 宋磊：《中日经济关系的制度环境与技术基础》，《日本学刊》2005 年第 6 期。

[6] 赵旭梅：《中日环保合作的市场化运作模式探析》，《东北亚论坛》2007 年第 6 期。

[7] 李光辉：《在曲折中前行的中日经贸关系》，《中国金融》2008 年第 9 期。

[8] 陈子雷：《关于后奥运时期中国经济转型与建立中日环境合作机制的思考》，《当代亚太》2009 年第 4 期。

[9] 江瑞平：《当前日本经济形势与中日经贸关系》，《日本学刊》2013 年第 2 期。

2018年第3期和2019年第2期分别刊发了有关中日经贸合作专题研究系列，探讨金融、投资、中日经贸合作可行性与模式转换、合作机遇与挑战、中日对"一带一路"沿线国家贸易投资现状比较、在东亚网络中的角色转变、基础设施海外输出等问题。

在新时期、新形势下，"一带一路"与第三方市场合作成为中日经贸关系研究的一大热点。《"一带一路"推进过程中的日本因素》[①]一书，研究了推动"一带一路"过程中日本的战略布局和政策选择，及其作为"一带一路"重要干预变量的经济、政治和文化内涵。《中日对中亚五国经贸合作比较——略论"一带一路"构想与实践》[②]一文，聚焦"丝绸之路经济带"的要冲中亚五国，认为日本对中亚的"丝绸之路外交"战略起步早，并以经济援助为主线推动了与中亚之间的经贸合作，但其规模较小，发展缓慢，缺乏地缘优势和产业重叠性。中国与中亚五国具有地缘优势，经贸合作起步晚但增速较快，加之经济发展水平比日本相近，产业重叠性较强，具有较大的合作潜力。中日两国的比较优势决定双方在中亚地区具有进行经贸合作的机遇和空间，双方在中亚地区的博弈和合作将有利于推动亚洲区域经济一体化。相关论文还有《"一带一路"框架下日本对华合作的特征》[③]、《日本对"一带一路"倡议的态度——从无视变为不即不离》[④]、《中日在东盟第三方市场合作的前景分析》[⑤]、《"一带一路"框架下中日合作路径探析》[⑥]、《从"一带一路"看中日第三方市场合作的机遇与前景》[⑦]等。

---

① 杨伯江、刘瑞主编：《"一带一路"推进过程中的日本因素》，中国社会科学出版社2016年版。
② 金仁淑：《中日对中亚五国经贸合作比较——略论"一带一路"构想与实践》，《日本学刊》2016年第3期。
③ 蔡亮：《"一带一路"框架下日本对华合作的特征》，《东北亚学刊》2018年第4期。
④ 陈言：《日本对"一带一路"倡议的态度——从无视变为不即不离》，《东北亚学刊》2018年第5期。
⑤ 尹刚：《中日在东盟第三方市场合作的前景分析》，《国际经济合作》2018年第12期。
⑥ 刘红：《"一带一路"框架下中日合作路径探析》，《东北亚论坛》2019年第3期。
⑦ 徐梅：《从"一带一路"看中日第三方市场合作的机遇与前景》，《东北亚论坛》2019年第3期。

随着2020年新冠肺炎疫情暴发，中日经贸合作受到一定影响，出现产业供应链断裂、贸易下滑等情况，引发有关日本制造业"去中国化"的讨论。同时，疫情也给中日合作带来新的契机，如加强疫情防控合作，共同维护产业链和粮食安全以及金融、大宗商品市场的稳定，加强两国地方之间的合作，支援企业渡过难关，携手推动东亚区域贸易投资便利化和一体化进程，并着眼于未来，推动构建常态化的区域性公共卫生安全、产业链安全等合作机制，带动本地区经济社会的持续稳定发展。江瑞平撰文《论契合新时代要求的中日经济关系》，认为经济关系是中日关系的重要组成部分，且在其中占据"压舱石"的基础地位、扮演"推进器"的重要角色。构建契合新时代要求的中日关系，要契合新时代世界经济新变局、区域合作新棋局、中国开放新格局、日本开放新布局、中日关系新开局，当前尤其要消解疫情冲击并引领疫后合作。① 相关文章还有《世界科技革命与中日科技发展——兼议新冠肺炎疫情下的中日合作》②、《新形势下日本对华投资变化影响分析》③ 等。

三 区域经济合作成为21世纪以来的战略性课题

进入20世纪90年代，北美自由贸易区建立，欧洲经济一体化取得新进展。作为东亚地区经济最发达的国家，日本也有意创建和引领区域性经济集团，但其能力和作用受到历史条件、国际政治、经济环境等因素的影响而存在局限性。《论日本的东亚经济集团化构想》④ 一文认为，东亚经济圈是构想中的新事物，日本事实上在采取措施推进东亚经济合作，可行的路径只能是国家之间相互协调和共同发展。即使从目前形势来看，文中一些观点仍未过时，也从一个侧面反映出东亚区域经济一体

---

① 江瑞平：《论契合新时代要求的中日经济关系》，《日本学刊》2020年第4期。
② 冯昭奎：《世界科技革命与中日科技发展——兼议新冠肺炎疫情下的中日合作》，《亚太安全与海洋研究》2020年第3期。
③ 刘瑞、李清如、田正、邓美薇：《新形势下日本对华投资变化影响分析》，《东北亚学刊》2020年第5期。
④ 宋绍英：《论日本的东亚经济集团化构想》，《外国问题研究》1990年第3期。

化发展滞缓。论文《"环太平洋经济圈"的建立及其日本的发展战略》①则指出，在世界经济、政治变化的情况下，将形成以整个太平洋地区为中心的环绕型世界经济发展新格局。日本作为其中的重要国家之一，对"环太平洋经济圈"的建立表现出极大的积极性和主动性。随着经济实力不断增强和对外直接投资日益扩大，日本已做好占据主导地位的准备。

1997年亚洲金融危机爆发后，东亚区域经济合作及一体化迈出实质性步伐。同时，缔结双边FTA成为众多国家和地区促进自身经贸稳定发展的一个重要途径。21世纪初，日本开始制定和实施FTA/EPA战略，参与和推动区域经济合作，并发展成为唯一同时参与TPP、中日韩FTA和"区域全面经济伙伴关系协定"（RCEP）等大型贸易协定谈判的国家。相关成果有：著书《中日建立自由贸易区问题研究》②及论文《雁行模式与日本的区域经济合作战略》③、《对日本东亚经济战略的重新审视》④、《日本参与东亚国际分工战略目标、形式的调整与影响》⑤、《日本的东亚经济合作政策浅析》⑥、《迈向制度性经济合作——日本FTA战略若干评价及多方案比较选择》⑦、《难逾越的障碍——日本对东亚区域经济合作新战略及其分析》⑧、《东亚区域经济合作与中国的选择》⑨、《日本在东亚经济一体化战略上的优劣因素分析》⑩、《日本东亚经济合作政策新变化及其前景》⑪、《从日本FTA战略看东北亚地

---

① 孙世春：《"环太平洋经济圈"的建立及其日本的发展战略》，《日本研究》1991年第4期。
② 徐梅、张淑英、赵江林：《中日建立自由贸易区问题研究》，中国经济出版社2009年版。
③ 王厚双：《雁行模式与日本的区域经济合作战略》，《日本研究》1999年第4期。
④ 李文：《对日本东亚经济战略的重新审视》，《当代亚太》1999年第9期。
⑤ 余昺雕、尹小平：《日本参与东亚国际分工战略目标、形式的调整与影响》，《东北亚论坛》2001年第4期。
⑥ 乔林生：《日本的东亚经济合作政策浅析》，《日本学刊》2003年第5期。
⑦ 赵晋平：《迈向制度性经济合作——日本FTA战略若干评价及多方案比较选择》，《国际贸易》2003年第8期。
⑧ 金柏松：《难逾越的障碍——日本对东亚区域经济合作新战略及其分析》，《国际贸易》2004年第7期。
⑨ 张玉柯、吴宇：《东亚区域经济合作与中国的选择》，《日本研究》2005年第4期。
⑩ 谢晓军：《日本在东亚经济一体化战略上的优劣因素分析》，《亚太经济》2005年第4期。
⑪ 姜跃春：《日本东亚经济合作政策新变化及其前景》，《国际问题研究》2007年第5期。

区经济一体化的发展趋势》①、《21世纪初日本对外区域经济合作战略》②、《日本的自由贸易区战略选择——中日韩FTA还是TPP?》③、《日本FTA农业议题谈判模式研究》④、《不同FTA模式对中日韩汽车产业影响分析与比较——基于GTAP模型的政策模拟》⑤、《日本对RCEP政策的演变及展望》⑥等。

2009年,奥巴马政府宣布美国"重返亚太",参与和主导了TPP,并极力拉拢日本参加。论文《TPP的内容、特点与日本参加的难题》⑦就此指出,日本参加TPP有利于其扩大出口,但对农业会造成打击。《日本利益团体在加入TPP谈判中的博弈》⑧一文则认为,围绕日本是否加入TPP的各种主张,其焦点主要集中在能否将农产品排除在减免关税的范围之外、外国商品大量涌入日本市场的影响等。日本决定加入TPP谈判的战略意图在于强化日美同盟关系,扩展海外市场。

2017年初特朗普上台后,宣布美国退出TPP,主张对外进行双边经贸谈判,日本再次面临区域政策调整。张蕴岭撰文《日本的亚太与东亚区域经济战略解析》,指出亚洲金融危机后日本加大对东亚的投入,面对中国经济的快速崛起和进取性的对外经济战略,日本将参与TPP作为在亚太地区和东亚地区取得主动性、引领性地位的重要战略。美国退出TPP,使日本利益受到损害。日本如何定位自己的新区域经济战略、是否有"积极的区域经济战略",需要进一步观察。⑨日本在劝说美国回归TPP无效的情况下,开始主导和推动TPP进程,2018年3月11个成员签署了TPP11,即

---

① 于潇:《从日本FTA战略看东北亚地区经济一体化的发展趋势》,《现代日本经济》2007年第5期。
② 周永生:《21世纪初日本对外区域经济合作战略》,《世界经济与政治》2008年第4期。
③ 倪月菊:《日本的自由贸易区战略选择——中日韩FTA还是TPP?》,《当代亚太》2013年第1期。
④ 王厚双:《日本FTA农业议题谈判模式研究》,《日本学刊》2016年第1期。
⑤ 陈福中、周晓娜:《不同FTA模式对中日韩汽车产业影响分析与比较——基于GTAP模型的政策模拟》,《现代日本经济》2016年第4期。
⑥ 常思纯:《日本对RCEP政策的演变及展望》,《东北亚学刊》2020年第3期。
⑦ 刘昌黎:《TPP的内容、特点与日本参加的难题》,《东北亚论坛》2011年第3期。
⑧ 程永明:《日本利益团体在加入TPP谈判中的博弈》,《东北亚学刊》2012年第2期。
⑨ 张蕴岭:《日本的亚太与东亚区域经济战略解析》,《日本学刊》2017年第3期。

CPTTP。《日本主导CPTPP的战略动因、影响及前景》①、《日本主导CPTPP的动机及我国的对策分析》② 等论文对此进行了论述和分析。

随着2018年中美经贸摩擦升级，中美博弈呈长期化态势。2020年新冠肺炎疫情突发和扩散，外部市场不确定性增多，世界经济陷入衰退，亚太一些国家和地区参与和推动区域经济合作的意愿增强。2020年11月15日，历经8年谈判，15个成员签署了世界上最大的自贸协定RCEP。RCEP的签署，在亚太区域经济一体化进程中具有里程碑意义，意味着亚太国家支持多边贸易体系，世界将形成北美、欧洲、亚太三足鼎立的区域化贸易格局，进而加快国际新秩序的重构，也为今后亚太区域合作、推动中日韩FTA谈判提速创造了条件。对中国而言，在RCEP框架下与发达国家日本首次达成关税减让安排，有利于改善地缘政治环境，对外表明中国继续推动改革开放的决心，推动形成国内国际双循环相互促进的新发展格局。

四 研究日趋客观化和务实深化

回看中国日本经济研究的发展历程，可以发现，学界对日本经济的研究经历了一个以正面评价和吸取经验为主向全面客观认识日本转变的过程。20世纪90年代中期以后，由于日本经济持续低迷，日本政府意识到问题的严重性，开始深入探讨经济低迷的深层次原因，推动体制改革。在此形势下，中国学界在继续挖掘和借鉴日本成功经验的同时，也注重研究日本经济发展过程中累积的弊病、"泡沫经济"的产生、银行不良资产、宏观经济政策的失误以及金融监管、企业经营体制的弊端等，如《日本经济：全面衰退、积重难返、教训深刻》③、《政府干预危机：日本经济陷入

---

① 常思纯：《日本主导CPTPP的战略动因、影响及前景》，《东北亚学刊》2019年第3期。
② 张永涛、杨卫东：《日本主导CPTPP的动机及我国的对策分析》，《现代日本经济》2019年第4期。
③ 马建堂、杨正位：《日本经济：全面衰退、积重难返、教训深刻》，《世界经济》2002年第1期。

衰退的原因再思考》①等论文,从反面吸取日本的教训,这意味着中国的日本经济研究逐渐走向成熟化和客观化。

随着形势的复杂多变、电脑等设备的普及以及网络化、信息化的快速发展,科研效率大大提高,研究成果如雨后春笋般涌现,涉及日本宏观经济形势、泡沫经济、货币政策、财税体制、产业转型、企业经营、农业改革、现代服务业、对外经贸战略等广泛内容,并且日趋务实和细化。譬如,《中日韩自由贸易区与老工业基地振兴互动关系研究》②、《日本对山东省直接投资研究》③等著书从地区的角度出发,根据所处地域经济的发展状况和特点,研究如何加强对日经贸合作。

再如,2018年特朗普对华挑起贸易摩擦,并打压中国高科技企业。在此情况下,论文《日本半导体产业发展的赶超与创新——兼谈对加快中国芯片技术发展的思考》④探讨了日美经贸摩擦背景下具体产业的发展问题,认为日本半导体产业迅速发展的主要原因包括:通产省对企业引进消化美国先进技术实施有效的政策引导和扶持,在20世纪60年代对处于初创阶段的集成电路产业实施严格保护;富于团队精神和工匠精神的半导体科技工作者、技能工人和企业经营者,构成了赶超美国先进技术所需各种人才的"绝佳搭配";在战前及战后的工业化基础上,很快形成独立的由集成电路产业、集成电路生产设备产业和集成电路材料产业组成的全产业链。进入21世纪,日本顺势而为,推动产业结构改革,开拓新兴技术领域,大力培育半导体产业发展新优势。中国可借鉴日本经验,尽快提升芯片等核心部件的自主研发能力。

五 研究视角与方法趋于多样化

夯实基础研究,始终是日本经济学界追求的目标。在此基础上,专家

---

① 周泽红:《政府干预危机:日本经济陷入衰退的原因再思考》,《现代日本经济》2003年第1期。
② 王厚双:《中日韩自由贸易区与老工业基地振兴互动关系研究》,辽宁人民出版社2004年版。
③ 张乃丽:《日本对山东省直接投资研究》,山东人民出版社2007年版。
④ 冯昭奎:《日本半导体产业发展的赶超与创新——兼谈对加快中国芯片技术发展的思考》,《日本学刊》2018年第6期。

学者们立足不断变化的形势，持续推进应用研究，拓展研究视角和方法。有学者从历史的角度探讨日本经济问题，《日本近现代经济史》[①]一书依据"整体性、系统性和学术性"的三原则，在"横向"把握国际因素和非经济因素对经济发展影响的基础上，从资源禀赋、条件约束、制度安排、政策运作、路径选择、生产要素配置、经济周期变动、阶级阶层状态、对外经贸关系等不同层面入手，对不同时期和阶段的日本经济现代化进程及其特点进行宏观考察与微观分析，在若干重要理论问题上展示了独自的思考和发现。日本的经济现代化展承了一种后发国实现经济赶超的模式，值得中国借鉴和参考。

一些学者从政治外交、军事安全、社会文化等跨学科角度深入探讨日本经济问题，将产业政策、创新体系、海外能源开发、区域合作、政府开发援助（ODA）、经贸摩擦等提升到战略高度。《国家战略转型与日本未来》[②]一书探讨了安倍执政以来日本有关经济、外交的内外政策和影响以及日美、日俄、日澳等双边关系，分析了安倍的历史观、文化观等，对了解日本政治和经济发展变化及其未来走势具有一定的参考价值。相关论文有《试析日本贸易政治的决策过程和发展趋向——以中日农产品贸易摩擦为例》[③]、《政府的比较优势变化与日本经济的长期萧条：一个宪政转轨的政治》[④]、《历史的伤口——"皇国史观"及文化宗教溯源对中日经贸关系的影响》[⑤]、《日本经济安全保障理论辨析》[⑥]、《社会差距问题及日本的相关研究》[⑦]、《区域性公共产品、功能性合作与日本的东亚外交》[⑧]、《日本

[①] 杨栋梁：《日本近现代经济史》，世界知识出版社2010年版。
[②] 庞德良主编：《国家战略转型与日本未来》，社会科学文献出版社2016年版。
[③] 归泳涛：《试析日本贸易政治的决策过程和发展趋向——以中日农产品贸易摩擦为例》，《国际政治研究》2001年第4期。
[④] 莽景石：《政府的比较优势变化与日本经济的长期萧条：一个宪政转轨的政治》，《世界经济》2002年第8期。
[⑤] 吴德烈：《历史的伤口——"皇国史观"及文化宗教溯源对中日经贸关系的影响》，《国际贸易》2002年第8期。
[⑥] 崔健：《日本经济安全保障理论辨析》，《东北亚论坛》2006年第4期。
[⑦] 胡欣欣：《社会差距问题及日本的相关研究》，《日本学刊》2007年第3期。
[⑧] 贺平：《区域性公共产品、功能性合作与日本的东亚外交》，《外交评论》2012年第6期。

与越南经贸关系：经济外交的视角》①等。当然，研究日本政治外交、社会文化的学者，也越来越多地从经济视角分析日本的政治政局、外交政策及社会变迁。

也有学者从区域和世界多边框架考察日本经济问题。在区域化、国际化的形势下，外部环境是影响日本经济增长的重要因素。20世纪90年代至今，日本经济基本处于低增长状态，其间出现过两次连续两年负增长的情况：一次是亚洲金融危机后的1998年和1999年，一次是2008年国际金融危机爆发的当年和2009年，②均因外部经济危机导致经济负增长。《东亚金融危机中的日本态势》③、《金融危机下的日本金融政策：困境与挑战》④等成果，从区域和世界的角度探究日本经济下滑的原因及对策。也有一些学者将中日双边经贸关系置于多边框架中考察，如《东北亚区域性经济合作前景与中日经济关系刍议》⑤、《亚洲区域金融合作中的日本与中国》⑥、《双轨制区域合作模式中的中日FTA的发展前景与对策分析》⑦、《中日实现经贸合作战略升级的区域环境》⑧、《东亚合作中的中日经济关系》⑨、《东亚地区自由贸易协议进程中的日中竞争》⑩、《中日经贸关系的现状与变化——"东亚共同体"倡议的经济背景》⑪、《东亚经济一体化和TPP——中日之间的博弈》⑫等论文。

---

① 白如纯：《日本与越南经贸关系：经济外交的视角》，《东北亚学刊》2019年第6期。
② 内阁府『平成29年度年次経済財政報告』、2017年、261頁。
③ 金仁淑：《东亚金融危机中的日本态势》，《世界经济》1998年第12期。
④ 刘瑞：《金融危机下的日本金融政策：困境与挑战》，世界知识出版社2010年版。
⑤ 金泰相：《东北亚区域性经济合作前景与中日经济关系刍议》，《现代日本经济》1990年第3期。
⑥ 黎平海：《亚洲区域金融合作中的日本与中国》，《日本学刊》2002年第6期。
⑦ 高兰：《双轨制区域合作模式中的中日FTA的发展前景与对策分析》，《世界经济研究》2004年第8期。
⑧ 李靖宇、马健：《中日实现经贸合作战略升级的区域环境》，《日本学论坛》2006年第1期。
⑨ 陈建安：《东亚合作中的中日经济关系》，《日本学刊》2006年第2期。
⑩ 于潇：《东亚地区自由贸易协议进程中的日中竞争》，《现代日本经济》2006年第4期。
⑪ 魏全平：《中日经贸关系的现状与变化——"东亚共同体"倡议的经济背景》，《亚太经济》2010年第2期。
⑫ 关权：《东亚经济一体化和TPP——中日之间的博弈》，《东北亚论坛》2012年第2期。

随着平成时代终结，令和时代开启，《平成时代（1989—2019）日本衰退的虚与实》一书[①]从政治、经济、产业、技术、军事等多维度，全面梳理和归纳了日本自1989年平成时代开启到2019年结束30年间经济社会的发展变化、主要特征及未来趋势，深入分析各领域的真实状况，力图揭示其表象与内在事实。在政治经济形势错综复杂、不确定性日益增多的情况下，中国日本经济学界在研究视角和方法上日趋丰富多样，这也将是今后日本经济研究的一大趋势。

第四节　日本经济研究面临的课题与展望

20世纪90年代中期以来，相对于日本经济的长期低迷，中国经济持续快速增长，中日经济总量对比发生变化，质疑日本经济研究重要性的声音出现。从近年来研究的实际状况来看，中国改革开放的进一步推进、经济持续发展及结构转型，对日本经济相关研究的需求依然较大。

一　日本经济研究重要性依旧

展望未来，日本经济难以再现战后辉煌，中国与日本之间的技术差距会逐渐缩小。但是，这并不意味着日本经济研究的重要性降低，随着经济生态化、数字化和社会老龄化的发展、制造业和实体经济备受重视以及贸易保护主义升温、世界经济风险增多，进一步加强日本经济研究、促进中日经贸关系及区域经济合作的必要性上升。

（一）研究日本经济是中国推进改革发展的需要

国别研究的一个重要目的是为我所用。在世界经济不确定性显著上升、中美博弈长期化的态势下，中国将继续扩大对外开放，深化国内结构改革，加快自主研发创新。日本是全球制造业强国和经济强国，在经济基础、资产实力、海外营销和运营经验以及科技创新、国民整体素质等方面具有一定优势，在新材料、机器人、资源再利用、生态环保、生物医疗等

---

① 张玉来：《平成时代（1989—2019）日本衰退的虚与实》，天津人民出版社2019年版。

新兴领域处于世界领先地位，中国要想弯道超车、尽早成为经济强国，需要学习邻国日本的技术、管理等方面的经验，借鉴日本经济发展中的制度建设、宏观政策等方面的成败得失，趋利避害。

在致力于保持经济持续增长的同时，中国面对生态环境、人口老龄化、对外经贸摩擦等诸多挑战。日本曾经历和应对过类似问题，其做法可提供一定借鉴和参考。譬如，日本的节能环保、新能源技术处于世界一流，20世纪70年代便进入老龄化社会，其在老龄化对策、社会保障制度、节能环保技术、设备及相关制度法规等方面积累了丰富经验。另外，战后日本政府在促进经济发展中的导向作用、财税体制改革、国家创新体系构建、日元国际化、资本市场开放以及价格机制形成、垄断与市场公平竞争、民间企业研发创新、收入分配制度、缩小地区差距、现代服务业发展等问题都值得深入研究和探讨。

（二）研究日本经济是新时期中日经贸合作的需要

当前，世界面临"百年未有之大变局"，政治经济形势变化无常，地缘政治风险上升，贸易保护趋势增强，原油等大宗商品价格频繁震荡，国际金融环境日趋复杂，新冠肺炎疫情的突发和扩散增添了新的不确定性和风险。在这种形势下，中日两国有必要加强宏观政策沟通与协调，在金融监管、维护多边自由贸易体制、参与全球治理等方面加强合作，研究和探索中日合作新契机、新路径。

近年来，日本不断推进国内结构改革，扩大劳动力市场和农产品市场开放，积极吸引外资，激发地方和民间资本的活力，中国也积极扩大改革开放。中日两国改革的进展释放出新的市场空间，为双方扩大合作提供了条件。中日有必要充分发挥经济互补性和各自优势，进一步加强在高端制造、财政金融、能源环保、应对老龄化社会、电子商务、科技创新、现代农业、服务业、第三方市场等方面的合作，加快各自产业结构升级及商业模式创新，促进各自经济可持续发展，开创中日经贸合作的新时代。

（三）研究日本经济是把握地区和世界经济形势及促进区域合作的需要

日本是东亚地区最发达的国家，在该地区经济中占有重要地位。日本的结构改革能否带动日本经济走出通缩和长期低迷、巨额政府债务问题何时以何种方式得到解决、在新一轮工业革命中能否占据制高点、新能源开发利用及能源结构转型能否取得预期成效、今后在推动亚太区域经济一体化中日本将发挥何种作用……这些问题有待继续追踪和研究，它不仅是日本自身的发展问题，也关涉地区乃至世界经济格局的发展演变。

在国际形势复杂多变的情况下，各国和地区努力构建有利于分散风险、相对稳定的对外经贸关系，参与全球产业链供应链的重构。日本已签署 CPTPP、日欧 EPA、RCEP，并参与中日韩 FTA 谈判。研究日本对外经贸动向和战略走向、区域经济政策以及农产品市场开放等问题，对把握东亚及亚太区域经济一体化趋向、制定对外经贸战略具有重要意义。特别是作为东亚地区大国的中国与日本，需要携手推进 RCEP 落地生效以及中日韩 FTA 谈判进程。

当前，全球新冠肺炎疫情持续，众多国家和地区在防控疫情的同时，努力恢复产业链供应链的正常化，扩大生产和消费，以防止经济下行及其可能带来的社会问题。在经济深度国际化的背景下，各国和地区只有加强合作，才能维护地区及全球产业链供应链的接续性，尽快促进经济社会正常化运转，摆脱经济萧条。着眼未来，有必要构建区域性的产业链供应链安全评估、风险预警、信息交流与协作机制，着力打造安全、稳定、开放有序的产业生态环境，以规避和降低风险。由于日本在东亚地区产业链中处于重要环节，其产业链供应链调整动向值得关注。

二 日本经济研究进入新阶段

40 年来，中国的日本经济研究取得了长足发展，成果丰硕，为中国经济建设发挥了重要作用。但同时，也需要清醒地认识到研究中存在的问题与不足，特别是当前复杂严峻的新形势，要求学界勇于开拓创新，不断提升成果质量和研究水平。

（一）加强人才队伍建设，打造世界一流学科

中国经历了十年"文化大革命"和较长时间的计划经济体制，之后又经历了长期的思想解放过程而确立社会主义市场经济体制。在此期间，日本与美国、欧洲之间经济交往密切，美欧发达国家对日本经济的研究起步明显早于中国，具有良好的基础和丰富经验。中国需要进一步推进和深化日本经济研究，弥补在学科建设和发展规划、研究前瞻性和战略性、成果

质量等方面的不足，争取立足相关研究的最前沿。

为实现这一目标，将日本经济研究打造成为世界一流学科，人才队伍建设是基础要素，也是学科延续的关键所在。在经济社会趋于数字化、信息化的时代，不仅需要继续发挥富有经验的资深科研人员的积极性，提升研究队伍的整体素质，形成稳定合理的研究梯队，更需要大力选拔和培养领军人才、学科骨干，引进高学历、知识结构合理、精通外语、思维敏锐的年轻人才，储存后备力量，并创造良好的工作和生活环境，使人才留得住用得好。

（二）充分开展实地调研，提升理论性和现实性

日本经济研究要真正服务于中国经济发展，需要充分了解和深入研究日本，更需要真正了解中国，准确把握国家大政方针，追踪中国经济社会的发展变化，洞察亟待解决的问题及未来趋势，做到有的放矢。这也是做好国别经济研究的重要前提。在现实中，受时空、资金等条件制约，研究人员在国内外实地调研的机会有限，对现场实际情况达不到深入了解和充分认知。

因此，有必要加强学习，以习近平新时代中国特色社会主义思想为指导，提高理论素养，增强问题意识，有针对性地设立具有理论意义和现实意义的重大课题，把握长期视野下的日本经济规律及对中国的启示。随着我国科研经费投入不断增加，扩展国内外调研活动成为可能，可有效运用科研经费，深入实地考察收集原始数据与资料，把握日本和中国的最新发展动态，将理论与实践、日本经济研究与中国经济发展需要相结合，提升日本经济研究的理论高度、现实性和战略性。

（三）拓宽研究视野和方法，提高科研效率和成果质量

随着形势变化、新现象和新课题不断增加以及网络化、信息化迅猛发展，有关日本经济的研究成果大量涌现，但成果质量距离"精""深""严""实"的标准存在差距，在国内外具有广泛影响的精品力作数量有限，对一些重大问题的研究没有充分展开，无法满足中国经济发展的现实需要，学科布局需要进一步调整和优化，整体科研效率和成果质量有待提高。

同时，需要继续夯实日本宏观经济、金融、财政、产业、企业、能源

环保、科技及对外经济关系等领域的基础研究，使应用研究更加扎实而丰满。顺应时代发展，不断更新知识结构，拓展思维视角，创新研究方法，打破学科界限，推动学科融合创新，进一步完善科研管理体系和成果评价体系，调动科研人员的积极性，在制度设计上引导其创作学术含量高、现实意义重大的优质成果。

（四）利用和完善各类资源，推进"三大体系"建设

中国的日本经济研究力量集中于北京、上海、天津、辽宁、吉林等地，并零星分布在全国各地。由于科研信息方面缺少常态化的沟通机制，研究上出现结构性问题，如有些课题立项和研究存在重复现象，而有些方面的研究存有空白。要改变这种状况，需要进一步加强业界交流与合作，促进科研信息和成果共享，以避免和减少重复性成果。对一些重大课题，可整合全国的研究力量和人才资源进行合作研究，实现优势互补。

在加强学科、学术体系建设的同时，充分利用现代高科技手段，进一步扩展信息和交流渠道，扩大对外宣传，通过有关杂志、媒体、国际会议以及全国日本经济学会等各类平台，宣介中国改革开放及对外经贸政策，对中日经贸关系中的热点问题及时发声，提升日本经济学科的国内外影响力，促进话语体系建设。

总之，在当前全球政经秩序重构、中国改革开放步伐加快、日本依然保持经济强国地位、中日经贸合作前景广阔的形势下，中国的日本经济研究将继续结合中国经济发展和改革开放的需要，以更加开阔的视野、更加多元的方法，推进内容更加广泛的相关研究，深入探讨重大现实课题，力争创作高质量成果，向国际一流学科迈进，为中国进一步改革开放、经济持续稳定发展做出应有的努力。

第三章

中国的日本外交研究[*]

日本外交研究对象是日本对外行使主权的外交行为和国家实施对外政策的外交实践经验。具体包括研究日本外交的本质和目标范式、外交政策与外交行为分析、对外决策模式等内容。其研究重点为日本外交政策、对外关系及日本国家国际战略及实施等方面。

基于上述日本外交研究的学科定位，从20世纪80年代以来中国的日本外交研究的历程来看，大体可分为三个时期：第一个时期是20世纪80年代，其间美苏关系从激烈抗争走向迅速缓解、最终出现全面和解，而中日关系也随着1972年中日邦交正常化的实现，以及1978年《中日和平友好条约》的签订迎来了新篇章。第二个时期是20世纪90年代，两极格局瓦解，新的国际局势在动荡中演变，而当时的中国经过了改革开放，综合实力不断增长。第三个时期是21世纪前21年，国际形势进入大发展大变革大调整的时期，在全球化趋势的推动下，中国的国际影响力大大提升，随着世界多极化趋势不断发展，中国也面临着新的发展机遇和挑战。回顾40年中国的日本外交研究史，中国对日本外交的研究进步迅速，研究的水准逐年提高，研究成果不论在数量上还是在质量上，都取得了可观的成绩。

概括来说，中国40年来的日本外交研究主要有以下几个特点：一是经过40年的发展、培养和深化，研究队伍发生了质的变化。从研究梯队来看，形成了老中青三代结合的传承结构。日本外交研究队伍的知识结构更趋合理，研究人员的国际关系专业化水平逐年提高，越来越多的国外留学回国的高学历人

---

[*] 吕耀东，中国社会科学院日本研究所副所长、研究员，中日社会文化研究中心主任。

才参加到研究队伍中，使研究队伍的总体素质大幅度提升。二是研究成果涵盖面比较广，研究成果日益显著。从现有研究的内容看，涉及40年来日本外交的所有方面，包括日本外交、安全政策及日本对外战略等各个领域。其涵盖范围之泛、所涉问题之繁，都是前所未有的。三是研究的时效性、理论性和实证性明显增强。随着国际学术交流的增加、国际关系理论研究的迅速发展，推动日本外交研究范式发生变化，研究向着方法论创新及创新性解释与分析的方向发展，开始注重理论分析和方法论的具体应用，逐步改变长期以来研究忽视理论规范和方法论介入的状况。上述特点比较明显地表现在中国40年来的日本外交研究成果之中，下面分三个时期就中国的日本外交研究状况进行大致评述。

第一节　日本外交研究的勃兴阶段——20世纪80年代

20世纪80年代的中日关系迎来了新篇章。中日关系取得了突破性的进展，两国政府经过多次磋商，正式恢复了外交关系，中日两国人民盼望已久的中日关系正常化终于实现，开创了两国关系史的新纪元。《中日和平友好条约》缔约后，中日两国关系朝着健康、迅速的方向发展。这一时期的学术研究主要以中日关系为重点，涉及日美关系、日苏关系、日欧关系、日本与亚太地区的安全与和平等日本对外关系的内容。

这一时期对于中日关系、日本国际战略走向的分析成为我国日本外交研究学界重点关注的热点问题。季崇威、武超在《日本经营"政治大国"的动向》一文中指出，进入20世纪80年代后，日本统治集团一直把"从经济大国迈向政治大国"作为其对外战略的基本方针。力图依仗经济、政治和外交等手段，并辅以相当的军事力量，争取在"多极世界"中成为重要的一极，建立"几个大国共同管理"的"国际经济政治新秩序"，使日本扮演"君临"亚洲太平洋的角色，为开创"以日本为中心的太平洋时代"铺平道路。①

---

① 季崇威、武超：《日本经营"政治大国"的动向》，《世界政治与经济参考》1983年第4期。

在1985年《日本问题》创刊号上，马洪在首页撰文《加强日本研究，促进学术交流》，文章指出，1972年中日关系正常化，开创了中日关系的新纪元。由于两国人民和两国政府的共同努力，中日友好运动正在深入广泛地开展。随着两国关系的迅速发展和学术交流的日益频繁，我国的日本研究工作也得到了迅速的开展。很多日本研究工作者对日本的政治、经济、对外关系、科技教育、文学艺术和社会思潮等各个学科领域的现状和历史，进行了广泛而深入的研究，取得了一些令人高兴的成果。① 陆国忠在《内外瞩目的竹下外交》一文中认为，竹下内阁成立以来，在国际舞台上非常活跃，取得了一定成果，使日本外交具有"竹下色彩"。这说明日本开始对其外交战略做某些调整，以便在国际上发挥更大的政治作用，加速走向政治大国的步伐。但日本外交也面临一些难题，如打开日苏关系的僵局、处理好日美经济新摩擦以及真正做些有益于第三世界国家经济发展的好事等。②

以《日本问题》为学术研究平台，国内日本问题专家首先从中日关系的发展历程展望双边关系的前景。孙平化先生撰文指出，在中日关系艰难时刻，是池田内阁把中日关系推向半官半民的新阶段，其在战后中日关系的历史长河中所起的作用，是不能忽视的。③ 田桓在《略论中日关系的过去和未来》一文中，通过对中日两国悠久的历史交流回顾，强调深刻认识日本法西斯在侵华战争中给中日两国人民带来的深重灾难，防止历史悲剧的重演，是中日两国共同努力的方向。④ 对于重要的日美关系，针对冷战后期美苏争霸的态势，使日美同盟关系得到实质性的发展的状况，张碧清在《日本问题》1985年第2期撰文，论述了20世纪80年代日美关系的发展趋势。他从日美两国政治军事的密切合作入手，认为基于两国利益所在，经济上的冲突再激烈，也不会给两国关系带来根本性变化。⑤ 也有的学者从日本的对外战略和日本综合安全保障的角度分析日本的对外关系及中日关系。在论及中日关系与亚洲的安全和发展时，宦乡在《中日关系与

---

① 马洪：《加强日本研究，促进学术交流》，《日本问题》1985年第1期。
② 陆国忠：《内外瞩目的竹下外交》，《国际问题研究》1988年第4期。
③ 孙平化：《池田勇人与中日关系》，《日本问题》1985年第3期。
④ 田桓：《略论中日关系的过去和未来》，《日本问题》1985年第4期。
⑤ 张碧清：《八十年代的日美关系》，《日本问题》1985年第2期。

亚洲的安全和发展》中提出，为了迎接21世纪的到来，中日两国应该在三个方面达成共识：一是要认真地温故知新，历史证明，"和则两利，战则俱伤"，在中日关系上，中国方面相信《中日联合声明》以及《中日和平友好条约》是中日两国确立互相信赖的基础；二是要极力加深相互了解，在发展中日关系上，要看得远些，要互相尊重，又敢于提出不同的甚至相反的意见，中日两国的学者和政治家，更应该互相成为诤友；三是两国应该为亚洲和平做出贡献。① 钱学明发表《1986年日本外交的新发展》的综述性文章，指出日本对外关系出现的一些值得注意的新变化，对中曾根内阁推行的对外政策进行了总体概况：积极地综合运用政治、经济、技术、外交、军事等多种手段，进一步提高日本的政治地位，在国际事务中维护和发展日本的利益。其具体做法是：坚持日美同盟关系；发展日美欧的联合；防范苏联；以亚洲地区为重点，对华友好；改善与第三世界国家的关系。②

在1987年中日邦交正常化15周年之时，国内知名中日关系专家、学者回顾中日建交前后的曲折历史进程，一致强调只有严格遵守《中日联合声明》以及《中日和平友好条约》的相关原则，才能实现中日世代友好。对于中日关系的发展状况，宦乡、张香山、孙平化、肖向前、赵安博等专家均撰文指出，日本社会存在的违反《中日联合声明》与《中日和平友好条约》的严重问题，如"教科书事件""参拜靖国神社事件"以及"光华寮裁判"等严重影响中日关系的健康发展。对此，何方先生在《记取历史教训　发展中日友好——纪念"芦沟桥事件"50周年》一文中指出，"为了维护世界和平、巩固和发展中日间的睦邻友好关系，就必须正确对待历史，总结经验，吸取教训，克服前进道路上的各种障碍"，并强调"中日友好还是两国争取和平国际环境的重要条件"。③ 1988年赫赤在《贯彻〈条约〉精神　发展中日友好——纪念〈中日和平友好条约〉签订10周年》一文中，从五个方面重温了《中日和平友好条约》确定的各项原则和

---

① 宦乡：《中日关系与亚洲的安全和发展》，《日本问题》1986年第2期。
② 钱学明：《1986年日本外交的新发展》，《日本问题》1987年第3期。
③ 何方：《记取历史教训　发展中日友好——纪念"芦沟桥事件"50周年》，《世界知识》1987年第13期。

条约的执行过程，再一次明确了坚持该条约精神是发展中日关系的基本的观点。①

纵观20世纪80年代中国学术界的日本外交研究，从学术研究机构来看，主要有中国社会科学院日本研究所、中国国际问题研究所、现代国际关系研究所、上海国际问题研究所等国内知名的国际问题研究机构及国内重点高校日本问题研究中心。从学术研究成果来看，上述研究机构有着国内最为优秀的日本问题研究专家队伍，他们利用较为丰富的外文资料和日本学术界、政界的人脉，通过不断出国考察和学术交流，产生了一大批具有学术价值的学术成果。特别是《日本问题》杂志上关于日本外交研究的文章，在全国的学术影响不可低估。这些有着独到之处的学术成果，无论在资料上，还是在观点方面，都充分反映了中日邦交正常化后日本对外关系的特质与走向，具有显著的时代特征。如日本问题专家张香山在1985年《日本问题》创刊号撰文期望的那样：第一，要力求掌握辩证唯物主义和历史唯物主义的立场、观点和方法，而力戒主观、片面，用旧框框、停滞的观点和历史类比来看待战后四十年的日本；第二，要掌握大量的，包括第一手的材料，通过严肃认真的分析和比较，做出符合客观实际的判断；第三，应该本着"百家争鸣"的方针，允许有不同意见的探讨和争论。② 这一时期的日本问题专家学者，多为中日邦交正常化的亲历者，对于两国关系的分析准确，注重动态研究，在问题意识的驱动下，逐步拓展日本外交的研究领域，日益走出中日双边关系的研究范畴，趋向于对日本对外关系的全面探索。

第二节　日本外交研究的成熟阶段——
20世纪90年代

冷战结束对日本的国际战略产生很大影响，促使日本的对外关系进行

---

① 参见赫赤《贯彻〈条约〉精神　发展中日友好——纪念〈中日和平友好条约〉签订10周年》，《日本问题》1988年第5期。

② 参见张香山《对〈日本问题〉的期望》，《日本问题》1985年第1期。

重新定位。这一时期可分为两个不同阶段：20世纪90年代上半期，日本表达了重构世界战略格局的构想，日本国内也出现了对盟国美国说"不"的声音；90年代下半期，日本经过各界精英的一番战略论争后确认：尽管冷战后世界形势趋缓，但亚洲地区仍存在地区冲突，日本在安全上仍需要得到美国的保护。① 因此，根据上述日本对外关系在两个时期的不同特点，中国的日本问题研究者对日本外交的探讨也大致分为两个阶段。

一 1991年至1995年，中国学者对日本外交研究的重点集中在中日关系、日俄关系、海湾战争与日本、美国的对日战略及日本战略思想流派的研究，主要涉及日本的崛起、日本的国际新秩序设想、日本的国际化等问题

对于20世纪90年代初期日本对外战略的调整及外交实践，中国学者重点研究了冷战后日本的外交战略取向、环境外交、"1955年体制"下的日本外交、日本外交政策及对华政策的特点，从不同的角度对日本的对外关系进行了全方位的学术探讨。例如，陆忠伟撰写的《中日关系新起点及趋向》初步分析了今后中日两国关系的走向以及障碍，其认为"在以海湾战争为契机的国际政治、经济秩序大动荡、大改组形势下，日本政府与自民党的对华政策，逐渐出现一个新思考轮廓"。② 宋成有撰写的《日本的大国目标追求与中日关系》主要分析了战后日本追求大国目标的轨迹、这一过程对中日关系的影响以及战前日本追逐大国地位的历史教训等问题。③ 姚文礼在《简论冷战期间日本对外政策调整》中认为，"冷战结束之后，日本为了迎接90年代的种种挑战并着眼于21世纪的发展，正在调整其对内对外战略"，"自此，日本外交目标更加明确，紧紧围绕走向'政治大国'这一中心展开活动，外交由低姿态转变为高姿态，外交活动范围进一步扩大。它一方面主动配合美国全球战略，企图借重美国力量，影响提高其国际地位；另一方面重点经营亚太，力争在地区事务中发挥主导作用，

---

① 参见刘世龙《美日关系（1791—2001）》，世界知识出版社2004年版，第624—625页。
② 陆忠伟：《中日关系新起点及趋向》，《世界经济与政治》1991年第11期。
③ 宋成有：《日本的大国目标追求与中日关系》，《日本学刊》1993年第1期。

进而成为世界政治大国"。① 林晓光在《日本政府的环境外交》中指出："近年来，日本政府谋求作为'国际国家'扩大在世界上的影响，积极参与国际事务的解决并力争发挥主导作用，注重外交战略的综合性、多层次性、全方位性，即推行所谓'大国外交'。通过国际合作加强环境保护，积极开展'环境外交'，即是日本大国外交的重要组成部分"。特别是，"国际形势剧变后，日本政府开始将'环境外交'纳入其对外战略的大框架"。② 徐世刚撰写的《90年代的日本外交与中日关系》主要围绕20世纪90年代以来日本为实现"政治大国"战略目标，依据国际政治、经济格局的变化，不断调整其外交政策的背景、内容、着眼点及中日关系展开分析。③ 这对我们从整体上认识90年代的日本外交与中日关系，思考其未来走向具有启发意义。

随着20世纪90年代初日本对外战略的调整，中国学者对日本外交的研究领域不断拓展。学术文章涉及日本对亚太外交、联合国外交、日本安全战略等相关内容。然而，日本对华政策及中日关系的研究仍然是重点。尤其是，在1992年中日邦交正常化20周年之际，学术论文主要集中讨论中日关系。何方先生的文章《国际形势和中日关系》立意高远，战略性很强。他在该文中指出，要讨论中日关系，就必须把它放到世界范围中去，而不能脱离国际环境，孤立地看待中日关系。为此，为了把中日友好合作关系推向一个新的阶段，文章谈到要增进互相理解，正确处理分歧；要扩大交流，加强合作；要参与国际合作，为世界做贡献。④ 上述何先生的真知灼见，至今仍然具有重要的现实启发作用。徐先之在《中日关系的回顾与展望——纪念中日邦交正常化20周年》一文中认为，"自从1972年中日两国实现邦交正常化以来，尽管双方之间产生过矛盾、摩擦，有的问题甚至至今尚未解决，但是从总体上看，中日关系已从民间发展到官民并举，从以经济为主进展到政、经并重，从双边关系走向世界性的合作，经

---

① 姚文礼：《简论冷战期间日本对外政策调整》，《日本学刊》1994年第1期。
② 林晓光：《日本政府的环境外交》，《日本学刊》1994年第1期。
③ 徐世刚：《90年代的日本外交与中日关系》，《日本问题研究》1995年第2期。
④ 何方：《国际形势和中日关系》，《日本学刊》1992年第1期。

历了一条不断前进、逐渐成熟的发展道路"。① 张鸿雁在《日本构筑国际新秩序设想与中日关系》一文中认为，"随着冷战格局的瓦解和海湾战争的结束，世界上一些大国围绕着建立什么样的国际新秩序展开一场日趋尖锐的明争暗斗。斗争的焦点是夺取建立国际新秩序的主导权。作为亚洲政治大国的中国和经济大国的日本，各自提出了构筑国际新秩序的设想和主张。中日双方在国际新秩序之间的主张存有差异。中日邦交正常化20周年之际，面临不同国际环境的中日两国正处在一个关键时期"。② 类似的分析文章还有郑必坚在《日本学刊》1992年第6期发表的《关于中日关系的历史新机遇》。他对中日关系进行了深刻思考，提出了两国关系历史新机遇的命题。这样的新机遇包括五个方面，即经济关系的新机遇；政治关系的新机遇；多方面合作关系的新机遇；长期形成的深厚的民间交往关系的新机遇；两国关系历史发展中正反两方面经验的新启迪。③

值得关注的是，杨运忠在《日本对华政策进入新阶段》一文中，从中日关系的客观条件的变化，探讨了日本对华外交政策的基本框架与内容。他认为，日本对华政策进入了强化政治外交的新阶段，并提出经过20世纪90年代的努力，中日两国已具备了建立面向21世纪友好合作关系的基础与条件，问题的关键是要求同存异，抛弃人为地涂在两国关系上的政治色彩和某种不应有的心理因素。④ 以上的文章分析角度新颖、资料丰富、立意颇有新意，引人深思。

二　1996年至1999年为日本外交研究的第二阶段，中国的日本外交研究重点关注日本对外战略的定位及中日关系发展状况

冷战结束后，日本保守势力并没有因此而彻底放弃的"冷战思维"，严重影响着日本的对华政策。对此，何方先生高瞻远瞩，指明了日本国际战略调整动向及中日关系的发展前景。他在1996年3月举行的"21

---

① 徐先之：《中日关系的回顾与展望——纪念中日邦交正常化20周年》，《现代国际关系》1992年第4期。
② 张鸿雁：《日本构筑国际新秩序设想与中日关系》，《国际政治研究》1992年第3期。
③ 郑必坚：《关于中日关系的历史新机遇》，《日本学刊》1992年第6期。
④ 杨运忠：《日本对华政策进入新阶段》，《日本学刊》1994年第2期。

世纪中国与日本"国际研讨会主题报告中指出，日本面临第三次历史性选择，"这不单取决于它的国内因素，同时取决于国际因素，特别是在全球化迅速发展、相互依存日益加深的情况下"。同时，"由于国际地位的提高和政治倾向保守，日本今后在外交上态度可能趋向强硬，但由于多极化的迅速发展，制约因素很多，因而也不会强硬到哪里去，越是强硬越会孤立，对它是更不利的"。① 这样的观点很具有对日战略指导意义。

这一阶段关于中日关系的研究再次成为热点，关于两国关系的文章占据很大比例。自 1997 年纪念中日邦交正常化 25 周年开始，1998 年纪念《中日和平友好条约》签订 20 周年，同年 11 月江泽民主席访问日本，1999 年既有对江主席访问日本的评说，又有探讨面向 21 世纪中日关系的学术课题。冯昭奎在《高瞻远瞩地看待中日关系》一文中强调，中日关系正在从"战后型"向"冷战后型"过渡，要用历史深邃的眼光和态度对待两国关系中出现的新问题。② 卢国学在《日本在野党与当代中日关系》中指出，日本在野党为当代中日关系的奠定，起到了不可或缺的作用。文中认为，日本在野党为当代中日关系所做的贡献给未来以启示，中日友好是历史潮流，逆流而动必被历史车轮所倾轧。③ 蒋立峰在《关于当前中日关系的几点思考》中指出，当前中日关系发展遇到困难，这与日本政府在处理一些问题上举措失当以及日本国内民族主义、大国主义乃至军国主义思潮一定程度的泛滥有直接关系。"和则两立，斗则俱伤"是两千年中日关系史提供的历史教训，中日双方需共同注意，当前尤其要注意从长远着眼，以大局为重，使中日关系的发展不受日本少数人的恶意摆布。④ 张香山先生以参加中日复交与和平友好条约谈判的亲身经历，撰写了《通往中日邦交正常化之路》、《中日复交谈判回顾》和《中日缔结和平友好条约前后》三篇重要的文章，为推动冷战后中日关系健康发展，提供了历史借

---

① 中国社会科学院科研局组织编选：《何方集》，中国社会科学出版社 2001 年版，第 170、185 页。
② 冯昭奎：《高瞻远瞩地看待中日关系》，《世界知识》1996 年第 11 期。
③ 卢国学：《日本在野党与当代中日关系》，《东北亚论坛》1996 年第 3 期。
④ 蒋立峰：《关于当前中日关系的几点思考》，《世界经济与政治》1996 年第 10 期。

鉴的依据和总结。① 刘江永在《排除右翼干扰，发展中日友好》一文中指出，1997年是"七七事变"60周年，也是中日邦交正常化25周年。发展中日友好是我国的基本国策，而要实现这一基本国策，必须不断排除来自日本国内右翼势力否认、美化侵略历史的干扰。② 高增杰在纪念《中日和平友好条约》签订20周年之际，撰文重温了中国的日本研究，强调只有深刻了解日本，才能适应形势发展的需要，推进中日关系的良性发展。③ 田丽萍《中日关系的现状与未来——从日本的内政外交看二十一世纪两国关系的发展方向》主要对日本的对华政策和中日关系的现状进行了概观，对两国关系发展的有利因素和不利因素进行了剖析，对21世纪的中日关系的发展方向做了初步的展望。④ 武寅在《关于发展中日关系的几点思考》一文中，对如何巩固发展中日两国关系提出了重要的建议。⑤ 肖向前作为战后中日关系见证人，从中国香港回归讨论了亚洲与中日关系。⑥ 高海宽和孙叔林分别提出《中日和平友好条约》签订20周年，在开创友好的中日关系同时，不能忘记周恩来为发展两国关系、缔结《中日和平友好条约》而做出的贡献。⑦ 李清津《邓小平"共同开发"思想与钓鱼岛问题》的学术论文，提示在思考中日关系时，应该认真理解邓小平作为大战略家，对处理中日关系中一些有争议问题的思路。⑧ 殷燕军的论文剖析了冷战后日本舆论界、学术界对国际形势和中国的认识。⑨ 但是，在20世纪90

---

① 参见张香山《通往中日邦交正常化之路》，《日本学刊》1997年第5期；《中日复交谈判回顾》，《日本学刊》1998年第1期；《中日缔结和平友好条约前后》，《日本学刊》1998年第4期。
② 刘江永：《排除右翼干扰，发展中日友好》，《中国党政干部论坛》1997年第7期。
③ 高增杰：《日本研究的回顾与展望——写在〈中日和平友好条约〉签订20周年之际》，《日本学刊》1998年第4期。
④ 田丽萍：《中日关系的现状与未来——从日本的内政外交看二十一世纪两国关系的发展方向》，《国际展望》1997年第17期。
⑤ 武寅：《关于发展中日关系的几点思考》，《日本学刊》1998年第5期。
⑥ 肖向前：《从香港回归看亚洲形势和中日关系的发展》，《日本学刊》1997年第5期。
⑦ 参见孙叔林《饮水不忘掘井人——周恩来与〈中日和平友好条约〉》，《日本学刊》1998年第4期；高海宽《开创和平友好的中日关系新世纪——纪念〈中日和平友好条约〉缔结20周年》，《日本学刊》1998年第4期。
⑧ 李清津：《邓小平"共同开发"思想与钓鱼岛问题》，《日本学刊》1999年第4期。
⑨ 殷燕军：《冷战后日本舆论界学术界对国际形势和中国的认识》，《日本学刊》1999年第5期。

年代后期,与研究中日关系相比,对日本亚太外交、日美关系、对朝鲜外交、西欧外交和日本外交的转型的学术研究略显薄弱。

此外,关于中美日三边关系的研究也是这一时期日本外交研究的重要内容。如王鸣鸣在《东盟的崛起与亚太地区中美日三边关系》中指出,东盟在亚太地区的崛起将改变该地区中美日三边关系和政治经济格局。① 李长久《不平衡的中美日三角关系》认为,中美日之间不可能建立等距离的三角关系。美日关系重于中美和中日关系,中美关系也重于中日关系,若中美关系发展顺利,中日关系也就比较容易处理。发展中美、中日关系,既有积极因素,也包含着不稳定的因素。② 陈祖华撰写的《中美日三角结构中的文化因素》则从文化因素、文化差异的角度分析中美日三角结构,文中认为,文化因素是维系中美日三角结构的一种无形的软力量纽带。文化差异的不断延伸必然产生不同文化的冲突与融合。中美之间的文化差异大于美日和中日,在三角结构中居于支配地位。文化霸权与文化主权的矛盾,既是美中之间又是中美日三角结构之中冲突的根源之一。③ 杨运忠、刘延萍《走向新世纪中美日三角关系的调整与构塑》一文认为,中美日三角关系是亚太地区最具决定意义的战略关系,是走向21世纪世界战略格局构成的基本政治力量,也是对我国改革开放和社会主义现代化建设最具影响力的国际因素。在即将跨入新世纪的前夕,中美日三角关系又开始了新的调整,三边战略关系的基本框架正在进行新的构塑。④ 以上研究成果均站在历史的高度对中美日三国关系进行了全面而深刻的回顾,并对三国关系在新世纪如何发展做了带有前瞻性的预测。

这一时期还值得关注的是,1990年春,中华人民共和国成立后第一个全国性日本研究的学术团体——中华日本学会在京成立。同时,由中国社会科学院日本研究所创办的《日本问题》改名为《日本学刊》,通过增强

---

① 王鸣鸣:《东盟的崛起与亚太地区中美日三边关系》,《世界经济与政治》1996年第3期。
② 李长久:《不平衡的中美日三角关系》,《世界经济与政治》1998年第10期。
③ 陈祖华:《中美日三角结构中的文化因素》,《世界经济与政治》1999年第5期。
④ 杨运忠、刘延萍:《走向新世纪中美日三角关系的调整与构塑》,《当代亚太》1999年第6期。

学术性和理论性,进一步提升为全国日本研究者学术交流的主要平台①。自刊物更名后,日本问题作者群体不断扩大,囊括了外交学院、中国政法大学、济南陆军学院、北京大学、吉林大学、南开大学、中国社会科学院台湾研究所、世界历史研究所等学术机构的日本问题研究人员。这大大提升了《日本学刊》作为全国性刊物的学术权威,使其成为中国日本外交研究的主要平台之一。

第三节 21世纪初期日本外交研究的蓬勃发展及趋势

进入21世纪以来,日本政府就日本外交战略调整责成外务省组织相关学者编写了《面对21世纪的挑战:日本的外交课题》政策报告,以"21世纪日本外交面临的挑战"为主题,对日本的外交目标、新世纪日本外交与国际社会、日本外交课题等内容进行了全面阐述,鲜明地表达了21世纪日本外交及其战略取向。② 总体上来说,成为"普通国家"、追求政治大国化成为21世纪日本外交的战略目标。针对上述日本外交战略的调整及动向,中国学者的研究成果主要集中在外交战略、中日关系、日美关系及其他对外关系等方面。特别是在中日关系研究领域,由于小泉纯一郎上台后屡次参拜靖国神社等否认侵略历史的言行,中国学者发表了大量学术论作,在日本外交研究成果总量中占据了约四成的比例。

一 关于"日本国际战略"及"外交战略"研究的代表性观点

在21世纪初的20年里,由于日本争当政治大国的进程明显提速,中国学者一直对日本外交战略的发展趋势保持关注,力图运用国际关系理论和方法论分析其内涵、特点及走向。譬如2000年《日本学刊》发表提出

---

① 殷燕军:《冷战后日本舆论界学术界对国际形势和中国的认识》,《日本学刊》1999年第5期。
② 参见外务省,http://www.mofa.go.jp/mofaj/gaiko/teigen/index.html [2020-05-05]。

了时殷弘、吴胜、孙承等学者关于20世纪日本的选择和命运的文章①。这一时期中国学者对日本外交战略的整体走向持续关注,力图分析其内涵、特点及趋势。这一时期有关日本对外战略及外交政策的研究涌现出一批很有分量的研究成果,其中代表性著作颇有学术价值和现实意义。这对于深入探讨日本外交战略调整具有重要的学术参考价值。

首先,关于日本国际战略或对外战略的代表性学术观点。李寒梅等著的《21世纪日本的国家战略》选取日本的政治体制、外交战略、行政改革、经济体制以及科技发展战略四个方面,系统深入地讨论了整个战后日本的发展道路,并追踪现实的变化,探讨了其未来走向。②杨伯江、马俊威、王珊和刘军红等撰写的《当前日本对外战略:成因、手段及前景》一文认为,进入21世纪以来,伴随国内经济社会转型、政治生态及外部环境的重大变化,日本追求"政治大国化"对外战略目标的步伐越发坚定,尤其重视对国家资源的深度开发与重新配置,实施战略的手段选择日趋多样化、综合化。③周洪波、肖立国撰写的《日本对中亚外交的思考:从战术到战略的演变》一文认为,从战略上讲,日本对中亚的外交演变经历了以经济援助为主到目前政治对话为重心的过渡,经济援助政策虽然具有很大的影响力,但基本上已经从属于其整体的地区外交战略,其目的已经超出了"能源外交"和"贸易外交"等经济利益的范畴,谋求政治大国的地位和维护自身地缘政治安全等国家战略利益日趋居于主导地位。④廉德瑰在《略论日本"海洋派"的对外战略思想》一文中认为"海洋国家"的概念,包括了海洋国家在争夺世界霸权的过程中重视欧亚大陆心脏地带的挑战,主张海洋国家结成联盟和形成大陆边缘地带对心脏地带包围网的内涵。日本"海洋派"把中国作为向日本挑战的主要大陆国家进行防范,他

---

① 参见时殷弘《和平扩张·军事征服·商业福利——20世纪日本的选择和命运》,《日本学刊》2000年第2期;吴胜《冷战后中美日三角中的日美关系》,《日本学刊》2000年第4期;孙承《日本对外战略和对华战略简析》,《日本学刊》2000年第5期。
② 李寒梅等:《21世纪日本的国家战略》,社会科学文献出版社2000年版。
③ 杨伯江、马俊威、王珊、刘军红等:《当前日本对外战略:成因、手段及前景》,《现代国际关系》2006年第12期。
④ 周洪波、肖立国:《日本对中亚外交的思考:从战术到战略的演变》,《世界经济与政治论坛》2007年第4期。

们坚持日美同盟的战略,试图利用欧亚大陆边缘地带包围中国,具有深刻的文化原因。① 张勇《日本战略转型中的对外决策调整——概念模式与政治过程》一文认为,因战略目标的差异,在战后不同历史时期,日本国家战略与决策机制各有不同特质。基于对以"吉田主义"为代表的国家战略之"反思"与"超越",日本正处于新的战略转型期,这也因应了其"全面正常化"的目标。其对外决策机制亦在经历重大调整。从"1955年体制"以来的"官僚主导"型向21世纪初期的"官邸主导"型过渡的趋势业已形成,小泉纯一郎执政时期首相官邸主导型决策过程较为典型,第二次安倍内阁时期得到进一步强化,其突出标志是国家安全委员会的成立。当前乃至今后,由首相官邸来设计与领导实施新国家战略的思路亦越发清晰。在"全面正常化"战略方针的指引下,日本决策层致力于突破战后体制,创建长期执政的政治环境,强化首相及执政中枢的决策权限。但因受内外因素制约,无论是国家战略转型,还是决策机制调整,在大趋势之下仍存有诸多变数。② 吕耀东撰写的《日本对外战略:国家利益视域下的战略机制和政策取向》一文,以国家利益概念为切入点对日本对外战略加以分析,指出日本的首要核心利益是涉及领土问题及恢复国家对外职能的国家"安全利益",其所进行的一系列对外战略调整均以谋求国家利益最大化为根本目的,势必会成为影响亚太地区和平与稳定的不确定因素。③ 庞中鹏在《试析安倍"战后日本外交总决算"的内容、目的及问题》一文中认为,得益于"安倍经济学"的经济支撑、参众两院选举胜利的政治支撑和"俯瞰地球仪外交"的外交支撑,安倍提出了"战后日本外交总决算"的新理念,其目的是打破日朝之间的僵局、推动日朝关系正常化,解决日俄争议领土问题,充实"印太构想"内涵和进一步改善中日关系。但如何平衡日美同盟关系、日韩关系不稳定、日俄关系提升尚需时日以及中日关系隐忧仍在,这些决定了"战后日本外

---

① 廉德瑰:《略论日本"海洋派"的对外战略思想》,《日本学刊》2012年第1期。
② 张勇:《日本战略转型中的对外决策调整——概念模式与政治过程》,《外交评论(外交学院学报)》2014年第3期。
③ 吕耀东:《日本对外战略:国家利益视域下的战略机制和政策取向》,《日本学刊》2018年第5期。

交总决算"的落实充满了各种不确定因素。① 吴怀中在《冷战后日本区域主义战略与亚洲合作进程——兼论区域共同体构建中的日本位相与趋向》一文中认为,进入2018年后,国际变局加剧,日美同盟状态与中日实力差距的两个自变量发生"谐振",加上之前被视为先验条件的单极体系自变量与美国霸权渐行剥离、亚洲融合及一体化进程显现新态势,导致日本区域主义战略发生明显的策略性调整,朝着多向对冲、政经并重、回归亚洲、深耕地区的趋向位移。此调整为某种战略动向的端口和序曲,将在曲折反复中持续较长时期,总体上有望为亚洲区域合作与融合、深化共同体建设提供相对利好条件。②

其次,关于日本外交战略的代表性学术观点。刘世龙在《冷战后日本的外交战略》一文中指出,展望未来十年,日本为保障本国的安全与繁荣,将在与美国结盟的同时走向"普通国家"。日本将在美国的引导下进一步军事大国化,走向行使集体自卫权。但日本能在多大程度上达成其战略目标,既取决于它的主观努力,也取决于有关国家的态度。③ 晋林波在《新世纪日本外交战略的发展趋向》一文中指出,充分关注和研究新世纪日本外交战略的发展趋向,不仅有助于深化对当今日本国家的战略思维模式的认识,更为准确地把握其未来走向,而且对促进中日两国间的相互了解、推动中日关系的健康稳定发展以及优化中国自身的周边安全环境等均具有十分重要的现实意义。④ 房广顺、李向楠在《日本"普通国家化"战略及其制约因素》一文中认为,近年来日本的"普通国家化"战略日趋成熟,并通过经济、法律、外交、传媒等途径推进"普通国家化"战略。但是,日本的外交理念、国际意识、国内体制,以及国际和周边环境,对其"普通国家化"战略的实施,构成了重要的制约和牵制。⑤ 李秀石撰写的

---

① 庞中鹏:《试析安倍"战后日本外交总决算"的内容、目的及问题》,《东北亚学刊》2019年第5期。
② 吴怀中:《冷战后日本区域主义战略与亚洲合作进程——兼论区域共同体构建中的日本位相与趋向》,《日本学刊》2020年第3期。
③ 刘世龙:《冷战后日本的外交战略》,《日本学刊》2003年第5期。
④ 晋林波:《新世纪日本外交战略的发展趋向》,《国际问题研究》2004年第4期。
⑤ 房广顺、李向楠:《日本"普通国家化"战略及其制约因素》,《日本研究》2008年第1期。

《试析日本亚太外交战略》从麻生政府的外交方针切入，考察日本的亚太外交战略。文章认为，日本的亚太外交战略主要应对三大地缘政治难题——东盟共同体建设弱化日本对东盟的影响、日本推进日美同盟的"开放性变革"与东亚正在形成的地区性安保机制产生矛盾、东亚合作的"10+3"与"10+6"框架之间的矛盾。文章分析了日本亚太外交战略的可行性及制约因素，解读其在地缘政治、经济发展等方面的战略意义，以期有助于提升中日战略互惠关系在日本亚太外交战略中的地位。① 吕耀东《战后日本外交战略理念及对外关系轨迹》一文认为，日本战后70年的外交战略理念经历了"经济中心主义""正常国家论"和大国化政治诉求等演进历程。进入21世纪，日本开展的战略性外交与价值观外交，是基于"大国化"政治诉求而进行的"自我实现"，完全是从维护自身国家利益出发的。"正常国家论"关于大国化的政治诉求，逐渐显露出日本"传统的国家主义"面目，并将成为日本主流的对外关系理念和实践目标。②《中日两国外交战略与特点再分析——以2013—2017年两国领导人出访为中心》的作者鲁义、李庭宇运用数据统计方法对2013—2017年中日两国领导人出访活动进行了量化研究，希望以此探寻两国外交战略的特点。通过分析，文章认为，从首访国家上看，日本带有巩固传统地盘、进而遏制中国的意图；从目的上看，日本既希望通过宣传其政策和主张达到扩大影响力的效果，又试图利用外交成果缓解国内矛盾；从侧重点上看，日本更为偏重东南亚地区、中东地区及印度。此外，文章还指出，中日两国外交在大国及具有地区影响力国家两个群体上重合度较高。③《日本安倍内阁的对外援助战略评析》的作者周永生关注的是日本对外援助战略。作者先就日本对外援助战略进行了历史阶段划分，将其分为起步、扩大、高潮及低潮四个阶段。随后，在对第二次安倍内阁的对外援助战略进行分析后给予了中肯的评价。在作者看来，过重的附加政治使命增加了日本对外援助的负担，日本现有经济实力对其对外援助理念而言心有余而力不足，从"援

---

① 李秀石：《试析日本亚太外交战略》，《现代国际关系》2009年第1期。
② 吕耀东：《战后日本外交战略理念及对外关系轨迹》，《日本学刊》2015年第5期。
③ 鲁义、李庭宇：《中日两国外交战略与特点再分析——以2013—2017年两国领导人出访为中心》，《太平洋学报》2018年第9期。

助"到"开发合作"的变化与时俱进,军事援助中存在与其回避军事及冲突理念相矛盾的内容。作者最后指出,日本对外援助战略形成与规范机制良好、书面材料详细、经济援助体制较为完备、政府援助与民间投资相结合等优点值得借鉴。① 王竞超撰写的《日本南太平洋战略初探:历史渊源、实施路径与战略动因》首先梳理了日本与南太平洋国家的历史关联,提出了近代以来南太平洋地区对于日本的战略重要意义;接着,作者指出了冷战结束后日本主要通过介入南太事务、培育日本在该地区的软实力和强化与美澳等国的安全合作以加强对该地区的渗透为途径,进而实施其南太战略。其目的是使南太地区成为日美同盟向全球扩展和遏制中国的支点、对冲中国"一带一路"倡议的平台和推进日本海洋安全战略的依托。对此,中国应加强远洋海军建设,凭借中日第三方合作分化日美、争取日本,大力推动"一带一路"倡议在南太地区的发展。② 顾全《"非对称制华"——论日本海上战略新思维》一文认为:日本海上战略,出现了所谓"非对称制华"新思维。它以中美西太两极对峙和对华长期战略竞争为预设,以维持日美同盟西太制海权和防控危机升级为目标,谋求依靠"扬长避短"的策略来扭转自身的资源与能力劣势。同时它希望借助威胁中国的战略软肋以最终夺回中日海上军事较量的主动权。其中"拒止+控制"的作战构想与"成本强加"的威慑构想是两大基本组件。中国应据此反思自身海上战略目标,增强战略弹性,管控行动成本,强化和对手进行长期竞争的能力。③ 刘江永《安倍内阁的外交战略及前景》认为:安倍提出"俯瞰地球仪外交",积极推进"自由与开放的印太战略",推行所谓的"积极和平主义",试图通过加强与西方国家和地区盟友的联系,构建符合自身利益的安全战略网络与国际战略格局。文中同时指出,安倍内阁的外交战略依然面临一些难题,2020 年安倍内阁面临的最大课题之一是,在复杂

---

① 周永生:《日本安倍内阁的对外援助战略评析》,《当代世界》2018 年第 11 期。
② 王竞超:《日本南太平洋战略初探:历史渊源、实施路径与战略动因》,《边界与海洋研究》2019 年第 4 期。
③ 顾全:《"非对称制华"——论日本海上战略新思维》,《亚太安全与海洋研究》2020 年第 2 期。

多变的国内外环境下能否如期成功举办东京奥运会。① 孙丽撰写的《日本主导国际经贸规则制定的战略布局——兼谈日本在大阪峰会上的得与失》一文认为：安倍政府对外经贸战略的最高目标是主导国际经贸规则制定，为此，一方面，安倍政府实施了以 TPP/CPTPP 为龙头，以日欧 EPA、日美贸易协定与 RCEP、中日韩 FTA 等双边、多边自由贸易协定等为抓手的区域经济一体化战略，使日本"成为在区域层面以及双边层面创造规则的国家"；另一方面，安倍政府高度重视峰会外交的"规则设定与建章立制"功能，在 G20 大阪峰会期间充分利用主场外交的优势，通过巧妙设立峰会议题，创立制定数字经济国际规则的"大阪轨道"、以"协调人"的角色力推 WTO 改革，使日本主导国际经贸规则制定的战略取得了重要进展。日本争夺国际经贸规则制定主导权的经验对中国具有启发和借鉴价值。② 王洪映、杨伯江《平成时代日本对外援助的战略性演进及其特点》一文认为：平成时代日本实施对外援助的动机、决策机制、执行体制均表现出战略性不断强化的趋势。③

关于日本外交战略及对外关系的研究，许多学术成果注重从全新视角来探讨日本的外交战略及实践。这主要表现在三个方面：一是鉴于"东亚合作"是冷战后日本外交战略所面临的重大课题，部分成果置重点于日本的亚洲地区外交战略上，如孙承的《日本的东亚共同体设想评析》④ 等。二是随着非传统安全、全球性问题等因素在国际关系实践中的凸现，部分成果也体现了日本外交战略中的这些新内涵，如王珊的《"反恐"外交与日本的战略》⑤ 等。三是部分学术成果从文化视角来分析日本的外交战略，如尚会鹏、刘曙琴《文化与日本外交》，巴殿君《从文化视角透析日本外交政策的战略选择》，沈海涛、李永强《日本对

---

① 刘江永：《安倍内阁的外交战略及前景》，《当代世界》2020 年第 3 期。
② 孙丽：《日本主导国际经贸规则制定的战略布局——兼谈日本在大阪峰会上的得与失》，《日本学刊》2020 年第 4 期。
③ 王洪映、杨伯江：《平成时代日本对外援助的战略性演进及其特点》，《太平洋学报》2020 年第 5 期。
④ 孙承：《日本的东亚共同体设想评析》，《国际问题研究》2002 年第 5 期。
⑤ 王珊：《"反恐"外交与日本的战略》，《现代国际关系》2001 年第 12 期。

华公共外交实施困境分析》等①。上述学术文章虽数量不多，但在相当程度上把握了日本外交战略的发展趋向，并且是运用新理论、不同方法论的创新性探索。

二 对于21世纪初期中日双边关系发展及前景的探讨和研究

21世纪初期，中日关系研究仍然占据主流。主要原因是小泉内阁、野田内阁及安倍内阁围绕历史问题、钓鱼岛等问题的言行导致中日关系的恶化，给日本外交研究带来了新的要求与课题。特别是在对中日关系现状进行实证研究过程中，2002年至2010年，中国社会科学院日本研究所先后进行了多次舆论调查（调查结果载于《日本学刊》2002年第6期、2004年第6期、2006年第6期、2009年第2期），并与《中国日报》合作进行中日关系舆论调查，力求反映中国民众对日本及中日关系的现实认知状况，得到中日学术界、政界的高度关注。

一是这个时期分析中日关系主要聚焦于中日关系"政冷经热"的分析，日本政坛保守化对中日关系的影响，还有对如何打破中日两国政治僵局的学术探讨。《日本学刊》发表的主要文章有，张伯玉的《试析日本对华强硬政策》，桐声的《日本右翼势力及其对日本内外政策的影响》，吴寄南的《日本"新国防族"的崛起及其影响》，胡令远的《文化交流、价值向度与历史认识——简论战后中日关系的精神要素》，蒋立峰的《未来十年的中日关系与中国对日政策——21世纪中日关系研究报告》，杨栋梁的《直面拐点：历史视野下中日关系的演进与现实思考》等②。对于如何打破中日两国政治僵局，有的文章观点新颖，很具有建设性。冯昭奎认为中日

---

① 参见尚会鹏、刘曙琴《文化与日本外交》，《日本学刊》2003年第3期；巴殿君《从文化视角透析日本外交政策的战略选择》，《日本学刊》2010年第4期；沈海涛、李永强《日本对华公共外交实施困境分析》，《日本问题研究》2014年第1期。

② 参见张伯玉《试析日本对华强硬政策》，《日本学刊》2005年第2期；桐声《日本右翼势力及其对日本内外政策的影响》，《日本学刊》2005年第6期；吴寄南《日本"新国防族"的崛起及其影响》，《日本学刊》2003年第5期；胡令远《文化交流、价值向度与历史认识——简论战后中日关系的精神要素》，《日本学刊》2008年第6期；蒋立峰《未来十年的中日关系与中国对日政策——21世纪中日关系研究报告》，《日本学刊》2009年第5期；杨栋梁《直面拐点：历史视野下中日关系的演进与现实思考》，《日本学刊》2012年第6期。

经济关系与中国工业化密切相关,要重视经济因素在中日关系中的分量。①

二是从中日关系的视角研究日本对外战略的代表性观点。例如,林晓光著的《日本政府开发援助与中日关系》,通过日本ODA政策和战略变动的国内外原因,全面分析了日本的国际战略、政治走向、对华外交战略和政策方针的重大变化,指出中国应该依据国家利益,借鉴历史的经验,确定日本在中国外交中的地位,制定相应的对日战略方针。②吕耀东著的《中国和平发展与日本外交战略》,该书以国际体系下中国和日本的国际战略及其外交理念与实践为研究对象,以中国和平发展与日本外交战略调整之间的相互关系为重点,就两国对外战略目标的形成、发展及双边互动关系进行全面分析,对中日战略互惠关系的发展及趋向进行了战略性、前瞻性的研究。③

三是有些学者注重从深层次研究中日关系中的钓鱼岛问题。如桐声的《关于中国东海的钓鱼岛、专属经济区和大陆架问题的法律分析》,包霞琴的《中日钓鱼岛领土争端的演变与现状——以"搁置争议"原则为中心》,管建强的《国际法视角下的中日钓鱼岛领土主权纷争》,吴怀中的《日本在钓鱼岛争端中的国际舆论动员》,刘江永的《甲午战争与钓鱼岛劫难》,胡德坤、黄祥云的《美国在中日钓鱼岛争端上"中立政策"的由来与实质》等论文都对于中日关系中钓鱼岛问题的尖锐性提出了新的见解。④

四是在百年未有之大变局的新的国际形势下对中日关系的研究。杨伯江撰写的《弘扬条约精神,推动中日关系重返正常发展轨道》一文指出,《中日和平友好条约》的签署改变了百年来中日关系的历史走向,影响了亚太地区的国际关系格局,创造了有利于中国改革开放、实现经济社会大

---

① 冯昭奎:《中日经济关系与中国工业化》,《日本学刊》2003年第4期。
② 林晓光:《日本政府开发援助与中日关系》,世界知识出版社2003年版。
③ 吕耀东:《中国和平发展与日本外交战略》,社会科学文献出版社2004年版。
④ 参见桐声《关于中国东海的钓鱼岛、专属经济区和大陆架问题的法律分析》,《日本学刊》2003年第6期;包霞琴《中日钓鱼岛领土争端的演变与现状——以"搁置争议"原则为中心》,《日本问题》2011年第3期;管建强《国际法视角下的中日钓鱼岛领土主权纷争》,《中国社会科学》2012年第12期;吴怀中《日本在钓鱼岛争端中的国际舆论动员》,《外交评论》2014年第3期;刘江永《甲午战争与钓鱼岛劫难》,《两岸关系》2014年第11期;胡德坤、黄祥云《美国在中日钓鱼岛争端上"中立政策"的由来与实质》,《现代国际关系》2014年第6期。

发展的外部条件，因而具有重大意义与价值。在"条约精神"的规范、引领下，中日双方不仅需要对以中国台湾问题为代表的突出、敏感问题进行进一步管控，还需要在顺应全球化时代潮流、把握关系发展大方向的基础之上拓展双边发展空间、抓住深化合作新机遇。站在中日关系发展的重要时间节点，在思想上应当充分认识到中日和平合作既符合两国利益，又符合地区与世界利益；"条约精神"历久弥新，对于未来中日关系的发展而言仍具有现实指导意义与规范作用；中日合作的战略基础在新形势下并未遭到削弱，反而有所增强。在行动上应当尽量做到坚持和平相处，以和平手段解决争端，妥善处理分歧；抓住机遇深化合作，不断强化两国间现实利益纽带；从时代与文明高度对中日关系进行思考与规划。① 梁云祥《改革开放四十年中日关系回顾与思考》一文认为，日本在中国改革开放过程中发挥了积极的作用，但由于冷战后国际形势发生了根本性变化，两国也经历了从"蜜月与合作期"到"竞争与摩擦期"的结构性转变，双边关系虽然时好时坏，但整体上保持了一种和平与稳定关系。作者总结了中日关系40年的发展的基本经验教训："合则两利，斗则两伤"、双方领导人的政治智慧和勇气以及决断力至关重要、需要坚实的共同利益、密切经济文化领域的合作、历史认识问题和中国台湾问题是中日关系的消极因素、对国家关系法律文件原则性规定较多。为持续改善中日关系，双方应认清彼此的根本利益所在，管控分歧，增加共同利益，慎重应对敏感问题，通过法律途径和平处理矛盾或争端。② 高洪在《新时代的中日关系：核心内涵、主要途径》一文中围绕"新时代的中日关系"概念进行了对比界定，认为"和平友好"是新时代中日关系的核心内涵，并探讨了努力构建契合新时代的中日关系的主要途径。③ 张季风在《迈向新时代的中日经济关系：机遇与挑战》中认为未来的中日经济关系可谓机遇与挑战并存，面对复杂多变的局面，进一步强化中日经贸合作是中日两国的最佳选项，中日两国在

---

① 杨伯江：《弘扬条约精神，推动中日关系重返正常发展轨道》，《东北亚论坛》2018年第5期。
② 梁云祥：《改革开放四十年中日关系回顾与思考》，《人民论坛·学术前沿》2019年第12期。
③ 高洪：《新时代的中日关系：核心内涵、主要途径》，《日本学刊》2020年第1期。

双边贸易、双边投资、财政金融合作、第三方市场合作以及区域经济一体化等领域的合作空间极为广阔，特别是在数字经济、人工智能领域以及新型传染病防控、应对老龄化社会等方面的合作更是大有可为，迈向新时代的中日经济关系会更加行稳致远。①

三 对于21世纪初期中日关系以外的具体双边、多边关系发展及前景的探讨与研究

针对日本具体双边、多边关系的研究仍然在中国日本外交研究中占据主流。这不仅是因为中国日本外交研究素来就有重视相关研究的传统，更是由于同其他行为体发展双边、多边关系是国家行为体外交战略甚至国家战略在外交实践活动中的主要表现形式，对其进行研究有利于发掘日本国家战略及外交战略的最新动向及其所包含的思想理念变化。

首先，关于日美同盟的研究成果较多。王公龙《对日美同盟"再定义"的再认识——以现实主义、新自由主义和建构主义为视角的选择性分析》一文选择性运用现实主义、新自由主义和建构主义理论进行多角度观察，认为追逐权力是日美安全关系强化的首要动因，同时价值观和制度因素、日本作为行为体对自身身份的认定以及对其他行为体身份认定的变化，也是推动日美加固同盟的重要因素。②徐万胜在《日美同盟与日本的军事大国化倾向》一文中认为，冷战后日本军事大国化倾向不断加强，这是与日美同盟的强化过程同步进行的，日美同盟成为日本政府拓展军事力量发展空间的主要外部借助因素。日美同盟不仅提升了日本自卫队的军备扩张水平，且促使日本的海外派兵日趋"正常化"，但日本自主防卫力量的发展也给未来的日美同盟带来了诸多不确定性。③刘江永《日美同盟转型及其对中国的影响》一文中分析认为，21世纪初，伴随日本军事战略的调整，日美同盟出现一种"历史回归性变化"的趋势，这很可能引发和加深中日之间的战略矛盾。展望未来，如果日

---

① 张季风：《迈向新时代的中日经济关系：机遇与挑战》，《国际论坛》2020年第3期。
② 王公龙：《对日美同盟"再定义"的再认识——以现实主义、新自由主义和建构主义为视角的选择性分析》，《日本学刊》2002年第5期。
③ 徐万胜：《日美同盟与日本的军事大国化倾向》，《当代亚太》2004年第4期。

本能在美亚之间促进协调与合作，远交近和，中日关系也有可能与日美关系并行不悖地发展。① 耿丽华撰写的《论全球金融危机背景下的日美同盟关系》一文试以全球金融危机为切入点，来分析日美同盟关系在新形势下的再强化与转型，进而从日美同盟关系的变化来揭示其对东北亚区域合作的影响。② 孟晓旭在《日本强化日美同盟与东北亚安全形势》一文中认为，基于对东北亚安全环境呈持续恶化态势的总体判断，日本决心以日美同盟为主要依托，实施其在该地区的安全战略。从具体路径上看，日本既重视对自身体制进行持续性调整，又不断对日美安全合作领域加以扩展；既积极落实"日本主防，美国主攻"的战略分工，又凭借日美同盟与区域内国家展开对抗。在作者看来，日本的上述举措无论对于东北亚安全合作的深入，还是东北亚安全互信的构建，抑或是东北亚安全形势的稳定而言，均会产生不利影响；长此以往，其甚至可能改变东北亚地区的安全结构。③ 包霞琴、崔樱子撰写的《冷战后日美同盟的制度化建设及其特点——兼论日本在同盟中的角色变化》一文认为，日美同盟在同盟内部的制度化建设，包括战略层面的沟通机制、政策层面的协调机制和军事层面的合作演练机制；在同盟外部的网络化拓展，包括"日美+X"和"日美印澳四边战略对话机制"等模式。这种从内部制度化建设走向外部网络化拓展的结果体现了日美同盟出现结构性变化。美国在亚太地区的联盟体系从"轴辐结构"变为"网状结构"；日本在同盟转型过程中承担的责任越来越多，在地区安全中的存在感和影响力随之上升，在未来国际秩序中谋求战略自主的诉求也将不断提高。④ 吕耀东在《日美同盟变局：表现与趋向》一文中认为：日美同盟因为各自利益得以维持，但却因各自利益诉求不同而横生变局。60年前的《日美安全保障条约》显然不适应时过境迁的国际环境和国际格局变动，日

---

① 刘江永：《日美同盟转型及其对中国的影响》，《国际观察》2006 年第 1 期。
② 耿丽华：《论全球金融危机背景下的日美同盟关系》，《日本研究》2010 年第 2 期。
③ 孟晓旭：《日本强化日美同盟与东北亚安全形势》，《人民论坛·学术前沿》2018 年第 9 期。
④ 包霞琴、崔樱子：《冷战后日美同盟的制度化建设及其特点——兼论日本在同盟中的角色变化》，《日本学刊》2019 年第 1 期。

美同盟内部结构性调整体现出双方不同的政策诉求。日美同盟连带的日美经贸问题、日俄和平条约缔结谈判问题，以及日本对于美国—伊朗关系的政策变化，预示着日美同盟内部的结构性变化在所难免。日美同盟对等性的问题成为日美双方无法回避的议题。未来日美同盟的结构性变局，不仅深刻影响日美双边关系，也将是亚太地区政治、经济和安全环境的重大变故。①

其次，至于多边层面的"印太战略"，胡志勇在《美国积极塑造"印太"战略格局及其地缘影响》一文中认为，"印太"从地理概念转型为新的政治与战略构想，既是地缘政治变化的反映，又凸现了美国利用其继续维护全球领导地位和遏制中国的战略意图。美国积极塑造"印太"战略格局，极力拉拢其盟国，并主动发展新的伙伴国家，对中国产生了地缘战略制衡态势，从而使中国的崛起面临着更为复杂的地缘环境，中国必须高度关注并提出应对之策。②葛建华在《试析日本的"印太战略"》一文中首先回顾了日本提出"印太战略"的历史过程，认为日本"印太"地缘概念是在美国相关概念、政策的驱动下逐步发展成为系统性外交战略构想的。在从"印太"概念到清晰的"自由开放的印太战略"这一过程中，不仅日本的地区领导力构建工作初见成效，其以此对中国地区政治、经济、军事影响力加以制衡的企图也日趋明朗。其次，作者主要对日本构建"印太战略"的动因进行了分析。日本之所以要构建"印太战略"，其根本动因在于国家内部层次的政治右倾化及右翼势力助推；外部层次动因则主要包括中国的迅速崛起、美国"印太战略"的推进以及印度相关战略构想的提出。再次，作者着重分析了日本"印太战略"的主要内容及特征。关于前者，除了主要由三边合作模式构建而成的"民主安全菱形"和民主价值观推动下的"海洋民主国家联盟"之外，还包括旨在争取该地区"中等强国"和"摇摆国家"的"亚非增长走廊"计划；至于后者，借力美国、以海制陆、安保合作、东海南海

---

① 吕耀东：《日美同盟变局：表现与趋向》，《美国问题研究》2020年第1期。
② 胡志勇：《美国积极塑造"印太"战略格局及其地缘影响》，《南亚研究季刊》2016年第1期。

联动足以对其进行概括。最后，作者将眼光投向日本"印太战略"的前景与困境。在作者看来，"民主安全菱形"的稳步推进、"海洋民主国家联盟"的顺势而为、"亚非增长走廊"计划的由空转实可以被视为日本"印太战略"的前景。而由于其本质上是为安倍政府修宪、改变战后体制等服务，且存在违背世界发展大势、与经贸现实脱节等问题，日本"印太战略"在实施过程中必将面临重重困难。① 孟晓旭在《日本"印太构想"及其秩序构建》一文中认为，"印太构想"本质上是日本在"印太"地区构建一个新秩序的对外战略，具有被动应对和主动构建的双重动因，其目的是塑造符合日本利益的国际秩序环境。在此过程中，"印太构想"注重民主价值观、强化"规则"、推进地区一体化建设，并提升日本的地区整体安全能力、构筑符合日本国家利益的安全秩序环境等。在秩序构建上，"印太构想"呈现出基于连接的一体性、结构的差序性、合作与对抗并存的矛盾性等特点。②

当然，21世纪初期中国日本外交研究成果中针对具体双边、多边关系的论述并不仅限于上述国家和地区，从更为宏观的视角看，其主要包括以下方面：（1）关于日本同世界主要大国间关系。除中日、美日关系外，还包括日俄关系，如刘桂玲《冷战结束以来俄日关系的新变化》，吕桂霞《俄日关系中的"北方四岛"问题及其深层原因》，孙承《安倍内阁对俄外交新态势与日俄关系走向》，陈梦莉《冷战后日本"北方领土"政策：演变、特征及影响》，陈梦莉、白如纯《日俄争议领土交涉中的美国因素》，王海滨《俄日关系的进展与限度》等。③ 日印关系相关研究成果，如伍福佐《新世纪日印关系中的中国因素》，卫灵《大国战略下的日印关系》，高新涛《日印近期强化战略合作的深层背景与影响》，张继业《日

---

① 葛建华：《试析日本的"印太战略"》，《日本学刊》2018年第6期。
② 孟晓旭：《日本"印太构想"及其秩序构建》，《日本学刊》2019年第6期。
③ 参见刘桂玲《冷战结束以来俄日关系的新变化》，《现代国际关系》2005年第11期；吕桂霞《俄日关系中的"北方四岛"问题及其深层原因》，《华东师范大学学报（哲学社会科学版）》2010年第1期；孙承《安倍内阁对俄外交新态势与日俄关系走向》，《日本学刊》2015年第4期；陈梦莉《冷战后日本"北方领土"政策：演变、特征及影响》，《东北亚学刊》2020年第1期；陈梦莉、白如纯《日俄争议领土交涉中的美国因素》，《俄罗斯东欧中亚研究》2020年第3期；王海滨《俄日关系的进展与限度》，《国际问题研究》2020年第6期。

印基础设施建设合作及对中国的影响》，孙文竹《日印战略合作：特点、动因与应对》，毕世鸿《"自由开放的印度太平洋战略"视阈下的日本对印度外交》，庞中鹏《试析安倍第二次内阁期间的日印关系》等。① （2）关于日本同周边国家间关系。相关成果主要涉及日韩、日朝、日越等日本同周边国家间双边关系，例如丁英顺《日韩邦交正常化谈判及其影响》，李秀石《日韩关系的现状及其走势》，晋林波《日韩"冷战"的原因与影响》，姜龙范《日韩建交后的"慰安妇问题"：政府、民意与美国因素》，谢晓光、樊婷婷《"积极和平主义"政策影响下的朝日关系及其走向》，常思纯《安倍政府对越安全合作：路径、动因及影响》，吴怀中《战略分歧与日韩关系困局》，李帅宇《政体转型与冷战后日韩关系发展的困境》，王连旺《1811年日朝外交中的交流机制与文化主导权争夺》，王森、刘美武《日本和越南安全关系的变化》等。② （3）关于日本地区性、全球性外交战略及政策。相关成果包括：罗建波《日本对非洲外交及其发展趋向》，陈鸿斌《日本的北极参与战略》，张永蓬《日本对非洲外交：从实用主义平衡到战略重视》，张光新、张晶《地缘政治视阈下日本的北极战略》，程蕴《安倍内阁的中东外交：战略、地区秩序与困局》，陈洪桥《安倍主义与日本全球治理战略的调整》等。此外还有潘万历、宣晓影《冷战后日本的非洲政策：目标、特点以及成效》，白如纯《从内罗毕到横滨：日本对

---

① 参见伍福佐《新世纪日印关系中的中国因素》，《和平与发展》2008年第2期；卫灵《大国战略下的日印关系》，《当代世界》2007年第5期；高新涛《日印近期强化战略合作的深层背景与影响》，《东北亚论坛》2011年第2期；张继业《日印基础设施建设合作及对中国的影响》，《现代国际关系》2018年第11期；孙文竹《日印战略合作：特点、动因与应对》，《和平与发展》2018年第6期；毕世鸿《"自由开放的印度太平洋战略"视阈下的日本对印度外交》，《南亚研究》2020年第3期；庞中鹏《试析安倍第二次内阁期间的日印关系》，《东北亚学刊》2020年第6期。

② 参见丁英顺《日韩邦交正常化谈判及其影响》，《日本学刊》2007年第5期；李秀石《日韩关系的现状及其走势》，《国际观察》2009年第2期；晋林波《日韩"冷战"的原因与影响》，《国际问题研究》2015年第6期；姜龙范《日韩建交后的"慰安妇问题"：政府、民意与美国因素》，《日本学刊》2018年第6期；谢晓光、樊婷婷《"积极和平主义"政策影响下的朝日关系及其走向》，《日本研究》2018年第3期；常思纯《安倍政府对越安全合作：路径、动因及影响》，《日本问题研究》2018年第4期；吴怀中《战略分歧与日韩关系困局》，《国际问题研究》2020年第5期；李帅宇《政体转型与冷战后日韩关系发展的困境》，《外交评论》2020年第4期；王连旺《1811年日朝外交中的交流机制与文化主导权争夺》，《浙江大学学报（人文社会科学版）》2020年第4期；王森、刘美武《日本和越南安全关系的变化》，《战略决策研究》2020年第1期。

非洲经济外交新布局》，韩春阳、徐万胜《试析日本安倍政府在美伊间的调停外交》，王旭《日本参与全球海洋治理的理念、政策与实践》，陈友骏《日本参与全球数字经济治理的构想与实践》等。[①] 上述成果基本涵盖了日本开展具体双边外交的各个国家与地区，为全面把握 21 世纪初期日本外交动向，进而洞悉其外交战略内涵提供了有益的参考。

除了双边关系的研究外，关于日本三边关系的研究也在不断增多。例如：关于中日美关系，时殷弘《中美日"三角关系"——历史回顾·实例比较·概念辨析》（《世界经济与政治》2000 年第 1 期）认为，分析历史实况，并以这些理论性规定来衡量，可以断定在中、美、日相互关系历史上可能被认为存在三角关系的两个时期里（从日俄战争结束到太平洋战争爆发和从美国总统尼克松访华至今），中、美、日之间基本上不存在严格意义上的三角关系。相反的看法特别容易导致过高估计中日两国分别在这先后两个时期里对外政策的灵活、主动和独立性。夏立平在《中美日战略关系：争取共赢和避免安全困境》（《世界经济与政治》2007 年第 9 期）一文中认为，在中美日三国关系中，共同利益与结构性矛盾并存。中美、中日之间相互依存的经济关系将促进三国之间的正面互动。在传统安全领域和非传统安全领域，中美日三国间存在共同利益。中美日在国际体系、民族主义、经济、社会现代化程度等方面又存在结构性矛盾。现在美国和日本对中国实行"两面下注"政策，有可能会导致中日、中美双方之间出现安全困境。这种安全困境不符合各方利益。在当前和今后相当长时期内，中美日三国有必要做出重大努力，通过多重路径来防止美日两国与中

[①] 参见罗建波《日本对非洲外交及其发展趋向》，《西亚非洲》2008 年第 11 期；陈鸿斌《日本的北极参与战略》，《日本问题研究》2014 年第 3 期；张永蓬《日本对非洲外交：从实用主义平衡到战略重视》，《西亚非洲》2018 年第 5 期；张光新、张晶《地缘政治视阈下日本的北极战略》，《东北亚学刊》2018 年第 2 期；程蕴《安倍内阁的中东外交：战略、地区秩序与困局》，《日本学刊》2018 年第 3 期；陈洪桥《安倍主义与日本全球治理战略的调整》，《社会科学》2018 年第 2 期；潘万历、宣晓影《冷战后日本的非洲政策：目标、特点以及成效》，《战略决策研究》2020 年第 4 期；白如纯《从内罗毕到横滨：日本对非洲经济外交新布局》，《现代日本经济》2020 年第 6 期；韩春阳、徐万胜《试析日本安倍政府在美伊间的调停外交》，《和平与发展》2020 年第 2 期；王旭《日本参与全球海洋治理的理念、政策与实践》，《边界与海洋研究》2020 年第 1 期；陈友骏《日本参与全球数字经济治理的构想与实践》，《日本学刊》2020 年第 4 期。

国之间出现安全困境。杨伯江《新时代中美日关系：新态势、新课题、新机遇》认为，2012年后中美日三角恢复活跃，这是由于中国崛起及其外溢效应成为推动亚太地区局势的首要变量、美国"亚太再平衡战略"进入深化调整期、日本战略自主性的增强以及美日同盟重回正轨但"美日对华"不平衡加剧。中美日每对双边关系均出现了显著变化，衍生出复杂多重的"三角意涵"，日本战略自主性的提升确立了中美日"三角关系"，三方围绕"一带一路"沿线、亚太地区秩序与合作规则展开了互动与竞争。对此，我们应强化处理中美、中日两对双边关系的"三角思维"，灵活调整把控"时""势"，处理好"三角"外部平衡力量。[①] 此外，具有代表性的研究成果还有卢昊《疫情下的日韩关系及中日韩三边互动》（《世界知识》2020年第10期），刘江永《世界大变局与中美日三国战略选择》（《东北亚论坛》2020年第3期），卢昊《后安倍时代的中美日三边关系》（《日本学刊》2020年第5期），丸川知雄《中美贸易摩擦下的中日韩集成电路产业生态》（《人民论坛·学术前沿》2020年第18期），周永生《中日韩自由贸易的现实障碍与前景展望》（《人民论坛·学术前沿》2020年第18期）等。

四 基于新视角的日本外交研究

（一）将国际关系、国际政治及跨学科理论与日本外交研究相结合

冷战结束后，国际关系理论研究在层次上出现了从体系向单元回落的现象，且这种单元层次理论的复兴并非20世纪五六十年代国际关系理论的重复，而是在吸收体系理论的基础上对国际关系理论的再造。[②] 近来，与之相类似的研究现象同样出现在中国的日本外交研究领域，越来越多的学者开始关注国内因素，即单元层次因素对国家行为体外交战略及政策的影响。

对日本国际政治进行研究可以成为观察日本外交战略及政策的独特视角。相关研究成果有：张帆《战后日本现实主义国际政治思想的原

---

① 杨伯江：《新时代中美日关系：新态势、新课题、新机遇》，《日本学刊》2019年第1期。
② 李巍、王勇：《国际关系研究层次的回落》，《国际政治科学》2006年第3期。

点——日本型现实主义析论》,文章认为,战后日本现实主义国际政治思想不能与西方现实主义国际关系理论一概而论。这种思想不仅在战后日本国际政治思想诸流派中占据主导地位,其还通过代表性人物深度参与日本外交决策制定的方式对战后日本外交产生了影响。日本型现实主义萌芽于战后初期日本围绕"全面媾和"与"单独媾和"、非武装与再军备、永久中立与《日美安全保障条约》等问题展开的外交论争,崛起于20世纪60年代高坂正尧等超越前述外交论争提出的"新现实主义"逻辑。文章对日本型现实主义的内涵进行了总结。在宏观理论层面,其主张权力的多样性以及基于均势的渐进式和平路线。在微观外交政策层面,其将日本外交基本方针设定为对"吉田路线"进行反思后的"海洋国家"论,认为"中等国家"日本应该在安保领域发表非核武装宣言;呼吁实现日中邦交正常化。文章强调,超越范式的权力观、内向型的问题意识是日本型现实主义的两大特点,具有进一步发展成为国际关系理论的可能。[①] 除此之外,以日本国际政治学会编著《日本国际政治学》全四卷中译本的出版为契机,《国际政治研究》在2018年第5期刊登了一系列有关日本国际政治研究的文章[②],文章以前述出版物为主要研究对象,从历史研究、对比研究、实证研究、区域国别研究、国际政治理论研究等视角对日本国际政治研究进行了分析,推进了日本外交研究在该领域的进展。

此外,许秋霜《认知、知觉与情感:中日安全困境的国际政治心理学分析》一文从国际政治心理学的错误知觉视角来分析导致双边关系陷入困境的原因,认为中日安全困境可以归结为源于历史记忆的不信任感与敌对意识、日本对中国崛起的不适应以及军事战略层面的互疑。文中认为,正确认识和理解引起中日安全困境的微观心理因素,对新时期构筑良好中日

[①] 张帆:《战后日本现实主义国际政治思想的原点——日本型现实主义析论》,《日本学刊》2018年第2期。

[②] 主要包括王新生《历史研究与国际政治学》,《国际政治研究》2018年第5期;张小明《理解中日国际关系学科建设的异同》,《国际政治研究》2018年第5期;宋伟《日本为何缺乏国际关系理论创新?——以日本型现实主义为例》,《国际政治研究》2018年第5期;刘星《日本国际政治学的研究特色与经验借鉴》,《国际政治研究》2018年第5期。

关系具有重要意义。① 李臻、徐显芬《中日"历史问题"缘起的美国因素——以对日占领体制及思想文化改造为中心》一文从历史和思想文化角度深入分析中日"历史问题"缘起的美国因素，文中认为，中日"历史问题"产生的原因复杂且多样，其中美国负有重大责任。从思想根源上来说有两个方面：第一，美国单独对日占领体制奠定了日本的战后处理框架，即日本与美国之间的战争清算，掩盖了日本战争责任的本质在于侵略中国，造成了日本对中日战争的认识不足。第二，美国在整个对日占领改革的过程中，通过对日本意识形态和价值观体系等思想层面的全面改造，强化了"日本战败于美国"的观念，使日本败给中国的意识愈发淡薄；同时，作为思想文化改造手段之一的言论审查制度，影响了日本知识分子反省中日战争的积极性，限制了这一趋势的发展。②

（二）运用新角度与新方法研究日本外交

例如，殷燕军《日本"右倾化"问题及其对外交政策的影响》（《东北亚学刊》2018年第6期），陆伟《日本的自我身份建构与冷战后战略文化的嬗变》（《日本学刊》2018年第5期），吴怀中《智库在日本安保政策形成中的影响——兼论"另类日本型"安保智库的作用》（《日本学刊》2018年第5期），束必铨《日本官邸外交决策机制演变特征及其局限性》（《世界经济与政治论坛》2018年第4期）等。类似成果虽然并不多见，但其在对日本外交战略、政策发展趋向加以准确把握的同时尝试进行创新性探索，值得予以关注。

具有代表性的学术观点有：程洁、廉德瑰在《年号政治与日本右派民族主义的困境》（《日本问题研究》2020年第2期）一文中指出，这次"令和"年号摒弃了中国古典文献，从日本古典文献中选择出来，这一变化背后是日本右派的民族主义活动，试图在这个问题上"去中国化"，推行右倾民族主义政策。③ 龚娜在《战后日本天皇出访的政策决定

---

① 许秋霖：《认知、知觉与情感：中日安全困境的国际政治心理学分析》，《兵团党校学报》2020年第3期。

② 李臻、徐显芬：《中日"历史问题"缘起的美国因素——以对日占领体制及思想文化改造为中心》，《西北师大学报（社会科学版）》2021年第2期。

③ 程洁、廉德瑰：《年号政治与日本右派民族主义的困境》，《日本问题研究》2020年第2期。

过程及政治内涵》一文中分析认为，为实现天皇出访，日本政府首先提出"公事"的概念，讨论并制定了有关委任天皇国事行为的法案。继而，在天皇出访的政治实践上，在几届内阁的推动下，以访欧的尝试，开创了天皇出访的先例，再以访美的实践，正式拉开"皇室外交"的历史帷幕。① 刘骥跃、张勇撰写的《中日执政党交流机制：时序分析与功能研究》一文基于中日执政党交流机制具有制度化程度强、参与人员层级高、探讨内容实、可准确反映中日关系真实状况等突出特点，分析其受到两国之间缺乏足够战略互信以及日本国内政治生态的影响受到一定限制的现实情况，并展望未来，期待为中日关系持续健康稳定发展做出积极贡献。② 杨鲁慧、孟东洽在《小泉政府以来日本新保守主义政治的发展演变及特点》［《辽宁大学学报（哲学社会科学版）》2020 年第 4 期］一文中认为，日本新保守主义政治的历史演变经历了保守化程度相对较高和保守化程度相对缓和以及保守化程度急剧转型上升的三个发展阶段，并且呈现出政治精英主导性、战略目标明确性、军事政策激进性、发展态势曲折性的基本特征。王广涛撰写的《战后日本右翼势力的思想谱系与行动逻辑》（《南京社会科学》2020 年第 11 期）一文认为，右翼势力的动向是影响中日关系发展的关键变量之一，在历史认识、领土争端以及战争责任等领域助长了日本政府的修正主义以及政治保守化的趋势。论文在厘清右翼相关概念的基础上，侧重对战后日本右翼势力思想谱系、政治诉求和行动逻辑进行分析。同时结合冷战后日本所面临的国际国内形势，对右翼势力的发展流变从学理意义上进行批判。

以上关于日本外交战略及对华政策方面的著作及观点各有其重要的学术贡献，主要有三个方面的特点：一是侧重于世纪之交日本对外战略及对外关系的深度解读。二是从日本的内政特点出发，探讨了全球化时代的战略决策模式及对外关系转型的特征。三是侧重于从日本政治的、历史的角度探讨对外战略。阐述了冷战结束以来，日本外交战略对亚太

---

① 龚娜：《战后日本天皇出访的政策决定过程及政治内涵》，《东北亚学刊》2020 年第 5 期。
② 刘骥跃、张勇：《中日执政党交流机制：时序分析与功能研究》，《国际问题研究》2020 年第 5 期。

地区乃至世界产生的深刻影响，重点探讨了日本对外战略思想、战略思维的发展。这些观点基本理清了冷战以来日本国家战略及外交战略的发展轨迹及思想理念。正是通过以上著作及观点在内的一系列研究成果，为今天思索日本的对外政策及对华战略提供了有益的参考。

第四节　日本外交研究的问题及发展方向

纵观我国40年来日本外交研究状况的基本脉络，20世纪80年代偏重对日本外交及对外关系的介绍和借鉴，有关中日关系的研究是其亮点；20世纪90年代的学科完善阶段，学术论著数量略有增多，外交与安全研究领域有所拓展，研究开始注重国际关系理论与方法的运用；21世纪初期阶段，随着亚太地区国家在国际格局中的日益凸显，东北亚变局扑朔迷离，中国学者关于日本外交研究方面的论著的数量和质量显著提高，并且逐渐从国际关系理论的角度完善学科研究范式及体系。

中国40年来的日本外交研究路径基本表现为起步、成熟和发展三大纵向阶段，研究方法体现为动态描述、事态分析、政策解析、应用研究和理论探索等渐进形式，使中国的日本外交研究逐步走向完善。但应该指出的是，40年来中国的日本外交的学术研究还存在一些薄弱的环节。

从日本外交的总体研究来看，著述及论文大多就事论事，宏观探讨长于微观分析，应用研究强于理论研究，尤其是中日关系的文章超过以日本外交为主的研究篇幅，造成一提日本外交研究就等于中日关系研究的错觉。这样的局面不仅迷失了日本外交研究的主体性，淡化了日本外交研究的学术环境，造成了研究主客体的错位，失去了对于日本外交客观实在的真实还原和准确把握，直接影响了日本外交研究在国际关系学、外交学和比较政治学范畴内进行学科深化、拓展的创新力度。从40年的日本外交研究成果的质量和影响来看，总体说来则是历史与现实研究较强，表现为对日本外交状况作概述性和评述性研究多，而从历史、经济、文化等角度进行综合性、深层次的研究比较少。另外，运用国际关系理论解析日本外交状况的创新性研究较弱，缺乏对于日本外交政策及国际战略的理论性探讨和分析。特别是，目前大多为"单向度"研究日本的外交政策及对外战略，而未能充分研究日本在国际环境中的战略位置、作用和影响。即使有个别这方面的著述，也大多缺乏日本对外战略研究的时代性或全面性，尚未形成对于日本外交系统研究的学术体系。

进入21世纪以来，日本《外交蓝皮书》时时提及新世纪的战略目标和战略选择。而且，东亚区域合作和经济一体化程度不断提高，对于中日关系产生了深刻影响。因此，有必要对日本外交及其对外关系走向进行全方位学术分析和理论探讨。不仅要讨论中日关系及围绕中日关系的日美关系、日俄关系、日本与东盟国家关系和对朝鲜半岛外交等多国关系，还要探讨日本的联合国外交、欧盟外交、中东外交、非洲外交和拉美国家外交，更需要对日本的"东亚共同体"、日本的对外决策、环境外交、公共外交、文化外交、经济外交、非传统安全战略及外交等问题展开全方位、多角度探讨。只有通盘把握日本总体外交格局，才能够以科学准确的眼光、运用科学方法论客观反映日本外交的客观实在。

随着国际政治学科向国际关系层面扩展，后工业社会时代背景下的全球化问题和非传统安全问题在国际关系研究中的比重明显增加，极大地拓展了这个研究领域的范围，提出了大量新的研究课题。为此，对于目前中国的日本外交研究领域的一些研究者来说，知识结构、方法论及把握重大时代课题的能力有待进一步提高。对于日本外交研究中出现的国际危机管理、对外政策分析等专业性和技术性问题，缺乏应有的专业知识素养，不能有效掌握国际议题的话语权。这对习惯于用传统知识和方法分析传统问题的日本外交研究人员提出了严峻的挑战。同时，运用社会学、心理学、国际政治经济学等综合研究视角和方法解析日本外交政策及对外关系已经成为大势所趋，这一发展趋势正在改变着当代日本外交研究的传统模式，需要日本外交研究人员在此方面加强自我的知识更新。

按照日本外交研究从属于国际关系、国际政治、外交等学科下国别性研究的特点，具体学科创新性应体现为如下三点：第一，要以日本对外关系研究为中心。日本外交研究在日本综合研究范围框架内，应该以中长期日本外交、安全战略和日本国家对外战略为研究重点。第二，日本外交研究要有两个突出点：即以"中国意识"研究日本问题和以"日本意识"探讨日本对华政策。要重视对中日两国经济、政治、外交、社会思潮与思想文化等领域的基础性、理论性的比较研究，不断加深对日本外交、亚太国际关系（当然包括日美关系、中美日、中日俄等国际关系）、亚太区域合作等领域的战略性、前瞻性的研究，承担好战略性、前瞻性等理论及应用对策研究，对一些突发现象从历史和理论的角度加以深入分析。第三，日本外交研究具有涵盖日本政治、外交、经济、文化等方面对外关系的学术研究取向。进入 21 世纪初期，随着国际政治学、国际关系学科研究理论及方法论的拓展，跨学科交叉研究正在不断兴起，日本与全球问题及国际组织的研究受到学术界的重视。这也是中国对于日本外交研究需要面对的现实课题。中国当代日本外交研究只有尽快适应这样的学术环境，才能在创新过程中得到学科延续。

总之，中国的日本外交研究以东亚地区以及世界上有较大影响力的、并与中国开展周边外交有紧密联系的日本外交与安全问题作为研究对象。这就要求在研究中既要重视基础理论研究，又要重视现实应用及对策研究，将两者充分结合起来，改变过往的"一手硬、一手软"的现象，实现两者的辩证统一。幸运的是，中国学者运用国际关系理论研究日本对外关系的比重正在逐步提升，思想性、理论性稳步增强。特别是，关于中日关系研究的理论建构与反思也成为中国学者们研究的重点。运用既有的国际关系理论，尝试突破其"片面性"，突出对于中日关系研究的思辨性、"建设性"，具有鲜明的理论"探索性"色彩。随着中国在国际舞台上日益发挥重要的影响力，中国的日本外交研究学者正在将日本对外关系放在国际格局变动中加以动态分析，战略性、前瞻性等相关研究将日趋活跃。

第四章

中国的中日关系研究[*]

中日两国是一衣带水的邻邦,中日关系是中国对外关系的重要组成部分,其发展对于亚洲乃至世界具有战略意义。新中国成立以来,在中国诸多对外双边关系中,中日关系以其特殊重要性吸引了大批学者对其进行研究,"中日关系"成为日本研究这一当代国际问题研究之显学的核心,成为中国学术界在日本研究领域的重中之重。中国关于中日关系的研究内涵日渐丰富,涵盖的学科门类齐全,涉及多个相关学科领域——政治关系、经济关系、安全关系、战略关系、文化交流等。同时,不可否认的是,这一学科领域目前仍存在方法论探索与应用等方面的不足和短板。认真总结成绩与不足,对于新形势下深化日本研究、促进学科发展、实现学术创新具有重大深远意义。

新中国成立后,中日无邦交的非正常关系状态持续了23年,直到1972年实现邦交正常化。其间,中日关系学术研究成果不多。受美苏冷战格局、中日无邦交及国内政治因素影响,中日关系研究历尽艰难曲折。这一阶段又可细分为前后两部分:1949年至1966年,伴随新中国建设的步伐,中日关系研究得到一定的恢复和发展;十年"文化大革命"期间,中日关系研究陷入停滞。这一时期有关中日关系的学术研究成果很少。以中国知网数据为例,以"中日关系"作为主题检索,1949—1978年各类文献总共仅有11篇,且多为报刊时评类文章;若以"中日关系"作为关键词检索,则文献数

---

[*] 杨伯江,中国社会科学院日本研究所所长、研究员。

量为"0"。① 从有关中日关系研究成果的参考文献看，被引用较多、成书于1949—1978年的文献主要有《日中友好运动史》②、《日本问题文件汇编（第1集—第5集）》③ 以及《中日友好关系新阶段》④。另外，《中华人民共和国对外关系文献集》⑤ 中也有部分关于中日关系的文献。

1972年中日实现邦交正常化、特别是1978年中国开始改革开放及《中日和平友好条约》签订后，中日关系研究迎来大发展的历史时期，众多日本研究机构成立或恢复工作⑥，研究成果大量面世⑦。成立于1981年5月的中国社会科学院日本研究所，应国家发展与安全的需要而诞生，与此后中日关系研究的繁荣相同步。以1981年为起点，40年来中国学术界关于中日关系的研究，大致可以分为三个阶段。

第一节 中日关系研究的分期与特征

中日关系研究尽管只是国际关系学科门类下的一个方向，但因受到两国战略需求、国际战略环境及国际关系相关学科发展等多方要素的影响，而呈现出鲜明的综合性研究特征，40年来的快速发展奠定了它在日本研究中"显学之核心"的地位，也代表着中国学界对日本、对中日关系认知水平的提高与知识框架的完善。40年来的中日关系研究，如同中日关系自身的发展一样，具有内在的逻辑承接性，很难截然分断；某个阶段某种特征

---

① 参见中国知网检索结果，中国知网，www.kns.cnki.net/kns/brief/default_result.aspx [2019-04-18]。
② ［日］日本友好协会（正统）中央本部编：《日中友好运动史》，吴晓新等译，商务印书馆1978年版。
③ 世界知识出版社编：《日本问题文件汇编》，世界知识出版社1953年版、1958年版、1961年版、1963年版、1965年版。
④ 人民出版社编：《中日友好关系新阶段》，人民出版社1978年版。
⑤ 世界知识出版社编：《中华人民共和国对外条约文献集》，世界知识出版社1959年版。
⑥ 骆为龙、徐一平主编：《中国的日本研究》，社会科学文献出版社1997年版，第18—20页。
⑦ 据统计，1978年12月至1993年3月，有计3157部关于日本的著作和译著出版，其中不少涉及中日关系主题。参见骆为龙、徐一平主编《中国的日本研究》，第22页。

的存在并不排除其他特征同时存在，某些特征的存在往往不局限于某一个阶段，而是贯穿40年历史的始终。中日关系研究的三个发展阶段的划分及其特征的总结是相对的，总体看，40年来其走过了从单一到多元、从单向到交叉、从平面到多维的拓展深化过程。

（一）从20世纪80年代至90年代初期为恢复发展期，中日关系研究视角相对单一，学习借鉴日本经验、促进中日合作、谋求自我发展，是这个阶段研究的首要着眼点

从新中国成立到中日实现邦交正常化、签署《中日和平友好条约》这一时期，中国学术界对中日关系的研究除少量涉及双边贸易、文化交流外，多配合国际斗争，服务于现实外交需要，外交类文章多限于就事论事。同时，"由于历史科学作为人文社会科学基础的性质，以及改革开放前'国际政治'和'国际关系'学科尚未恢复"，①1972年以后的研究成果多着眼于中日关系史，而且一般与现实脱节。进入20世纪80年代，随着各类研究机构的成立，中日关系研究成果大量增加，其中多数集中于日本经济及中日经济关系领域，呈现出"学习型研究"的特点。

这种发展与变化一是体现了中国在"实用理性"文化基因的作用下，自近代以来"透过东洋学西洋"的传统思路②。1898年康有为在进呈光绪皇帝的《日本变政考》中，曾明确阐述借鉴日本经验推动变法维新的思路。称"今我有日本为向导之卒，为测水之竿，为探险之队，为识途之老马，我尽收其利而去其害，何乐如之？"③ 二是随着党的工作重心的转移，十一届三中全会做出改革开放的重大决策，中国亟需学习和借鉴发达国家经验，引进资本和先进技术促进现代化发展。如邓小平所说，"经济工作是当前最大的政治，经济问题是压倒一切的政治问题"。"所谓政治，就是四个现代化"。④ 在这样的时代背景下，研究日本经验、分析中日关系的经

---

① 高洪等：《30年来中国的日本研究概况——中华日本学会2011年年会暨学科综述研讨会发言摘要》，《日本学刊》2015年第3期。
② 杨伯江：《中国中日关系研究综述》，《日本学刊》2015年增刊。
③ 康有为：《日本变政考》，中国人民大学出版社2011年版。
④ 邓小平：《关于经济工作的几点意见》，《邓小平文选》（第2卷），人民出版社1994年版。

济层面问题，自然成为一项重大、紧迫的战略任务。三是《中日和平友好条约》的签订推动两国关系发展进入快车道，中日关系承接邦交正常化以来的友好合作局面①，两国各领域交往迅速增加，彼此经济相互依赖日益密切，为中日关系研究的大发展创造了重要条件。

在这样的历史背景下，中日关系研究的视角与维度开始向中日经济关系方向聚焦。而且，学术界对中日经济关系前景的判断随中日总体关系而变化。如张玉梅、廖海敏《中日经济关系的回顾展望与对策》基于中日关系"蜜月期"的背景，对中日经济合作前景持相对乐观观点："中日经济关系的发展，既有有利的条件，也有不利的因素，总体来说，利大于弊，发展仍将是主流。"对中日经济关系的未来，提出"其发展会更加稳定、中国将增加对日出口、中国出口商品结构将会有所改变"等预测②。而随着冷战结束、苏联解体造成的战略外溢效果的扩散，基于对中日政治关系变化的预判，也有学者预见中日两国出现经济摩擦的可能性。如傅钧文在《中日经济关系的新进展与新课题》中指出，由于中日两国总体经济实力的差异，加之日美关系的影响，以"对外经济援助四项原则"和"日本硅锰反倾销调查"为代表，今后中日两国之间将不可避免出现经济方面的摩擦，③后来的事实也证明了这些学者的远见。

（二）从 20 世纪 90 年代中期至 21 世纪头十年为多维拓展期，随着中日关系的发展维度趋向多元，中日关系的研究更具体系性，成果更具立体感

苏联解体、冷战结束，给中日关系的国际战略环境带来重大变化。伴

---

① 中日复交后的中日关系进入了全面发展的新阶段，在 20 世纪 70、80 年代出现了历史上最好局面。"此后，两国领导人经常互访，中日政府成员会议（1980 年起）、中日外交事务当局定期协商（1980 年起）、中日友好 21 世纪委员会（1984 年起）、中日民间人士会议（1982 年起）等官方、半官方及民间的协商机制不断完善。以贸易、投资、援助为主要内容的中日经济关系迅速发展（如中日贸易 1972 年为 11 亿美元，1988 年超过了 190 亿美元），教育与文化交流也有了前所未有的发展。"参见高洪《中日政治关系 60 年回眸与思考》，《日本研究》2010 年第 1 期。

② 张玉梅、廖海敏：《中日经济关系的回顾展望与对策》，《河南大学学报（社会科学版）》1993 年第 6 期，第 79 页。

③ 傅钧文：《中日经济关系的新进展与新课题》，《世界经济研究》1993 年第 6 期。

随国际局势的剧烈变动以及中国经济体制的重大转变，国际问题研究亟需对新形势作出回应、就新问题作出分析，中日关系研究也随之逐步深入诸多专业领域，开始为各学科所普遍关注。这一阶段的中日关系研究不仅成果数量丰硕，而且质量明显提高，政治、外交、安全及战略主题成为最具活力、发展最快的研究领域。同时，中日两国经济呈现出迥然不同的发展态势，两国社会发展都面临转型期，对外战略也都迎来选择窗口期。日美同盟结束短暂的"漂流期"重新回到强化轨道，重新修订后的《日美防卫合作指针》将协防范围扩大至"周边"。中日关系告别1978年签订和平友好条约后的"黄金十年"，进入形势错综复杂的90年代，两国之间在经济领域的合作继续保持强劲势头的同时，围绕历史问题、东海问题、安全问题的矛盾显性化。

在这一阶段，1992年堪称第二次世界大战后中日关系史上具有标志性的年份。是年年初，邓小平发表"南方谈话"，中国改革开放步入新阶段，中国经济结束三年调整期，重回高速增长轨道①。1992年2月，第七届全国人大常委会第二十四次会议通过《中华人民共和国领海及毗连区法》，明确宣示中国的陆地领土包括"台湾及其包括钓鱼岛在内的附属各岛"。同样是在这一年，日本楼市、股市双双暴跌，经济泡沫崩溃，并由此进入长期低迷状态。另外，面对国际格局新旧交替过渡期的到来，日本显示出要在国际政治舞台上一展身手的战略冲动，主张经济上的"日美欧三极"应适时转化为政治三极。海部俊树首相明确提出"必须以日美欧三极为主导形成世界新秩序"，首度表达出要与美欧共同主导冷战后国际秩序的强烈愿望。② 日本1993年版《外交蓝皮书》进一步提出，为了维持、促进世

---

① 1992年元旦，《人民日报》发表题为《在改革开放中稳步发展》的社论，指出经过三年的持续努力，中国的经济秩序有比较明显的改善，整个国民经济已经恢复到正常的增长速度，治理整顿的主要任务已经基本完成。同年10月，中国共产党第十四次全国代表大会明确了中国经济体制改革的目标是建立社会主义市场经济。

② 同期，日本外务省事务次官栗山尚一在《外交论坛》撰文，提出了"五五三理论"。主要论点是：日美欧是国际格局中的三极，不但各自拥有强大的经济实力，且在自由、民主主义和市场经济这三大基本价值观上也相互一致，因此三方应依据强大的政治能量和共同价值观实现冷战后三极共管的世界，而日本则"必须尽快地从中小国家的外交转变为大国外交"。参见栗山尚一「激動の90年代と日本外交の新展開」、『外交フォーラム』1990年5月号。

界整体的和平与繁荣，日美欧的责任和作用尤为重大。

这一阶段中日关系研究的多维化发展表现为在保持经济主题的同时，视野开始广泛拓展到外交、安全、军事、能源、地缘政治、第三方因素等多个领域，同时，对同一学科领域问题的研究视角更加全面客观。这在中日经济关系的研究中表现得最为明显。中日经济关系研究从以往以正面评价和吸取经验为主逐渐转向全面客观地看日本，继续深化有关日本经验的研究和借鉴，也注重研究日本经济发展中积累的问题、泡沫经济的产生、银行不良资产、经济长期低迷的制度性因素、宏观经济政策失误以及金融监管、企业经营体制的弊端等问题。而且，研究方法趋于多样化，不仅运用西方经济学理论、实证分析与定性分析相结合等方法，也从地区、全球以及政治外交、社会文化等视角分析日本 ODA、经贸摩擦、能源战略、区域经济合作、自由贸易区等问题。这一时期的代表性成果有张宝珍《日本环境保护政策的演变及其启示》（《日本问题研究》1995 年第 4 期）、焦必方《日本农地规模化经营的动向分析》（《中国农村经济》2000 年第 7 期）、崔健《日本经济安全保障理论辨析》（《东北亚论坛》2006 年第 4 期）等。

（三）21 世纪 10 年代以来为深化发展期，中日关系日益被视为中国战略全局的有机组成部分，"国际秩序中"、"地区格局下"、"规则制定中"的研究视角越来越受到重视

继冷战结束，2008 年爆发的国际金融危机成为战后国际关系史上的又一个重要拐点，"新兴市场国家和发展中国家群体性崛起"，"国际力量对比更趋平衡"。在世界主要国家中，中国经济最早恢复高速增长，2010 年国内生产总值超过日本，与美国、西方国家实力对比的差距进一步缩小。日本失去已维持 20 多年的世界第二经济大国地位，战略焦虑加剧，"中国威胁论"呈现扩散趋势[①]。二十国集团（G20）领导人峰会诞生所标志的国际权力的转移，对作为发达国家的日本冲击尤甚。这首先是因为，战后

---

① 1990 年 8 月，日本防卫大学副教授村井友秀在《诸君》月刊上撰文，题为《论中国这个潜在的威胁》，在当代日本首次提出了现在意义上的"中国威胁论"。

日本的国际权力主要是靠经济成就获得，以七国集团（G7）成员身份为标志的。其次，战后日本的国际权力又是靠"亚洲代表"的身份获得的。而继亚太经合组织（APEC）、东盟地区论坛（ARF）、亚欧峰会（ASEM）等跨区域机制连续出现后，G20成员国中亚洲国家占据了近三分之一，日本在中国与美国之间、亚洲与美国之间发挥"桥梁"作用的空间被进一步压缩。显然，日本被削减的不仅是现实权力，还有软实力和潜在的战略行为能力。[1]

进入这一阶段，中国的发展到达"新的历史方位"，国际地位空前提高，"日益走近世界舞台中央"，与国际的融入更加深入，"世界观"开始包含更多的"平视"成分，对外姿态更显自信，对外战略更加主动。新时代、新需求促使中国的国际问题研究越来越深入地触及秩序、格局、规则等国际关系的核心问题，而中日关系越来越被视为中国战略全局的有机组成部分，中日关系的研究也越来越被纳入到核心、全局问题的研究之中。同时，中国外交塑造中日关系、引领关系走向的主动意识明显上升。在此背景下，中日关系研究的视角更趋多元，出现明显的领域分化，全方位研究格局初步形成。中日外交关系因为契合实际需求，与秩序、格局、规则等国际关系息息相关，"国际秩序中的""地区格局下的"以及"规则制定中的"研究视角越来越受到重视，开始吸引更多学者进行研究。这一时期，中日关系研究的学术成果更具体系性，在政治、外交、经济、社会、文化、战略等方面杰作频出。

与此同时，中日关系的研究在视角上呈现出同一主题多维化切入的发展趋势。以钓鱼岛问题为例，以"钓鱼岛问题"为关键词在知网搜索，从1981年到1990年的10年间，显示的文章数量仅为2篇，而从2011年到2020年的10年间，相关文章数量多达3396篇。更重要的是，与20世纪80年代历史叙事式的成果相比，近十年成果的分析角度更加多元，运用的学科方法更为丰富。有从法理、条约角度分析钓鱼岛争端的成果，如张海鹏、李国强《论〈马关条约〉与钓鱼岛兼及琉球问题》（《台湾历史研究》2013年第1辑）、孙伶伶《从国际法角度分析钓鱼群岛主权问题》（《日本学刊》2004年第2期）等。有从历史文献阐述事件经纬的成果，如万明《从明清文献看钓鱼岛

---

[1] 杨伯江：《国际权力转移与日本的战略回应》，《现代国际关系》2009年第11期。

的归属（厘清钓鱼岛问题③)》（《人民日报》2013 年 5 月 16 日），李国强、侯毅《论钓鱼岛及其附近海域自古以来就是中国疆域组成部分》（《人民日报》2013 年 5 月 10 日）。有从日本海洋战略角度解读的成果，如吕耀东《试析日本海洋战略理念及对华政策取向》（东北亚论坛》2015 年第 5 期)、吕耀东《日本为海洋国家战略立法》（《瞭望》2007 年第 7 期）等。

第二节 中日关系研究的主题与重点

在过去 40 年中日关系研究的各个阶段，经济主题始终占据着重要地位，同时，自冷战结束以来，政治、外交、安全、战略主题逐步上升，成果数量明显增加，形成多元化发展格局。经济主题曾在中日关系研究中占据突出地位。如中国社会科学院日本研究所《日本问题》（1985 年创刊，1991 年更名为《日本学刊》）创刊号所述，"日本经济的高速增长，引起了世界各国的极大关注。各国学者竞相研究和探索战后日本迅速崛起的原因，力图从中找出可资借鉴的经验教训"。① 20 世纪 90 年代后，日本泡沫经济问题成为研究的重点。而且，作为中日关系研究的重要组成部分，经济主题的研究体现出鲜明的中国问题意识。正如中国社会科学院一份跨所合作研究报告所述，"中国有日本这样一个先行者、一个走在我们前面的'蹚地雷'者，是非常幸运的。无论日本是成功还是失败的方面，都能使中国受益匪浅"。② 可见，当时引起"世界各国的极大关注"及中国学界研究兴趣的，首先是"日本经济的高速增长"。

在冷战结束以来中国的中日关系研究中，政治、外交、安全、战略主题逐步上升。1993 年日本执政 38 年之久的自民党下野，政治进入动荡期，同时外交、安全政策出现大幅调整。从对《日本学刊》所刊载论文的统计看，这一时期日本政治、外交、安全的研究成为表现最活跃、发展最迅速

---

① 马洪：《加强日本研究 促进学术交流》，《日本问题》1985 年第 1 期。
② 余永定：《日本美国金融危机比较研究——原因、救治措施、效果、前景及对中国的影响》，转引自冯昭奎《中国的日本经济研究 30 年综述》，载李薇主编《当代中国的日本研究（1981—2011)》，中国社会科学出版社 2012 年版。

的研究领域，相关成果比重明显增加。2008年国际金融危机后，中日关系研究视野进一步拓宽，更加注重大、深、远问题的研究，战略主题凸显。这主要表现在尝试从世界、地区格局视角分析中日双边关系；借助多边关系、美国因素、中美日三边视角深化分析；从国际比较研究的角度分析中日关系。① 与此同时，随着东日本大地震引发核泄露、新冠肺炎疫情暴发等，从非传统安全等影响变量分析中日关系的成果也开始出现。

（一）中日关系总体性研究

在40年来中日关系的研究中，关于中日关系的全局性、总论性文章始终占据着学术成果的"半壁江山"，在各个阶段都涌现不少精品佳作。代表性学术论文包括，刘江永《日本的国际新秩序蓝图》（《日本学刊》1991年第6期）、何方《国际形势和中日关系》（《日本学刊》1992年第1期）、钟妍《新形势下的中日关系》（《日本学刊》1992年第5期）、姜跃春《新时期的中日关系》（《国际问题研究》1997年第4期）、顾春太《新形势下中日关系探析》（《日本学刊》1999年第2期）、杨伯江《以理性思维谋求中日关系的跨世纪发展》（《现代国际关系》1999年第9期）、黄大慧《中日关系的战略思考》（《世界经济与政治》2000年第11期）、吴寄南《对突破中日关系僵局的几点思考》（《日本学刊》2005年第1期）、刘江永《日本战略走向与中日关系前景》（《外交评论》2005年第3期）、崔世广《中日相互认识的现状、特征与课题》（《日本学刊》2011年第6期）、吴怀中《战后中日关系的轨迹、特征与走向》（《日本学刊》2015年第6期）、樊小菊《应对中日关系的新形势与老问题——实现中日关系"完全正常化"的思考》（《现代国际关系》2018年第1期）、高洪《新时代的中日关系：核心内涵、主要途径》（《日本学刊》2020年第1期）等。

在中日关系研究领域，对于双边关系演变历程的勾画和总结是一项基础性工作，是推动中日关系研究向前发展的起点，在这方面，中国学术界取得了大量成果。田桓主编的《战后中日关系文献集（1971—1995）》（中国社会科学出版社1997年版），对对中日关系发展有较大影响的双边

---

① 杨伯江：《中国中日关系研究综述》，《日本学刊》2015年增刊。

条约、协定、协议、联合声明、会谈公报、政府要员谈话、代表或反映官方立场的报刊社论、评论及新闻报道等加以编撰。全书共汇集收录中日两国已公开发表的文献628篇，是研究战后中日关系不可或缺的一套系统性资料。田桓主编的《战后中日关系史（1945—1995）》（中国社会科学出版社2002年版），按时间顺序详细论述了中日关系的发展历程，突出重点历史事件，力图总结出中日关系发展过程中的经验和教训，并揭示中日关系未来发展前景。徐之先主编的《中日关系30年（1972—2002）》（时事出版社2002年版），首次采用了有关中日复交与缔约谈判的最新资料，系统分析了冷战后中日关系发展的新特点。史桂芳著《战后中日关系：1945—2003》（当代世界出版社2005年版），论述了战后中日关系的演变进程，并对进入21世纪的中日关系做出预测。李建民著《冷战后的中日关系史（1989—2006）》（中国经济出版社2007年版），在对冷战后中日关系的发展过程分阶段加以论述的基础上，着重分析了中日关系发展过程中出现的新特点。冯瑞云等著《中日关系史（第三卷）》（社会科学文献出版社2006年版），在对当代中日关系进行历史分析的基础上，详细论述了中日关系总体上向前发展的演变历程等。

此外，以张香山、孙平化、刘德有、吴学文为代表，一批参与中日关系发展的外交官、历史事件当事人以时间轴梳理了自己参与的中日关系大事件，从历史亲历者的角度窥见两国关系的变迁发展，其生动翔实的细节描写为中日关系研究提供了弥足珍贵的史料，具有极高的学术价值。代表性作品包括，张香山《中日关系管窥与见证》[1]、孙平化《我的履历书》[2]、刘德有《时光之旅——我经历的中日关系》[3]和吴学文《风雨阴晴——我所经历的中日关系》[4]等。

（二）中日经济关系研究

20世纪70年代，在经历两次石油危机后，日本逐渐调整经济结构，

---

[1] 张香山：《中日关系管窥与见证》，当代世界出版社1998年版。
[2] 孙平化：《我的履历书》，世界知识出版社1998年版。
[3] 刘德有：《时光之旅——我经历的中日关系》，商务印书馆1999年版。
[4] 吴学文：《风雨阴晴——我所经历的中日关系》，世界知识出版社2002年版。

推动产业转型升级，率先走出危机，经济实力增强，到 80 年代中期基本实现赶超欧美的目标，成为改革开放初期中国学习的榜样，中日经济关系成为这个时期的研究重点。代表性论文如吕克俭《中日长期贸易协议的回顾与展望》（《国际贸易》1988 年第 8 期）、马君雷《当前中日经贸关系的特点及努力的方向》（《国际贸易》1990 年第 8 期）、陈建安《日本企业对中国的直接投资及其经营》（《日本学刊》1991 年第 4 期））等集中关注中日经贸关系、日本对华投资以及合作中出现的问题，致力于促进中国对日合作及国内经济建设。

20 世纪 90 年代初日本"泡沫经济"崩溃，经济陷入长期低迷，此后历届政府均采取措施刺激经济复苏、着手结构改革。1992 年中国提出"经济体制的改革目标是建立社会主义市场经济体制"，2001 年加入世界贸易组织（WTO），改革开放的步伐持续加快，中日经贸合作不断迈上新台阶。中国学界对中日经济关系的研究也随之热点纷呈，而且呈现深化细化发展趋势。如，货币政策角度的研究，有叶永刚、胡利琴、黄斌《人民币实际有效汇率和对外贸易收支的关系——中美和中日双边贸易收支的实证研究》（《金融研究》2006 年第 4 期），戴世宏《人民币汇率与中日贸易收支实证研究》（《金融研究》2006 年第 6 期）；贸易壁垒角度的研究，有顾国达、牛晓婧、张钱江《技术壁垒对国际贸易影响的实证分析——以中日茶叶贸易为例》（《国际贸易问题》2007 年第 6 期）；国际分工角度的研究，有汪斌、邓艳梅《中日贸易中工业制品比较优势及国际分工类型》（《世界经济》2003 年第 4 期）等。

伴随着国际金融危机后世界经济本身的深刻变化，在进入 21 世纪第二个十年后，日本经济研究的上述趋势进一步明显，中日经济关系的研究也随之进一步拓展、深化。以中国社会科学院日本研究所、全国日本经济学会联合组织编写的《日本经济蓝皮书》内容为例，在 2011 年以后十年，主题除传统的中日双边贸易、投资领域外，还拓展到"日本能源形势与能源战略转型"、"'一带一路'建设中的日本因素"、"新时代背景下的中日经贸关系"、"中国改革开放 40 年与日本"及"中美经贸摩擦背景下的日本经济"等主题，内容广泛涉及中美经贸摩擦，中日两国在"一带一路"倡议、节能环保、科技创新、金融服务、现代农业及防灾减灾等领域的务实合作，甚至开始拓展到老龄化应对、康养产业等社会领域的务实合作。

（三）日美同盟及中日美"三角"影响下的中日关系研究

基于美国因素对日本政治外交的特殊重要影响，日美同盟、中日美三边关系成为中日关系研究的重要选题，特别是在冷战后，始终在中日关系研究中占有重要地位。关于日美同盟的研究成果，自20世纪90年代起，即有杨伯江《日美贸易摩擦何以趋缓》（《现代国际关系》1996年第3期）、杨伯江《日美安全保障联合宣言意味着什么》（《现代国际关系》1996年第6期）、杨伯江《强化日美同盟：日本面向21世纪的战略起跳板？》（《现代国际关系》1999年第6期），都着眼于中国国际环境的演变、日美同盟因素对中日关系发展的影响。此后随着日美安保体制的持续强化，中国学者进一步加大了对日美同盟内涵的研究力度，并探讨其对日本大国化进程及中日关系、中国周边安全态势所造成的诸多影响。代表性学术著作有：刘世龙《美日关系1791—2001》（世界知识出版社2003年版），将历史研究与国际问题研究相结合，以日美关系的过去和现状为对象，深入分析了日美关系发展的历史周期；刘艳《冷战后的日美同盟解读兼论其对中日关系的影响》（中国政法大学出版社2008年版），在对冷战后日美同盟的演变历程加以详细论述的基础上，重点分析了日美同盟演变对中日关系发展所产生的深刻影响。

代表性学术论文有，王公龙《对日美同盟"再定义"的再认识——以现实主义、新自由主义和建构主义为视角的选择性分析》（《日本学刊》2002年第5期）、徐万胜《日美同盟与日本的军事大国化倾向》（《当代亚太》2004年第4期）、刘江永《日美同盟转型及其对中国的影响》（《国际观察》2006年第1期）、张景全《日美同盟的强化及其影响》（《现代国际关系》2006年第7期）、聂宏毅和肖铁峰《日美同盟的历史演变及其对亚太安全的影响》（《当代亚太》2007年第8期）、杨伯江《美国战略调整背景下日本"全面正常化"走向探析》（《日本学刊》2013年第2期）、吕耀东《日美同盟变局：表现与趋向》（《美国问题研究》2020年第1期）、吕耀东《拜登政府与美日同盟的发展趋向》（《当代世界》2021年第2期）等，都着眼于美国因素、美日同盟因素对中日关系的影响。

关于中日美三边关系的研究成果也大幅增加。代表性学术著作包括：刘建飞、林晓光《敌人、朋友还是伙伴——中美日战略关系演变（1899—1999）》（中央文献出版社 2000 年版），从三角互动的视角出发，系统地分析了 21 世纪初期中美日战略关系发展的国际大背景、内在动力和外部影响力量，并在此基础上重点探讨了中美日双边和三边之间的共同利益和矛盾，以及三边关系的发展趋势。任晓等著《中美日三边关系》（浙江人民出版社 2002 年版）在对三角关系进行理论阐释的基础上，着重分析了中美日三边关系的演变及位置移动。代表性学术论文包括：吴心伯《谋求中日美三边关系的平衡发展》（《世界经济与政治》1999 年第 2 期）、杨伯江《从总体趋势中把握中美日三边关系》（《现代国际关系》2002 年第 3 期）、林晓光《论新世纪中美日三边关系》（《太平洋学报》2004 年第 1 期）、王缉思《从中日美力量对比看三边关系的发展趋势》（《国际政治研究》2008 年第 3 期）、周方银《美国的亚太同盟体系与中国的应对》（《世界经济与政治》2013 年第 11 期）、姜龙范《中美日三边关系博弈互动的新态势、新挑战及对策建议》（《东北亚学刊》2019 年第 2 期）、林晓光《东亚地缘战略研究：奥巴马访日与中美日三边关系》（《和平与发展》2014 年第 3 期）、唐永胜《中美日三边关系的可能走向及中国的战略选择》（《现代国际关系》2014 年第 1 期）、张云《东亚国际秩序的共建与中美日三边关系》（《中国国际战略评论》2016 年）、袁征《美日同盟与中日关系》（《和平与发展》2018 年第 3 期）、卢昊《后安倍时代的中美日三边关系》（《日本学刊》2020 年第 5 期）。

其中，一些成果深度涉及中日美三边关系的基本架构、战略互动及共同利益与冲突利益的分析，是在此前研究基础上的进一步深化。如，关于是否存在中美日"三角"关系的问题，时殷弘《中美日"三角关系"——历史回顾·实例比较·概念辨析》（《世界经济与政治》2000 年第 1 期）认为，中美日之间基本上不存在严格意义上的三角关系。杨伯江《中美日三角：利益磨合与前景分析》（载陆忠伟主编《亚太战略场——世界主要力量的发展与角逐》，时事出版社 2002 年版）则强调，在中美日三国之间，客观上一国战略方针和对外政策的调整，都对另外两国的战略方针、政策策略的选择产生直接影响。在主观上，三国也都具有明确的三角互动意识，任何一国在制定实施对外战略和政策时，都不得不考虑对另外两国产生的影响以及由此导致的后果。林晓光《中日关系与中美日三角关系：战略利益的结构分析》（《中日关系史研究》2010年第2期）也认为，尽管在形式上并不存在一个机制严谨、规则明确、运作规范的中美日三边互动机制，但中美日关系的战略性调整及各方对外政策的制定，无不以其他一方或两方外交政策和国家行为作为参照系，从而在实际上形成了具有地区战略影响的三角关系，并作为一个整体以其演变左右着亚太地区的国际战略格局。关于中美日之间的共同利益与冲突利益，夏立平《中美日战略关系：争取共赢和避免安全困境》（《世界经济与政治》2007年第9期）认为，在中美日三国关系中，共同利益与结构性矛盾并存。杨伯江《美国对日政策内在矛盾及地区战略影响分析》（《日本学刊》2014年第6期），分析美国对日政策缺乏自我整合性，与构建中美"新型大国关系"存在结构性、"成长性"冲突，其不仅导致亚太秩序建构失去方向，引发地区分裂、对立风险，也将削弱美国自身的地区控制力。杨伯江《新时代中美日关系：新态势、新课题、新机遇》（《日本学刊》2019年第1期）认为，当前中美日每对双边关系的显著变化衍生出了复杂多重的"三角意涵"，日本战略自主性的提升确立了中美日"三角关系"，三方围绕"一带一路"沿线、亚太地区秩序与合作规则展开了互动与竞争。

（四）台湾问题及东海钓鱼岛争端的研究

在对中日关系整体进行"历时"性研究或现实研究的基础上，部分学术成果更是侧重于挖掘中日关系中的具体内涵，从某一层面、就某一专题对中日关系进行深入分析。其中，中国学者对于中日关系视角下的台湾问题、钓鱼岛问题、东海问题等始终密切关注，发表了大量期刊论文。代表性成果包括，冯昭奎《影响中日关系的主要因素》（《现代国际关系》2001年第9期）、张景全《关于中日钓鱼岛争端的几点认识》（《东北亚论坛》2005年第2期）、孙冰冰《论中日东海争端与能源合作》（太平洋学报2005年第5期）、朱凤岚《中日东海争端及其解决的前景》（《当代亚太》2005年第7期）、王珊《从东海油气田争端看日本对华能源政策》（《现代国际关系》2005年第12期）、陈永明《日本加强与台湾关系的原因与影响》(《当代亚太》2006年第2期)、吴寄南《日台军事互动的现状、背景及未来走势》(《现代国际关系》2006年第9期等。值得一提的是,张耀武著《中日关系中的台湾问题》(新华出版社2004年版),通过对外交文书和历史资料的分析,揭示了台湾问题的产生和中日关系中台湾问题的发展脉络。

进入21世纪,中国学术界关于中日东海、钓鱼岛争端的研究成果明显增多,而且分析角度日益多维,分析方法更为多样,其中不乏高质量、厚重的成果。关于钓鱼岛问题,郑海麟《钓鱼岛列屿之历史与法理研究》(中华书局2007年版)一书中从法律角度出发,运用历史考证学、语言学、地理学及国际法原理等多学科知识和研究方法,对钓鱼岛主权归属的历史及现状作了全面深入的考察。福建师范大学闽台区域研究中心《钓鱼岛:历史与主权》、黄大慧《钓鱼岛争端的来龙去脉》从历史角度出发,分别介绍了钓鱼岛问题中美国因素的影响和日本国内在钓鱼岛问题上的主张。张生主编《钓鱼岛问题文献集》(共10卷),收集了钓鱼岛问题的相关档案史料,多视角展现出中国、日本、美国等在历史过程中的不同立场与态度,记录了海外两岸华人共同"保钓"的英雄举动,具有重要的现实意义和学术意义。

关于东海大陆架划界问题,金永明《东海问题解决路径研究》(法律出版社2008年版)从国际法与《联合国海洋法公约》出发,梳理东海专属经济区及大陆架相关问题,并结合国际海域划界的实践和发展趋势,提出解决东海问题的措施和意见。孙传香《中日东海大陆架划界国际法问题研究》(武汉大学出版社2019年版),同样从法学角度,分析影响中日东海大陆架划界的核心要素,对相向国家之间划界适用的原则或方法等进行讨论,提出中日东海大陆架划界问题的解决建议。

从地缘政治角度分析中日东海争端的成果也呈增加趋势。如,郑苒《从地缘政治角度看中日东海之争》(《法制与社会》2007年第6期),从两国所处的自然地理状况入手,分析、探讨了中日东海争端深层原因,建议中日关系维持合作的主流,在争端存在的前提下进行有限合作;彭飞、韩增林《东海问题的周边地缘环境解析》(《世界地理研究》2014年第2期),以东海问题的地"源"、地"原"为切入点,基于东海问题的地缘环境基础要素，从"地"—主体、"缘"—关联、"地缘"—主体关联的思维角度将东海周边的地缘环境结构划分为地缘主体（东海）、主体关联（域内争端国家）、区际主体关联（域外干涉国家）三种地理空间结构，对处于复杂国际关联体系之中的东海周边地缘环境作了探索分析。

（五）中国战略视角下中日关系的研究

中国国际战略视角下的中日关系是中国特色外交体系的重要组成部分，随着中日实力对比的变化，中日关系的研究逐渐从学习、借鉴型向主动塑造、引领思路转化。特别是进入第三个发展阶段以来，从中国战略需求、战略设计角度研究中日关系的成果开始大量出现，呈现逐年上升趋势。杨伯江主编《中国对日外交战略思想与实践》（社会科学文献出版社2018年版）深入研究新中国成立以来外交战略思想发展脉络，阐释新时代中国外交新思想、新实践，并就稳定发展中日关系提出建议。书中收录武寅《习近平国际关系新理念与中日关系》，强调中国国际关系新理念的两个中心词，即"和平"和"合作"，认为其"新"意体现于内含的时代性、实践性、自律性，习近平总书记自担任党和国家领导人以来，多次发表重要讲话，阐明了对日政策的基本立场、基本原则和基本态度，这既是国际关系新理念在中国对日外交上的具体体现，又鲜明地展现出中日关系本身所具有的特殊性；学习研究中国国际关系新理念及其实践，对于凝聚共识，提高研究质量和资政水平，把日本研究不断引向深入，起到了非常有益的作用。杨伯江、金嬴、何晓松、常思纯《习近平国际战略思想与对日外交实践》则集中分析习近平国际战略思想的丰富性、创新性，认为科学看待当今时代、推动实现和平与发展，精准定位中国角色、让中国与世界互为机遇，全面发展对外关系、坚决维护国家核心利益构成其核心内容；中国领导人高度重视发展对日关系，从世界和平稳定与中国外交战略全局定位中日关系；坚持"两分论"，团结争取广大日本民众；坚持发展中日关系的政治基础，原则问题绝不让步；时代背景、世界潮流特别是中国自身根本利益，决定了朝着以合作共赢为核心的"新型国家关系"方向引领推动中日关系发展，而中日关系的特殊复杂性又决定了实现这一目标的路径选择与方案设计需要"量身打造"。

其他代表性成果还有，高兰《习近平"命运共同体"思想对中日关系"再正常化"的指导意义》（《东北亚论坛》2017年第2期）从构建"命运共同体"角度，提出中国践行"命运共同体"超越了冷战中大国争夺主导权的思维，对中日关系的顶层设计具有重大指导意义。冯昭奎《中国外交大棋局中的中日美关系——基于系统论视角的分析》（《当代世界》2016年第2期）从系统论的角度，主张将中日关系乃至中日美关系看作一个大系统，在面对美国推进亚太再平衡战略之际稳住日本，防止其干扰甚至再次打断我国走向现代化的进程。张晓磊《从中央领导同志的涉日论述看中日关系的时代特征》（《东北亚学刊》2016年第5期）从首脑外交的角度，通过对领导人涉日论述的梳理，总结出中日关系发展的三个时代特征：第一，世代友好作为中日关系发展的根本目标没有变，中日关系新形势下推动中日世代友好的基本路径在变化；第二，正视历史作为中日关系发展的原则和政治基础没有变，中日关系新形势下推动日本正视历史的路径在变化；第三，中日战略互惠关系的基本定位没有变，中日关系新形势下推动战略互惠关系的路径次序在变化。

（六）区域合作视域下中日关系的研究

进入21世纪，随着经济全球化与经济区域化的同步发展，"区域合作中的中日关系"成为中日关系研究的重要选题。中日经济关系的研究，开始从双边的贸易、投资、技术、产业、资金合作拓展到地区、多边的范围。代表作如，姜跃春《多边框架中的中日战略合作与问题》（《中日关系史研究》2010年第2期）、姜跃春《亚太区域合作政策新变化与中日关系》（《中国中日关系史研究》2012年第3期）、姜跃春《中日两国在地区与全球中的摩擦对抗》（《东北亚学刊》2017年第3期）。王毅在《亚洲区域合作与中日关系》（《外交学院学报》2005年第1期）中针对区域合作的顶层设计与中日两国在区域合作中的作用，提出虽然亚洲区域合作起步比较晚，但是潜力大，发展速度快，呈现出良好的发展态势。2004年11月在老挝举行的东盟与中日韩（10+3）领导人会议同意建立东亚共同体，决定在2005年底召开首届东亚峰会，这意味着东亚合作进入全面推进的新阶段，势必对东亚乃至世界政治经济格局产生深远的影响。东亚共同体的目标能够顺利实现，首先需要东盟切实发挥先导作用，同时中国和日本是东亚地区的大国，中日两国采取什么样的政策也日显重要。江瑞平《东亚合作与中日关系的互动：困局与对策》（《外交评论》2014年第5期）提出，当前东亚合作与中日关系的互动显现出恶性循环之势，其主要表现一是区域合作与双边关系的乖离，一为经济互利与政治对立的悖论。这一态势的原因和背景颇为复杂，一是中美日实力对比关系的急剧变化，二是中国崛起带来的利益分享与国际格局变化，三是日本衰落显现的长期萧条与政治右倾，四是美国重返亚太导致的经济分化与安全控制。为扭转东亚合作与中日关系互动的困局，中国应努力实现四大层面的良性互动：一是经济互利与政治互信的良性互动，二是国家权益与地区责任的良性互动，三是周边外交与对日关系的良性互动，四是地区架构与对美战略的良性互动。江瑞平《中日韩合作中的经济互利与政治互信问题》（《日本学刊》2014年第6期）提出，中日韩互为最重要的经济伙伴，经济互利构成三方合作的坚实基础。中日、日韩"岛争"导致政治关系与安全冲突日趋恶化，政治互信日趋薄弱或政治对立日趋严重，成为三方合作的主要障碍。经济互利基础坚实而政治对立日趋严重，是当前中日韩合作面临的"二元悖论"。努力走出政治对立与经济互利的恶性循环，实现经济互利与政治互信的良性互动，成为摆在中日韩三国面前重大且迫切的问题。中方应采取有力措施，首先实现国家权益与地区责任、区域架构与对美关系、三方合作与双边关系、周边布局与对日外交的良性互动。

此外，杨伯江《东北亚地区如何实现与历史的"共生"——从"大历史"维度思考中日韩和解合作之道》（《东北亚论坛》2016年第4期）认为，冷战后，东北亚地区开始以非意识形态方式尝试融合，在走出相互隔绝、经济人员往来增多的同时，尚未完全消化的敌对与矛盾也日渐细碎化、具象化于现实，原有认知分析框架失灵，形势错综复杂，准确把握、妥善处理难度加大。东北亚要实现与历史的"共生"，既要有"仰望星空"的远大目标，又要有务实高效的政策举措，通过各领域合作成果的持续积累与相互了解的不断深化，最终走向建构主义所说的相互认知与身份认同的重构。2020年新冠肺炎疫情的暴发，为考察分析东亚区域合作提供了新的维度。杨伯江《中日韩合作战"疫"与东北亚区域治理》（《世界经济与政治》2020年第4期）指出，疫情防控过程中，东亚地区表现出了一定的"文明共性"，明显有别于西方的社会、政治规范，值得中日这两个亚洲大国深入思考。该文从疫情冲击下东北亚治理合作的角度，探讨了中日关系合作的前景。

（七）"一带一路"倡议与中日关系的研究

2013年中国领导人提出"一带一路"倡议后，该倡议迅速成为中日关系研究的选题重点。中日围绕"一带一路"倡议的关系，可以分为经济合作与战略竞争两个层面，相关研究也基本从这两个角度切入。关于日本对"一带一路"政策及中日合作潜力的分析，王丁曼《中日两国在"一带一路"上合作还是对抗？》（《俄罗斯东欧中亚研究》2016年第5期）、王广涛《当TPP遭遇"一带一路"：日本的战略困境与政策选择》（《国际关系研究》2017年第3期）、沈海涛与杨美晨《从日本应对"一带一路"倡议看中日关系的新课题》（《学习与探索》2017年第8期）、杨伯江与张晓磊《日本参与"一带一路"合作：转变动因与前景分析》（《东北亚学刊》2018年第3期）、王义桅与崔白露《日本对"一带一路"的认知变化及其参与的可行性》（《东北亚论坛》2018年第4期）、张季风《日本对参与"一带一路"建设的认知变化、原因及走向》（《东北亚学刊》2018年第5期）、王竞超《中日第三方市场合作：日本的考量与阻力》（《国际问题研究》2019年第3期）等，均为日本与"一带一路"研究方面的重要成果。这些成果综合分析了日本对"一带一路"政策转变的动因，中日在"一带一路"框架下的合作空间及其局限性。

金仁淑《中日对中亚五国经贸合作比较——略论"一带一路"构想与实践》（《日本学刊》2016年第3期）指出，中亚五国为中国倡导建设的"丝绸之路经济带"的要冲，是中日围绕亚洲区域经济一体化主导权的必争之地。刘瑞《基础设施出口战略博弈下的中日竞争与合作》（《东北亚学刊》2016年第4期）认为，日本作为亚洲重要经济体以及中国重要邻国，针对中国对外投资布局，进一步强化基础设施出口战略，从项目标准、区域布局、金融支持等方面不断增强竞争态势。中日两国在基础设施建设领域各有优势，我国应冷静应对日本在"一带一路"沿线基础设施建设中的竞争局面,同时积极创造和寻求双方在基础建设投资中的合作空间。杨伯江、刘瑞等《"一带一路"推进过程中的日本因素》[1],全面梳理了日本在"一带一路"沿线的战略布局和政策选择,及其作为"一带一路"重要干预变量的经济、政治和文化内涵。卢昊《日本对"一带一路"倡议的政策:变化、特征与动因分析》(《日本学刊》2018年第3期),分析日本转向参与"一带一路"合作,基本动力源于改善中日关系的短期需要,以及应对美国对外政策变化以预留行动空间的需求;同时,日本强化针对"一带一路"的竞争措施,主要动力来自对华战略竞争的长期目标,以及在国际秩序变动期内争取主导权的强烈意识。孙丽、张慧芳《"一带一路"框架下中日第三方市场合作的可行性与模式选择》(《日本问题研究》2019年第2期)为中日第三方市场的模式提出四种建议,即"国际组织助力中日第三方市场合作的模式""中日自贸区合作模式""中国与日本企业的合作模式""中国资金和日方技术的合作模式",并使用数理模型对中日第三方市场合作进行博弈分析,是较具创新性的研究成果。

(八)中日历史问题的研究

历史问题一直是中国中日关系研究的重要内容。在过去40年的前半期即20世纪80、90年代,研究者更多关注历时纵向的事件回顾与脉络梳理,相关成果包括,何方《伟大的转折深刻的教训——纪念战胜日本军国主义40周年》(《日本问题》1985年第3期)、吕乃澄《抗日战争时期日本人民的反战运动》(《日本问题》1985年第4期)、赫赤、沈才彬《试论"东京审判"的历史意义——纪念远东国际军事法庭开庭40周年》(《日本问题》1986年第2期)。

随着日本政治右倾化趋势日盛,歪曲侵略历史的言行频发,中国学术界在"历时性"研究的基础上,对中日历史问题进行具体分析的"共时性"研究取得了重大进展,特别是进入21世纪后,这方面的研究有大量

---

[1] 杨伯江、刘瑞主编:《"一带一路"推进过程中的日本因素》,中国社会科学出版社2016年版。

高质量成果涌现。代表性成果有汤重南《正确认识和对待历史是关键》（《现代国际关系》2003年第10期）、步平《关于中日历史认识问题的思考》（《当代中国史研究》2005年第5期）。关于日本教科书问题的研究成果有陈景彦《也谈日本〈新历史教科书〉问题》（《东北亚论坛》2002年第2期）、金美星《日本历史教科书问题之分析》（《延边大学学报》2006年第1期）、张天明《1980年以来日本历史教科书问题研究述评》（《抗日战争研究》2009年第4期）等。关于靖国神社参拜问题的研究成果有寇春莹、魏桦《靖国神社——中日关系的一个瓶颈》（《国际关系学院学报》2004年第3期）、马玉珍《参拜靖国神社问题对中日关系的影响》（《历史教学》2005年第7期）、林晓光《安倍上台后的日本政局及中日关系》（《现代日本经济》2006年第6期）、朱锋《安倍参拜靖国神社与中日关系》（《现代国际关系》2014年第1期）等。

（九）日本政治与政策对中日关系影响的研究

近年来，随着日本政治右倾化加剧，国家战略加速转型，日本国内政治、对外战略成为中国学术界研究中日关系的又一个重要视角。林晓光著《日本政府开发援助与中日关系》（世界知识出版社2003年版），以日本对华ODA为重点，深入阐释了日本如何在其国家战略的框架下，以ODA为手段来影响中日关系，并探讨了中国的应对之策。刘天纯等著《日本对华政策与中日关系》（人民出版社2004年版），侧重于从日本对华政策的视角来论述中日关系。李建民著《冷战后日本的普通国家化与中日关系的发展》（中国社会科学出版社2005年版），从日本国内政治、国家战略的变迁出发，重点分析了日本普通国家化战略与中日关系之间的内在联系。黄大慧著《日本对华政策与国内政治》（当代世界出版社2006年版），采用政治学与历史学相结合的方法，从政策决定的研究视角详细论述了日本国内各种政治行为主体在中日邦交正常化过程中所起的作用和影响，是国内有关中日邦交正常化问题研究的一部力作。黄大慧著《日本大国化趋势与中日关系》（社会科学文献出版社2008年版），深入探讨了日本的政治大国化发展趋势及其对中日关系的影响。

在众多代表性学术论文中，桐声《日本右翼势力及其对日本内外政策的影响》(《日本学刊》2005 年第 6 期)指出,在战后日本,右翼势力对内试图扭转国家的和平发展道路,对外信奉实力政策和强硬外交,正直接、间接地影响着日本对内对外政策的制定与实施。徐万胜《政党体制转型与日本对外政策》(《外交评论》2012 年第 6 期),基于冷战后日本政党体制转型的具体内涵,阐释其对日本对外政策的深刻影响,认为总体保守化引发对外政策的右倾,推动了 20 世纪 90 年代中后期日美同盟的强化,并导致对外政策偏重意识形态考量,自民党、民主党两大政党的对外政策不断趋同。吴寄南《试析钓鱼岛争端的日本国内政治背景》(《国际观察》2012 年第 6 期),提出日本民主党野田佳彦政权决意"购岛",深层原因是日本试图遏制中国崛起势头,蓄意推翻二战后形成的国际秩序。吴怀中《日本政治变动及其对华影响》(《日本学刊》2013 年第 1 期),从政党结构、政治生态和政策倾向三个维度考察从民主党到自民党的政治变迁及其对外影响,着重分析了"结构保守化"、"生态右倾化"和"政策正常化"三个核心变量给中日关系带来不断的影响和考验。梁云祥《日本政治右倾化与中日关系》(《国际政治研究》2014 年第 2 期)认为,不宜简单将中日关系恶化都归咎于日本政治右倾化,因为右倾化并非简单等同于军国主义化和挑战第二次世界大战后国际秩序,其中有些内容并没有违反现有国际规则和日本法律,或已经被日本国民所接受。目前的中日关系恶化的更深层次原因在于两国关系中的一些结构性矛盾,只能在承认日本政治现实和适度影响日本政治的同时,去寻找缓解中日关系结构性矛盾的具体办法。

第三节 中日关系研究的主体与方法

40 年来,中国中日关系研究的队伍结构逐步优化。专业从事日本、中日关系研究的学科队伍自 20 世纪 80 年代以来在规模上基本保持稳定,而知识结构、年龄结构更趋合理,整体专业素养明显提升。目前国内的中日关系研究队伍已经基本形成了"老中青三结合"的理想阵型,队伍也在稳步成长。不过,中日关系研究尽管在方法论、研究范式路径、关注领域范畴等方面都有很大进步,但与中美关系研究等其他国别研究比较仍显不足,构成制约研究进一步深化的弱项和短板。

(一) 研究机构的分类与分布

1952 年中共中央成立对日领导小组,组织开展有关日本政治与政策的研究。1963 年中央外事工作领导小组和中央宣传部提出新建 14 个国际问题研究机构,同时在高等院校建立 9 个研究国外的机构,辽宁大学日本研究所、吉林大学日本研究室、中国科学院东南亚研究所日本研究室、中国国际问题研究所日本研究部等 10 余家研究机构由此建立[①]。改革开放后,中日关系研究机构纷纷成立,队伍中专业人员比重明显上升。1979 年至 1981 年,以中国社会科学院日本研究所、天津社会科学院日本研究所的成立为标志,我国迎来中日研究机构成立的第一个高峰期,最多时一年曾经成立 5 所机构。

为了解改革开放后全国日本研究的状况,中国社会科学院日本研究所于 1984 年首次进行了全国日本研究机构和日本研究学者的调查,于 1985 年编印了《中国的日本研究》。1996 年,中华日本学会和北京日本学研究中心进行了第二次调查,并于 1997 年出版《中国的日本研究》。2008 年,为进一步了解全国日本研究的最新状况,总结日本研究的经验,为今后发展日本研究事业提供参考,中华日本学会、南开大学日本研究院进行了第三次调查。2017 年,为了切实了解全国日本研究的现状和最新动向,加强研究人员之间的交流合作,教育部区域与国别培育基地南开大学日本研究中心着手企划"全国日本研究调查"项目,与中华日本学会、全国日本经济学会、中国日本史学会、中华日本哲学哲、中国外国文学会日本文学研究会等全国性学会联合开展调查,通过此次调研,对目前国内从事中日关系研究的个人、机构最新情况有了进一步详细的掌握。上述调查所得出的宝贵数据,对今天我们了解中国日本研究现状及动态、总结经验与不足、今后进一步推动日本研究事业发展提供了重要依据。

根据 2008 年中华日本学会与南开大学日本研究院实施的联合调查,

---

① 参见李薇主编《当代中国的日本研究 (1981—2011)》,中国社会科学出版社 2012 年版,第 6—7 页。

全国共有 110 个日本研究中心或院所,其中多数是综合研究日本的学术机构,大致可分成三类:一是隶属党和政府部门的研究机构;二是中国社会科学院和地方社会科学院系统的研究机构;三是各地高校的研究中心或研究院所[①]。根据上述 2017 年的调查结果,国内共有 118 处机构、院校开展了日本研究工作。从地域分布来看,研究机构多集中于东北地区以及北京、天津、上海等直辖市,近年来,南方部分省份、如浙江省、广东省新增机构趋势明显,总体呈现分散分布特征。

按"人力资源的组织性配置"方式划分,中国的日本研究机构有三种。一种是实体性研究机构,此类研究机构在全国不足 10 所,包括中国社会科学院日本研究所、天津社会科学院日本研究所、南开大学日本研究院、复旦大学日本研究中心、东北师范大学日本研究所、辽宁大学日本研究所等。如果将综合研究机构中下设的日本研究部门也包括在内,总数可达 20 所左右。二是虚体性研究机构,这是一种横向联合、无固定编制的同人组织,许多"研究中心"即属此类。三是国家和地方两级日本研究专业学会。目前国家级日本研究学会共有七个,即中华日本学会、全国日本经济学会、中国日本史学会、中国中日关系史学会、中华日本哲学会、中国日本文学研究会、中国抗日战争史学会。这些学会搭建了国内外学术交流平台,除了举办学术年会外,还不定期举行日本研究专题研讨会。

在实体性研究机构中居于重要地位的中国社会科学院日本研究所,于 1981 年经国务院批准设立,是中国社会科学院下属的专门从事当代日本问题研究的学术机构,内设日本政治研究室、日本外交研究室、日本经济研究室、日本社会研究室、日本文化研究室、综合战略研究室六个研究室,日本政治研究中心、中日关系研究中心、中日经济研究中心、中日社会文化研究中心四个非实体研究中心,代管中华日本学会、全国日本经济学会两个国家级日本研究学术团体,负责中国社会科学院东海问题研究中心的管理运营。日本研究所还履行中国社会科学院研究生院日本学系职责,招收和培养当代日本研究的硕士生和博士生,设有日本研究博士后流动站,

---

① 参见李薇主编《当代中国的日本研究(1981—2011)》,中国社会科学出版社 2012 年版,第 6—7 页。

为当代日本研究领域培养和输送人才。经过40年的发展，日本研究所的研究领域涵盖当代日本的政治、经济、外交、社会、文化及中日关系等方面，推出了一批高质量科研成果，夯实了日本研究学科发展和应用研究的基础；《日本学刊》、《日本文论》两部学术期刊成为国内外了解中国当代日本研究学术前沿及最新研究成果的重要窗口。

（二）科研队伍的分布与提升

建国之初，中日关系研究团队以非专业人员为主，主要由旅日、知日、从事涉日工作的人员组成。除郑森禹、张香山、李纯青、周一良、吴廷璆、邹有恒等少数专职学者外，缺乏足够的专业研究者。改革开放后，日本研究队伍不断扩大，中日关系研究队伍中专业人员比重明显上升。根据上述1984年的相关统计，中国专业从事日本研究的人员总共为1138人，而在中国问题意识的作用下，其中多数人的研究包含中日关系主题。此后，从20世纪90年代开始，从事日本研究的专业人才迅速成长，全国各研究机构培养的人才逐渐崭露头角；许多研究人员通过攻读博士学位提高了专业素养；一些海外学成回国的博士成为日本研究的骨干力量。根据1996年中华日本学会与北京日本学研究中心实施的联合调查，这一时期日本研究专业人员总数达到1260人。[①]

进入21世纪，从事中日关系研究的学科队伍得到进一步优化。根据上述2008年的相关调查，在全国110个日本研究机构中，专门从事日本问题研究的人员共有1011名，[②] 其中多数涉及中日关系研究。调查结果还显示，第三类机构即高校研究中心、研究院所人员占比约为70%，第一、二类机构即隶属党和政府部门的研究机构、中国社科院和地方社科院系统研究机构人员各占约10%，新闻出版等传媒系统以及其他类型的研究人员

---

① 参见中华日本学会、北京日本学研究中心《中国的日本研究》，社会科学文献出版社1997年版。

② 杨栋梁：《中国的日本研究新动态》，载莽景石主编《南开日本研究2010》，世界知识出版社2010年版。

约占10%。① 根据上述2017年的相关调查结果，全国从事日本研究的科研人员中，从事狭义的中日关系研究（即中日政治关系、中日外交关系）研究的人员占比为12%，而从广义范围来看，鉴于中日关系涉及政治、经济、外交、安全、文化、社会、历史、文学、语言等多个学科，有近一半的研究者所做的研究都与中日关系相关。

根据2017年的调查，从地域分布来看，从事日本研究的学者有38%分布在北京、天津、上海3个直辖市，14%来自于东北三省，24%来自于山东、江苏、浙江、广东，分布相对分散，且存在地域差别较大的特点。研究人员的年龄均匀分布在30—60岁，40—49岁的人员占比最高，女性研究者的比例明显高于男性，拥有博士学位的研究人员达到370人，占比明显上升。

（三）学科方法的探索与进步

中日关系研究经过长年实践，强化了学科意识，巩固了相关领域理论基础，促进了国别研究与学科研究的相互融合。其间，研究者们始终关注对方法论的探索与运用，尝试"通过运用跨学科和多学科的研究方法，在学科的交叉渗透中来把握事物的关联性，发现新规律或者提出新观点"②，并取得了可喜的成果。特别是进入40年中日关系研究的第三阶段以来，以"百年未有之大变局"下空前丰富的国际关系实践为背景，以中国国际政治、国际关系等相关专业学科的蓬勃发展为基础，中日关系研究者在研究实践中的理论意识越来越强，对学科方法论的多向吸收越来越广泛，相关高质量成果不断增加。

王京滨《代理懈怠与日本政治变局——兼论中日政治关系的走向》（《社会科学》2016年第6期）基于委托代理理论，分析了作为代理人的日本政治家在监督机制陷入功能不全的状态下所暴露出来的代理懈怠问题，进而诠释中日政治关系恶化的本质是日本民主制度机能衰退的显现，

---

① 杨栋梁：《中国的日本研究新动态》，载莽景石主编《南开日本研究2010》，世界知识出版社2010年版。
② 郭定平：《中国的日本政治研究回顾与展望》，载李薇主编《当代中国的日本研究（1981—2011）》，中国社会科学出版社2012年版，第8页。

而不真正代表日本的整体民意。日本政治右倾实质上是民主主义机制后退状态下的代理人危机问题。从这一角度来看，中日政治关系一波三折的现象会在世代交替和青年群体政治参与的增加中趋向平缓。

程蕴《冷战后日本国家角色的转变过程分析——基于角色理论的探讨》(《日本学刊》2016年第4期)借助角色理论对日本的政策改变进行了详细分析，提出主导东亚政治格局的两个重要双边互动结构——美日和中日，限定了日本所应扮演国家角色的内容，同时也制约了日本的对外行为；面对双重互动结构所形成的中美两国的对日不同角色期望，日本政府分别以角色交替和角色转换的手法来化解自身所承担角色的内在冲突，缓解了东亚地区局势的内在紧张；安倍第二次执政以来，日本政府明显背离了中国对它的角色期望，开始以一个现状改变者的面目出现。这种改变打破了东亚国家间原有的共同期望，加剧了彼此间的不信任感。安倍外交依旧处于"角色试扮演"的阶段，东亚国际政治格局并未像他所设想的那样完成角色的重新分配。日本最终只能回到安倍执政之前所确定的国家角色中去。

李梅、张勇《新古典现实主义视阈下的日本对华外交政策调整——以"购岛"决策为中心的考察》(《日本研究》2018年第4期)，运用新古典现实主义国际政治理论工具，分析野田内阁"购岛"决策过程，指出这一重大外交决策发生在美国相对衰落和中国崛起，以及中日国力逆转等国际体系深刻变革的背景之下。其实质是日本在战略转型及对华政策调整的背景下，以"中国威胁论"为潜在语意迎合国内保守化势力与主张，主动打破中日间业已达成的重要谅解与共识的政策决定。其结果恶化了中日关系并在一定程度上激化了地区矛盾。

田庆立在《近年来中日关系的研究状况及主要特点》(《消费导刊》2010年第7期)一文中，运用统计学方法，围绕《日本学刊》《日本研究》《日本问题研究》《东北亚论坛》《当代亚太》《世界经济与政治》六个刊物自2007年至2009年发表的有关中日关系（不包括中日经济关系）的研究成果进行统计学分析，得出国内中日关系研究时代性特征明显、但是总论性和专论性文章占比过高的结论。

张梅《传统文化符号与安倍政府对日本国家认同的建构》(《东北亚学

刊》2020年第4期）从文化符号学角度分析安倍政权对日本国家认同的建构，认为日本历史性地建构起来的文化符号反映了日本人独特的精神深层，其民间争议少、易于媒体传播、更具统合性。安倍政权通过传统文化符号的再利用来建构"美丽日本"的国家认同，这对于构筑"契合新时代要求的中日关系"来说，既是挑战又是机遇。一方面，日本在建构一个符合"传统"的共同体的过程中，中国文化对日本文化的影响在官方话语层面受到一定的压制和排斥。另一方面，日本被重塑的"传统"与中国文化具有盘根错节的连通性，为中日两国加强民间交往、改善国民感情、建构共同的价值认同提供了有利条件。

王爱华、王艳真在《中日跨境数字贸易规模测度分析》（《现代日本经济》2021第1期）一文中，针对就数字贸易规模进行研究的文献较少、相关研究对数字贸易的测度主要根据数字贸易概念展开的现状，引入了伊朗、新西兰等少数国家对本国数字贸易进行测度研究的数学方法，利用可用数据资源描绘中日跨境数字贸易图景，建立跨境数字贸易维度模型，揭示中日跨境数字贸易发展程度和发展规律，为后续研究提供了宝贵的经验支持。

第四节 中日关系研究存在的问题与努力方向

40年来，在经过恢复发展、多维拓展、深化发展三个阶段后，中国的中日关系研究所取得的进展和成就值得欣慰，但是现实存在的短板和不足亦值得重视和思考，以便从中找准努力方向。中日关系研究中的这些不足和短板，当然也代表了中国学术界日本问题研究整体存在的问题。

一是基础理论性研究亟待加强。由于种种原因，急功近利式的研究和"跟风"现象依然存在，介绍性和重复性的"研究成果"不少，真正称得上实证有发现、分析有深度、理论有创新且产生国际影响的学术精品还不是很多[①]。如何坚持朴实求真的学风，发扬科学创新精神，推出更多旨在

---

① 中华日本学会、南开大学日本研究院、日本国际交流基金编：《中国的日本研究（1997—2009）》，2010年，第8页。

探索事物发展内在规律的学理性研究成果,是今后面对的重大课题。

二是方法论探索与应用不足仍是制约学科发展的弱项短板。中日关系研究经过长年实践,强化了学科意识,巩固了相关领域理论基础,促进了国别研究与学科研究的相互融合。但就学科总体发展水平而言,中国的中日关系研究"研究方法和理论取向比较单一","缺乏对人文与社会科学其他学科理论和方法的借鉴与运用",跨学科方法"应用的自觉性和有效性不足",构建中国的日本研究范式还有相当长的路程要走[①]。

三是资源配置还不尽合理。从上述几次调查结果可以看出,中国的中日关系研究人员主要集中在京、津、沪三大直辖市和东北地区,若干省和自治区研究力量薄弱的状况没有根本改善。大学中分散在不同专业学院的日本研究人员"单兵作战"现象普遍,这在客观上也是导致研究低水平重复的重要原因之一。如何最大限度地整合研究力量、开展大型课题的攻关研究,是今后必须思考的问题。

四是国际学术交流有待深化。随着中国经济实力与国际地位的提高、对外开放的扩大,日本研究人员对外学术交流频繁,各种形式的交流与合作超过以往任何时期。但是,这种交流还多停留在交换看法、互通信息的层面,存在各说各话、"自娱自乐"的现象,通过国际学术交流深化分析凝炼观点、通过合作研究取得高质量成果的时候还不多。今后的学术交流更应重质量轻数量、重内容轻形式,不断推进交流与合作的深化,最终使之服务于研究的深化。

---

① 李薇:《中国的日本研究及中日关系研究的焦点》,《日本学刊》2011年第6期。

第 五 章

中国的日本安全防卫研究[*]

40多年前的改革开放开创了当代中国发展的新时期和新局面，也带来了社会科学领域的繁荣与发展。日本问题研究始终是中国社会科学研究的重要领域[①]，40多年来，随着中国改革开放的推进和中日关系的快速发展，中国的广大相关学者在日本问题领域的研究也进入了快速和全面发展的新阶段，取得了丰硕的成果。自然，这当中也包括了对审视我国国家安全利益和周边外交环境来说非常重要的"日本安全防卫研究"。

日本安全防卫研究，从中国社会科学院学科划分的角度来说，属于二级学科"日本研究"下面的三级学科"日本外交安全研究"的重要组成部分。[②] 在日本研究所的学科体系规划中，它被确定为"日本外交研究室"的中近期重点研究方向之一。学科队伍与研究平台是所有学科得以生存和发展的"土壤"，本学科在这方面的基本情况如下。

（1）学科队伍。因为是二级学科下的分支学科（以下，视必要简称为"学科"），又因为安全防卫问题在日本尤其以其"敏感性"而常常从

---

[*] 吴怀中，中国社会科学院日本研究所副所长、研究员，中日关系研究中心主任；朱清秀，中国社会科学院日本研究所副研究员。

[①] 唐家璇：《在中华日本学会和全国日本经济学会联合会议上的讲话》，《日本学刊》2010年第4期，第5页。

[②] 在教育部学科体系划分中，一级学科政治学下面设有国际政治、国际关系和外交学三个二级学科。这些学科拥有相同或相关的研究对象，在教研实践中很少明确加以区分，一般也被称为国际关系研究或国际问题研究。这些二级学科之下设有三级学科"区域政治和各国政治研究"，从这个角度来说，"日本安全防卫研究"也可以算是该三级学科下的分支学科。

属于政治外交事项，所以除了极少部分的专业研究人员（主要来自军队科教单位）以外，全国拥有国际关系学科点的高等院校和研究机构（包括专业的日本研究机构）中，虽然多少都有学者涉及日本安全问题研究（包括一般的国际政治学者），但却没有专攻日本安全防卫问题的研究人员。在日本研究领域，政治、外交、安全防卫三个分支学科是高度重合而无法加以严格区分的，这可以说是本学科的学科点分布和研究队伍情况的一大特点。

（2）研究平台。作为学科建设硬件指标的专业学会、资料积累、学术刊物、研讨会议、国际交流等研究平台，还缺乏完整意义上的构建或布局。学会和期刊是重要的学术平台和沟通渠道，有重大影响的理论成果和研究突破往往都是通过这两个途径实现和发布的。相比于日本和欧美，中国基本上还没有独立的有关"广义安全保障"的学会、期刊和机制化的学术会议，一般都夹杂于国际政治和国别研究中的同类存在物中。

纵观40多年来中国学术界对日本安全防卫的研究，至少可以发现如下三个突出的特点。

第一，形成了较为完备的研究体系，表现为成果内容宽泛、数量丰富、质量较高。这很大程度上是源于军事安全领域本身的敏感性和重要性，并且对象还是容易成为"话题"的日本。从研究内容看，40多年来的相关研究几乎涉及日本安全领域的所有主要方面，包括安全战略与政策、防务建设及军备动向、对外安全关系等各类议题，基本没有留下重大的领域空白。从总量上看，40年来我国学者研究日本安全问题的文章作品还是为数不少的（如果将"修宪""入常"等问题也算入广义的安全议题，则在关于日本问题的社会科学研究中，其成果的数量或许仅次于经济类文章）。据笔者初步估算，这些论文就有500篇以上，登载的报刊种类不下几十种。如果再算上年鉴类（《世界军事年鉴》和《日本蓝皮书：日本研究报告》）中的相关文章，以及多版《日本军事基本情况》等资料、非学术研究的报刊类文章、网络媒体上的各种评论，那就更是汗牛充栋、难以计数了。同时，研究成果具备一定深度，研究的理论性、思辨性和系统性逐渐加强，研究范式和方法论开始进化，符合学术规范的成果增多，知识创新得以推进。以上三种趋向与时间的推移呈正相关关系，进入 21 世纪后这种关系则更为明显。

第二，研究的立场和视角鲜明而连贯，以我为主、为我所用的"主体意识"强烈。本学科承载的主要课题，就是要研究和回答与中国国家利益和安全保障密切相关的"日本安全防卫的发展状况和走向"问题。从这一问题意识出发，40 多年来，以涉及中国自身安全利益的问题意识为切入口和出发点，中国学者始终对日本军事安全领域的"大国化"和"普通化"以及作为其"外溢效应"的对华政策动向和日美同盟涉华部分保持了较为连续而高度的关注。这主要体现在从能力和意图两个方面，对包括军备建设、战略调整和政策法制变化等在内的重要议题进行了数量众多的跟踪和分析。其成果从 1980 年至 2020 年每年都有公诸于世，可以说基本上没有间断过，数量较为庞大。

第三，如果将 40 年的研究作为一个整体来看，可以发现几个明显的阶段性高潮。也就是，在世界形势或亚太局势发生重大变化、日美关系面临重大调整，以及与此关联的日本安全战略和防卫政策出现重大变化的情况下，我国学术界对日本安全领域的研究往往会出现研究成果大量集中涌现的现象。其中，三个最显著的高峰期分别是 20 世纪 90 年代后半期（1995—2000 年）、21 世纪"9·11"事件发生后的小泉安倍执政期间前后（2001—2007 年），安倍长期执政期间（2013—2018 年），在这三个基本都为 5 年左右的高峰期中——第一个高峰期围绕日美同盟"再定义"进程、《防卫计划大纲》和"周边事态法"出台等问题，第二个高峰期围绕自卫队海外派遣、"有事法制"相关法案、驻日美军整编和同盟再强化、防卫力量建设及体制整合等问题，第三个高峰期围绕安倍长期政权通过"安倍国防学"，即对安保法制与体制、防卫力量等进行广义政策修改等问题——围绕日本安全政策的重要变动和调整，中国学术界产出了为数众多的各种成果。同时，在这三个宏观高峰期的前后，分别还有四个左右的"次高峰期"，即关于 20 世纪 80 年代后期的日本"军事大国"化、20 世纪 90 年代中前期自卫队跨出国门及走向海外、小泉执政时期（21 世纪第一个 10 年的中前期）的"特措法"以及"有事法制"、安倍执政时期（21 世纪第二个 10 年的中期前后）日本国家安全战略及防卫大纲、集体自卫权及新安保法以及体制与力量建设等问题的研究。

日本安全防卫领域的动向，较之于其他的一般政治领域，与国际格局和安全形势有着更为紧密的关联。因而，从非严格意义上来说，可以冷战前（20世纪80年代）、冷战后（大致是20世纪90年代）、21世纪初期（尤其是"9·11"事件之后）第一个10年、安倍长期执政时期（大致21世纪第二个10年）这四个大的10年期来作为划分日本安全防卫研究及学术史的分期与主要区间。这种划分，既体现了中国学者们各有重点的视角和观点，又某种程度上反映了日本安全领域本身演进的延续性和规律性。研究内容则既包括动态性分析，又不乏体系性研究。当然，如果再细分的话，每一个大的10年期又可以划分出具有特征的若干个小的时段。以下，以4个10年为阶段划分，结合区间重点和特征，就中国学术界对日本安全防卫进行的研究情况作一概观和综述。

第一节 起步阶段——20世纪80年代

20世纪80年代的总体研究特点是：（1）由于国门刚刚开放，对日研究也处于起步阶段，所以研究成果量少质弱，几乎没有关于日本安全防卫问题的厚重著述。（2）在80年代中前期（1980—1985年）和中后期（1985—1989年），由于国际形势、中日关系和日本安全防卫战略的变动，分别出现了以关心联日对苏、军工装备以及军事大国化等视角撰写的研究成果。（3）军事科学院主编的《世界军事年鉴》和《日本军事基本情况》开始发行，每期（册）载文介绍防务战略和政策、制度和体制、指挥和训练、装备和后勤等方面的动向。这些都是介绍性的短文，属于为即将到来的专业研究做铺垫的普及性读物，也说明我国的（军队）专业研究人员在国门开放后已开始尽可能地全面关注日本的防卫建设。

一 20世纪80年代中前期的单纯关心

20世纪70年代末中美关系向好，中日签订友好条约并在联合对苏上形成某种默契。同时，学习日本和友好交流的热潮遍及中国，积极正面的日本观构成了中国社会对日认识的主流。由于这些背景因素，中国学者对日本的对苏防卫态势和动向表示了一定的关注。当然，同时也可以看出，在改革开放早期的 80 年代初，我国学术界还很缺乏研究日本安全防卫问题的正规学术论文①。

同时，作为改革开放初期各行各业都有的一个现象——在物质（器物）层面上对国外动向抱有浓厚的兴趣和关心。中国的日本研究学界也不例外（虽然还不是这个时期的普遍现象），开始关注和跟踪日本军备和技术发展的某些前沿动向②。同时也可以看出，这些准论文性质的文章还没有将"这些动向"与日本的军事大国化直接联系起来并显示出某种担心的论调，这点与之后的 80 年代中后期是有所不同的。

二 20 世纪 80 年代中后期的某种担心

这个时段很明显的特点就是中国学界对日本军备扩张、军费增加（1987 年撤销防卫预算不超过 1% 的限制）和政策调整以及与此关联的军事大国化趋向表示了较强的关心。其背景原因是：日本进入 20 世纪 80 年代后经济如日中天，开始谋求与经济实力相称的政治大国地位，并以"西方一员"的立场谋求发挥和扩大军事安全作用。特别是在中曾根执政期间（1982—1987 年），日本调整"基础防卫力量构想"——增加防卫费用，加强军事力量，强化日美同盟的军事性质和作用分担（包括放宽对美武器技术出口管制等），防卫战略显现突破"专守防卫"的"攻势化·大国化"倾向。这一政策变化和军事大国化倾向引起了中国学界的关注。再加上当时中日之间历史问题频发等因素，这种关注甚至表现为自中日签订友好条约（甚至是恢复邦交）以来中国首次出现的某种对日担心和戒备意识。在这一时期，中国学术界从增加预算、政策调整和思想变动、装备和

---

① 如下准学术文章均显示了这些倾向：丹东《日本深感苏联的威胁》，《世界知识》1979 年第 10 期；王泰平《苏联军事威胁下的日本防卫态势》，《世界知识》1980 年第 2 期；樊勇明《苏联南下扩张攻势下的日本防卫动向》，《国际问题资料》1981 年第 2 期；[日] 加藤宽·蔡慧梅《日本对苏联综合国力的评价》，《苏联东欧问题》1983 年第 2 期。

② 参见李淑春《日本常规武器发展现状》，《现代兵器》1984 年第 5 期；金泰相《战后日本的军事工业》，《现代日本经济》1984 年第 6 期；等等。

技术角度、组织和体制等角度出发，分别对日本军事大国化的基础条件和发展倾向进行了论述和分析。①

第二节　提速发展与成型阶段——20世纪90年代

整个20世纪90年代，中国学术界对日本安全防卫的研究，就成果数量而言，首先是大大超出了此前的20世纪80年代，其次是出现了"一小一大"两次高潮期。后者的"一小"是指针对90年代前期自卫队首次正式走出国门、日本军事力量开始发挥国际作用，中国学者显示了一定的关心；"一大"是指针对90年代中后期日本军事安全领域发生的一系列重大变动——日本防卫政策和力量、日美同盟关系、中日安全关系等的变化，中国学者以比较强烈的关注进行了跟踪、分析和批判，并发表了各级各类的研究成果。

一　对20世纪90年代初新形势的探讨（1990—1994年）

这个时期的研究，概括起来有三个主要特点。

（1）作为冷战结束前后的过渡期，中国学者延续了20世纪80年代后期的研究倾向，继续关注日本"大国防卫"战略的走向和物质基础（军工装

---

① 例如，军事科学院编著《日本军事基本情况》（军事科学出版社1987年版）就是这种意识的代表。此外，凌敏《日本防卫费连续六年突出增加》（《现代日本经济》1986年第12期）、韩秋平《日本防卫费的突破与军事大国》（《日本学论坛》1987第4期）从预算增加的角度，温味儿和王力争《日本军事战略发展趋势浅析》（《日本问题》1987年第6期）、刘晓光《日本防卫新动向》（《世界经济与政治》1987年第9期）、刘晓光《评日本防卫厅"长官指示"》（《世界经济与政治》1988第3期）、戈更夫《日本防务政策和防卫力量的发展变化》（《国际问题研究》1989年第1期）、潘俊峰《日本军事思想史的考察（上、下）》（《日本问题》1989年第6期、第8期）从政策调整和思想变动的角度，刘晓光《日本扩军中的美国因素》（《世界经济与政治》1988第9期）从日美同盟因素的角度，分别对日本军事大国化的基础条件和发展倾向进行了论述和分析。

备、军事经济等),尽管这些成果数量不多,有的还并非严谨的学术论文①。

(2) 这一时期日本安全防卫领域的重大动向,是 1992 年日本制定"联合国维和行动合作法"(简称"PKO"法),自卫队在战后首次走出国门发挥国际安全作用。冷战结束后的这一阶段,日本防卫政策进入了摸索和过渡时期。为替防卫力量发展找到借口,与"日美欧三极论"的盛行相随,日本国内开始兴起了自卫队的"国际贡献论"——让自卫队以参加联合国维和行动的形式做出"国际安全贡献"。据此,将自卫队派遣到海外的"PKO"法终于诞生了。当时的日本政府在 1992 年和 1993 年版日本《防卫白皮书》中就前所未有地单设"国际贡献与自卫队"一章,来专门讨论自卫队的国际贡献问题,称自卫队参加联合国维和行动是日本理应履行的国际责任,可见日本政府当时是以极大的热情和能量来推进此事的。理所当然,中国学者将此动向作为冷战后日本安全战略重大调整的风向标,给予了很大的关注和研究。其中不乏一些重头文章,它们对自卫队开出国门及其对地区安全的影响显示了某种担心。②

(3) 在上述第 2 条中,虽有一些冠以"战略"和"政策"研究的论文,但基本论述的都是日本防卫政策外向化、自卫队走出国门的单项事例,还算不上综合、长线和理论性的"战略"研究。不过,这一时期还是出现了初始的专著研究成果,即军科院专业研究人员潘俊峰主编的《日本军事思想研究》(1992 年),自古及今地综合了日本的军事安全思想,其中第三篇的论题"日本当代军事思想",涵盖了从 20 世纪 50 年代至 20 世

---

① 参见杨伯江《日美关系的特征及其中近期走向》,《现代国际关系》1990 年第 2 期;夏明琦《日本军事战略的发展趋势》,《外国问题研究》1990 年第 3 期;钟锐《当今日本的军工生产状况》,《世界经济与政治》1990 年第 11 期;夏明琦《日本军事战略的发展趋势》,《外国问题研究》1990 年第 3 期。

② 参见池元吉《日本向何处去》,《东北亚论坛》1992 年第 3 期;朱明权《日本防务政策的一次重要的调整》,《复旦学报》1992 年第 4 期;杨运忠《90 年代日本防卫战略的重大转变》,《世界经济与政治》1993 年第 4 期;林晓光《日本防卫政策、军事战略的演变及其近年来的重大调整》,《世界经济与政治》1993 年第 9 期。其他类似的还有:周长明《战后日本防卫政策的演变及国防军事的现状》,《自贡师专学报》1992 年第 4 期;杨运忠《论 90 年代日本防卫战略调整及其走向》,《国际观察》1993 年第 1 期;杜农一《略论日本与联合国维和行动》,《日本问题研究》1995 年第 8 期。

纪80年代日本主要的安全思想，如"吉田主义"、"自主防卫论"、日美同盟论、"综合安保战略"和"国际国家论与军事大国化"等，具有一定的学术研究史上的象征意义。

二 对20世纪90年代中后期重要事态的关注（1995—2000年）

这一时期中国学术界在研究日本安全防卫问题上可以说取得了一次成果上的大发展和繁盛局面。也可以说，正是从这个时期开始，中国学术界研究日本安全问题的基座开始真正扩容并初具规模。其背景因素是，经过20世纪90年代前期的摸索期和90年代中期（1994—1996年）的转折期后，冷战后日本防卫政策进入了90年代后期"质变"和"定轨"的时期。其特点是，与冷战后世界安全形势的总体趋缓相反，日本从实现"政治大国"的国家战略出发，开始重新审视"吉田主义"安全路线，进一步强化日美安全体制，加速军事转型和发展，构筑"能动的建设性的安保政策"；为此，日本开始渲染新"威胁"和"危机"的步调——既为防卫政策转型提供依据，也为应对中国快速崛起。因而，这个时期，中日两国关系开始在一系列安全问题上出现分歧并一度趋于紧张。这些重大事态，当然引起了中国学者的重大关切和研究兴趣，催生了相应的学术成果。

（一）从数量和形式上讲，这一时期的研究有如下四大特点

（1）研究成果的数量激增，大大超过了20世纪90年代中前期或整个80年代全期。这是因为90年代中后期日本安全政策大幅调整、"好戏"连台——以新《防卫计划大纲》、"日美联合宣言"和"日美防卫合作指针""周边事态法"出台为标志，日本自主防卫战略、日美同盟和中日安全关系发生重要变化，尤其是"指针"和"事态法"等被认为涉及中国国家核心利益，引起了中国学界的广泛关注和研究聚焦，形成了日本安全问题研究"成果量产"的首次来临。据初步统计，90年代中后期的相关论文有50多篇，迄今为止也只是仅次于21世纪初期阶段的成果数量。

（2）开始出现较多的从理论和历史高度分析"战略"和"政策"的论文（数量在20篇以上），而不只是像之前那样更多的是分析某些

零散的动向①。这些论文的公约数内容是：以冷战结束（部分涵盖第二次世界大战后）尤其是90年代中后期日本自主防卫、日美安保体制和地区安全政策的重要演变为线索，就日本安全战略形成的原因、特点及其调整趋势进行了一定程度的总体考察和分析。

（3）还有一个特点是涉及对日本安全战略和政策进行"总结+前瞻"的著书（部分篇幅涵盖安全防卫领域）批次出现。世纪之交（1997—2001年）的重要时段，集中出现总结和前瞻日本政治（包括外交和安全）和中日关系的著作和论文集，也属题中应有之义。这些著书皆含日本安全防卫政策的独立章节②，着重揭示出日本在发展面临"坎坷"的前提下，其国家安全战略调整却有着清晰的特点和趋向——以"政治大国"为目标诉求，推动自主防卫、强化日美同盟、开始介入地区和国际安全事务、显现"防华、制华"倾向等。

（4）这个时期的一个"篇外"特点，是媒体开始广泛介入国际问题。随着1993年邓小平同志"南方谈话"之后中国进一步改革和开放，各级各类媒体开始以更开放的态度和更多的篇幅来跟踪国际时政并刊载相关文

---

① 参见陆俊元《从地缘政治看日本的安全战略》，《日本学刊》1995年第3期；王纯银《日本防卫政策的一次重大调整》，《日本学论坛》1996年第2期；徐世刚等《90年代日本的安全战略与亚太关系》，《外国问题研究》1997年第6期；石晓明《21世纪日本防卫政策走向及防卫力量的发展趋势》，《东北亚论坛》1998年第2期；金熙德《战后日本安全战略的演变轨迹》，《日本研究》1998年第3期；赵大为《日本军事安全战略及其前瞻》，《国际问题研究》1999年第4期；姚文礼《论日本安全战略调整——兼析"新日美防卫合作指针相关法案"》，《日本学刊》1999年第4期；陆国忠《世纪之交日本安全和外交政策》，《国际问题研究》2000年第1期；殷燕军《日本新安全战略及其对中日关系的影响》，《南开学报》2000年第5期；周永生《日本构筑面向21世纪的安全战略》，《北方论丛》2001年第3期；戚洪国、张跃东《后冷战时代的日本军事战略》，《日本学论坛》2001年第3期。

② 这些著作包括：孙承主编《日本与亚太—世纪之交的分析与展望》（世界知识出版社1997年版）、张蕴岭主编《合作还是对抗——冷战后的中国、美国和日本》（中国社会科学出版社1997年版）、金熙德著《日美基轴与经济外交——日本外交的转型》（中国社会科学出版社1998年版）、阎学通等《中国与亚太安全——冷战后亚太国家的安全战略走向》（时事出版社1999年版）、刘江永《彷徨中的日本》（天津人民出版社2000年版）、蒋立峰主编《21世纪的日本——政治外交发展趋势》（世界知识出版社2000年版）、蒋立峰主编《21世纪日本沉浮辨》（中国社会科学出版社2000年版）、薛君度等主编《颠簸的日本》（时事出版社2001年版）、张蕴岭主编《伙伴还是对手——调整中的中美日俄关系》（社会科学文献出版社2001年版）、金熙德等主编《再生还是衰落——21世纪日本的抉择》（时事出版社2001年版）等。

论,尤其是对诸如日本军事动向和中日安全关系这一类的热点和焦点问题。这一现象是之前时期所没有的。这给之后的学术研究带来了"双刃剑":既带来了便利和宽松的条件,但也形成了复杂而敏感的环境。

(二)从内容和对象上来看,可以总结出以下四大研究板块

1. 关注以新《防卫计划大纲》为标志的政策调整

冷战后日本首份《防卫计划大纲》于1995年出台,与1976年的旧"大纲"相比,它宣称将沿用"基础防卫力量构想",但更强调保持合理、精干而高效(而不单单是被动的)的可靠防卫力量、充实和加强日美安全体制,同时也发出了协美应对周边事态的信号。

针对新大纲的出台,中国学者很快做出了回应,当时发表的这些论文中显示出如下几个关注点和判断:(1)日本渲染"威胁",加强自主防卫力量建设,突破专守防卫方针;确定维持和强化日美安全体制,意图通过同盟体制发挥地区安全作用。因而,日本存在着成为"军事大国"、进而为充当政治大国造势的意图。(2)日本调整军事部署和防卫方向。新大纲使防卫态势"均衡化",由重视对付"北方威胁"转为提高对"西南威胁"的警戒。再联系从20世纪90年代中期起日本在其《防卫白皮书》中开始重点强调中国"军事威胁论",中国学者认为日本实际是开始把军事斗争的重点转向中国和朝鲜半岛,日本在新大纲中显示的上述两点指向给亚太和中国安全造成了不安因素[①]。

2. 关于日美强化新型同盟关系

经过1996年《日美安保联合宣言》和1997年新《日美防卫合作指针》的签订,日美同盟基本完成了冷战后"再定义"的强化进程,其防卫范围和职能大大扩展。

中国学术界对此表示了很大的关注,所发表的论文普遍涵盖了以下内容和意向:(1)《宣言》具有重大意义,是重新定义日本同盟关系的纲领

---

① 参见王纯银《日本防卫政策的一次重大调整》,《日本学论坛》1996年第2期;郭真《试论经济大国日本的军事走向》,《解放军外国语学院学报》1996年第6期;黄永华《日本军事力量的崛起值得严重关注》,《世界经济与政治》1996年第9期;徐世刚等《90年代日本的安全战略与亚太关系》,《外国问题研究》1997年第6期;赵大为《日本军事安全战略及其前瞻》,《国际问题研究》1999年第4期。

性文件，标志着日美同盟从以保卫日本为主要目的的双边合作转变为介入亚太地区安全事务的安全机制，美日同盟关系的性质已发生了根本性的转变。（2）同时，"新指针"与1978年的"指针"相比，着重强调了日美在应对日本"周边事态"时的具体军事合作措施。日美正在扩大军事合作领域和范围，日本借机将防卫范围从远东扩大至亚太周边地区，加大了对地区安全的介入力度。（3）以此为平台，特别是与美国对华政策协调步伐，日本具有剑指中国并构筑安全包围体制的倾向，对亚太地区的安全与稳定构成严重威胁，需要引起中国的警惕。（4）以上各条反映出，日本意图背离和平主义和"专守防卫"原则，其防卫方针在发生转折性变化，其军事大国化倾向值得关注。①

3. 关于"周边事态法"及对华安全关系

20世纪90年代中期以来，日本一系列的安全防卫政策调整牵动着邻居中国的神经。经过新防卫大纲、日美同盟再定义，最后再到1999年"周边事态法"收官，这个时期，日本判断其面临的主要安全威胁是可能发生的"周边有事"，因此通过制定"事态法"等措施加强相关应对能力。对此，中国学者则认为：日美凭借"事态法"这一法律依据意欲联合介入地区冲突，为双方军事合作寻求更大的战略空间，为日本介入和主导地区安全事务提供借口；特别是日本对"周边事态"范围采取的模糊政策，实际上把中国台湾地区划入介入范围，将可能导致中日安全领域的激烈冲突，将深刻影响中日关系的未来走向，也给整个亚太地区的

---

① 参见杨运忠《美国政府进一步调整对日政策》，《世界经济与政治》1995年第7期；杨伯江《〈日美安保联合宣言〉意味着什么》，《现代国际关系》1996年第6期；李楠阁《日美安保体制再定位》，《外国问题研究》1996年第8期；张大林《评"日美安全保障联合宣言"》，《国际问题研究》1996年第10期；杨运忠《日本安全保障政策发生重大变化》，《世界经济与政治》1996年第11期；范跃江《日本：悄然崛起的军事大国》，《日本问题研究》1996年第11期；刘江永《新"日美防卫合作指针"何以令人忧虑》，《现代国际关系》1997年第11期；殷燕军《日本对台湾海峡介入政策的变迁》，《日本学刊》1997年第6期；石晓明《21世纪日本防卫政策走向及防卫力量的发展趋势》，《东北亚论坛》1998年第2期；周永生《冷战后的日本外交与日美安保体制》，《世界经济与政治》1998年第11期；朱听昌等《90年代日美关系的调整及其影响》，《日本学刊》1999年第3期；张碧清《走向和平还是走向战争——关于新日美防卫合作指针相关法案》，《亚非纵横》1999年第4期。

安全与稳定带来新的变数。

当时中国学术界的一个现象，是认为90年代日本以调整后的防卫政策——以"事态法"为顶点，对中国安全利益的染指达到了一个令人愤慨的程度。因此，学界几乎所有分析"事态法"的文章都难以掩饰不满情绪和纠弹论调，掀起了一次集体批判高潮。①

4. 对20世纪90年代的总体回顾和总结

如上所述，90年代（尤其是中后期）以来日本的安全战略表现出相辅相成的几大动向：更新安全判断，渲染威胁时矛头指向中朝；强化日美同盟，介入地区安全事务，应对"周边事态"并染指中国安全利益；加大安保建设投入，提升自主防卫能力；调整防卫部署和军事态势，谋求"主动安保"并防范中国。

因而，到了世纪之交，中国学术界诞生了多篇对所有这些动向进行总结的文章，其共同见解是如下两条：（1）众多证据表明日本正在加速谋求成为军事大国，或者说在谋求成为政治大国的军力基础和"禁区突破"，军事安全在日本国家战略中的地位急速提升；（2）日本已将中国看作事实上的防卫对象和对其构成"潜在威胁"的国家，突出反映了日本对华政策中的防范和制约指向。这对未来的中日关系将产生消极影响，也给亚太安全留下不安因素。②

---

① 参见钱红《谁将是"东亚北约"对付的第一个"周边事态"》，《世界经济与政治》1999年第8期；姚文礼《论日本安全战略调整——兼析"新日美防卫合作指针相关法案"》，《日本学刊》1999年第4期；王珏《制约21世纪中日关系发展的障碍》，《解放军外国语学院学报》1999年第6期；殷燕军《日本新安全战略及其对中日关系的影响》，《南开学报》2000年第5期。

② 参见董群《战后日本的军国主义浊流》，《清华大学学报》1996年第1期；刘江永《美日重建安全体制与中美日关系》，《外交学院学报》1996年第4期；杨伯江《日美修改〈防卫合作指针〉中期报告初析》，《现代国际关系》1997年第7期；徐万胜《论战后日本的"专守防卫"政策》，《解放军外国语学院学报》1999年第3期；周永生《90年代"安保体制"框架外的日本安全关系》，《国际论坛》1999年第4期；杨伯江《强化日美同盟——日本面向21世纪的战略起跳板》，《现代国际关系》1999年第6期；陆国忠《世纪之交日本安全和外交政策》，《国际问题研究》2000年第1期；可辉《冷战后的日本安全政策与中日关系》，《太平洋学报》2000年第3期；孙健等《值得警惕的日本军事大国化倾向》，《解放军外国语学院学报》2000年第11期；冯晓峰《日本新国家安全战略及其对中国的"强烈关注"》，《江南社会学院学报》2001年第3期；周永生《日本构筑面向21世纪的安全战略》，《北方论丛》2001年第3期。

第三节 快速发展与初始繁盛阶段——
21世纪头10年

总体而言，经过前两个10年阶段的积累，借助"中盛日衰"和世界格局调整等国内外各种条件的激发，再加上研究手段的进步（资料公开加速、对外交流扩大、互联网普及、专门研讨会的频繁召开及其成果的公布）、研究人员的队伍壮大和素质提升（普遍掌握外语、留学人员增多、掌握一定的理论和方法论），以及日本安全防卫领域发生了世人关注的重大变化和调整，21世纪头十年中国的日本外交安全研究持续走热，基础不断夯实，它表现为：成果数量蔚为可观（超过了前20年的成果总和），整体水准提升（研究的内容、范畴和方法论不断拓展等），体系初步完整。作为知识体系的该学科终于露出了较为齐整的轮廓面目，这应该是具有时代性意义的变化。总结这10年间的日本安全防卫研究史，可以从纵向和横向两个坐标来进行。

一 纵向：研究议题和内容的特点
（一）对自民党时代"大国化・正常化・外向化"战略的关注

进入21世纪尤其是"9·11"事件后，日本界定其国家安全保障任务的两大目标是：防止和排除威胁直接危及日本、改善国际安全环境使日本免遭威胁；提出的三项针对性防卫措施是：日本自身的努力、与同盟国合作、与国际社会合作。而在实际政策层面上，日本的这些防卫努力取得了历史性的突破：以自主防卫能力的大幅提升和日美同盟的进一步强化为平台，以全新的"主动外向型"战略应对"新旧・多样化威胁"，同时积极发挥国际安全作用。

中国学术界在这个时期关心的是两大议题和目标：(1) 日本国家军事机器恢复"正常功能"的进展情况（内向正常化）；(2) "松绑"的军事力量利用各种形式走出国门、发挥国际和地区安全作用的动向（外向正常化）。对这两方面合而为一的关注就是总体上表现为对日本"军事大国化"及其对中国安全有何影响的观察和分析。这种关注点在20世纪90年代业已部分存在，但当时主客体的条件和21世纪后出现的情况都是无法比拟的。

对此，中国学界的普遍看法是：21世纪以来，在自民党（联合）政权尤其是小泉和安倍等右倾保守势力主导下，日本国家安全政策围绕自身努力、对美同盟、国际及地区合作等主轴展开，在安全领域的"普通国家化"及"国防正常化"上取得了长足进展，使日本朝着摆脱第二次世界大战后的传统安全路线进而成为"正常军事大国"迈出了巨幅步伐；这10年间的"成就"，比起第二次世界大战后到20世纪末50多年里的总和还要巨大。这一局面形成的背后有以下三因素。

第一，关于提升"自身防卫能力"，推进"国防正常化"。

在这一领域，中国学者对以下两大动向给予了重点关注和分析。一是认为日本实现了防卫法制领域的历史性突破，取得了制定"反恐特别措施法""有事法制"诸法、"伊拉克复兴支援法""国民投票法""海洋基本法""太空基本法""海盗对策法"等成果。特别是2003年到2004年，日本通过"有事法制"相关法案，终于实现了拥有"战时动员法"这一夙愿。中国学者对此抱有强烈关心和担心，撰写的20余篇学术论文几乎都认为，该事态标志着日本防卫政策的重大转变，旨在力图改变国家在军事动员方面受制于和平宪法和专守防卫原则的局面，逐步确立国内战时体制和"先发制人"的指导理念，为成为军事大国扫除障碍。这些动向对于中国安全来说是令人忧虑的。①

---

① 参见赵阶琦《试谈日本国会审议中的"有事法制"》，《和平与发展》2002年第3期；马为民《日本军事安全战略令人忧虑》，《解放军外国语学院学报》2003年第1期；刘昌明《战后日本防卫战略的演变：从法律的角度审视》，《山东大学学报》2003年第3期；杨运忠《日本防卫政策面临重大转折》，《当代亚太》2003年第5期；刘天纯《日本军事大国法制化》，《中国社会科学院研究生院学报》2003年第3期；张进山《浅析日本"有事法制"的背景及意图》，《日本学刊》2003年第4期；高洪《日本有事立法中的政治力学管窥》，《日本学刊》2003年第4期；吴心伯《日本与东北亚战区导弹防御》，《国际问题研究》2003年第5期；李章源《日本"有事法制"制度的战略背景及其重点》，《国际论坛》2003年第5期；袁杨《日本军事转型与中日军事关系》，《现代国际关系》2003年第10期；张森林《日本"有事法制"议案和新版〈防卫白皮书〉评析》，《日本学论坛》2003年第4期；王希亮《评日本"有事法制"的出台及其实质》，《世界经济与政治》2004年第1期；胡荣忠《日本军事大国化的新动向》，《日本学刊》2004年第5期。

二是对日本防卫体制整合和力量建设显示了很大的兴趣。首先是认识到日本在着手整合体制与编制，建立高效、集中的指挥与情报体系，提高自卫队联合作战能力。这起因于2006年日本设立了直属于防卫厅长官的情报本部和联合参谋本部，2007年将防卫厅升格为防卫省，同时对陆海空各自卫队的编制和体系结构进行大规模整改。其次是判断日本正开始建设"多功能、灵活而高效"的防卫力量。根据是日本通过两次"中期防卫力量整备计划"正努力提高远程攻防和投放、反潜及信息战能力，建立独立的情报侦察体系，与美国一道构筑导弹防御系统等。所以，中国学者判断认为日本在防卫力量建设上取得了"远程化、大型化、尖端化"的长足进步，这是日本军事大国化的重要体现，对东亚安全形势造成了消极影响和不安因素，值得高度关注。不过，中国学者虽然对以上日本两大领域的动向表示了高度的关注，但因这些领域学术性不强而技术性强、媒体效应性强，所以其跟踪分析主要不是由学术研究来体现的，而主要是由媒体完成的，成果形式也多是新闻报道和媒体评论。[1] 学术界所做的是从新"防卫大纲"为切入点，对政策变化和力量建设做出学理上的分析。[2]

第二，关于进一步强化新世纪全球日美同盟。

进入21世纪后，在强化日美同盟方面，日本推动了派遣自卫队配合美国反恐、驻日美军整编、日美导弹防御合作乃至日美同盟围绕"世界中的日美同盟"的"再再定义"进程。中国研究界在分析这些动向的基础上，认为这标志着20世纪90年代中期以来推动的日美同盟强化进程进入了新的"双向"发展阶段，意味着日美军事同盟正式踏上全球化路线，其适用范围从此前的远东、亚太扩张到了全世界，日美将联手干预国际军事安全事务，日本希望借此发挥更大的国际和地区军事安全作用。

---

[1] 如下媒体都有相关报道：《人民日报》《新华每日电讯》《环球时报》《光明日报》《解放军报》《中国国防报》《瞭望周刊》《当代世界》《世界知识》《现代军事》《中国民兵》《中国新闻周刊》《国际展望》《环球军事》《兵器知识》《舰船知识》《国防科技》《中国航天》《舰载武器》《当代海军》等。

[2] 参见江新凤《日本安全战略面临全面调整——评安保与防卫力量恳谈会报道》，《日本学刊》2004年第6期；胡继平《从新防卫大纲看日本安全战略的调整方向》，《现代国际关系》2005年第1期；王宏伟《新防卫大纲对日本军事工业发展的影响》，《国防科技工业》2005年第2期。

再联系2005年日美在其"2+2"会议中染指中国台湾这一中国核心利益,中国学者对在日美两国新保守主义势力主导下的同盟强化动向表示了高度的关注,例如认为"它是日美安全体制自1996年发生部分质变后的又一次质变,它从当时失去明确战略目标的'同盟漂流'走向了'同盟重塑'及'同盟定型'",标志着两国关系已经进入"定型、定调、定向的新阶段"①。

第三,关于以"外向干预"战略介入国际安全事务。

日本自20世纪90年代就已提出地区安全战略,但取得实质突破则是在进入21世纪之后。地区安全合作方面,日本参与了东北亚六方会谈和对东盟安全合作,以及构筑日美澳印亚太安全网络。同时,以反恐和为美军提供后勤支援为理由,日本还制定了《反恐特别措施法》《支援伊拉克复兴特别措施法》;2007年修改《自卫队法》后,又将自卫队的"维持国际和平活动"由"附属任务"上升为"本职任务"。日本在放宽武器使用标准的同时,将自卫队派到了印度洋、战时的伊拉克以及非洲索马里海域。

中国学者对这些动向进行了梳理和分析,认为日本介入地区和国际安全事务是为了达到如下目的:(1)减少与他国之间发生冲突的几率,消除地区不安或威胁因素;(2)利用多边机制牵制和抑制某些大国的扩张行为;(3)在日美安保之外增加一种安全选择,增加战略回旋空间和地区影响力;(4)不管怎样,日本在推动上述地区多边安全及日美澳印安全合作的过程中,或多或少都暗含考虑"中国因素"、对中国实施牵制

---

① 参见陆忠伟《把脉世界》,中央编译出版社2009年版,第377页;张春燕《美日安全关系的变化及走势》,《现代国际关系》2002年第9期;徐万胜《日美同盟与日本的军事大国化倾向》,《当代亚太》2004年第4期;王传剑《美日同盟与冷战后日本的朝鲜半岛政策》,《当代亚太》2005年第9期;朱凤岚《论冷战后日美同盟关系的调整》,《国际论坛》2005年第5期;刘江永《日美同盟转型及其对中国的影响》,《国际观察》2006年第1期;吴怀中《日美"再编"协商与日本安全战略调整》,《日本学刊》2006年第4期;曹筱阳《日美同盟面向21世纪的调整》,《当代亚太》2006年第9期;黄大慧《从"纸上的同盟"到"行动的同盟"》,《教学与研究》2006年第5期;邵启哲等《解读日美同盟的新趋势及日本的战略意图》,《亚非纵横》2007年第2期;徐万胜《日美同盟与冷战后日本的军备扩张》,《国际政治研究》2007年第4期。

和围堵中国的意图。①

（二）对民主党安全政策取向的关注

民主党上台执政日浅，再加上政局动荡，其经过与现实磨合后的安全政策面目究竟如何，中国学界还处于观察和研判阶段。目前，还较少看到这方面的专门论文，但有关单位已召开过多次讨论日本政局的研讨会。透过一些分析民主党政治和外交政策的文论，大致可知中国学者对民主党安全政策的看法主要集中在以下两点。

第一，在民主党上台初期（鸠山内阁），国内学者主要是探测和观察其政策取向，并带有某种谨慎乐观的倾向，认为民主党的安全政策比自民党总体要缓和一些，有着如下指向：放缓日本自身防卫能力建设或军事大国化的步伐，特别是在修宪或"入常"等突破软件方面；谋求对美同盟关系相对平等的要求显著抬头但不会演变成"脱美"，趋势应该是走向亲美入亚或平衡中美；对国际和地区安全合作政策有所调整，表现为主张以非军事手段、在联合国框架内发挥国际安全与维和作用，同时推动泛地区安全合作；初步显现改善对华安全关系的意愿。

第二，针对菅直人内阁下的安全政策调整和新《防卫计划大纲》出台，较多的学者分析认为，由于内外种种原因，民主党政权在安保路线上一走老路、二有突破，民主党（或日本政府）正在回到此前自民党政权的"保守右倾"型老路上去，因为它既无法摆脱美国的安保束缚，也无法在短时间内解决同中国的安全困境和结构矛盾，更遑论它在实力和地位都下

---

① 参见孙承《日本的地区合作思想与实践》，《日本学刊》2004年第2期；王海滨《从日澳"安保关系"透析日本安全战略新动向》，《日本学刊》2008年第2期；梁栋《战后日本军备发展过程中的朝鲜因素》，《日本问题研究》2005年第2期；魏兰桂等《析"9·11"事件后日本防卫战略的调整与东北亚安全及其对中日关系的影响》，《山东教育学院学报》2005年第6期；孙健《日本防务政策调整及其对东亚安全与合作的影响》，《南京政治学院学报》2006年第3期；段廷志《冷战后日本防卫战略：基本取向及其对西太平洋和中国海上安全的影响》，《世界经济与政治论坛》2006年第3期；唐羽中《从〈日本的安全政策与东盟地区论坛〉看多边主义的困境》，《当代亚太》2008年第1期；高峻《冷战期间日本自卫队海外派遣的起源与演变》，《国际政治研究》2008年第1期；耿丽华《日本防卫政策及其对东亚的影响》，《日本研究》2008年第4期；孙叶青《论欧盟与日本的安全合作》，《兰州学刊》2009年第3期。

沉的情况下需要加速实现政治大国目标。因而，对民主党政权下乃至对后冷战时代以来日本的安全政策乃至对华方针的变化规律，中国仍需要进行审慎的观察、分析和研判。①

二　横向：学术和学理的特点

这个时期学科的一个特点，是一部分学者脱离围绕热点和焦点问题进行"即事研究"的传统套路，开始积极开展基础性、理论性和全局性的研究工作。这说明，在研究队伍壮大、前期研究积累的基础上，为适应新形势的需要，学科建设已经进入了一个向更深更广层次发展的高级阶段，初步形成了"全方位研究"的格局。在这个阶段，如下三类研究动态具有一定的代表性。

（一）基础性专题研究深入发展

首先，对事关日本安全防卫的"物质基础"领域的研究得到进一步细化。这种研究关心从20世纪80年代以来就一直存在，90年代此种关注进一步增长，21世纪后由于资料、信息和媒体的发达，对日本发展先进装备和军工的关注进一步增强，也有相关文章出现。② 其次，是从《防卫大纲》《防卫白皮书》和各种咨询报告等官方文件的解读入手，以文本主义手法对日本安全政策演变的历史和轨迹进行分析。同时，对核武装、武器出口、专守防卫原则、集体自卫权、海外派兵、导弹防御等事关日本安全防卫的重大问题进行分析，以找出关于日本安全战略的现状和走向（是否迈向军事大国、对地

---

① 参见高洪《略论鸠山联合政府及其对华政策》，《日本研究》2009年第3期；刘江永《民主党执政后的日本政治与外交》，《国际观察》2009年第3期；刘江永《大选后的日本政治与外交》，《当代世界》2009年第10期；杨伯江《民主党新政与日本之变》，《外交评论》2009年第5期；周永生等《日本鸠山内阁的外交政策》，《现代国际关系》2010年第1期；孙承《鸠山内阁外交的基本特征》，《日本学刊》2010年第2期；吴怀中《日本对华安全政策的理论分析》，《日本学刊》2010年第2期。

② 参见张洲军《日本军事工业及其对战争支援潜力初探》，《东北亚论坛》2000年第1期；郭晨等《日本军事工业发展模式浅析》，《军事经济研究》2006年第2期；范肇臻《日本国防工业金融支持模式透视》，《东北亚论坛》2009年第3期。

区及国际格局的影响）的可靠结论。①

（二）理论性和全局性研究进展迅速

第一，理论性研究成果上有一批理论性较强的文章面世。从安全观和军事思想乃至战略文化这类涉及安全战略深层次的问题出发，对日本安全防卫进行的研究具有时效性。如刘江永、刘世龙和朱锋等学者的成果，较之20世纪90年代后期呈现的理论性论文，融合了21世初期发生的新形势，显得视野更广，视距更长，立意更高。②

第二，全局性研究成果出现两个特点。第一，成果时间上的跨度拉大，视线加长，具有纵向的历史长度，从第二次世界大战结束后一直研究到2010年。③

---

① 参见金熙德《日本从"专守防卫"走向"海外派兵"》，《江南论坛》2002年第4期；吴怀中《日本集体自卫权问题的演变和影响》，《日本学刊》2007年第5期；吴怀中《从防卫白皮书看日本对华安全政策》，《东北亚论坛》2009年第1期；吴怀中《从〈防卫白皮书〉看日本防卫政策》，《日本学刊》2008年第5期；徐万胜《论"集体自卫权"与日本的安全保障》，《国际论坛》2004年第5期；李秀石《行使"集团自卫权"与日本防卫转向》，《现代国际关系》2003年第6期；贾丹《2007年版〈防卫白皮书〉浅析》，《太平洋学报》2008年第1期；崔志楠《日本谋求"集体自卫权"的动向、动因即影响》，《和平与发展》2009年第4期；黄大慧《论日本的无核化政策》，《国际政治研究》2006年第1期；吴寄南《日本"新国防族"的崛起及其影响》，《日本学刊》2003年第5期；孙辉、林晓光《日本政界的新"国防族"》，《和平与发展》2007年第3期。

② 参见吕川《日本传统文化与军事观念》，《日本学刊》2004年第5期；李建民《冷战结束后日本军事战略调整的路径分析》，《国际论坛》2005年第3期；吕川《冷战后日本军事战略思维的基本规律探析》，《日本学刊》2006年第3期；仲秋、张玉国《战后日本安全观的延续与发展》，《日本学论坛》2008年第4期；刘强《论日本国家安全战略调整——基于日本战略文化和战略意愿的视角》，《国际观察》2009年第5期。另外还可参见如下著作中的相关论文：丛鹏主编《大国安全观比较》（时事出版社2004年版）、朱宁《胜算——中日地缘战略与东亚重组》（浙江人民出版社2007年版）、朱锋《国际关系理论与东亚安全》（中国人民大学出版社2007年版）。

③ 参见金熙德《日本安全战略面临十字路口》，《日本学刊》2002年第2期；汪晓凤等《日本战后防卫政策的演变及走势》，《现代国际关系》2002年第3期；杨运忠《日本加速向军事大国迈进》，《当代亚太》2002年第3期；贾丹《21世纪日本防卫和安全战略调整走向》，《国际问题研究》2003年第2期；姚文礼《21世纪初期日本安全战略调整刍议》，《日本学刊》2003年第6期；吴怀中《新世纪日本安全政策的调整》，《亚非纵横》2007年第5期；李飞《日本防卫战略发展动向浅析》，《吉林师范大学学报》2008年第1期；江新凤、尤文虎《近年日本军事转型探析》，《日本学刊》2009年第1期。另外可参见以下著作中的相关论述：黄大慧《日本大国化趋势与中日关系》（社会科学文献出版社2008年版）、李建民《冷战后日本的"普通国家化"与中日关系的发展》（中国社会科学出版社2005年版）、包霞琴等编《变革中的日本政治与外交》（时事出版社2004年版）、金熙德《21世纪初的日本政治与外交》（世界知识出版社2006年版）、刘江永《中国与日本：变化中的"政冷经热"关系》（人民出版社2007年版）等。

第二，成果不仅是从中国或中日双边角度研究日本安全，而且从美日联盟中的美方角度，从中美日或中美日俄大国关系角度，从更宽广的亚太·东亚·东北亚·东南亚等地区角度，来研究日本安全问题的论文（基本都是专著中的部分章节）开始出现。这些论文具有横向的、大视角下的多边角度和空间宽度，更加清晰地揭示了新世纪复杂多元的日本安全战略和安全关系。①

（三）专著放量问世，整体水准提升

第一，有一些系统地论述（此前一般都是有关著述的章节）日本安全防卫问题的专著出现，如肖伟《战后日本国家安全战略》（新华出版社2000年版）、王少普和吴寄南《战后日本防卫研究》（上海人民出版社2003年版）、孙成岗《冷战后日本国家安全战略》（解放军出版社2005年版）、姚文礼《日本安全政策研究》（世界领袖出版社2004年版）是首批综合研究现当代日本安全防卫的专著，刘艳《冷战后的日美同盟解读——兼论其对中日关系的影响》（中国政法大学出版社2008年版）、尚书《美日同盟关系走向》（时事出版社2009年版）、徐万胜等《冷战后的日美同盟与中国周边安全》（社会科学文献出版社2009年版）等则是从日美同盟这一政策基轴角度来研究日本安全防卫。这些成果的出现，使得日本安全研究的层级进一步厚实、台基进一步牢固、学科体系进一步成型。

第二，还有一些成果是作为专著的有机部分，以独立章节的形式出现。这类成果较多，例如在中国社科院日本研究所编辑出版的年度《日

---

① 含有这些论文的著作有：张蕴岭编《伙伴还是对手——调整中的中美日俄》（社会科学文献出版社2001年版），刘建飞、林晓光《21世纪初期的中美日战略关系》（中共中央党校出版社2002年版），黄光耀《解读美日——战后美日关系发展研究》（吉林人民出版社2003年版），刘世龙《美日关系（1791—2001）》（社会科学文献出版社2004年版），孙承编《日本与东亚：一个变化的时代》（世界知识出版社2005年版），沈海涛等《日本国家战略与东北亚外交》（吉林人民出版社2006年版），乔林生《日本对外政策与东盟》（人民出版社2006年版），中国现代国关院编《亚太战略场——世界主要力量的发展与角逐》（时事出版社2002年版）以及《东北亚地区安全政策与安全合作构想》（时事出版社2006年版），阎学通等主编《东亚和平与安全》（时事出版社2006年版），吴心伯《太平洋上不太平——后冷战时代的美国亚太安全战略》（复旦大学出版社2006年版），王伟民《联盟理论与美国的联盟战略》（世界知识出版社2007年版）。

本发展报告》、中国现代国际关系研究院编《国际战略与安全形势评估》各年版中的章节都有反映。而且,不限于以往在日本研究书籍中,在国际政治、世界军事研究类著述中也有部分出现①。可以说,此类成果的出现进一步丰富、深化和扩展了学科构建的基础和内容。

第四节 加速前行与提质升级阶段——2011—2020年

经过21世纪前十年的发展,借助中国综合实力的不断提升以及"百年未有之大变局"下世界权力格局加速转移等多重因素刺激,再加上中日间的学术、科研交流日益密切、科研人员的素质提升,以及安倍长期执政下日本安全防卫政策所发生的重大变化和调整,日本安全防卫研究日益成为国际关系研究领域的热点,主要表现为:整体研究质量得到较大提升,研究领域日益多元,以及学科体系日益完整,具备作为一门独立学科的基本条件。总结这10年间的日本安全防卫研究史,我们依然从纵向和横向两个维度来进行。

一 纵向:研究方向及议题的特点
(一)对民主党安全防卫政策的关注

经过一年多的"政权试用期"后,日本民主党的安全防卫政策轮廓日益显现。民主党执政期间发生的东海"撞船"及"钓鱼岛国有化"事件使得国内学界比较关注民主党的安全防卫政策及其对中日关系的影响。通过一些分析民主党外交及安全防卫政策的文章,大致可知国内学界对于日本民主党安全政策的看法主要集中在如下两点。

第一,民主党政权经过一年多的"政权试用期"后,国内学者对民主党安全防卫政策已经从起初的谨慎乐观转向悲观,认为外交挫败及地区安全环境的变化使得民主党从"拼外交"转向"拼安保",并认为其安全防

---

① 同157页注2和158页注1的部分成果。

卫能力较自民党时期更具进取性、更为积极外向①，在对华政策方面也表现得较为强硬。同时，也有不少学者将关注的重点集中在日本民主党政权与中日关系、日本民主党政权的东海政策上面。②

第二，民主党执政初期一系列谋求对等的日美同盟关系的行动受到国内学者的关注，多数学者分析认为：日本民主党政府上台后，日美在一系列双边及多边问题上暴露出明显的分歧与斗争；日美同盟在鸠山执政时期面临信任危机，菅直人及野田佳彦上台后在日美关系的修复和改善方面取得显著进展；野田佳彦上台后执行彻底的现实主义之路，进一步向重视日美同盟方向发展。③

尽管民主党执政时间短暂且政局动荡，但不可否认的是民主党执政期间发生的钓鱼岛"撞船"事件及"国有化钓鱼岛"事件对中日关系的发展产生了较为严重的冲击，这也使得国内学界较为关注民主党政府的对华政策及中日关系，而专门分析民主党政府的安全防卫政策的论文相对比较少。

（二）对"安倍国防学"的关注

2012年12月，安倍晋三再次担任日本首相，在众议院胜选后举行的新闻发布会上，安倍明确表示国家安全改革将成为他和自民党—公明党执政联盟掌权后的首要任务。在此后的长期执政中，安倍一直在着力巩固和加速安全防卫改革，积极谋求全方位、多层次、宽领域地加速推进日本军事崛起，即实现"国防正常化"和"军事大国化"。

---

① 参见杨伯江《日本民主党安全战略走向分析》，《日本学刊》2011年第2期；高科《是战略继承还是策略调整？——日本民主党政府东北亚安全政策述评》，《东北亚论坛》2013年第1期；吴怀中《新防卫计划大纲与日本安全政策走向》，《日本学刊》2011年第1期；胡高辰《从日本防卫大纲转变看日本的大国战略》，《东北亚学刊》2012年第2期。

② 参见蔡亮《日本东海政策调整对中日关系的影响——兼论日本民主党政府对东海政策的"掌控"》，《太平洋学报》2012年第10期；翟新《日本民主党政权"国有化"钓鱼岛的动因》，《国际问题研究》2012年第5期。

③ 参见黄大慧《从"对等"到"协调"：日本民主党政府对美外交走向探析》，《教学与研究》2012年第3期；徐万胜《日本民主党政权的同盟战略与中日关系》，《和平与发展》2012年第2期；晋林波《民主党政权下的美日关系》，《国际问题研究》2012年第5期；袁冲《日本民主党政权下日美同盟调整的背景及动向》，《亚非纵横》2012年第5期；廉德瑰《日本防卫政策的调整及其评价》，《日本问题研究》2011年第4期；陈航辉、苗文博、杨阳《解读日本新版防卫计划大纲》，《东北亚论坛》2011年第3期。

中国学术界在这个时期主要关心两个议题：(1)"安倍国防学"的改革进程，主要包括安保法制、军备体系等方面；(2)"安倍国防学"视野下的日美同盟关系的发展。对上述两议题的关注，综合起来就是国内学界对于日本"军事大国化"对中国安全及中日关系走向的观察和分析。尽管这种关注在21世纪前10年已经存在，但在安倍长期政权的加持下，安倍国防学产生的影响被放大。

对此，国内学界认为第二次世界大战结束以来的日本安全政策改革中，"安倍国防学"是最激进、最重要的，安倍谋求日本军事崛起的"强军梦"具有全面、深入、持续、目标明确、意识自主的特点，既有战略设计，也有细则运筹。安倍内阁推动"国防正常化"、谋求军事崛起的"雄心"和步伐，可以说远超历届内阁，日本的"正常大国"化和军事崛起，确实由此得到了很大突破和发展，待其任期完毕，日本或将成为一个与之前大不相同的准军事大国。但描述2012年以来日本安全态势的轨迹特征，最好的概括话语应该不是从"和平主义"转向"军国主义"，而是从一种比较低调被动的"孤立主义"回落到了带有明显权力志向的"现实主义"，"安倍国防学"依然受到诸多制约和限制，并未根本性损害日本安全政策核心支柱编织的安全网[①]。

第一，关于"安倍国防学"的改革进程。

在"安倍国防学"的改革进程中，国内学术界比较关注以下议题：一是日本安保法制改革，尤其是强调新安保法的制定为日本解禁集体自卫权提供了法律基础。2015年日本众参两院表决通过了新安保法案，此次通过的新安保法案由两部分构成，一为《国际和平支援法案》，二为《和平安全法制整备法案》。中国学术界对于日本新安保法的制定给予了较大的关注，多数认为新安保法的制定为日本政府在安保领域采取更加外向性和扩张性的政策提供了可靠的法律基础，在事实上架空了和平宪

[①] 参见吴怀中《当代日本安全政策：激进修正还是渐进转变》，《日本学刊》2018年第5期。相关观点可参考：卢昊《战后日本安全政策："军事正常化"的发展》，《日本学刊》2015年第6期；金永明《日本积极和平主义政策研究》，《国际观察》2015年第1期；周永生《析安倍内阁日本国家安全保障战略转型》，《国际关系研究》2014年第6期。

法的约束。① 二是关注日本国家安保政策及决策体制改革,重点关注日本国家安全保障战略、国家安全保障会议、新的防卫计划大纲以及修改"武器出口三原则"等具体安保政策及体制的内容以及产生的影响。多数学者认为日本在安保政策及安保体制等领域的改革将有助于日本实现"政治大国"的战略目标,应对"中国威胁"是推动改革的重要依据。② 三是关注军事防卫部署及军队编制。多数学者认为日本的军事防卫部署呈现出加强"西南防御"的倾向。③

第二,"安倍国防学"视野下的日美同盟关系的发展。

---

① 参见方珂《日本出台新安保法案的战略考量及走向分析》,《中国国际战略评论2017》,世界知识出版社2017年版;王鹏《"新安保法案"过关改变日本防务战略走向》,《中国青年报》2015年9月25日;翟新、王琪《日本新安保法对日美同盟的双重影响》,《国际问题研究》2016年第2期;栗硕《日本安保法制改革与日美同盟的嬗变》,《和平与发展》2018年第3期;安成日、蒋利龙《日本"新安保法案"及其对中日关系的影响》,《国际观察》2016年第3期;陈巍《日本新安保法析论》,《日本侵华史研究》2017年第2期;梁云祥《日本新安保法与中日安全关系——兼论特朗普新政府对安保法实施的影响》,《日本学刊》2017年第2期;吕耀东《日本新安保法的生效及其影响》,《和平与发展》2016年第3期;熊达云《日本构建新安保法制的经纬及其内容评析(上)》,《东北亚学刊》2016年第1期、第2期;时永明《从地区秩序构建看日本的新安保法案》,《和平与发展》2015年第6期;周永生《日本"新安保法案"的问题》,《当代世界》2015年第12期;孟晓旭、王珊《新安保法案与日本安全战略困境》,《现代国际关系》2015年第8期。此外,该议题也引发了国内《人民日报》《学习时报》《解放军报》《中国社会科学报》《经济观察报》《工人日报》等媒体的关注和讨论。

② 参见徐万胜、姬世伦《日本新版防卫计划大纲评析》,《和平与发展》2019年第1期;叶秋玲、王玉琨《日本发布新版防卫计划大纲寓意为何?》,《军事文摘》2019年第3期;江新凤《日本的军事转型及其对中国安全环境的影响》,《日本学刊》2013年第3期;李志鹏、张若龙《日本国家安全保障会议探析》,《江南社会学院学报》2015年第2期;刘华《日本"国家安全保障会议"研究》,《中国国际战略评论2014年》,世界知识出版社2014年版;包霞琴、吴文龙《日本防卫计划大纲的新变化与中日关系》,《复旦国际关系评论第11辑》,上海人民出版社2012年版;张景全《日本放宽武器出口禁令及其对日美同盟的影响》,《日本学刊》2014年第6期;游博《日本国家安全保障战略的调整与中国的应对之策》,《江汉论坛》2016年第12期;李梁钰《日本国家安全保障战略产生背景研究》,《法制博览》2015年第19期;慕小明《新防卫计划大纲与日本安全政策走向》,《兵器知识》2019年第3期;王宇翔《日本武器出口政策的演变及前景》,《国际研究参考》2015年第3期。

③ 参见屈彩云《日本防卫战略的西南取向》,《太平洋学报》2012年第10期;徐万胜、栗硕《论日本"西南防御"与中日关系》,《东北亚论坛》2012年第6期;译墨《西南防卫十年,日本军事安全战略再转型》,《世界知识》2020年第21期;黄英《日本计划加强西南岛屿防卫》,《太空探索》2015年第6期;刘世刚、袁杨《日本强化西南防卫的措施和意图》,《学习时报》2012年12月31日。

安倍任期内持续强化日美同盟关系，2015年日美时隔18年修订《日美防卫合作指针》，推动日美关系对等化、全球化及现代化关系的进一步发展。特朗普担任美国总统后，让日本承担更多同盟义务将助推日本在同盟关系中的主体性日益增强。中国学界在关注到日美同盟关系变化的基础上，认为随着美国实力的相对下降以及国际权力转移的持续推进，日美同盟内部的结构性变化在所难免，不过日美对于强化同盟的目的和侧重点存在差异，但应对中国崛起是日美同盟基本的战略目标。此外，中国学界关注到日美同盟强化对于中日关系以及周边安全环境的影响。部分学者指出："日美同盟得到进一步巩固和升级，不可避免会给中国周边安全带来负面影响，日本自主性的扩张将使得日本在钓鱼岛争端中更具进攻性，也更有意愿介入南海争端等地区事务"。①

（三）对日本印太安全战略的关注

日本的"印太构想"是安倍鉴于当前的国际形势及地缘政治所提出的复合型、综合性的外交安保政策构想，其既包含有安全防卫政策，也包含区域经贸合作及地区秩序架构。由于安倍是"印太构想"的主要倡议者，且日本的"印太构想"以牵制中国、与中国争夺地区影响力为主要目标，因此中国学术界对于日本的"印太构想"给予了过多的关注。中国研究界关注日本"印太构想"的缘起、发展以及在地缘竞争实践中的转变等内容，多数学者认为日本结合其国家特点和现实利益提出"印太构想"的目的是构建联盟体

---

① 参见黄大慧、赵罗希《日美强化同盟关系对中国周边安全的影响》，《现代国际关系》2015年第6期；杨鲁慧、牛建《美日同盟演变趋向及对中国周边安全影响》，《理论视野》2016年第9期；张薇薇《美日同盟的新一轮强化：内容、动因及前景》，《美国研究》2015年第4期；韦宗友《"美国优先"对美韩、美日同盟的影响》，《国际问题研究》2019年第6期；吕耀东《日美同盟变局：变现与趋向》，《美国问题研究》2020年第1期；凌胜利《特朗普治下的美日同盟关系及其未来走向》，《和平与发展》2018年第4期；刘星《试论日美同盟的新进展与新挑战——日本防务政策的视角》，《现代国际关系》2019年第4期；焦世新《特朗普的同盟理念与美日常设同盟协调机制》，《美国问题研究》2017年第2期；孙斌《试析日美同盟联合作战能力的构建》，《国防科技》2016年第3期；初晓波《特朗普政权下的日美关系与"后安倍时代"日本对外战略走向》，《日本学刊》2020年第5期；许刚雁《试析日本在日美防卫合作体制中的地位和变化》，《延边大学学报（社会科学版）》2017年第6期；李庆四、王大千《特朗普政府美日同盟关系探析》，《东北亚学刊》2020年第1期；吕耀东《特朗普执政后美日同盟发展动向及对华影响》，《当代世界》2017年第8期；袁征《美日同盟与中日关系》，《和平与发展》2018年第3期；杨扬《美日同盟持续性发展的动因》，《世界经济与政治论坛》2016年第4期。

系，维持日美主导的地区政治和安全秩序，并对中国进行牵制，同时也是日本谋求"政治大国"战略目标的具体体现。部分学者认为日本的"印太构想"是基于自由、民主价值观的"价值观外交"的升级版，其通过联合印度、澳大利亚等国，试图以构建"日美+X"的小多边模式来应对全球权力转移及地区秩序变迁带来的不安全感。① 也有学者认为日本力推在"印太构想"框架下打造日美澳印四国安全合作机制，并以海上安全为切入点，打造"海上民主国家"联盟，以实现制衡及围堵中国的战略目的。②

二　横向：学术研究的多元化

这个时期学科的特点是逐渐摆脱对时事热点进行追踪的"就事论事"

---

① 参见吴怀中《安倍政府印太战略及中国的应对》，《现代国际关系》2018年第1期；葛建华《试析日本的"印太战略"》，《日本学刊》2018年第1期；张耀之《日本的印太战略理念与政策实践》，《日本问题研究》2018年第2期；宋德星、黄钊《日本印太战略的生成机理及其战略效能探析》，《世界经济与政治》2019年第11期；马千里《日本印太战略下的对台政策》，《世界经济与政治论坛》2019年第6期；孟晓旭《日本印太构想及其秩序构建》，《日本学刊》2019年第6期；杨震、丁伊、蔡亮《印太战略框架下的美日海权合作》，《国际关系研究》2020年第6期；包善良《印太背景下的印日合作》，《国际论坛》2020年第2期；朱清秀《日本的印太战略能否成功》，《东北亚论坛》2016年第3期。

② 参见杨伯江、刘华《日本强化介入南海：战略动机、政策路径与制约因素》，《太平洋学报》2016年第7期；沈海涛、刘玉丽《日本在南海问题上的对华政策新调整》，《东北亚论坛》2020年第2期；朱清秀《印太视阈下日本的南海政策》，《日本问题研究》2020年第5期；白如纯《仲裁闹剧后日本南海政策的调整及变化趋势》，《东北亚学刊》2020年第6期；王传剑《日本的南中国海政策：内涵和外延》，《外交评论》2011年第3期；包霞琴、黄贝《日本南海政策中的"对冲战略"及其评估——以安倍内阁的对华政策为视角》，《日本学刊》2017年第3期；张薇薇《中日关系中南海问题升温及其影响》，《东北亚学刊》2017年第3期；葛红亮《日本的南海政策及其与东盟在南海问题上的互动关系分析》，《南海学刊》2016年第1期；杨光海《日本南海政策的历史演变及其启示》，《亚太安全与海洋研究》2015年第6期；朱清秀《深度介入南海争端：日本准备走多远》，《亚太安全与海洋研究》2015年第4期；李聆群《日本的南海政策及其发展演变》，《和平与发展》2015年第1期；韦宗友《美日印澳四国合作机制新动向及其影响》，《当代世界》2020年第12期；于海龙《安倍内阁打造"日美澳印"四国联盟：构想与实践》，《印度洋经济体研究》2020年第1期；陈庆鸿《美日印澳四边安全对华进展及前景》，《现代国际关系》2020年第6期；蔡亮《日本东海政策调整对中日关系的影响——兼论日本民主党政府对东海政策的"掌控"》，《太平洋学报》2012年第10期；刘霖《论日本的东海政策及其对中国的影响——基于美国亚太再平衡战略的视角》，《日本研究》2015年第4期。

阶段，开始拓宽研究视野，引荐国外知名的关于日本安全防卫研究的新观点、新理论及新成果，部分学者积极开展基础性、理论性的研究工作。这说明，在前期积累的基础上，为了适应学科发展的新形势，部分科研人员向更深、更广的研究领域拓展，同时也表明研究队伍正在壮大，不同学科背景的研究人员加入日本防卫安全领域的研究，对于提升该学科的综合性、全局性及代表性具有重要的意义。

（一）研究领域得到拓展

随着时代的发展，"安全"的内涵不断拓展，安全的概念已经从原先强调军事防卫的"小安全"向强调综合性、全面性的"大安全"的方向发展，原有的安全已经不能囊括现有的安全内涵。尤其在世界进入大国竞争时代的背景下，在坚持以军事防卫安全为主轴的基础上，学科的学术边界需要得到拓展，需要引入不同学科的知识及学术体系来不断充实和完善安全学科的内涵。目前，部分学者比较关注日本的经济安全、网络安全、太空安全以及粮食安全等新的安全领域。首先，在中美贸易竞争不断升级的背景下，学者比较关注日美经贸摩擦的缘起及其发展。部分学者认为日本对于经济安全关注来源于第四次中东战争时期，石油禁运对日本经济发展造成的负面冲击，新冠肺炎疫情的冲击，让经济安全及公共卫生安全的重要性再次得到重视。① 其次，网络及太空日益成为大国竞争的"高边疆"，部分学者关注日本在太空及网络等领域的安保政策，认为太空及网络领域可以实现日美同盟的战略对接。② 最后，在全球气候变化的影响下，粮食安全问题成为世界各国关注的焦点，日本在粮食安全领域的相关政策受到国内部分学者的关注。部分学者认为中国应借鉴日本经验，建立健全粮食补贴政策的法律法规体系，推动

---

① 参见孙文竹《当前日本经济安全政策剖析》，《和平与发展》2020 年第 4 期；高洪《日本的新冠疫情应对及其对中日关系的影响》，《日本学刊》2020 年第 2 期。

② 参见李秀石《论日本太空战略与日美拓展同盟对接》，《日本学刊》2016 年第 5 期；江天骄《美日网络安全合作机制析论》，《国际展望》2020 年第 6 期；江天骄《美日深化在太空安全领域合作探析》，《美国研究》2016 年第 2 期；张景全、程鹏翔《美日同盟新空域：网络及太空合作》，《东北亚论坛》2015 年第 1 期；朱清秀《日本的高边疆安保战略：战略动机、发展路径及制约因素》，《日本学刊》2020 年第 5 期；王舒毅《日本网络安全战略：发展、特点及借鉴》，《中国行政管理》2015 年第 1 期。

绿色农业发展等。①

（二）引荐国外关于日本安全政策的理论及观点

日本安全防卫学科的建立离不开参考和借鉴国外有关该学科的研究，随着研究队伍的扩大，具备英日双语能力的研究人员也越来越多，部分研究人员积极吸收和引荐国外关于日本防卫安全政策方面的理论和研究成果，这对于充实学科内容、完善学科建设具有重要的意义。部分学者认为透过美国学者对日本安全政策的研究，不仅可以使我们了解美国在日本安全战略转型问题上的总体认知，也有助于对美国亚太联盟体系转型的发展趋势做出准确的把握。②

（三）综合性、全局性的研究发展迅速

在前期大量研究的基础上，在这个时期开始涌现出全局性、综合性的关于日本安全政策的研究成果。部分学者追溯到战后乃至明治时期日本安全政策的缘起，利用长周期的视角来审视战后日本防卫安全政策演变及发展。同时，部分研究成果的研究对象已经跳出中日及中美日，开始向日美印澳、日印澳、日欧及日英等更广的亚太、印太、欧亚等区域扩散。这些研究利用大广角将更多的地区、国家纳入日本安全政策的视域里，能够更加清晰地分析安倍长期执政下对日本防卫安全政策的变革及其

---

① 参见安琪、朱晶、林大燕《日本零食安全政策的历史演变及其启示》，《世界农业》2017年第2期；周建高《论日本粮食安全保障政策》，《日本学刊》2016年第6期；郭芸芸《借鉴国际经验 保障粮食安全——日本粮食政策问题对我国粮食安全的警示》，《未来与发展》2016年第11期；吴章勋《政策演变视角下日本农业保护的历史演进和动因》，《世界农业》2016年第2期；卢永妮《日本保障粮食安全的政策措施及对中国的启示》，《中国农村研究》2015年第2期；何安华、陈洁《日本保障粮食供给的战略及政策措施》，《现代日本经济》2014年第5期；王凤阳《21世纪日本粮食安全政策的调整与趋向研究》，《日本研究》2014年第3期。

② 参见吴怀中《美国学界对日本安全政策的理论研究——兼论沃尔兹的新现实主义预言是否终将实现？》，《日本学刊》2019年第4期；陆伟、李雨娟《美国学者对日本安全政策变化的研究》，《日本学刊》2019年第4期；张晓磊《冷战后美国学界的日本安全战略评析——兼论日本安全战略的走向及对中日安全关系的影响》，《日本学刊》2019年第4期；李格琴《关于日本安全政策变化的再认知——冷战后美国学界对日研究的厘析》，《太平洋学报》2014年第10期。

产生的世界性影响。①

第五节　日本安全防卫研究存在的问题及前景

以上是我国学术界40年来对日本安全问题研究的足迹和成果。可以看到，这些成果不论在数量上还是在质量上，都取得了很大的成绩，概括起来主要有三个特点：(1) 学科队伍发生了重要的变化，纵向是老中青三代结合局面，横向是知识结构趋向合理和高阶。同时，研究平台进一步形成，包括资料、学会、杂志和出版条件的改善，为学科发展提供了良好前提。(2) 研究成果涵盖范围广泛而多元。从现有的几百篇论文和十多部著作的内容来看，涉及日本安全防卫研究的主要方面，基本没有留下重大的领域空白。(3) 研究成果具备一定深度，理论性、思辨性和系统性开始加强，方法论开始进步，符合学术规范的成果增多。可以认为，这些成就为日本安全防卫研究进入快车道和加速腾飞提供了初步合格的条件。

当然，在概览并肯定这一历史成绩的同时，也可以发现其中存在的不足和应该加以进一步改进的地方。

(1) 研究内容上仍存在较为明显的不足。一是具有体系性、全局性和理论性的厚重研究为数不多，二是扎实精细的基础研究及个案考察所占的比重也不大。既有历史追踪又有现状考察的大部长篇作品很长时期内都是空白，内容（包括选题、材料及观点）大量重复和雷同的现象比较明显（特别是针对热点事件和焦点问题），使用日方大量的第一手材料写成的考察其安全思想、战略、政策、法制、体制和编制、力量和态势、战略前景和走向等的原创和独创性成果仍然显得很少。因而，历来日本安全防卫的

---

① 参见吴怀中《当代日本安全政策——激进修正还是渐进转变》，《日本学刊》2018年第5期；杨鲁慧、张怡潇《冷战后日本防卫政策的演变及调整》，《辽宁大学学报（哲学社会科学版）》2017年第2期；孟晓旭《"印太战略"与"全球英国"战略交汇下的日英安全合作》，《现代国际关系》2020年第3期；胡杰《英日防务与安全合作——路径、动因与影响》，《国际观察》2017年第6期；方珂《战后日本军事现代化历程及展望》，《中央社会主义学院学报》2019年第4期；张洁《美日印澳"四边对话"与亚太地区秩序的重构》，《国际问题研究》2018年第5期；屈彩云《"日美澳印"战略合作：构想、路径及态度分析》，《和平与发展》2015年第6期。

研究成果大部分是在研究日本政治、外交和中日关系的著述中作为篇章的一部分被涉及和组稿的，直到进入21世纪一些日本安全问题研究专著得以出版和问世后，这种状况才得到一定的改观。

（2）研究的方法、手段和路径，仍需要改进、创新和提升。由于特定的历史原因以及国别研究学术环境的局限，"大而全"和"泛而空"的介绍、评述和概论性文章在日本外交安全研究领域占了很大比例，以"问题为导向"、具有科学论证、深度分析和理论创新的成果数量不多。特别是结合中外知识经验建立起理论范式和分析模型、提炼出一般性的内在规律、提供新的关于日本外交安全研究框架的论文数目明显不足。这也是中国学者的相关著述难以产生国际影响的重要原因之一。

（3）在选题和学术站位上存在一些偏颇的取向，需要坚守作为学者的客观理性态度。学界对于与中国有直接关系的日本安全动向和政策调整比较敏感，跟踪也较及时，但对有些看似关系不十分密切的其他领域和部分，乃至全局把握、总体研究和基础整理等工作则深入得并不充分。从中国近代开始，日本军事安全问题历来是国人关心的热点和焦点，特殊的对日感情往往夹杂其中，每有风吹草动，各种文章和评论铺天盖地，有的就是靠二三手材料拼凑起来的。而现代媒体的发达又直接助长了这一现象。如果对日本政治、法制和文化与安全防卫的内在联系（这种联系的程度远远超过其他国家）缺乏深入的研究，那就难以有效地去判别重大而紧要的现实问题。国内各股研究日本的力量缺乏必要的组织和分工，重复跟"风"追"热"，对问题的研究不深不透。所以，中国学者不能跟风走，要以正确的选题意识、专业立场和深入研究提供准确无误的学术成果。

（4）在时代特征以及学科发展方向的把握上，需要与时俱进，紧盯前沿，开拓进取。首先，研究内容需要深化。国际安全议题和议程都发生深刻而复杂的变化，安全内涵不断扩大，从传统安全问题到非传统安全问题，涉及政治、军事、经济、文化等诸多领域，呈现地区合作和全球治理加快的重大趋势。在中日安全关系中，传统安全问题和非传统安全问题相互交织，而且非传统部分将成为日常形态，所占的分量将越来越重，处理不好也会直接影响两国的政治大关系。其次，研究视野需要拓宽。当前，仅从一国或双边视角已无法把握日本外交安全问题的特征和全貌，这就需要以全球和多边的视野对日本的外交安全行为进行全方位的考察和分析。

以上这两点既是难点和挑战，也是一种机遇，更应当被作为日本外交安全研究中新的知识增长点和创新点。中国学者在面对这一新形势时，在知识结构、分析手法和眼界视野上，面临着自我提升、跟上形势的艰巨任务。

（5）在建设性地开展建言献策方面，意识不够，能力不足，影响不大。军事安全问题对一国来说具有重大的现实利益性，中国学者应超越对官方现有政策仅仅进行阐释和解说的功能，加强应用课题研究和政策调研，积极发挥咨询作用。为此，首先，要改进前瞻性研究，培养战略眼光，注意规律研判。举例来说，从20世纪80年代以来一直就有不少关注和批评日本"军事大国化"的论文，但几十年过去了，对于这一问题却依然缺乏总体的研判和清晰的界定。其次，中国学者不仅要具有批评意识，也要有把握时代脉搏、解决问题的积极意识，提出改善中日安全关系、创设周边安全环境的的具体办法和措施。在人类历史上，各国安全从未像今天这样紧密相连，面临共同挑战。军事安全已经不仅是一国安全战略中的重要议题，有时也可转变为区域合作的重要动力；由非政治和非军事因素所引起的跨国性非传统问题，也需要中日联合采取综合多元的应对手段。然而，有关中日在地区或国际安全方面开展合作的课题，中国学界还没能提出积极有效的政策建议，从而为政府的决策提供有力的理论支撑。

第 六 章

中国的日本社会研究*

　　日本社会研究是日本研究的重要组成部分，是伴随改革开放进程发展起来的。日本社会研究包含日本的社会结构、社会制度、社会阶层、社会福利、社会组织、社会运动、社会思潮、社会问题、社会治理等诸多内容。对日本社会进行深入系统的研究是中国的日本社会学科发展的需要，有助于加深中国民众对日本的了解，并为中国的社会转型、社会发展、社会治理提供有益的参考和借鉴。

　　20世纪80年代至今，随着中日关系的不断发展，中日两国学术交流日趋活跃，中国的日本社会研究不断发展，已取得了长足的进步，表现为专著和学术论文的数量不断增多，研究领域更加广泛，学术质量愈加精良。至今，日本社会研究已发展成为一门跨领域的学科。本章拟对1981—2020年40年间中国的日本社会研究的历程与现状进行梳理，分别从人口、社会福利、雇佣、社会阶层、家庭、女性和青少年、环境、社会治理、社会思潮几个领域进行分析，力求归纳其特征，寻找其存在的问题，并对中国的日本社会研究进行前瞻。①

---

　　* 胡澎，中国社会科学院日本研究所社会研究室主任、研究员，中日社会文化研究中心副主任。

　　① 因资料所限，研究对象仅限于中国大陆公开出版或发表的学术专著、论文，不涉及中国香港、中国澳门、中国台湾地区及海外华人学者的研究。

第一节 日本社会研究的历程

一 1981—2000 年的日本社会研究

1972年中日邦交正常化以前，两国长期处于隔阂状态，相互之间缺乏了解，中国对日研究较为薄弱。邦交正常化以后，中日双边关系发展迅速，特别是中国改革开放以来，中日关系迎来良好发展局面。改革开放使中国社会和经济面貌发生了历史性巨变，思想得以解放，学术气氛空前活跃。在这一历史背景下，全国范围的日本研究急剧升温，各地日本研究机构和学术团体纷纷成立，例如全国日本经济学会、中华日本学会、中国日本史学会、中国社会科学院日本研究所、北京大学日本研究中心、北京日本学研究中心、中日关系史学会、南开大学日本研究中心等。与此同时，日本研究领域的学术杂志不断涌现，如《日本学刊》《日本问题研究》《日本学》《日本研究》等。中日两国学术交流日趋活跃，各研究机构、高校纷纷举办形式多样的日本研究培训班，召开日本研究的学术研讨会，中日两国学术界的合作研究也随之开展起来。

20世纪80年代，中国的对日研究更多地承担着普及、传播有关日本知识的任务。中国学者普遍对日本走向现代化道路成功经验和先进的企业管理有着浓厚的兴趣，有不少论文或文章是从社会学视角介入日本现代化研究的，介绍"日本经验"的文章和论文大量涌现。"基础理论性探讨、综合性研究比较少，一般性的情况介绍或个别问题的分析比较多，研究的深度和广度尚感不足。基础研究薄弱已成为进一步开展日本研究的障碍。"① 处于起步阶段的日本社会研究也面临同样问题，偏重于对日本社会某一方面的介绍，缺乏深入系统的研究，学术专著较为罕见，学术论文的数量也不多，学术性明显不足，严重滞后于日本历史、日本文化、日本外交等学科。

20世纪80年代，日本社会研究领域的论文数量有限，较多涉及婚姻

---

① 骆为龙：《谈中国的日本研究》，《日本问题》1990年第1期。

家庭、人口、教育、女性和青少年问题①。这一时期发表的学术论文的选题，显示了学者们的问题意识，也有文章关注到日本的社会学领域的最新成果，以及日本社会出现的新问题、新变化。例如，1985年《日本问题》（后改名为《日本学刊》）刊登了介绍1984年日本年金制度改革的论文。②20世纪90年代初，有学者在《日本学刊》发表了关于日本"过劳死"现象的论文。③ 值得一提的是，1984年，张萍的《日本的婚姻与家庭》（中国妇女出版社1984年版）出版，这是改革开放后第一部专门研究日本婚姻家庭问题的社会学著作，对战后日本婚姻与家庭状况以及日本女性地位做了综合性的描述和评价，历史跨度较长，视角也较为宏观。

20世纪90年代，中国的日本社会研究队伍进一步壮大，专著和论文数量逐渐增多，研究领域进一步扩大，研究对象也更为细化，研究成果的理论性、学术性明显增强，研究视角和研究方法均有所创新。日本社会领域学术成果涉及日本的人口问题、社会保障制度、雇佣制度、家庭、婚姻及女性、城市与农村、教育与青少年问题等领域。唱新的《现代日本城市管理》（吉林大学出版社1990年版）、周维宏的《日本农村工业化史研究——兼及中日比较》（人民教育出版社1992年版）、李国庆的《日本农村的社会变迁：富士见町调查》（中国社会科学出版社1990年版）、杜建人的《日本城市研究》（上海交通大学出版社1996年版）、陈建安的《战后日本社会保障制度研究》（复旦大学出版社1996年版）、李卓的《家族制度与日本的近代化》（天津人民出版社1997年版）等一批有一定学术价值的专著纷纷诞生。另外，这一时期，中根千枝的《日本社会》（天津人民出版社1982年版）、福武直的《日本社会结构》（广东人民出版社1982年版）和《当今日本社会》（国际文化出版公司1986年版）等日本社会学名家的著作纷纷在国内翻译出版，一些日本学者的社会研究的译文也纷纷刊登在学术期刊上。这些社会学著作和译文开拓了中国学者的视野，为

---

① 相关论文有：韩铎《日本的家庭问题》，《日本问题》1985年第3期；韩铎《"救救孩子"在日本——兼议鲁迅有关家庭教育的见解》，《日本问题》1986年第1期；王伟《日本青年的婚事》，《日本问题》1986年第1期；李春《战后日本人口动态和人口问题》，《日本问题》1986年第3期等。

② 色文：《日本年金制度的改革》，《日本问题》1985年第4期。

③ 鲍刚：《日本人的"过劳死"及其社会文化成因》，《日本学刊》1993年第2期。

之后的日本社会研究打下了良好的基础。

二 2001—2020 年的日本社会研究

进入 21 世纪后，在全球化、信息化的时代大背景下，日本的人口、雇佣、婚姻、家庭、养老、育儿、福利、阶层、女性、青少年等领域出现了一系列新变化和新问题，如少子老龄化日趋严峻、家庭规模缩小、家庭关系疏离、年轻人晚婚不婚不育、终身雇佣制度面临崩溃、社会保障制度捉襟见肘、非正规雇佣者比例加大、收入差距扩大、低收入家庭和零储蓄家庭数量增长、教育领域出现"校园欺凌""不登校"等社会问题以"飞特族""御宅族"为代表的新一代日本年轻人社会参与减少等。这一系列社会问题困扰着日本社会的发展，不仅成为日本社会学界的研究对象，也为中国学者所关注。另外，这一时期的中国社会发展进程中也出现了一些新情况和新问题，促使中国学者从日本的经验中寻找解决问题的答案。

这一时期，中日两国在政治、经济、文化、教育等领域的官方与民间交往日益增多，中日社会研究界的学术交流越来越频繁，中国不少大学与日本的大学有交流协议，大批研究生获得短期留学的机会，自费留学的人数也大为增长。另外，随着中国经济的发展和国民收入的提高，越来越多的中国游客赴日旅行，特别是以年轻人为主体的个人游、自助游等日渐兴盛。以博客、微信、微博等为代表的新媒体和社交网站上涌现大量关于日本自然风光、历史、文化、社会等多领域多角度的介绍文章和图片，显示出中国新一代对当今日本社会的兴趣，以及希望更多地了解这个国家和这个民族的愿望，呈现"日本社会热"的现象。与此同时，刘柠、李长声、徐静波、蒋丰等知日学者、媒体人出版的书、撰写的文章以及个人博客、腾讯个人专栏等又助推了这一热潮。新媒体借助互联网向中国读者广泛介绍日本平成社会、低欲望社会、极简主义生活方式、日本年轻人的新消费观念、大众文化等。另外，一批日本社会学名著、日本的社会学成果以及社会领域的畅销书陆续被翻译出版。2005 年，《日本社会学名著译丛》（共 10 册）由商务印书馆出版，这一有计划、有组织、成规模地翻译日本社会名著的做法，对中国的日本社会研究起了推进作用。富永健一、高坂健次、江原由美子、鸟越皓之、桥本健二、三浦展、佐藤俊树、中野雅至、落合惠美子、橘木俊诏、大前研一、藤田孝典、小熊英二等知名社会学家、学者的著作对于中国读者了解日本社会起到了积极的作用，也推动了中国的日本社会研究，为日本社会研究创造了良好的外部环境。

这一时期，中日两国企业界、科技界、妇女界、电影界、艺术界、学术界等领域的交流更加密切，中日社会学界也展开了形式多样的学术交流，特别是在养老、健康产业、健康服务方面合作空间广阔，学术交流频繁且呈现出务实合作的特征。例如，清华大学举办"中日养老健康产业与政策国际研讨会"，在医养结合、养老科技、大健康与养老产业方面进行了广泛的议论，提出了"及时应对、科学应对、综合应对人口老龄化"的建议；2018年、2019年清华大学与野村综合研究所中国研究中心共同举办了两届"中日老龄化专家交流会"，分别邀请日本专家就"日本的人口减少及其应对策略""日本的人口减少对国民生活的冲击"发表学术演讲。2018年、2019年国家发展改革委和日本经济产业省分别在北京和东京举办"中日养老服务业合作论坛"，在增进中日养老服务业政策的沟通和交流、推进企业间的互动与合作方面发挥了积极作用。中日妇女界以及妇女研究领域的交流也日益频繁，特别是中日韩三国的妇女会议以及东亚妇女论坛、亚洲妇女会议等召开，使中日妇女界的交流已经不仅仅限于双边，而是向中日韩三边交流和东亚区域交流扩展。

第二次世界大战结束至今的70多年间，日本在不同的历史阶段，也曾面临诸多社会问题，但经过政府和民间的不懈努力，当今日本已成为国际社会公认的社会治理良好、社会保障制度完备的国家。日本在走向现代化道路上取得的经验一直是中国日本社会研究人员的关注点，其在解决社会问题道路上的经验和教训值得中国借鉴。近年来，伴随中国的经济和社会发展进程，人口、养老、育儿、医疗、社会保障、环境、教育等领域均出现了一些问题，中国政府和学术界都在思考如何解决这些问题、如何实现中国社会的可持续发展。特别是党的十八大以来，中央明确提出了推进国家治理体系和治理能力现代化的目标，这不仅对中国的社会研究是一个极大的促进，也从一个侧面推进了中国的日本社会研究。因此，从这个意义上说，中国的日本社会研究有着很强的现实意义，也有很大的潜力。

中国的日本社会研究在这一大背景下获得了良好的发展。各日本研究机构主办的国际会议和国内学术研讨会中均有不少日本社会方面的论文发表。2019年和2020年，中华日本学会的年会均以平成时代的日本研究为主题，下设"日本政治、外交、安全""日本社会、经济""日本文化、教育、历史"三个分科会对平成日本进行了多角度的研究。分科会中，社会领域的论文内容涉及养老金制度改革、少子化对策、老年人的社会参与、护理保险制度、企业雇佣制度、年轻人自立问题等。

中国社会科学院日本研究所已成为日本社会研究的一个重要学术平台，在组织学术研究、开展学术交流、撰写对策建议等方面做了大量工作。伴随着中国综合国力的提升，中国政府对社会科学研究的支持力度不断加大，日本社会研究的科研经费、科研环境得到较大改善。中国社会科学院日本研究所的社会研究室2009年从社会文化研究室独立出来，近年来，社会室协助日本研究所举办了多场日本社会研究领域的国内外学术研讨会、学术报告会，编辑和出版日本社会研究著作，如，2011年召开了"中日韩人口问题与社会发展"国际研讨会，2012年召开了"中日韩女性问题"国际学术研讨会，2018年与日本学术振兴会共同举办"中日共同应对老龄化社会：路径与未来"国际研讨会，2019年举办"老龄化背景下中日家庭变迁与社会支持"国际学术研讨会等，已基本搭建起一个凝聚国内外一批高水平的专家学者的平台。社会室还承担了中国社会科学院日本研究所创新项目。2013—2016年的"日本老龄化对策研究"创新项目和2017—2020年的"日本社会问题与社会治理"创新项目取得了较为丰硕的成果。社会研究室每年通过举办不定期学术讲座，加强与日本学术界及国内日本社会研究界的沟通和交流；连续多年召开"年度日本社会热点问题讨论会"，在全国日本社会研究中以及日本社会学科建设上日益发挥越来越重要的作用，已打造成为一个重要的日本社会研究的学术阵地。

21世纪的前20年，中国的日本社会研究紧扣时代主题和前沿问题，呈现出研究主题多元化的趋势，不少研究成果敏锐地捕捉了日本社会出现的新问题，理性地总结战后日本社会发展历程中的经验和教训。个案研究、实证研究、比较研究均有了较大进步。中国学者在对日本社会进行研究的同时观照中国社会问题，体现了中国学者学以致用的优良传统。中国的日本社会研究呈现出一派欣欣向荣的景象。李国庆的《日本社会——结构特性与变迁轨迹》（高等教育出版社2000年版）就是一部重要的日本社会研究成果，该书运用大量日本社会的研究成果和数据以及社会学理论和方法，对战后日本民主化、产业化、城市化的发展过程及特征，日本人的家庭、职业、社区等主要生活领域的传统特征，日本的阶层结构和社会流动等进行了广泛的研究，对日本社会学的发展时期、社会学的研究热点、研究方法进行了较为详尽的介绍。在日本社会研究的中老年骨干以及新锐力量的勤奋耕耘下，中国的日本社会研究在日本研究中的重要性不断加强。

第二节　日本社会研究几个主要领域

一　日本的人口研究领域

20世纪90年代以来，日本的生育率下降、老龄化速度加快、劳动年龄人口减少等人口结构的变化给医疗、年金、福祉、雇佣等领域带来了严峻的问题，特别是在经济长期低迷的形势下，老年人长期护理需求日益攀升，老年社会保障支出快速增长，对日本社会经济的可持续发展造成了较大的影响。日本的人口问题一直是中国学术界密切关注且研究成果丰厚的领域，大量研究成果涉及少子老龄化的历史进程、现状、成因、老龄化对经济社会的影响以及日本应对少子老龄化社会的政策与措施等。

1. 老龄化与养老护理

在人口老龄化不断加剧的背景之下，如何克服老龄化带来的负面因素，发挥其积极因素？如何提高老年人的生活质量，促进其身心健康发展？这些不仅是摆在日本面前最大的课题，也是国际社会共同的课题。随着人口老龄化程度越来越严重，护理人力资源紧缺、护理机构入住困难、护理费用支出增高等社会问题日益凸显。为此，日本政府不断完善老年保障体系、健全社区老年服务、确立居家养老方式、充分发挥老年人潜能。近年来，日本政府通过修订护理保险制度，加强对地域护理服务资源的整合，构建了一个护理康复、保健预防、医疗看护、生活援助、居家住宅为一体的地域综合照护服务体系。

在中国研究日本的老龄化以及养老不仅具有学术意义，也具有十分重要的现实意义。因此，这一领域的研究汇集了国内各领域的学者，他们分别从人口学、社会保障、医疗保健、社区治理等多角度介入。研究主要集中在日本老龄化现状及其趋势以及日本老龄化对策的经验和教训。目前，这一领域已取得了丰硕成果，出版了多部著作，如张季风主编的《少子老龄化社会：中国日本共同应对的路径与未来》（社会科学文献出版社 2019 年版）一书汇集了中日两国研究老龄化问题的多位专家学者的最新研究成果。该书将人口结构变化纳入经济增长与社会发展理论框架，通过文献梳理和统计数据的分析，整理了人口少子老龄化下中日社会变化的相关问题，全面分析了中日两国进入老龄化社会之后与老年人相关的各种制度的变化情况，探究两国老年人面临的问题及主要原因。施锦芳的《人口少子老龄化与经济社会可持续发展——以日本为例》（科学出版社 2015 年版）一书描述了日本人口少子老龄化对社会保障、产业和消费、城市建设的影响，认为日本的经验对中国有一定的启示。丁英顺的《日本人口老龄化问题研究》（社会科学文献出版社 2018 年版）一书全面分析了日本进入老龄化社会之后与老年人相关的各种制度的变化情况，探究日本老年人面临的问题及主要原因，为我国制定人口老龄化下的社会经济可持续发展战略提出相关对策和建议。赵林等主编的《日本如何应对超高龄社会：医疗保健・社会保障对策》（知识产权出版社 2014 年版）从不同角度对少子老龄化进行了分析和论述。蔡林海编著的《老化预防、老年康复与居家养老：日本社会养老服务体系的成功经验与启示》（上海科技教育出版社 2012 年版）一书对日本的居家养老服务战略、养老国家战略、社会养老服务体系的经验进行了梳理和总结。

关于日本老龄化的学术论文更是数不胜数，例如，王伟、宋金文的多篇论文[①]聚焦老年人问题、养老问题、养老模式的变化，从社会现象学的角度分析探讨历史上养老含义的多样性，对日本不同历史阶段家庭（包括亲属）以及国家和地方社会在养老方面的地位、作用及其变化进行了阐述。近年来，中国学术界有多篇论文对日本区域综合医护体系的构建及运营进行了介绍，对居家医疗照护的实践及经验进行了分析。有论文对日本养老产业发展的扶植政策进行了梳理，特别阐述了政府职能在养老产业发展中所起的作用。有论文对日本的养老专门人才培养进行了论述，认为日

---

① 参见王伟《日本家庭养老模式的转变》，《日本学刊》2004 年第 3 期；宋金文《日本养老历史的社会现象学分析》，《日本学刊》2004 年第 2 期。

本是养老服务业和养老服务专门人才教育的先发国家，其覆盖中等教育与高等教育阶段的福祉士培养体系值得我国借鉴。另外，随着日本平均寿命的延长和独居高龄者数量的不断增加，老龄化带来的负面影响凸显，多篇论文探讨了老龄化社会给劳动力供应、就业和雇佣、企业创新、国民负担、老年赡养负担、社会保障体系、储蓄和消费以及城乡差距等多方面带来的影响。

中国学者不仅研究日本老龄化社会的负面影响，也对老龄化社会的积极因素进行了有益的探讨。2002年，世界卫生组织针对当时世界各国人均预期寿命不断延长、老年人身体功能和身体素质不断改善的情况，正式提出"积极老龄化"的概念。日本是世界上老龄化速度最快的国家之一，也是世界上的长寿国家。有论文论述了积极老龄化的概念，认为健康长寿是每个人、每个国家共同的理想和追求，健康长寿的社会不仅仅意味着平均寿命的延长，还意味着健康寿命的延长，健康、自立的老年人可在下一代教育、环境保护与世界和平等领域中继续发挥余热。《老龄社会发展思考——以日本构筑"无龄感社会"为例》[①]介绍了日本政府新修订的《老龄社会对策大纲》中提出的构建"无龄感社会"构想，介绍了日本政府不断完善鼓励老年人参与社会经济活动、保障老年人权益的相关法律政策，以及有利于老年人工作的相关措施。《日本推进积极老龄化城市治理的经验与启示》[②]介绍了日本在治理老龄化城市过程中所进行的积极老龄化的应对措施，指出日本从社区"健康守门人""终生学习与社会参与"以及"在地安老"老年友好城市的推进等方面进行了有益的探索和尝试，也取得了一定成效。《日本"长寿社区营造"及其实践》[③]认为一个健康、长寿的社会应该是当老年人在健康、自立的时候，积极参与社会活动，凭借自己的经验、技术、知识为社会做出贡献，当他不能自理、需要照顾和护理的时候，能在社区就近接受护理服务。该文从"长寿社区营造"视角，阐述了日本在老龄化程度不断加深过程中，如何探索应对老年人日常生活

---

① 平力群：《老龄社会发展思考——以日本构筑"无龄感社会"为例》，《黑龙江社会科学》2019年第1期。

② 郭佩：《日本推进积极老龄化城市治理的经验与启示》，《日本问题研究》2020年第2期。

③ 胡澎：《日本"长寿社区营造"及其实践》，《日本问题研究》2017年第4期。

和养老护理需求的社区构建。

2. 少子化与育儿支持

当今，日本少子化现象呈现异常严峻的态势。为应对日益严重的少子化问题，日本从20世纪90年代开始出台政策措施和制定法律法规，已形成了较为完善的政策体系。2000年以来，中国学术界关注到日本日益严峻的少子化现象，对少子化的产生、现状、原因以及影响进行了较为全面的论证。王伟和田香兰等人的论文[①]认为日本人口减少在"经济价值""国际影响力""可持续发展""国家安全与国内政局""国民生活水平""国家发展模式"六个方面对综合国力产生影响。

日本采取了稳定人口与提高生产率两手抓的方针来应对少子化，将人口增长目标转为人才增长目标，并将少子化对策纳入超智能社会的顶层设计中。有论文从不同角度探讨了低生育率现象，对日本政府鼓励年轻人结婚与生育的政策措施，尤其是育儿支援福利制度进行了研究，着重介绍了日本政府为增加人口数量、提高出生率而出台的"天使计划"和"新天使计划"。有多篇论文对日本儿童福利政策和家庭福利制度予以肯定，认为日本的育儿支援制度和婴幼儿保育工作对我国有一定的启示意义，并有针对性地提出了提高生育率等对策建议。

日本政府为缓解少子化趋势，出台和实施了多项政策和措施，但低生育率态势并未出现明显好转，已成为困扰未来日本社会发展的重要因素，甚至被称为"国难"。安倍政权提出了旨在阻止老龄化和生育率下降、提振日本经济的"女性经济学"，似乎也收效甚微。如何对日本的少子化对策进行客观而公正的评价？如何剖析日本难以遏制的低生育率的深层原因？中国学术界进行了多方探讨。有学者侧重对少子化产生原因及其对策演变进行了比较分析和研究，认为少子化的直接原因在于越来越多的日本年轻人晚婚、晚育甚至不结婚；有学者认为日本应对少子化政策成效不显著的原因在于：政府对少子化问题的严重性认识不足、采取应对政策的时机过晚、制定政策的魄力和精准度欠缺、实行政策的力度不够等。另外，

---

① 参见王伟《日本人口结构的变化趋势及其对社会的影响》，《日本学刊》2003年第4期；田香兰《日本人口减少及老龄化对综合国力的影响——兼论日本的人口政策及效果》，《日本学刊》2011年第5期。

雇佣环境恶化、非正规就业者增加、育儿与工作兼顾的环境不完善等也是其间接原因。还有论文指出日本政府在鼓励生育政策与促进妇女就业政策之间存在着不可调和的矛盾。

二 日本的社会保障研究领域

第二次世界大战结束后，日本在经济起飞和发展阶段建立了"国民皆保险、国民皆年金"的全民社会保障制度，先后颁布了《老年人福利法》（1963年）、《高龄社会对策基本法》（1995年）等一系列法律，2000年以来，又根据新的社会经济形势对养老金制度进行了进一步改革。2000年4月1日护理保险制度正式实施，运行状况基本良好，为解决老年人的护理问题发挥了积极作用。

日本的社会保障制度研究一直是日本社会研究领域的热点，日本社会保障制度相关研究成果不胜枚举，涵盖日本的医疗保险制度、公共养老金制度、护理保险制度等。日本社会保障制度的研究成果中尤以老年社会福利制度的研究成果最丰厚，较多的成果是从日本的老年福利制度的三个部分，即以国民年金为基础的日本老年津贴制度、老年优待政策、养老服务，以及三种主要类型的养老服务，即居家养老服务、机构养老服务和保健护理服务方面进行深入系统的阐述。

不少专著和论文对日本社会福利不同领域、社会福利制度、社会福利设施及社会福利的运营机制进行了详细介绍，特别关注了日本经济社会的变化，尤其是少子老龄化社会、家庭结构的变迁对社会保障的影响，勾勒出了一幅当代日本社会保障制度的全景图。相关论著有：吕学静的《日本社会保障制度》（经济管理出版社2000年版）、沈洁的《日本社会保障制度的发展》（中国劳动社会保障出版社2004年版）、宋金文的《日本农村社会保障》（中国社会科学出版社2007年版）、韩君玲的《日本最低生活保障法研究》（商务印书馆2007年版）、崔万有的《日本社会保障研究》（北京师范大学出版社2009年版）、王莉莉和郭平主编的《日本老年社会保障制度》（中国社会出版社2010年版）、宋健敏的《日本社会保障制度》（上海人民出版社2012年版）、王伟的《日本社会保障制度研究》（世界知识出版社2014年版）、张伊丽的《人口老龄化背景下的日本公共养老金制度》（华东师范大学出版社2015年版）、权彤的《战后日本养老社会保障制度变迁研究》（人民出版社 2017 年版）、胡令远等主编的《冷战后日本社会保障制度研究》（上海人民出版社 2019 年版）等。这些著作系统介绍了日本的老年社会保障制度、农村社会保障制度、医疗保险制度、护理保险制度、社会救助等，囊括了日本社会保障制度的方方面面，尤为关注日本少子老龄化对社会保障的影响以及日本采取的相关政策，在社会保障政策的变迁上进行了追踪式研究，还探讨了日本社会保障制度改革的基本走向。

随着人口出生率的下降和老年人口的增加，日本人口老龄化问题日趋严重，社会保障费用支出过大，养老金制度受到了严峻挑战。日本历届政府都把养老金制度改革作为一项主要任务。中国学术界在研究日本政府相关福利政策的同时，探讨了日本社会保障改革的新动向，如：王伟的《社会保障课题及改革走向》（《日本学刊》2008 年第 4 期）和《日本公共养老金制度改革评析》（《日本学刊》2007 年第 4 期）等论文从不同角度对日本的社会保障制度、公共养老金制度的改革及面临的课题进行了探讨和分析。王彦军的《日本公共养老保障体系困境及改革方案评价》（《现代日本经济》2016 年第 2 期）认为现行养老保障体系陷入困境的根本原因在于改变了代际利益模式，重心向老年人口群体倾斜，对现役世代及年少人口群体的支持力度不足，导致人口出生率下降，破坏了养老保障制度持续运营的基础条件。

田香兰的《战后日本老年社会福利政策简析》（《东北亚学刊》2018 年第 2 期）对日本老年人福利政策进行了梳理，认为日本实现了老年社会福利法制化、福利服务社会化，老年社会福利模式由原来的"国家包办型"向"国家、民间互补型"转换。相关论文还有施锦芳的《基于少子高龄化的日本社会保障制度》[《辽宁大学学报（哲学社会科学版）》2010 年第 4 期]等。康越的《日本的"金色计划"及其主要成效》（《科学社会主义》2014 年第 1 期）对日本政府从 1989 年至 2004 年连续 15 年实施的老年人保健福祉推进计划进行了研究，重点分析了计划的实施背景、内容及其成效。中国学者认为，急剧攀升的老龄化使日本政府的财政开支面临更为严峻的考验，而低出生率又让今后的劳动力供应出现问题，60 岁以上的老年人和妇女就业率的提高又令失业率上升，如果没有一个长远的社会保障规划，日本将很难克服老龄化和低出生率带来的负面影响。①

多篇论文研究了日本医疗制度特别是老年医疗制度。如《日本医疗制度的课题与改革》② 关注并研究了日本的医疗制度改革，这一改革是小泉纯一郎内阁时期结构改革的一个非常重要的组成部分。《日本高龄老年人医疗制度改革及启示》③ 通过对日本高龄老年人医疗制度改革的背景、实施内容、存在问题的分析，论述了日本老年医疗制度的发展过程和特征。《日本的消费税调整与医疗护理体制改革》（《社会保障研究》2015年第2期）一文探讨了日本医疗护理体制改革，尤其是地域综合医疗护理体系，深入分析了日本消费税调整对社会保障制度的影响，认为构筑受益与负担均衡的社会保障制度，不仅有利于实现社会保障制度的可持续性，也有利于实现财政稳健性目标。

近年来，日本社区福利方面的研究也有所深化。张继元的《社区福利核心概念和发展路径的中日比较》（《社会保障评论》2018年第3期）一文针对近年来社区成为老年人福利、残疾人福利、儿童福利等社会福利服务的主要载体，对社区福利概念进行了系统研究，并对中日社区福利概念和发展路径进行了对比。该文认为中日两国社区福利在沿着社区组织化→福利服务供给→居民参与的路径以及实现居民福祉的目标上是一致的。

日本的生活保护制度也是日本社会保障制度的重要内容。进入21世纪以来，日本经济、社会遭受国际金融危机、少子高龄化以及东日本大地震的多重影响，其生活保护制度面临着许多新的问题和挑战。吕学静的《日本社会救助制度的最新改革及对中国的启示》［《苏州大学学报（哲学社会科学版）》2016年第3期］对日本社会救助的历史沿革、基本原理以及实施的基本原则进行了概述。该文认为日本社会救助的主要特点包括保障内容的多样性，保障水平的最低性，保障服务的社会性。作者还阐述了日本新修订的《生活保护法》、颁布的《儿童贫困对策法》，促进支援贫困者自立以及在东日本大地震期间所采取的一系列紧急生活援助措施等。日本社会保险制度中

---

① 参见田香兰《日本人口减少及老龄化对综合国力的影响——兼论日本的人口政策及效果》，《日本学刊》2011年第5期；陈鸿斌《老龄化、低出生率——日本无法破解的难题》，《日本学刊》2003年第3期。
② 王伟：《日本医疗制度的课题与改革》，《日本学刊》2002年第3期。
③ 丁英顺：《日本高龄老年人医疗制度改革及启示》，《社会》2016年第7期。

"离婚时厚生年金分割制度""遗族年金""第三号被保险人制度"等,直接或间接地影响着日本妇女的婚姻、就业、生育、抚养和护理,关系到妇女工作方式、生活方式的选择以及晚年生活质量。有论文从性别视角对日本养老保险制度进行了重新思考。①

三 日本的雇佣研究领域

20世纪50年代至80年代,日本凭借终身雇佣制、年功序列制、企业内工会等制度,实现了经济的飞速发展和国民收入的相对平等。中国学者对日本雇佣制度的研究成果在日本社会研究中占据重要位置,成果颇丰。如吴佩军的《日本企业雇佣制度的历史考察》(中国社会科学出版社2010年版)从社会史的角度出发,以辩证唯物主义和历史唯物主义理论为指导,运用历史学、社会学、经营学等学科的研究方法,纵向考察日本企业(特别是大型企业)雇佣制度的发展过程。刘绮霞的《战后日本企业雇佣体制的演变史研究》(中国社会科学出版社2010年版)一书以日本战后60余年企业雇佣体制的演变史为主要研究对象,分别从战后经济恢复和改革时期、经济高速增长时期、不稳定增长时期、泡沫经济崩溃后的经济全球化和结构改革时期、2005年以后日本的现代社会的五个阶段着手,分析各个时期日本企业雇佣形态的特征,阐明终身雇佣制和非正式雇佣的发展、演变和相互消长的过程,揭示出影响各雇佣体制和形态发生演变的历史背景、特定的社会和经济环境、法律和政策依据等各项要素,并列举了在具有代表性的日本企业中的表现形式以及发挥的作用。赵敬的《当代日本女性劳动就业研究》(中国社会科学出版社2010年版)一书从社会性别分工规范的视角,从家庭生活的微观层面和社会政策的宏观层面,对日本女性劳动就业的现状和影响日本女性劳动就业的社会性因素和制度性因素进行了分析,还通过与中国女性劳动就业问题进行对比研究,阐述了对中国解决女性劳动就业问题的几点启示。

人口老龄化的不断加剧促使日本政府在老龄化政策中植入了积极老龄化理念,采取各种措施促进老年人再就业,将健康的老年人从需要保护及抚养对象转变为社会参与主体。如修改《老年人就业稳定法》,逐渐延长退休年

---

① 参见胡澎《性别视角下日本养老保险制度再思考》,《日本学刊》2009年第1期。

龄，保障老年人继续工作，开展老年志愿者活动，积极为退休的老年人创造再就业的环境。日本企业也不断调整人力资源政策，最大限度地开发利用老龄人力资源群体。国内学术界将日本老年人再就业问题作为重要关注对象，有多篇论文介绍了日本为应对人口老龄化，通过制定一系列政策措施，鼓励和支持老年人利用自身的经验和知识，参加符合自己情况的生产性、创造性活动，以提升老年期人生价值。如《日本老年人力资源开发法规政策及启示》[1]对日本老年人力资源开发法规政策体系进行了积极的评价，认为其既关注老年人在医疗服务、养老保障、生活环境等方面的基本需求，又针对老年人力资源开发可能遇到的就业歧视、权益保障等问题提出具有针对性、可行性和操作性的政策措施。有学者认为日本的老年雇佣政策具有审时度势的渐进性与阶段性的特点，60岁以上老年人的再就业呈现出从大企业向中小企业流动、从制造业向服务业流动、从全日制就业转向非全日制就业或自营业流动的特征。丁英顺、崔迎春的相关论文[2]在对日本老年人再就业政策进行评析的基础上，认为针对身体健康、希望参与社会的老年人给其提供就业机会，这对我国正在酝酿的渐进式延迟退休政策有一定的借鉴作用。

"泡沫经济"崩溃以来，日本经济长期低迷，失业率持续上升，就业形势严峻，于是，企业不再恪守终身雇佣制度，一方面以提前退休、解雇等方式分流职工，降低劳务成本，另一方面大量雇用短工、派遣工、合同工为主的非正式员工，由此带来了深刻的社会问题。中国学者在剖析日本经济体制弊端的同时，对日本企业终身雇佣制进行了反思。平力群、邢雪艳等人[3]的论文关注劳务派遣制度和"自由打工族"群体，并对其社会影响进行了深入的分析，认为《劳务派遣法》的制定和修改顺应了日本社会对雇佣制度的改革要求，使日本传统雇佣制度即"终身雇佣制"得以维

---

[1] 熊缨、车思涵、杨一帆：《日本老年人力资源开发法规政策及启示》，《中国人事科学》2019年第9期。

[2] 参见丁英顺《日本老年人再就业探析》，《中国人力资源社会保障》2014年第5期；丁英顺《日本开发老年人力资源的经验及启示》，《日本问题研究》2015年第3期；崔迎春《老龄化背景下的日本高龄者雇用政策》，《安徽师范大学学报（人文社会科学版）》2014年第3期；崔迎春《超老龄社会中的日本女性再就业问题》，《妇女研究论丛》2015年第3期。

[3] 参见平力群《浅析日本〈劳务派遣法〉的沿革及其影响》，《日本学刊》2009年第3期；邢雪艳《变化中的日本雇用关系》，《日本学刊》2008年第2期。

持，同时也给日本劳动力市场和社会造成了新的冲击。论文还对日本雇佣制的发展趋势和日本未来的雇佣状况进行了前瞻。

四 日本的社会阶层研究领域

20世纪50年代至80年代，日本经济先后经历了高速增长和稳定增长，实现了收入相对均等的所谓"一亿国民皆中产"社会。进入90年代以后，日本经济发展滞缓，就业形势严峻，非正规就业人数和低收入家庭增多，基尼系数上升，贫富差距拉大，社会阶层出现"上流"与"下流"的两极分化以及中产阶层向中下层流动的趋势。日本社会阶层的变化是中国的日本社会研究领域一个较新的研究内容，胡欣欣、王奕红、施锦芳①等人较早关注到日本社会差距问题。《社会差距问题及日本的相关研究》一文着重介绍了日本政府对差距扩大问题的态度以及学术界有代表性的相关研究和议论。《"中流社会"的名与实——日本中间层研究初探》对日本中间层问题研究的概念界定、研究方法、具体课题内容等进行梳理。《现代日本社会收入差距分析》等论文分别对日本社会收入差距问题进行了阐述。2008年国际金融危机带来了日本社会差距问题的凸显，日本著名左翼作家小林多喜二发表于1929年的代表作《蟹工船》再度成为畅销书，一年内销出60万册，并被改编为漫画、电影等多种艺术形式，成为2008—2009年日本最值得关注的社会现象。李强的论文②对日本当时的"蟹工船"现象进行了社会学解读。

2010年以后，关于日本社会差距和收入差距扩大化问题的研究论文数量增多，质量也有所提高。《"国民皆中流"历史背后的日本社会阶层流动》《从"一亿总中流"社会到"差距社会"——日本全民中产社会的形成与分化》③等论文对战后日本的阶层流动进行了梳理，阐述了第二次世界大战后日本经济高速增长过程中社会阶层出现均等化趋势，认为庞大的

---

① 参见胡欣欣《社会差距问题及日本的相关研究》，《日本学刊》2007年第3期；王奕红《"中流社会"的名与实——日本中间层研究初探》，《日本学刊》2003年第6期；施锦芳《现代日本社会收入差距分析》，《财经问题研究》2009年第2期。
② 李强：《"蟹工船"现象解读》，《日本学刊》2009年第4期。
③ 参见李国庆《"国民皆中流"历史背后的日本社会阶层流动》，《人民论坛》2014年第2期；胡澎《从"一亿总中流"社会到"差距社会"——日本全民中产社会的形成与分化》，《中央社会主义学院学报》2020年第3期。

中间阶层不仅在国际上树立了日本"富裕社会"的形象，也保持了日本自民党政权的长期稳定，验证了"产业化缩小阶层差异"的命题。然而，20世纪80年代末泡沫经济崩溃以来，曾创造了"平等神话"的日本社会逐渐发生变化，特别是在经济长期低迷以及少子化、老龄化日趋严峻的背景下，非正规雇用、收入差距拉大、阶层固化等问题日益突出，中产阶层分化并向下流动的趋势显示出日本正在由富裕、均质的"一亿国民皆中产"的"中流社会"，逐渐转变为贫富分化日益严重、机会和结果均不平等的"差距社会"和"下流社会"。有论文探讨了日本的社会排斥及低收入群体的问题，介绍了日本政府为解决这一问题采取的政策和措施。[①] 日本社会学界近年来经常使用"社会包容"和"社会排斥"等词汇。如何将这些被社会排除的群体重新包容到社会制度中，成为学者思考和探讨的重点。《日本非正式员工的"社会排斥"与权利回归》[②] 针对日本经济长期低迷背景下，派遣工、外包工、临时工等非正式员工的大量出现，探讨他们处于被经济市场、社会组织、文化生活、政治活动所排斥的生存状态，认为社会排斥使得劳动者生存权、平等权等受到侵害，通过法律政策对非正式员工的权益进行保障，促进其权利回归是实现社会包容的有效途径。

近十几年来，"贫困"这一在日本近乎"死亡"的词汇重新成为媒体和社会各界热议的话题。日本政府为扭转贫困化的蔓延态势、阻止"差距社会"而出台了一系列缩小贫富差距的政策和措施。"儿童的贫困""女性的贫困"如不能有效制止，会带来"贫困的代际传递"，给日本未来的发展蒙上阴影。不少学者从低收入群体、"飞特族"等角度对社会阶层、社会差距进行了论述。[③]、《日本社会低收入群体的增多及对我国的启示》

---

① 朴京玉：《日本社会低收入群体产生的原因及其对策》，《黑龙江社会科学》2010年第4期。
② 田思路、贾秀芬：《日本非正式员工的"社会排斥"与权利回归》，《日本学刊》2012年第6期。
③ 参见朴京玉《日本社会低收入群体产生的原因及其对策》，《黑龙江社会科学》2010年第4期；田莎莎《日本"飞特族"的光与影——格差社会中彷徨的日本年轻人》，《法制与社会》2011年第26期。

《日本缩小收入差距的人力资源开发理念、措施及其启示》①等论文阐述了日本低收入群体增多的现状,对日本政府实施低收入群体人力资源开发的措施和经验进行了介绍,从加强低收入人群的人力资源开发、促进大学生就业、促进就业的正规化、保障劳动者的合法权益、加强税收调节机制、完善社会保障等方面阐述了对中国的启示。《日本老年贫困现状及应对措施》②介绍了日本人口老龄化背景下的老年贫困现象,以及日本政府保障老年人晚年生活的一系列对策和措施。针对近年来日本老年人的"孤独死"现象,有论文探讨了"孤独死"现象出现的社会背景,认为"孤独死"是日本经济发展和社会结构变化所引发的社会问题的一个缩影,探讨了日本政府防范"孤独死"的对策,主要是构建一个政府与民间相结合、公助和共助为基础、社区互助和高龄者自助相协作的支援体系。③

五 日本的家庭、女性和青少年领域

随着社会经济的发展和人口老龄化的加剧,日本家庭结构、家庭模式、家庭观念、家庭关系、家庭功能发生了很大的变化。中国的日本社会研究中,婚姻家庭和女性研究占据重要位置,也是起步较早且成果颇丰的领域。④有论文论证了随着近代化和战后民主化的发展,日本的传统家庭趋于瓦解,但重家系、贵家名、祖先崇拜之类的家族传统仍然在一定的程度上影响着人们的思想和行动。⑤李卓的专著《家族文化与传统文化——中日比较研究》(天津人民出版社2000年版)与《中日家族制度比较研究》(人民出版社2004年版)是对中日两国家族制度进行比较研究的两部力作,包括家的结构、家的历史、家的伦理、家的传承、家的传统、家的规范、妇女问题、日

---

① 参见卜庆立《日本社会低收入群体的增多及对我国的启示》,《新西部(理论版)》2014年第10期;徐哲根《日本缩小收入差距的人力资源开发理念、措施及其启示》,《日本学刊》2008年第5期。
② 丁英顺:《日本老年贫困现状及应对措施》,《日本问题研究》2017年第4期。
③ 高强、李洁琼、孔祥智:《日本高龄者"孤独死"现象解析及对中国的启示》,《人口学刊》2014年第1期。
④ 参见胡澎《中国的日本妇女与家庭研究30年综述》,载李薇主编《当代中国的日本研究(1981—2011)》,中国社会科学出版社2012年版。
⑤ 参见王炜《日本传统家庭制度的形成及特征》,《日本问题》1990年第2期;李卓《日本传统家庭的传统》,《日本学刊》1996年第6期。

本家族制度研究状况等内容。她的论文《关于中日家族制度与国民性的思考》(《日本学刊》2004年第2期)阐述了日本家族制度、家族伦理与国民性之间密不可分的联系，认为中日两国家族制度和家族伦理相去甚远，造成两国国民行为方式、价值取向和道德规范，以及人伦关系、家族、集团主义等颇有差异。田晓虹的《日本现代化进程中的家庭关系嬗变》(《日本学刊》2004年第1期)与《战后日本婚姻关系的整合与冲突》(《社会学》2001年第4期)两篇论文聚焦于日本家庭关系、夫妻关系，对日本家庭领域内东方传统文化与现代文明的冲突与交融进行了考察。20世纪90年代以来日本的离婚呈现出数量逐年增多、年龄段偏高、离婚中女性占主导地位等一些新的特点，"定年离婚"甚至成为人们频繁使用的流行语。中国学者敏锐地观察到日本社会中老年离婚现象，对中老年离婚的原因进行了深入分析，张冬冬的相关论文[①]就探讨了婚姻家庭领域中的晚婚、晚育、不婚、不育、中老年离婚等新问题，特别是对日本中老年离婚的原因进行了剖析。

20世纪80年代多集中在对近现代特别是战后以来日本女性的地位进行考察，试图探讨其发展过程和规律。进入21世纪以后，日本女性研究进入了新阶段，涌现出一批跨学科、跨领域的研究成果，内容涉及家庭制度、家庭结构、女性地位、女性就业、女性教育等领域。[②] 胡澎的《性别视角下的日本妇女问题》(中国社会科学出版社2010年版)一书从妇女参政、妇女就业、妇女的生活方式与思维方式、妇女与人权等不同角度论述了日本妇女的现状和存在的问题。张冬冬的《现代日本女性权益问题研究》(中国社会科学出版社2015年版)一书依据具体的文献资料和官方相关统计数据，从参政、就业、教育、婚姻等方面对现代日本女性权益的发展进行了全面、系统的考察。有论文[③]分析了日本政府在鼓励生育政策与促进妇女就业政策方面的具体措施，如：减轻妇女工作和养育孩子的负担，改善社会环境，完善相关法律，改革不合理制度，出台指导性的方针

---

① 参见张冬冬的《当今日本社会离婚现象透视》，《日本问题研究》2010年第4期；《离婚热与当代日本社会伦理》，《外国问题研究》2010年第4期；《日本的中老年离婚热及其原因探析》，《日本研究》2010年第4期；《现代日本家庭的若干问题探析》，《东北亚学刊》2015年第5期。

② 参见胡澎《中国的日本妇女与家庭研究30年综述》，载李薇主编《当代中国的日本研究(1981—2011)》，中国社会科学出版社2012年版。

③ 胡澎：《日本在鼓励生育与促进妇女就业上的政策与措施》，《日本学刊》2004年第6期。

和政策等。针对婚姻暴力，有论文①介绍了日本政府如何在全社会建立起一个预防、干预和消除婚姻暴力的安全网络。有文章②认为，日本女性的劳动参与程度仍处于世界较低水平，传统性别分工意识、劳动雇佣制度以及职场待遇差距均成为女性再就业的阻碍。有论文③聚焦日本政府积极推进"安倍女性经济学"中存在的保育园问题、女性的在职贫困等一系列的矛盾问题，提出从制度层面、文化层面、意识层面改善女性面临的生存困境是日本社会的一个重要课题。

日本青少年问题的研究开始于 20 世纪 80 年代，涉及 20 世纪 80 年代的"新人类"④、21 世纪的"寄生虫现象"⑤ 以及当今的青少年"蛰居"和青少年犯罪等问题⑥。近年来，关于日本青少年问题的基础理论研究和现实对策研究不断扩展和深化，主要研究成果大致可分为青少年社会现象、青少年教育以及青少年犯罪三个方面。其背景是日本青少年的忧郁症、自闭症、"蛰居"等心理问题明显突出，特别是"蛰居"现象已成为日本社会的一个严重问题。目前，"蛰居"状态中的日本青少年数量高达数十万，且表现出以男性青少年比例高、"蛰居"的时间越来越长、人数越来越多的趋势。针对这类青少年问题，师艳荣等学者发表了多篇论文，认为"蛰居"现象是日本社会、家庭、学校共同造成的社会病理现象。"蛰居"主要包括性格自卑型、学业受挫型、家教偏颇型和就业遇挫型，产生原因有社会经济发展所带来的"私性化"的社会环境、核心家庭中"父职缺失"的家庭育子方式、学校教育病理及频发的校园问题等。⑦《日本青少年的闷居现象：现状、危害、背

---

① 胡澎：《日本婚姻暴力的现状及对策》，《日本学刊》2010 年第 6 期。
② 崔迎春：《超老龄社会中的日本女性再就业问题》，《妇女研究论丛》2015 年第 3 期。
③ 王勇丽：《社会性别视角下日本女性的生存困境探析》，《重庆交通大学》2019 年第 1 期。
④ 王炜：《八十年代日本青年的一些特征》，《日本问题》1989 年第 3 期。
⑤ 宋协毅、张美蓉：《浅析"寄生虫现象"与现代日本社会的关联》，《日本学刊》2001 年第 5 期。
⑥ 平战国：《当前日本少年暴力犯罪现象浅析》，《日本学刊》1998 年第 3 期。
⑦ 参见师艳荣的《日本青少年蛰居问题研究》，《青年研究》2018 年第 5 期；《日本青少年蛰居的后果及其对策》，《东北亚学刊》2018 年第 6 期；《日本社会转型与青少年蛰居问题的演变》，《日本问题研究》2016 年第 1 期；《日本蛰居者家庭的生存现状及其对策——基于"KHJ 父母会蛰居实况调查"的分析》，《日本问题研究》2016 年第 4 期；《日本青少年蛰居的现状与对策》，《当代青年研究》2012 年第 8 期；《日本青少年"无缘化"现象解析》，《中国青年社会科学》2015 年第 2 期。

景及应对》①、《当代日本青少年的自闭现象考察》② 等论文从心理文化角度挖掘日本青少年"蛰居"的深层根源,认为在依赖心理支配下,依赖关系的解体带来了青少年"无缘化",阐述了耻感文化下"不给别人添麻烦"的行事准则束缚了青少年的人际交往,加剧了"蛰居"青少年的耻感意识。另外,在集团主义教育和文化下,自我的缺失加重了青少年的孤立性,而以上这些人际关系危机构成了日本青少年"蛰居"的心理文化根源。在对"蛰居"现象进行研究时,日本学者对社会病理的研究成果比较多,有从家庭功能视角的论述,也有从当事人采访、观察等围绕亲密关系的实证研究。中国的学者则偏重对"蛰居"的含义及类型进行梳理,探讨"蛰居"在日本产生的背景,阐述日本应对"蛰居"的措施。还有论文聚焦 21 世纪以来日本社会出现的"啃老族",针对"啃老族"人数规模庞大且呈现高龄化趋势发展,认为"啃老族"的产生与日本社会严峻的就业形势、宽松的教育体制以及来自家庭的溺爱之间有着不可分割的关系。③《日本年轻人的自立问题及其对策》④ 一文认为日本政府为帮助年轻人尽早实现自立,从法律和政策两方面入手,在完善相关法律体系的基础上,出台了诸多就业支援措施以缓解劳动力短缺危机。另外,还有相当数量的论文探讨了日本的校园暴力问题。

六 日本的环境研究领域

日本是一个灾害大国,自古以来地震、台风、海啸、火山、洪水等自然灾害频发。2011 年 3 月 11 日,东日本大地震,尤其是福岛核灾,给日本带来了沉重的打击。中国学术界对日本灾害问题研究较为关注,特别是中日地震的比较研究比较突出。陈立行、宋金文等《地震·救援·重建的中日比较研究》(吉林文史出版社 2013 年版)一书从社会关系资本、全球化的视角对地震、救援、重建的关系进行了比较研究,有对日本的灾民居

---

① 黄喜珊、刘鸣:《日本青少年的闷居现象:现状、危害、背景及应对》,《比较教育研究》2011 年第 5 期。
② 马少华:《当代日本青少年的自闭现象考察》,《湖北经济学院学报(人文社会科学版)》2013 年第 12 期。
③ 郄汀洁:《21 世纪日本啃老族问题剖析》,《当代青年研究》2018 年第 3 期。
④ 师艳荣:《日本年轻人的自立问题及其对策》,《黑龙江社会科学》2020 年第 2 期。

住重建无偿救助制度进行了研究①，有从金融援助制度对东日本大地震后的灾区居住重建进行了研究②。有研究认为日本城市地震灾害复杂演变的历史过程，对快速发展的中国城市具有重要的借鉴意义。③ 金嬴的《日本"核"去"核"从》（外文出版社2015年版）一书分析了日本的核现状，试图解释"核电零事故"神话顷刻间灰飞烟灭的原因，探讨日本该"核"去"核"从。

随着改革开放后中国经济的迅猛发展，环境破坏、环境污染、垃圾处理等问题凸显，中国学术界从20世纪80年代改革开放初期就开始关注日本的环境问题和环境治理，探究日本如何从一个全球公害最严重的"公害大国"治理成世界环保先进国家，其间走过了怎样的弯路，有什么值得借鉴的经验。王德迅的《日本危机管理体制研究》（中国社会科学出版社2013年版）对日本自然灾害危机管理、事故灾害危机管理、健康危机管理、环境危机管理、企业危机管理、经济危机管理、社会危机管理、涉外危机管理等进行了实证分析和研究。一些研究成果对不同时期环境污染的状况和政府的对策进行了梳理，认为日本的环境污染及其治理经历了矿山污染、工业污染、城市复合型污染等阶段。不少论文聚焦日本环境保护的制度和举措④，有论文总结了日本治理公害的经验，包括环境保护与治理上依赖的法律体系建设和执行、绿色发展、企业的参与和配合以及国民高度的环境保护意识、多措并举、多方筹资等，认为这些举措对我国环保事业的发展具有启示意义。

我国城市生活垃圾产量快速增长，给城乡环境保护带来较大压力。但垃圾治理存在法律构建不完备、政策落地效果不理想、市场潜能未能有效发掘、民众参与率低、民间组织的力量尚未充分调动等问题，促使中国学

---

① 周建高：《日本对自然灾害中住宅损坏的认定与救助政策》，《北华大学学报》2014年第3期。
② 周建高、郑蔚：《东日本大震灾后灾民居住重建的金融援助制度》，《东北亚学刊》2015年第1期。
③ 王瓒玮：《日本城市地震灾后社会治理研究——以阪神淡路大地震为中心的探讨》，《中国石油大学学报（社会科学版）》2018年第2期。
④ 参见王文英《战后日本废弃物处理的历史考察》，《日本学刊》2012年第1期；刘昌黎《90年代日本环境保护浅析》，《日本学刊》2002年第1期；杨书臣《近年来日本环境污染防治的特点、举措及趋势》，《日本学刊》2009年第1期。

者研究日本垃圾减量、分类收集、资源化利用的经验。2019年第6期的《日本问题研究》特设了"日本垃圾回收处理与循环利用专题",刊登了《从"垃圾战"到"多元协作":日本垃圾治理的路径与经验》《日本建筑垃圾回收再利用的制度构建及启示》《日本国民性对居民生活垃圾分类行为的影响》《日本制定"塑料资源循环战略"的原因及影响》四篇论文①,反思日本经济高速增长期的垃圾公害问题,对日本的建筑垃圾、生活垃圾、塑料垃圾的分类、回收、循环利用的历史和现状进行了深入的分析,阐述日本从大量生产、大量消费、大量废弃的社会经济模式走向垃圾分类、垃圾减量、资源再生的循环型社会之路,并指出日本各级政府、企业、非营利组织、市民等作为垃圾治理的主体,分工合作、相互支持的"多元协作"模式是日本垃圾治理的途径之一。

2020年新冠肺炎疫情在全球肆虐,也给日本社会带来诸多影响。中日两国的学者都不约而同地将目光聚焦疫情这一重大问题,关注疫情的进展、疫情的应对、疫情给社会带来的影响等。《日本危机管理机制研究》②、《日本灾害信息传播应急机制及对我国的启示》③、《日本"官民协作"的危机治理模式及其启示》④ 等论文关注日本的危机管理体系,进行了多方面的研究。

20世纪90年代,日本面临地球变暖的世界性难题和自治体财政能力及经济活力下降的双重困境。为寻求出路,日本确立了兼顾低碳城市建设与低碳经济发展的方针。日本地方城市推动低碳化和产业生态化深度融合,以低碳发展同步带动低碳城市建设和城市经济振兴的理念与经验,对

---

① 参见胡澎的《从"垃圾战"到"多元协作":日本垃圾治理的路径与经验》,《日本问题研究》2019年第6期;施锦芳、李博文《日本建筑垃圾回收再利用的制度构建及启示》,《日本问题研究》2019年第6期;李圣杰、程一骄《日本国民性对居民生活垃圾分类行为的影响》,《日本问题研究》2019年第6期;陈祥《日本制定"塑料资源循环战略"的原因及影响》,《日本问题研究》2019年第6期。

② 许悦雷、董佳:《日本危机管理机制研究》,《现代日本经济》2020年第4期。

③ 高昊、郑毅:《日本灾害信息传播应急机制及对我国的启示》,《山东社会科学》2020年第4期。

④ 胡澎:《日本"官民协作"的危机治理模式及其启示》,《日本学刊》2020年第2期。

中国城市的发展具有重要的借鉴意义。①

七 日本的社会组织与社会治理研究领域

日本是世界公认的社会治理良好的国家，随着对社会问题的出现，日本社会组织参与到社会治理中，使得日本的社会治理能力不断提升。近十几年来，中国学者对日本非营利组织（NPO）的研究成果比较突出。1995年阪神·淡路大地震是日本民间非营利组织发展的一个契机。1998年《特定非营利活动促进法》的出台对于日本NPO制度体系构建具有划时代意义。之后，各地涌现了大量超越行政框架、进行自由和自律活动的民间非营利组织。这些民间组织分布在社会福利、文化教育、社区营造、国际援助、灾害救助、维护人权、男女平等、保护环境、反战和平等领域，通过提供服务、开展各种活动，已经成长为促进经济发展、协调社会、推动政治民主化进程、完善公民社会的一支新生力量。

近年来，中国学术界对日本非营利组织和非政府组织（NGO）的研究不断深化。王名等编著的《日本非营利组织》（北京大学出版社2007年版）、《日本非营利组织管理制度改革及其启示》《日本非营利组织发展进程（上下）》以及胡澎的多篇论文②对日本的非营利组织的现状及其管理制度改革进行了介绍和梳理，对日本非营利组织和非政府组织在社会发展中起的作用做了积极评价。结论为非营利组织作为社会领域的重要主体，其演进和发展与所在国家人文传统、经济基础、社会结构、制度体系和治理模式密切相关。有论文介绍了日本NGO组织开展的卓有成效的对外援助活动，为日本提升其国际地位、树立良好国际形象发挥了积极作用。另外，进入21世纪后，在相关法律和政策的框架下，养老护

---

① 李国庆、丁红卫：《地方城市低碳发展：日本实践与经验镜鉴》，《福建行政学院学报》2019年第6期。

② 参见王光荣《日本非营利组织管理制度改革及其启示》，《东北亚学刊》2014年第2期；马俊达《日本非营利组织发展进程（上下）》，《中国社会组织》2014年第7期、第8期；胡澎《日本NGO的发展及其在外交中的作用》，《日本学刊》2011年第4期；胡澎《非营利组织在日本社会发展中的作用》，载《南开日本研究》，世界知识出版社2012年版；胡澎《日本非营利组织参与社会治理的路径与实践》，《日本学刊》2015年第3期；胡澎《日本非政府组织的对外援助活动及对我国的启示》，《国外社会科学》2019年第5期。

理NPO针对本地区的老年人开展了访问护理、日托护理、入住设施护理等灵活、细致的护理服务，使老年人在不脱离家庭和社区的情况下得以安度晚年，有效缓解了家庭和社区的养老困境。同时，养老护理NPO还为增进地区福利、构建和谐社区以及建立NPO与政府之间的新型伙伴关系发挥了积极作用，显示了日本养老护理事业未来的发展方向。

20世纪90年代以来，日本社会面临诸多问题，民众的需求也日渐多元，仅仅依靠政府部门提供公共服务、实施公共事业已很难满足民众的需求。宋金文的《治理理论与实践的中间地带——日本福利改革中的权力与智慧博弈》① 等多篇论文阐述了20世纪80年代发生的日本福利危机与治理改革是一场围绕福利应由谁负责、怎么负责的问题，在政府与市场、政府与居民、中央政府与地方政府、居民与业者等之间开展的权力和智慧的博弈。有论文聚焦"多元协作"这一新型公共服务方式，即政府部门、非营利组织和企业等多元主体在平等基础上，合理分工、互动合作、相互依存、相互补充、相得益彰地开展公共服务，解决公共问题，并对这一"多元协作"的方式给予了较高评价。特别是在社区营造过程中，市民、市民团体、非营利组织与政府的关系，从诉求、对抗变为合作和协商。② 有论文认为日本的自治会作为地方社区的基层公民组织是日本最大的公民组织，是日本地方治理中的重要参与者。自治会在参与地方治理中表现出了"行政媒介型公民参与模式"的特征，它一方面发动地方居民的力量参与地方治理，实现地方居民的主体性参与；另一方面通过参与协助地方政府的行政，和地方政府保持良好的合作关系进而达到影响地方政府的目的。③、《战后日本社区政策的逻辑起点——基于政策文本的分析》④ 一文探讨了日本构建有别于传统共同体的新型社区的历史背景、现实需求、功能定位以及行动方案等问题，认为日本的地域社

---

① 宋金文：《治理理论与实践的中间地带——日本福利改革中的权力与智慧博弈》，《人民论坛》2014年第14期。

② 参见胡澎《日本"多元协作"的构建与展开——以地方自治体与非营利组织的关系为中心》，《中国社会组织报告（2018）》，社会科学文献出版社2018年版；《日本"社区营造"论——从"市民参与"到"市民主体"》，《日本学刊》2013年第3期。

③ 王冰：《日本地方治理中的公民社会组织参与模式——以自治会为例》，《日本问题研究》2017年第2期。

④ 俞祖成：《战后日本社区政策的逻辑起点——基于政策文本的分析》，《社会科学》2019年第1期。

会治理是以地域社会力量的发动、志愿服务组织的发展、非营利组织的专业化服务、政府组织多样化项目的支持以及各主体之间的"协作"来实现的。

日本在乡村治理中贯彻绿色生态理念，优化与完善了农村土地经营模式，实现了乡村的现代化。乡村振兴是中国学术界关注的一个重要领域。周维宏的《社会政策视域下的日本农村振兴路径》[①]认为战后日本农村振兴社会政策路径的讨论可以归纳为"农民经济组织农村垄断地位政策""农村公共服务健全政策"和"农业的社会产业地位政策"。作者认为这些政策从观念和社会共识的形成出发，依托相关制度的建立和实施，对农村振兴发挥了巨大作用。另外，农民在社会政治中拥有自己的组织和代表，是日本农村振兴社会政策路径顺利形成、实施并取得巨大成效的重要保证。俞祖成的《存续抑或消亡——日本乡村发展现状探析》[②]一文针对日本乡村地区走向衰落问题，分析了日本学术界的"地方消亡论"和"田园回归论"。《基于人才支援的乡村振兴战略——日本的经验与借鉴》[③]梳理了日本导入乡村支援员和乡村振兴支援队等人才支援政策的背景、内容、主要成果及实施评价，从乡村振兴的本质、人才回流支援、乡村组织模式等视角探讨该策略对我国乡村振兴的借鉴意义。作者认为，日本基于人才支援的乡村振兴战略是在城乡交流不断深化，以及面向乡村的财政补助政策重点转移到"人"的背景下产生的，推动了人由城市向乡村回流并在乡村创造新的就业机会，在一定意义上实现了乡村的"活化"和振兴，形成了促进乡村就业与人才回流的良性循环。

八　日本的社会思潮研究领域

日本社会研究领域中社会思潮相关研究成果比较突出。21 世纪以来，在社会意识、社会思潮、社会运动领域诞生了一批学术专著，如：高增杰的《日本的社会思潮与国民情绪》（北京大学出版社 2001 年版）、纪廷许的《现代日本社会与社会思潮》（中国社会科学出版社 2007 年版）、赵京

[①] 周维宏：《社会政策视域下的日本农村振兴路径》，《日本学刊》2018 年第 5 期。

[②] 俞祖成：《存续抑或消亡——日本乡村发展现状探析》，《武汉大学学报（人文科学版）》2016 年第 4 期。

[③] 刘云刚、陈林、宋弘扬：《基于人才支援的乡村振兴战略——日本的经验与借鉴》，《国际城市规划》2020 年第 3 期。

华的《日本后现代与知识左翼》(生活·读书·新知三联书店2007年版)、赵军的《日本右翼与日本社会》(广东人民出版社2007年版)等,拓展了该领域研究的深度和广度。针对20世纪90年代以来日本社会思潮,崔世广认为是战后以来的和平主义和保守主义思潮两极对立结构的终结,而代之以民族主义和改革思潮的兴起。① 纪廷许深入分析了新民族主义思潮是如何在日本社会中逐渐扩散影响的,认为阪神大地震和奥姆真理教事件对日本大众意识造成巨大冲击,20世纪90年代中期以后日本进入了政治文化及大众意识上的转折时期。②

近年来,随着日本整体趋向右倾保守化,日本右翼势力及其思潮日益猖獗泛滥,学界越发关注日本右翼问题的研究,相关研究成果不断涌现。主要关注点和研究领域集中于右翼历史的厘清、右翼历史观的批判以及右翼对内政外交影响几个方面。如:孙立祥的《战后日本右翼势力研究》(中国青年出版社2013年版)、王希亮的《日本右翼势力与东北亚国际关系》(社会科学文献出版社2013年版)、步平和王希亮共著的《日本右翼问题研究》(社会科学文献出版社2005年版)、王向远的《日本右翼历史观批判研究》(中国人民解放军文艺出版社2015年版)等著作以及《日本早期右翼溯源:发展路径与系谱建构》③等论文,为我们认清右翼本质、研判其发展趋势和做好应对工作提供了学理依据。

进入21世纪后,学术界关于日本的社会运动研究也诞生了多篇论文,如《战后日本社会运动的演进和特征》④分析了战后70年日本涌现出诸多内容、形式、特征各异的社会运动,认为这些社会运动在与政府的关系上基本可分为"对抗型""要求型"与"建设型"三种。另有多篇论文分别对"母亲大会""生活者运动"、反对修改《教育基本法》等市民运动进行了专题研究。《日本民间追究战争责任运动及其影响》等论文对20世纪80年代以来日本民间出现的追究日本战争责任的市民运动进行了研究,认为这一运动对于抵制日本右翼势力的倒行逆施,制

---

① 崔世广:《90年代日本的社会思潮浅析》,《日本学刊》2001年第2期。
② 纪廷许:《90年代中期以来日本大众意识浅析》,《日本学刊》2003年第3期。
③ 吴限、谢明:《日本早期右翼溯源:发展路径与系谱建构》,《日本学刊》2014年第5期。
④ 胡澎:《战后日本社会运动的演进和特征》,《日本学刊》2015年第5期。

约日本政治右倾化倾向，维护亚洲和太平洋地区的和平起到了不可替代的作用。①

第三节 日本社会研究的主要特点

1981—2020 年，中国的日本社会研究有了可喜的进步，学术成果不断诞生，研究领域不断扩大，研究队伍进一步壮大，论文和专著数量增多，学术质量日趋精良，理论性和学术性逐步加强。一些传统意义上的社会研究领域呈现出跨学科研究的趋势。李卓对这一时期的日本社会研究做了如下评价："视野之新、研究对象之新、研究方法之新，标志着中国学者在日本社会研究领域取得了开拓性进展。"②

一　已形成一支日本社会研究的队伍

1981—2020 年 40 年间，中日两国学术交流为中国的日本社会研究奠定了基础，为中国的日本社会研究培养了人才。一批批中国留学生走出国门，在日本的高校和科研机构接受系统的学术训练，广泛地接触日本社会，感知日本社会。中国学者也有更多的机会去日本研修、讲学、参加学术研讨会、查阅资料、进行社会调查等。中国大学、研究机构也经常邀请日本学者来华担任教学工作、做学术讲座、参加学术会议。40 年来，中国的高校和研究机构培养了一批一批的博士生、博士后等专门人才，值得一提的是，北京外国语大学北京日本学中心与中国社会科学院大学日本系是培养日本社会研究博士生的两个重要基地，不少博士生毕业后进入研究机构或高校继续从事日本社会研究。

随着日本社会研究人员的不断增加，中国的日本社会研究界正逐渐形

---

① 参见刘小林《冷战后日本的和平运动与和平理念》，《日本学刊》2006 年第 5 期；王希亮《日本民间追究战争责任运动及其影响》，《日本学刊》2006 年第 4 期；胡澎《日本社会变革中的"生活者运动"》，《日本学刊》2008 年第 4 期。

② 李卓：《近十年来中国的日本研究——社会文化研究（1997—2008）》，载《南开日本研究》，世界知识出版社 2010 年版。

成老中青三代的学术队伍，且呈现出年轻化、高学历化、知识结构多元化的趋势。当今，从事日本社会研究的学者多在高校或研究机构从事教学或研究工作，大多数人有在日本学习、工作或从事学术交流的经历，有的还是日本教育机构培养的博士、硕士，接受过系统的学术训练，对日本社会问题比较敏锐，对日本的学术界也较为熟悉。有些研究人员与日本社会学研究界保持着密切的学术交流，能站在学科前沿进行研究。有些研究人员从20世纪80年代就将自己的研究领域定位于日本社会研究，数十年默默耕耘。近年来，新生代的日本社会研究人员成长起来，他们不断拓展研究领域，潜心研究，出版专著，发表论文，已成为日本社会研究领域一支重要的新生力量。

二 关注和追踪日本社会的新问题，选题日渐丰富

1981—2020年中国的日本社会研究一个显著特点是紧扣时代。中国的日本社会研究关注战后以来日本社会结构的变化、社会制度变革，关注日本社会发展过程中出现的各种问题，力求对日本社会进行精准的定位和全方位把握。选题日渐丰富，基本涉及日本社会研究的所有领域，特别是对人口问题、福利与社会保障、雇佣与劳动、家庭、外籍劳动者、"安倍经济学"、地方社会、青少年问题等显示出研究兴趣，这些基本上都是当今日本社会的前沿问题。近十多年来，研究人员不断回应日本社会学科发展的需要，针对日本社会的诸多变化，站在学科前沿进行深入研究，推出了不少高水平的研究成果。研究成果之"新"，主要表现在以下几个方面：

一是及时准确地对平成时代进行总结。2019年5月1日，平成时代宣告结束，"令和"新时代正式开启。《平成日本社会热点问题解析》（社会科学文献出版社2019年版）一书出版，该书汇聚16位学者的研究成果，将平成时期作为一个独立的历史时期，对平成时期少子化老龄化背景下的地方社会、社会保障、家庭婚姻、非正规雇佣、灾区复兴、青少年等问题进行了精准研究；对平成时期的社会制度进行了梳理和客观的评析；对平成时期社会发展和社会治理中的积极因素进行了挖掘。该书的出版体现了中国学术界对日本社会的研究与日本社会学界的研究基本同步。关于平成

社会的研究论文有《平成日本的社会变迁——从瓦解走向重构》[①]和《从"增长型社会"到"成熟型社会":平成时代日本社会的转型、困境与应对》[②]等,前者对平成时代日本的少子老龄化、家庭模式的变迁、灵活的雇佣制度、社会阶层扩大等问题进行了深入探讨,后者论述了平成时代日本从"增长型社会"至"成熟型社会"的转型,剖析了平成日本社会面临的困境,也对日本政府和民间为走出困境所做的努力给予了肯定。

二是对日本社会进行追踪研究。中国的日本社会研究界对每一年日本的社会问题进行追踪研究。如,中国社会科学院日本研究所主编的年度《日本蓝皮书》(社会科学文献出版社)里收录有该年度日本社会热点问题的研究成果,也有对该年度的年度汉字、新语流行语的研究论文。年度汉字、新语流行语这一种特殊的语言表达形式高度浓缩了当代日本社会的热点现象,折射了日本社会的新变化,也展现了日本的国民心态。

三是相当多的研究成果聚焦于日本社会的新变化、新问题和新动向。如:日趋严峻的少子老龄化问题是中国研究人员关心的一个重要问题;中国学者不仅对日本的社会保障制度显示出浓厚兴趣,还关注日本对社会保障制度所进行的改革,将研究向综合性、系统性方向推进[③];20世纪90年代后,当社会差距扩大、儿童的贫困、女性的贫困、老年人的贫困等成为日本舆论广泛议论的话题和学术界关注的问题,中国学者敏感捕捉到这一变化,日本的社会阶层、收入分配、就业、社会公平等方面的研究成果相继问世;2020年,新冠肺炎疫情对日本社会造成了巨大影响,中国学者对新冠肺炎疫情下的日本社会进行了广泛研究,认为新冠肺炎疫情像一面放大镜,将日本潜在的社会问题一一凸显出来,同时疫情又像一个加速器,加快了日本社会变迁的步伐。有论文[④]阐述疫情催生出新的工作方式;凸

[①] 王伟:《平成日本的社会变迁——从瓦解走向重构》,《日本文论》2019年第1辑。
[②] 胡澎:《从"增长型社会"到"成熟型社会":平成时代日本社会的转型、困境与应对》,《日本学刊》2019年第5期。
[③] 这一领域的论文有宋金文《日本护理保险改革及动向分析》,《日本学刊》2010年第4期;闻武刚《日本老年护理保险制度的成效分析与启示》,《日本研究》2010年第4期;施锦芳《日本看护保险制度的沿革及其思考》,《现代日本经济》2011年第2期。
[④] 胡澎:《新冠疫情对日本社会的影响——兼谈"后新冠"时代日本社会的走向》,《日本问题研究》2020年第4期。

显教育领域信息通信技术滞后；疫情对低收入群体冲击较大；两性关系再遇挑战；人际交往"无缘化"程度加深等。有论文①关注新冠肺炎疫情下的日本的离婚问题，认为"新冠离婚"反映了日本向"去工业化"社会移行过程中所生成的新社会风险。2016年1月，日本内阁在《第五期科学技术基本计划》中首次提出了超智能社会（社会5.0）的概念，并将其定义为继狩猎社会（社会1.0）、农业社会（社会2.0）、工业社会（社会3.0）、信息社会（社会4.0）之后的新社会形态。随后，超智能社会不仅成为日本学术界的热点，也成为中国的日本社会研究界关注的一个新热点，多篇论文介绍了日本的超智能社会，认为"超智能社会"的概念涵盖能源、交通、制造、服务等领域，还涉及法律、商务、劳动力提供和理念创新等内容，断言"超智能社会"将对日本社会、经济、外交等产生深远影响。②《日本借力"第四次产业革命"构筑"超智能社会"》③ 一文介绍了日本借力"第四次产业革命"构建"超智能社会"，提升国家竞争力与国民幸福感的政策思路。文中阐述了日本通过构建"超智能社会"，将第四次产业革命的创新成果应用到经济社会的各个方面，解决日本面临的各种社会问题，创造出许多新的机会，支持日本经济的持续发展。

三 带有鲜明的问题意识，注重对中国的借鉴和启示

第二次世界大战结束至今，日本社会的每一个发展阶段均涌现出各种不同的社会问题，有些问题已经得到彻底的解决，有些仍在解决的过程中。中国以1978年的改革开放为起点，开始从农业的、乡村的、封闭半封闭的传统社会，向工业的、城镇的、开放的现代型社会转型。随着中国40多年的改革开放，中国社会的主要矛盾已经改变为人民日益增长的美好生活需要和不平衡不充分的发展之间的矛盾。当今中国社会面临人口老龄

---

① 王瓒玮：《从新社会风险的生成及演变看日本"新冠离婚"》，《日本问题研究》2020年第4期。

② 论文有朱启超、王姝《日本"超智能社会"建设构想：内涵、挑战与影响》，《日本学刊》2018年第2期；丁曼《"社会5.0"：日本超智慧社会的实现路径》，《现代日本经济》2018年第3期。

③ 平力群：《日本借力"第四次产业革命"构筑"超智能社会"》，《黑龙江社会科学》2020年第2期。

化、区域发展不平衡、贫富差距拉大、教育体制不公平、社会保障制度不完备等诸多问题。这些问题亟须从西方国家的发展道路中汲取智慧，特别是从日本社会发展的经验和教训中找出一条适合中国社会的发展道路与治理途径。

日本一直是中国社会发展的一个重要参照物。日本社会一些已经发生或正在发生的问题，正是当今中国社会发展阶段亟待解决的问题。研究日本社会可提供一个新的视角、打开一个新的窗口去观察外部世界。日本在现代化道路上的成功经验以及出现的社会问题对中国有着较高的参考价值，可为我国未来的发展提供新思路。

中国学者在研究日本社会时带有鲜明的中国立场、中国视角、中国意识、中国经验，既看到日本社会存在的问题，同时也对日本在制度建设、城乡发展、社会治理、环境治理中的经验给予了充分的关注，希望通过对日本社会的研究来解答中国社会发展进程中的一些问题。

中国的日本社会研究成果显示了中国学者希望从日本发展道路中寻找中国社会问题解决方策的努力。不少研究成果以中国立场和中国视角，结合中国改革开放以来社会发展过程中出现的问题展开日本社会研究。如何借鉴日本经验为我国社会发展和社会治理服务，已成为摆在中国的日本社会研究人员面前首先要解决的问题。尚会鹏认为日本社会现代化给我们的一个重要启示是，根据本国的实际情况，尽可能挖掘和利用本民族文化传统的"资源"以推进现代化进程。周维宏认为日本通过走合作化、工业化的道路以及政府对农业、农村、农民的积极保护和扶持政策，实现了新农村建设目标，值得我们学习。[①] 相当多的论文探讨了日本环境保护之路，认为日本的环境保护制度和举措[②]对我国环保事业的发展具有启示意义。

当前我国正在经历史上规模最大、速度最快的老龄化过程，特别是长

---

① 参见尚会鹏《日本社会现代化模式的特征及对我国的启示——从个人与集团的角度考察》，《日本学刊》1996年第2期；周维宏《新农村建设的内涵和日本的经验》，《日本学刊》2007年第1期。

② 参见王文英《战后日本废弃物处理的历史考察》，《日本学刊》2012年第1期；刘昌黎《90年代日本环境保护浅析》，《日本学刊》2002年第1期；杨书臣《近年来日本环境污染防治的特点、举措及趋势》，《日本学刊》2009年第1期。

期的计划生育政策导致低生育率现象与老龄化问题相互叠加，老年人的照顾问题日益凸显。不少学术成果在探讨日本养老方式、养老保险体系、居家护理服务的同时，侧重对中国的启示。日本养老产业的快速发展以及政府职能的演变等，对于促进我国养老产业的发展具有十分重要的借鉴意义。中国学者提出了不少对策建议，如实施出台应对老龄化的对策，构建关爱老年人的温馨社区，以"多元协作"助推养老服务。① 有学者认为应从制度保障、老年人就业政策、老年人资产增值等方面加快促进老年人收入的提升，同时发挥社会组织、社区、企业、家庭的养老机能，构建自助和互助的养老模式。② 有论文认为日本在应对老龄化问题上的相关制度安排和对策措施相对比较成熟、完善，对于中国应对老龄化有着较强的借鉴意义。③ 有论文认为我国应参照日本地域综合照护服务体系建设的成功经验，在社区养老服务体系建设中实行多元化服务供给模式，动员多方力量为老年人提供援助服务；完善养老服务的输送机制，提高服务效率和服务质量；构建福利型社区，确保网络化服务的开展。④ 我国应尽快完善相关法律法规、制定相应的配套制度，加大住宅型养老设施建设；重构居家养老照护服务体系；构建适合我国国情的长期照护服务体系。养老护理服务人才是养老服务业运行的重要支撑，多篇论文呼吁借鉴日本养老护理服务业人才培养经验，搭建平台，培训专业护理服务人才⑤。有论文⑥认为，要积极构建和完善老龄化的制度设计、政策体系，给予老年人更多择业空间，让老年人凭借自身专长，参与各种社会活动，找到存在感、价值感和成就感。

---

① 胡澎：《日本人口老龄化的现状、实践经验及对我国的启示》，载《中国人口年鉴2017》，中国社会科学出版社2018年版。

② 周扬、宋协毅：《日本养老服务业的发展经验及对我国的启示》，《大连大学学报》2018年第1期。

③ 封婷：《日本老龄政策新进展及其对中国的启示》，《人口与经济》2019年第4期。

④ 赵建国、邵思齐：《日本地域综合照护服务体系的维度分析与启示》，《社会科学战线》2019年第11期。

⑤ 曹永红、丁建定：《日本社会养老服务体系发展及介护服务人才培养镜像》，《中国社会工作》2018年第16期。

⑥ 参见胡澎《日本老年雇佣制度的经验与启示》，《人民论坛》2020年第9期；丁英顺《日本老年雇佣制度的发展与启示》，《前沿》2019年第3期。

近年来，中国的日本社会保障研究呈现出一个新的趋势，就是在介绍日本社会保障制度的同时侧重对中国的启示，在中日两国之间进行比较分析，试图揭示中国与日本在社会保障制度上的共性与差异，并探索形成异同的政治、经济、社会、文化等因素。中国学术界已达成一个共识：在人口老龄化不断加剧的背景之下，日本的全民医疗保险制度、护理保险制度、养老保险体系、居家护理服务为老年人养老提供了方便，保障了老年人的健康，减轻了家庭的养老负担，对中国养老事业的发展极具启示意义。有学者认为日本的"利用者主体"理念、整合化发展趋势、自下而上的社区福利规划等，给我国社区福利的发展带来了有益参考。① 有学者认为日本儿童的福利理念、立法、管理机构、目标群体、社会参与对中国有借鉴意义。② 当今，我国社会治理面临着新挑战、新机遇，随着中国城市化、城镇化突飞猛进的发展，城市化问题、城市建设、城市治理等方面都面临越来越多需要解决的课题，这一问题意识下日本社会研究的现实意义更强。周维宏认为日本通过走合作化、工业化的道路以及政府对农业、农村、农民的积极保护和扶持政策，实现了新农村建设目标，值得我们学习。③

四　日本社会研究中新方法、新理论与新视角的运用

一是日本社会史研究取得新进展。改革开放以来，中国学术界对日本政治史、外交史、经济史、文化史、中日关系史等领域的研究取得了较为丰硕的成果，相比之下，日本社会史的研究一直处于较为落后的局面。2010 年，李卓的《日本近现代社会史》（世界知识出版社 2010 年版）的出版使这一落后状况大为改观。该书是中国第一部冠以日本社会史的学术论著，也是从社会发展这一全新视角解读日本近现代历史的一部有着较高学术价值的著作。

二是当今中国的日本社会研究正展现出一种跨学科研究的趋势，即将日本政治、日本经济与日本社会、日本历史、心理学、文化人类学结合起来的研究方法。刘晓峰的《"平成日本学"论》（《日本学刊》2015 年第

---

① 张继元：《社区福利核心概念和发展路径的中日比较》，《社会保障评论》2018 年第 3 期。
② 刘璐瑶：《日本儿童福利制度对我国的启示》，《青少年研究与实践》2018 年第 3 期。
③ 周维宏：《新农村建设的内涵和日本的经验》，《日本学刊》2007 年第 1 期。

2期）从断代史角度将平成时代划分为一个独立的历史时期，而这一时期出现了一系列新变化、新特征。他认为立足于这一新的学术平台展开的跨学科、跨领域研究，可以构筑起对日本当代政治、经济、文化等进行多角度、多层面综合分析的新框架。

三是对社会研究理论和方法的探讨。在日本社会研究成果中，尚会鹏、杨劲松、游国龙的论文对土居健郎、滨口惠俊、许烺光等著名学者的理论进行了持续的研究，其可贵之处在于，没有止步于介绍和探讨理论问题，而是将这些理论加以吸收和深化，创建出一种新视角、新理论和研究方法。比如，在分析日本学者滨口惠俊的"间人"概念及其理论的特点与不足的基础之上，提出用"缘人"概念描述日本人的"基本人际状态"。这一理论的构建与尝试将日本社会研究、日本文化研究以及日本人文化心理研究等跨学科研究结合在一起，为日本社会研究引进了全新的视角和方法论。针对近代以来日本社会结构的变化，尚会鹏在《日本社会的"个人化"：心理文化视角的考察》（《日本学刊》1999年第5期和2010年第2期）中指出，20世纪90年代以来，支撑日本"集团社会"的社会基础已经发生深刻变化，正在向"个体社会"转变。这也是造成高自杀率和抑郁症患者增多、青少年自闭者和"自我萎缩"者增加以及"熟年离婚"等现象增加的重要原因。他提出，东亚社会今后的趋势是从"群体本位"向更大程度上的"个体本位"变化，由更强调"相互依赖"向更强调"自我依赖"模式变化。人与人之间的联系将由更强调"缘"向强调契约变化，人与人之间的关系将会更重视规则、更易测量、更透明和更容易操作。

周维宏的《日本社会现代化发展的空间压缩特征探析》[《四川师范大学学报（社会科学版）》2016年第1期]论述了日本社会的现代化压缩特征，即在文化空间上，集中表现在现代化的基本理念即个人主义的人为缺失（拒斥）上；在社会关系空间上，表现为现代家庭的出现和消解前后紧密相联；在经济空间上，表现为双重经济任务和双重经济结构的同时出现；在政治空间上，集中表现为民主阶段和分散民主阶段的压缩式衔接。《社会福利政策的新基本原则："看护四边形理论"及其研究课题》[1]、《日

---

[1] 周维宏：《社会福利政策的新基本原则："看护四边形理论"及其研究课题》，《社会政策研究》2016年第1期。

本养老看护服务体系的重构——以"看护四边形"理论为视角》①介绍了看护四边形理论，认为随着老龄化、少子化进程的加剧，传统家庭功能的衰弱，未来社会需要政府、市场、家庭及地域组织或志愿者等机构协同承担养老看护重任。一些社会研究的论文运用社会学理论对社会现象加以学术探讨。《从"安心社会"走向风险社会的日本——结构主义视角下的解读》从结构主义视角观察日本社会，认为由于政治右倾化、经济长期低迷以及少子老龄化与"差距社会"等影响，日本正在从"安心社会"走向"风险社会"。②

四是日本社会研究成果中呈现出区域研究特别是东亚的比较研究特色。在全世界多个国家均呈现老龄化倾向的背景下，世界人口动态与日本人口动态的比较研究以及各国的老年福利制度比较研究十分重要。在社会保障方面，世界各国对社会保障权的经济权利、政治权利和社会权利的侧重程度不同，形成了不同的社会保障模式。杨立雄的《中日韩生活保护制度研究》（中国经济出版社 2012 年版）一书提出社会救助制度是社会保障制度当中最基本的、必不可少的制度措施，也是最后一道社会安全网，政府有责任建立完善的社会保障制度以保障社会救助的实施。赵立新的《德国日本社会保障法研究》（知识产权出版社 2008 年版）一书则将社会保障领域的比较研究从亚洲拓展到了欧亚，对英美日三国的国家公务员养老保险制度做了比较研究。近年来，社会保障制度的比较研究范围从中日两国扩展到日本、韩国、中国、新加坡等，聚焦东亚社会保障模式可行性的探讨。③ 王桥主编的《东亚：人口少子高龄化与经济社会可持续发展——中国·日本·韩国比较研究》（社会科学文献出版社 2012 年版）一书对中日韩三国少子老龄化的过程、特征、表现、影响等方面进行了比较，在社会保障、养老模式、文化培育、住宅模式等方面提出了建设性意见，有助于中国的相关部门思考和出台少子高龄化对策。王伟主编的《中日韩人口老

---

① 郭佩：《日本养老看护服务体系的重构——以"看护四边形"理论为视角》，《东北亚学刊》2019 年第 6 期。

② 吴限：《从"安心社会"走向风险社会的日本——结构主义视角下的解读》，《东北亚学刊》2018 年第 1 期。

③ 参见国威、刘梦云《"东亚福利体制"的内在统一性》，《人口与经济》2011 年第 1 期；林义《关于东亚社会保障模式的理论思考》，《中国人民大学学报》2012 年第 2 期。

龄化与老年人问题》（中国社会科学出版社2014年版）一书涵盖中日韩三国人口问题的现状与特征、人口结构变化对社会发展的影响、中日韩三国人口政策、人口结构变化与可持续发展理论等，为中日韩三国解决少子老龄化问题提供了思路。王莉莉的《新时期日本人口老龄化的国际比较研究》（《日本问题研究》2011年第2期）一文从国际视角对日本人口老龄化的发展及特点进行了分析，为了解日本的人口老龄化状况提供了科学翔实的依据。

五是社会调查、原野调查、采访、问卷等社会学方法的运用使日本的社会研究更接地气，也更具现实意义。例如，有论文聚焦东日本大地震发生之后日本传统社会中的"自肃"和现代社会的"公民意识"，作者对灾区进行了实地调查。① 另外，中国学者对日本社会研究动向也较为关注。周洁的《日本家庭社会学研究及未来走向》（《日本学刊》2009年第6期）介绍了日本家庭社会学研究的一些最新动向，对于中国的日本家庭研究具有一定参考价值。

第四节 日本社会研究存在的问题与展望

进入21世纪，中国的日本社会研究取得了不俗的成绩，究其原因主要有以下几点：一是中日两国学术交流为中国的日本社会研究奠定了基础，为中国的日本社会研究培养了人才；二是日本学术界的社会调查、统计及学术成果，为中国学者的研究起到了重要的参考作用；三是改革开放以来，日本作为中国社会发展的重要参照物，其在现代化道路上的成功经验以及出现的社会问题对中国有着较高的参考和借鉴价值，从而激发了中国学者对日本社会研究的兴趣；四是中国社会学研究的进步以及西方社会学理论和研究方法的引进，促进了中国的日本社会研究的发展；五是一批研究人员将日本社会作为自己的研究领域，数十年默默耕耘，为日本社会研究做出了突出贡献，打下了坚实基础。但客观而言，"日本社会研究仍

---

① 李晶：《日本社会的"自肃"与国民的公民意识探析——基于日本3·11大地震的灾区实地调查》，《中央民族大学学报》2014年第3期。

属于弱小学科，缺乏深入、体统的研究，没有形成完整的体系"①。即便是在日本研究领域，相比日本外交、日本经济、日本文化等学科的研究，日本社会研究也存在着差距。日本社会研究的学术专著数量还不够多，精品力作还比较少。学术论文散见于各类学术刊物，虽然涉及面较广，但显得零散、不够系统，宏观分析的成果较多，微观分析的成果较少。

日本社会研究在理论上也有待加强，不少论文停留在简单运用西方社会学、人口学及社会发展理论等对日本社会现象和社会问题加以分析和诠释，缺少中国本土的理论。一些研究还基本上停留在描述性和阐述性阶段，没有运用深厚扎实的理论来进行验证，研究方法有待创新，研究深度也有待提高。"研究方法亟待改进。在文献法、历史研究法的基础上，还应运用调查法、比较法、归纳法、统计法、分析法等其他方法，熟练使用数理分析和数量分析方法，以及思想实验、实验室实验、社会调查、社会实验等各种方法。"②

专门从事日本社会研究的人才还比较少，且处于较为分散的状态，缺少一个整合日本社会研究的学会，也没有一本专门刊载日本社会研究论文的期刊。在日本社会领域中日两国共同的合作研究还不是很多，两国研究界互动不够。中国大陆和中国港台地区的日本社会研究人员之间缺乏横向联系，相互了解也不够。这些无疑对日本社会学科的发展和创新不利。另外，中国研究人员的问题意识还应进一步加强，在对我国进行建言献策方面还有很大的提升空间。

中国共产党十八届三中全会提出全面深化改革的总目标，即完善和发展中国特色社会主义制度、推进国家治理体系和治理能力现代化。党的十九届四中全会审议通过的《中共中央关于坚持和完善中国特色社会主义制度、推进国家治理体系和治理能力现代化若干重大问题的决定》指出，坚持和完善中国特色社会主义制度、推进国家治理体系和治理能力现代化，是全党的一项重大战略任务。因此，以中国立场和中国视角，结合中国改

---

① 李薇主编：《当代中国的日本研究（1981—2011）》，中国社会科学出版社2012年版，第255页。

② 林昶：《"杂志"视点：中国日本研究的深化及其与世界的链接——学术讨论会综述》，《日本学刊》2011年第2期。

革开放以来社会发展过程中面临的现实问题展开日本社会研究,学习和借鉴日本社会治理的经验,为我国社会发展和社会治理服务,成为摆在我们面前需要优先解决的问题。

今后,中国的日本社会研究将紧紧围绕着中国的十四五规划开展。相信随着日本社会研究人员经验的积累和专业理论素养的逐渐提升,日本社会研究学科整体水平会越来越高,学术规范会进一步加强。日本社会与日本政治、日本经济、日本历史结合起来的跨学科研究将会开展起来。期待在不远的将来,中日两国社会研究人员之间的交流会越来越密切,一个联系中国、日本乃至东亚各国的日本社会研究网络将会建立起来。

第 七 章

中国的日本文化研究[*]

中国的日本文化研究,既受到东西方文明冲突这一历史大背景的深刻影响,也始终受到中日两国文化动向及中日文化关系这一历史背景的深刻影响。自19世纪中叶西方文明东渐以来,由西方文明发展过程中形成的格局和秩序,逐渐摧毁、取代了东亚地区原有国际关系格局和秩序。20世纪中叶以前,东亚地区被抛入以少数发达工业国为中心、以大多数落后国家和地区为周边的世界阶层体系。20世纪中叶以后,这一地区主权国家间的关系又被置于"均势稳定"和"霸权下的稳定"这两大原理制约之下。但是,随着东亚各国综合国力的迅速提升,各国对传统文明的自信也在逐步得到恢复,深受西方文明影响形成的东亚格局也开始发生重大调整。在新时代东亚国际关系乃至世界秩序重构过程中,文化因素的意义亦日益凸显。美国学者塞缪尔·亨廷顿(Samuel P. Huntington)的《文明的冲突与世界秩序的重建》一书甫一出版便引起了世界关注和热议,不到两年便被翻译成22种文字出版。亨廷顿在其著作的中文版序言里指出,其著作之所以受到世界如此关注,原因就在于随着"冷战"结束,文化对塑造全球政治的作用越来越重要,其著作唤起了人们对文化因素的注意。[①] 亨廷顿在其著作里列出的文明类型中就有日本文明,称"一些学者在一个单一的远东文明的称呼下,把日本文明和中国文明合并在一起。然而,大多数学

---

[*] 张建立,中国社会科学院日本研究所文化研究室主任、研究员,中日社会文化研究中心副主任。

[①] [美]塞缪尔·亨廷顿:《文明的冲突与世界秩序的重建》,周琪等译,新华出版社1998年版,第2页。

者不是这样,而是承认日本文明是一个独特的文明,它是中国文明的后代,出现于公元100—400年"。① 日本的未来发展具有怎样的可能性?日本文明在未来的东亚格局乃至世界格局中,可能发生什么作用?这些问题都与日本文化有着密切的关系。因此,中国的日本文化研究面临着一次新的机遇和挑战。2020年肆虐全球的新冠肺炎疫情更加引发了人们对东西方文明的思考。为了进一步从文化的深层次上研究日本,从文化的视角探讨日本未来发展的道路以及文化因素对中日关系的影响等问题,温故知新,回顾40年来中国的日本文化研究历程、日本文化研究的主要领域及成果、日本文化研究的主要特点、日本文化研究存在的问题与展望等,无疑具有重要意义。

第一节 日本文化研究的历程

中国人的日本文化研究,大概可以追溯到19世纪后半叶罗森的《日本日记》和黄遵宪的《日本国志》。罗森在《日本日记》中,文笔生动地描述了日本横滨、下田、箱馆(今北海道函馆市)等地的风土人情、习俗物产等,对当时的日本社会和人民也颇有好感和溢美之词。由于罗森是1853年7月作为佩里舰队的汉文翻译随同舰队赴日并且亲自参与了美日谈判签约活动,所以他的《日本日记》还成为研究近代日本开国历史的重要史料。另外,作为中国近代著名的诗人、外交家、史学家和思想家的黄遵宪撰写《日本国志》,乃是因其曾任驻日参赞,有感于中国士大夫大多眼界狭隘、不悉外情,才费时八年,发奋撰写了这部条例精详、纲目备举、寄意深远的国人研究日本历史,尤其是维新史的名作。

此后直到20世纪80年代的约百年间,在特定的学术生态下,中国的日本文化研究几乎停滞。这一时期的代表性研究成果,主要有日本文化研究著述《周作人论日本》、戴季陶的《日本论》以及朱谦之的日本哲学思想研究三部曲《日本的朱子学》《日本哲学史》《日本的古学及阳明学》。

---

① [美]塞缪尔·亨廷顿:《文明的冲突与世界秩序的重建》,周琪等译,新华出版社1998年版,第29页。

《周作人论日本》汇集了颇具"文化味道"的相关日本文化的议论；《日本论》则从"政治为用"的角度对日本历史文化做了潜心剖析，以求知己知彼。朱谦之是我国当代著名的哲学家、哲学史家、东方学家、文化学家、宗教学家、中外思想文化比较学家，不仅学问广泛，而且成就斐然，著述颇丰，多达几十种，其中有不少是当代传世的学术名著。《日本的朱子学》和《日本的古学及阳明学》就是他传世的代表作。此二书皆是作者写于20世纪50年代的著作，因填补了此领域研究空白，在当时国内和日本学术界都引起了较大反响，但后来一直没有再版。自20世纪80年代以来，国内学术界也出版了一些关于日本哲学史方面的研究著作，主要是概论性著作，或是讨论第二次世界大战后的思想情况，或是20世纪的哲学思想，而对日本江户时期（中国明清时期）的专题研究还不多，更鲜见像此二书这样专门深入研究的著述。为满足学术界和读者需求，同时也是为纪念朱谦之先生，人民出版社将此二书纳入"哲学史家文库"，于2000年12月重新出版发行。《日本的朱子学》和《日本的古学及阳明学》虽然间或留有时代的思想痕迹，但观其史料之翔实、梳理之清晰、观点之明确，不啻为当今值得敬仰的学术楷模，也可视为20世纪80年代以后日本哲学思想研究复兴的学术基础。

中国真正的日本文化研究是在改革开放以后展开的。1945年到1972年由于中日关系不正常，中国对日本研究很薄弱，几乎停顿。1972年中日恢复邦交，特别是1978年签订《中日和平友好条约》之后，两国经济、文化、学术交流频繁，大批学生到日本留学，不少大学、研究机构、学术团体开展了日本学研究，涌现出大量日本学研究的机构、团体、刊物、著作、论文。面对迅速取得现代化的成功、正处于战后巅峰时期的日本，一时间中国国内掀起了一股日本文化研究热潮。这一时期，中国的日本文化研究者开始提出并尝试回答这样的问题：日本和中国同为东方国家，而且古代日本一直向中国学习，但到近代为什么日本迅速实现了现代化，而中国却在现代化的征程上落伍了？这与日本文化到底有什么关系？与此相应，日本文化研究主要是围绕着日本文化特色、日本文化与中国文化的异同、日本如何吸收外来文化、日本文化与现代化等几个问题展开，发表了大量的论文和著作。

自古至今，东亚的发展，大体上可以划分为四个大的阶段，即华夷秩序下的东亚、大东亚共荣圈幻想下的东亚、美国强力管控下的东亚、大中华经济圈下的东亚。日本内阁府 2011 年 2 月 14 日公布的 2010 年经济数据显示，2010 年日本名义国内生产总值（GDP）比中国同期名义 GDP 少大约 4000 亿美元。这意味着日本经济总量已被中国赶超，这也是日本自 1968 年以来首次让出"第二经济大国"之位，而位居美国、中国之后排名全球第三。因此，2010—2012 年，可以说正是东亚由美国强力管控下的东亚向大中华经济圈下的东亚转换的时期。在这一时期里，日本这只当年东亚经济的领头雁辉煌难再，取而代之的是以中国为牵引力的大中华经济圈日益繁荣昌盛。这一国际社会的重大变化，不可避免地影响到了对日本文化的研究。进入 21 世纪以来至今，中国的持续高速发展与日本的长期低迷形成鲜明对照。这一时期中国的日本文化研究，作为以往学术研究的延续，关于日本文化与现代化、日本吸收外来文化领域的研究继续得到开展，并涌现出了一大批研究成果。与此同时，中国的日本文化研究中对日本文化进行省思的研究成果日渐增加。所谓对日本文化进行的省思研究，主要包含如下两部分内容。

其一，对日本文化进行的省思研究是对日本文化内容本身评价的反思。战后日本的经济奇迹，曾大大增加了日本人的自信，这在学术界的一个反映就是日本学者们对西方中心主义的研究方法进行了更多的反思。以伊东俊太郎、梅棹忠夫、上山春平、公文俊平、滨口惠俊等为代表的日本文明学派的一些学者，不再满足于日本是亚流文化、卫星文明的定位，而是视日本为一独立的文明体系，有的学者甚至走得更远，认为日本文明是比西方和中国更为优越的文明，其研究成果对某些人宣扬"日本文化特殊论"起到了推波助澜的作用。随着日本泡沫经济的崩溃，国际学界早在 20 世纪 90 年代就已经开始对"日本文化特殊论"由不加分辨地礼赞转向了理性地分析批判。[①] 但是，直至 2010 年，中国国内学界发表的文章，却大多还是在争相对"日本人"或者作为日本人"身份"的对象而存在的"日本文化"的特殊性进行礼赞或肯定性评价，题名中含有"日本型""日本式"的文章充斥于各类期刊杂志中。也许是因以中国为牵引力的大

---

① 参见青木保『「日本文化論」の変容』、中央公論社、1990 年；杉本良夫・Ross Mouer『日本人論の方程式』、筑摩学芸文庫、1995 年。

中华经济圈日益繁荣昌盛，增强了中国学界同仁的信心，自 2010 年以后，国内学界的日本文化研究也发生了很大变化，学者们从昔日对日本文化的一味推崇，变得日趋冷静客观地分析。学者们在译介国外先进的日本文化研究论著的同时，也在尝试运用新方法，运用具有深厚学理支撑的新分析工具，来对日本文化进行更为客观的分析和研究，原创性研究成果也渐有增加。[①]

其二，对日本文化进行的省思研究是对日本文化研究方法的省思。纵观整个 20 世纪的学术发展历史，可以说是非西方社会向西方社会学习的历史，大多数非西方学者的终极目标，无论有意还是无意，几乎都是为了迎合西方学术圈的口味，以获得他们的认同，鲜有以自身独创性理论跻身社会科学界者。自 2010 年以来，日本文化研究学者们则变得更加注重对跨学科、跨文化的日本文化研究方法的探讨。学者们期盼能够通过这种学科研究综述，认认真真地总结过去，踏踏实实地探索未来，为探寻日本文化研究的中国语境，创新日本文化研究的学科范式，规划未来的日本文化研究方向，提供准确翔实的参考。中国社会科学院日本研究所前所长李薇研究员曾提出日本研究要"接地气"的观点，只有接地气才能更有底气。具体从研究方法的角度来看，所谓"接地气"，就是要提升中国的学理经验，建构中国学术特色的日本研究理论体系，多角度地研究日本，确立和提升中国对日本问题研究的学术地位。从这个意义上讲，许烺光在参考中国经验基础上提出的、经由尚会鹏和游国龙完善的心理文化学理论，不仅是 2010 年以来国内外日本文化学科最新理论，也将是今后很长时期内从事日本文化研究所要参照的重要理论方法之一。

所谓"心理文化学"，即以心理与文化相结合的视角和方法，从事大规模文明社会比较研究的学问。该方法的创始人是美籍华裔学者许烺光（1909—1999）。心理文化学的起源，最早可追溯到文化人类学的"文化与人格"学派的国民性研究。由于"文化与人格"学派在"人格"概念使用上存在缺陷，后被许烺光以心理人类学取代。而今，对于大规模文明社会比较研究这一部分，又从心理人类学中分离出来，成为行为科学系统下

[①] 例如尚会鹏《日本社会的"个人化"：心理文化视角的考察》，《日本学刊》2010 年第 2 期。

的一个分支学科。2010年，尚会鹏与游国龙对许烺光的研究方法进行了严谨的学科定位，正式将许烺光的学说命名为"心理文化学"。由于心理文化学的发展背景使然，这门学科带有心理学色彩，但与普通心理学不同，它研究的不是人类心理活动的通则，而关注的是影响个人的社会和文化心理特点，以及人格特征在维持、发展以及社会变迁中的作用。心理文化学的基本理论包括：角色与情感理论，社会心理均衡理论，优势亲属关系假说，以及次级团体理论和社会动力学等。心理文化学属于行为科学，其对社会文化的关注更多的是文化人类学的视角而不是社会学的视角。人类学关注人类社会的政治、经济、文化、宗教等各个方面，以一种"文化相对性"原则研究异文化传统。这个视角要求研究者摒弃"我族中心主义"，而把他族文化视为与本族文化具有同等地位的主体。"文化的互为主体"的视角，常常使研究者在研究过程中采用比较的方法，不是求同而是求异研究。[①]"心理文化学"并非专门用来研究日本文化的理论方法，但是，作为一种用来从事大规模文明社会比较研究的理论方法，用其来对日本社会文化进行剖析，也是颇具解释力的理论方法，而且一些学者应用心理文化学的方法研究日本文化，已经取得了一定的成绩[②]。2013年1月，北京大学出版社出版了尚会鹏著《心理文化学要义——大规模文明社会比较研究的理论与方法》一书，这是尚会鹏在北京大学开设心理文化学方面课程历时22年精心打磨的讲义精华版，尚会鹏在该书序言中称："22年占了我学术生涯的大部。这期间，我一边授课，一边在研究中使用着授课中阐述的大规模文明社会比较研究的理论与方法，所以我也把这部《心理文化学要义》看作是我20多年学术人生的简要总结。"随着尚会鹏呕心沥血之大作的出版，心理文化学的理论方法亦日趋完备，应用该理论方法的日本文化研究成果也必将日益丰硕。

此外，21世纪以前关于中国的日本文化研究进行学科综述的文章，仅见北京大学教授王晓秋发表于1995年《日本学研究》中的《中国日本文

---

① 关于心理文化学的发展历程及学科定位，参见尚会鹏、游国龙《心理文化学——许烺光学说的研究与应用》，南天书局2010年版；游国龙《许烺光的大规模文明社会比较理论研究》，社会科学文献出版社2014年版。

② 例如游国龙《文化与人格研究和心理人类学的方法论剖析——以〈菊与刀〉与〈家元〉为例》，《日本学刊》2010年第5期。

化研究的历史、特色和展望》。该文章实际上是作者关于中国的日本文化研究的一篇讲演稿。作者在文中对近代以前中国的日本研究历史进行了扼要概述后，更多谈的是作者个人研究体会及关于中国的日本文化研究该如何开展的个人见解，以及对当时听讲演的日方学者提问的回答，对20世纪八九十年代当时的日本文化研究成果并未具体涉及。

自进入21世纪以来，对日本文化学科进行综述的研究成果陆续开始出现。其中，既有对几十年来中国的日本文化研究成果进行综述的论文，也有对每一年度的日本文化研究成果进行综述的论文。例如，2011年，中国社会科学院日本研究所举行30周年所庆之际，中华日本学会同时召开2011年年会，并以"30年来中国的日本研究"为题组织进行研讨，目的是与学界同仁一起对这一时期的日本研究进行总结和反思，为今后中国日本研究再创辉煌寻找路径和动能。中国社会科学院日本研究所崔世广研究员的发言"30年来中国的日本文化研究"，对20世纪80年代以来30年的日本文化研究成果进行了总结。① 2016年，南开大学日本研究院赵德宇教授发表的论文《中国的日本文化研究》，对19世纪以来百余年的日本文化研究成果进行了高度扼要的总结。② 也有专门对在大陆出版的日本文化相关翻译论著进行综合述评文章。例如，复旦大学日本研究中心贺平教授发表论文《国际日本研究的中文译介述略——第三方镜鉴的意义》，通过对中国社会科学院日本研究所《日本学刊》编辑部2016年12月编撰出版的《中国的日本研究著作目录（1993—2016）》中收录的在中国大陆出版的国外日本研究成果207种样本的分析，探讨了国外日本研究成果对中国的日本问题研究的镜鉴意义，也涉及了对日本文化相关研究成果的综述和解析。③ 对单一年度的日本文化研究成果进行综述的论文则更多了一些。例如，《日本学刊》前副主编林昶发表的系列综述文章《2005年中国的日本社会文化研究概况》④、《2006年中国的日本社会文化研究概况》⑤、《2007

---

① 崔世广：《30年来中国的日本文化研究》，《日本学刊》2011年第3期。
② 赵德宇：《中国的日本文化研究》，载《南开日本研究》，天津人民出版社2016年版。
③ 贺平：《国际日本研究的中文译介述略——第三方镜鉴的意义》，《日本学刊》2020年第2期。
④ 林昶：《2005年中国的日本社会文化研究概况》，《日本学刊》2006年第5期。
⑤ 林昶：《2006年中国的日本社会文化研究概况》，《日本学刊》2007年第3期。

年中国的日本社会文化研究概况》①、《2008年中国的日本社会文化研究概况》②、《2009年中国的日本社会文化研究概况》③、《2010年中国的日本社会文化研究概况》④，王宝平的《2012年中国的日本文化研究》⑤，王勇的《2013—2014年中国的日本文化研究》⑥，江静的《2015年度中国的日本文化研究》⑦，吕顺长的《2016年中国的日本文化研究》⑧，韦立新的《2017年度中国的日本文化研究》⑨，陈小法的《2018年度中国的日本文化研究》⑩。特别值得一提的是，《日本学刊》自2018年以来每年特意出版一期增刊，其核心内容之一便是对日本政治、外交、经济、社会、文化等几大领域进行年度学科研究综述。其实，本书的全部内容也可谓是对近40年来中国的日本研究最新的总结和反思。作为中国最大的综合性日本研究学术团体中华日本学会机关刊物《日本学刊》以及1979年创刊的中国日本语言、文学和文化学界最具权威的综合性学术刊物《日语学习与研究》，连续刊发对日本文化研究成果进行综述评析文章，这也说明中国的日本文化研究已经由既往那种偏重于照搬日本经验的研究，变得更加理智和审慎。

第二节　日本文化研究的主要领域及成果

与任何人文社会科学的研究一样，中国的日本文化研究首先是时代的产物。不同时期，日本文化研究所关注的主题也不尽相同。自20世纪80年代以来，日本文化研究涉及很多领域，也出版了诸多高水平的科研成

---

① 林昶：《2007年中国的日本社会文化研究概况》，《日本学刊》2008年第4期。
② 林昶：《2008年中国的日本社会文化研究概况》，《日本学刊》2009年第6期。
③ 林昶：《2009年中国的日本社会文化研究概况》，《日本学刊》2010年第4期。
④ 林昶：《2010年中国的日本社会文化研究概况》，《日本学刊》2011年第6期。
⑤ 王宝平：《2012年中国的日本文化研究》，《日语学习与研究》2013年第6期。
⑥ 王勇：《2013—2014年中国的日本文化研究》，《日语学习与研究》2015年第2期。
⑦ 江静：《2015年度中国的日本文化研究》，《日语学习与研究》2016年第2期。
⑧ 吕顺长：《2016年中国的日本文化研究》，《日语学习与研究》2017年第1期。
⑨ 韦立新：《2017年度中国的日本文化研究》，《日语学习与研究》2018年第5期。
⑩ 陈小法：《2018年度中国的日本文化研究》，《日语学习与研究》2019年第5期。

果。概言之，可以分为如下几大部分。

一　关于日本文化特色及中日文化比较研究

这个领域的研究，梁策与王家骅的观点比较有代表性。梁策在《日本之谜：东西之文化的融合》（贵州人民出版社1986年版）一书中提出，由于日本人生活于复杂的时刻变化的社会结构中，社会需要的多样性使多元结构的价值模式得以成立，使日本人在思想和文化等广泛的领域里采取宽容态度，包摄外来文化，形成了多样性的日本文化。王家骅在《日本儒学的特色与日本文化》（《日本问题》1988年第2期）一文中，也通过中日儒学的比较研究，提出日本文化的特质是重直观、轻抽象，重感情、轻理智，有用性决定文化选择取向，多元共存等。可以说，承认日本文化有不同于中国文化的特点，是一种多元共存的文化，是这一时期中国日本文化研究者的共同特征。

此外，崔世广的《日本传统文化的基本特征——与西欧、中国的比较》《意的文化与情的文化——中日文化的一个比较》（《日本学刊》1995年第5期、1996年第3期）等论文，从文化结构的视角出发，通过对中日宗教观念、社会关系、心理结构等的比较，指出日本文化有着其独特的文化原理和精神，是一个有别于中国、西欧的文化类型，并从文化建构和重构的角度研究日本文化史，提出了日本文化周期性演变的观点。卞崇道的《跳跃与沉重：20世纪日本文化》（东方出版社1999年版）探讨了日本文化的理论问题（日本文化优劣说、精神主义文化论等）和较深层的哲学文化、宗教文化等。尚会鹏的《中国人与日本人：社会集团、行为方式和文化心理的比较研究》（北京大学出版社1998年版）涉及小集团本位、序列意识、义理人情、名与耻的意识等诸多较具体的论题，从家和宗族非亲属集团、宗教信仰以及性等方面对中日民族性格进行比较，展示了日本社会文化的不同特性。

二　关于日本吸收外来文化的问题研究

关于这个领域的研究也是20世纪八九十年代的一大热点。王家骅在《幕末日本人西洋观的变迁》（《历史研究》1980年第6期）一文中，从江户时代的闭关锁国到明治维新后全面吸收西方文明，追溯了幕末日本人西洋文明观的变化过程，指出：到明治维新前夕，西方资产阶级思想和文化已经有了相当大的影响，并出现了一批为实现学习西方的理想而奋斗的政治家，明治维新就是在这样的思想背景下发生的。吕万和、罗澍伟的论文《西学在封建末期的中国与日本》（《历史研究》1981年第3期），通过对中日西学的传播进行比较指出，1720年以后，康熙实行闭关自守政策，而德川吉宗实行开明政策，使长期中断的西学再次传入并广泛传布日本，对明治维新起了很大作用。武安隆在《日本人涉外文化心理的史学考察》（《世界历史》1989年第5期）、《试论日本吸收外来文化的周期性》（《日本学刊》1992年第1期）、《日本知识阶层在吸收外来文化中的作用及心态》（《历史研究》1993年第3期）等论文中探讨了日本吸收外来文化研究中的若干理论问题，其后又出版专著《文化的抉择与发展：日本吸收外来文化史说》（天津人民出版社1993年版），从日本与外界文化接触诸形式、外来文化吸收的层次与方法形态、日本人的对外意识、外来文化吸收的周期性、外来文化大规模吸收的契机、政治权力在外来文化吸收中的地位、知识分子在外来文化吸收中的作用与心态等不同侧面，详细考察了日本吸收外来文化的规律性，高度评价了大力吸收外来先进文化对日本历史发展的意义，同时也强调日本对外来文化加以选择改造、融合，也即日本化，并用以促进自身文化机体的长足发展，这一经验对于世界其他国家而言也有相当的借鉴和参考价值。此外，郑彭年《日本西方文化摄取史》（杭州大学出版社1996年版）也探讨了日西文化融合等诸多学界关注的重要问题。

进入21世纪以来，中国的持续高速发展与日本的长期低迷形成鲜明对照。这一时期中国的日本文化研究，首先，作为以往学术研究的延续，关于日本文化、日本文化与现代化、日本吸收外来文化的研究继续得到开展，并涌现出了一大批研究成果。其代表性著作有赵德宇《西学东渐与中日两国的对应——中日西学比较研究》（世界知识出版社2001年版）、卞崇道《日本哲学与现代化》（沈阳出版社2003年版）、李卓《中日家族制度比较研究》（人民出版社2004年版）等。其次，日本文化史的研究受到重视，出现了如王勇《日本文化：模仿与创新的轨迹》（高等教育出版社2001年版）、高增杰《东亚文明撞击：日本文化的历史与特征》（广西教育出版社2001年版）、叶渭渠《日本文化史》（广西师范大学出版社2005

年版）等研究成果。另外，作为日本文化核心的神道受到关注，出现了许多研究成果。例如，范景武的《神道文化与思想研究》（内蒙古人民出版社2002年版）、王金林《日本神道研究》（上海辞书出版社2007年版）、王守华等《神道与中日文化交流》（河北人民出版社2010年版）等。这些都充分显示了中国日本文化研究的深化。

三 关于日本文化与现代化问题的研究

高增杰在《日本近代成功的启示》（中国和平出版社1987年版）一书中，提出日本近代文化是同时拥有西洋文化与传统文化的二重结构的文化，这种二重结构在近代化过程中既发挥了减轻由外来文化流入引起的冲击、维持社会稳定的作用，同时也发挥了将外来文化吸收和消化、逐次从局部推展到整体的传动装置的作用。重视协调的日本传统文化和重视竞争的西方文化，二者结合实现了现代化。因此，日本近代的成功，正是两种文化结合共同发生作用的结果。盛邦和《内核与外缘：中日文化论》（学林出版社1988年版），运用严密的理论框架，提出在东亚文化区历史上以中国为"内核"，日本为"外缘"，但近代以后两国的"核缘"位置发生逆转，从而在理论上阐释了中日两国近代以来走上不同道路的历史文化原因。

叶渭渠在《"冲突·并存·融合"的文化模式——再论日本的传统与现代化》（《日本问题》1990年第2期）等论文中，提出日本对待外来文化的模式是"吸收、改造、融合"，强调日本的现代化植根于日本的传统，日本文化与西方文化的融合才是日本现代化成功的重要原因。王家骅在《儒家思想与日本的现代化》（浙江人民出版社1995年版）一书中，则明确指出了日本现代化的两重性问题。他认为，在日本现代化的途程上，成功与失败、发展与牺牲、现代与传统、进步与困境并存，日本现代化的历史充满了二重性，而日本现代化的二重性与日本儒学的二重性有着内在的关联。汤重南等的《日本文化与现代化》（辽海出版社1999年版）一书，则对日本传统文化、日本现代化以及传统文化与日本现代化的关系进行了总体的、多层次、多侧面的考察与研究，表明中国的日本文化研究者对日本现代化已经不是一味地赞扬，而是开始用更客观的态度来审视。

四　关于日本国民性的研究

日本国民性研究，一直是全世界国民性研究者都非常关注的课题。如今，学界发表的日本国民性研究论著之多，用汗牛充栋一词来形容大概也不为过，但一般人们所理解的日本国民形象，要么是日本学者对日本进行的自画像，要么是来自美国人笔下的日本人形象，虽然各国的日本国民性研究书琳琅满目，但中国的日本国民性研究成果佳作没有可以作为谈资的。在现有的对日本国民性研究成果进行综述的三部专著和两篇学术论文中，中国的日本国民性研究成果也没有得到多大关注。① 在中国，谢晋青著《日本民族性底研究》（1923年）、戴季陶著《日本论》（1928年）、陈德征著《日本民族性》（1928年）、潘光旦著《日本德意志民族性之比较研究》（1930年）、王文萱著《日本国民性》（1933年）、陈丹崖著《日本国民的信仰生活》（1934年）、郑独步著《日本国民性之检讨》（1935年）、郁达夫著《日本的文化生活》（1936年）、张居俊著《日本之病态心理》（1938年）、叶树芳著《论日本人》（1941年）、蒋百里著《日本人——一个外国人的研究》（1945年），曾构成了20世纪上半叶中国学术界的"日本社会文化学观念"。自此之后，时间过去了整整半个世纪，中国学术界在日本国民性研究领域，

---

① 三部专著分别是：青木保『「日本文化論」の変容』、中央公論社、1990年、文庫版、1999年；南博『日本人論　明治から現在まで』、岩波書店、1994年；杉本良夫/Ross Mouer『日本人論の方程式』、筑摩学芸文庫、1995年。近年来，这三部专著都出版了中文译本，参见南博《日本论》，邱琡雯译，广西师范大学出版社2007年版；罗斯·摩尔、杉本良夫编著《日本人论之方程式》，杨伟等译，华东师范大学出版社2007年版；青木保《日本文化论的变迁》，中国青年出版社2009年版。两篇论文是杨劲松《日本人论的演变轨迹——从文明开化到经济大国》，《日本学刊》2005年第1期；张建立《日本国民性研究的现状与课题》，《日本学刊》2006年第6期，该文后被中国人民大学书报资料中心《世界史》2007年第3期全文转载。在南博的著作中，只有戴季陶撰写的《日本论》，获得了几句评语（『日本人論　明治から現在まで』、151—152页）；在罗斯·摩尔、杉本良夫的著作中，虽对韩国学者的研究有所引述（如：李御宁『「縮み」志向の日本人』、学生社、1982年初版、2005年第27次印刷；《日本人的缩小意识》，张乃丽译，山东人民出版社2007年初版，2009年第2版，第5次印刷）但对中国学者的日本国民性研究成果却只字未提；在青木保的著作及杨劲松的论文中也主要是梳理日美的日本国民性研究成果，对中国的日本国民性研究未予关注；在张建立的论文中，对近年来中国的日本国民性研究成果虽有所提及，但也是极为简略。

突然间停歇了它的脚步，显得异常地静寂。① 自 20 世纪 80 年代以来，中国学术界虽然也陆陆续续地发表了一些关于日本国民性的文章，但这种静寂的状态真正被打破还是近些年的事情。

首先从相关研究论文来看，据笔者对中国知网上刊载的日本国民性研究文章②的不完全统计，从 1980 年至今 40 余年间，中国学界发表的日本国民性研究文章总数大体在 600 篇。从文章内容来看，基本上可以将其划分为如下三大类文章。

第一类，既有研究成果中，无论是在学术期刊发表的论文，还是研究生的毕业论文，或者是报刊上发表的相关评论文章，其题目均以论述日本的特殊模式居多，文章题名中大多含有"日本型""日本式""日本模式"之类的字样。这些论述日本的特殊模式的文章，大多是通过探讨日本企业经营模式的特殊性及其文化成因，进而或隐或现地主张日本人特殊论。在这些文章中也几乎千篇一律地要论及日本人的"集团主义""集团意识""行为模式"等问题。这类文章数量庞大，几乎占了中国的日本国民性研究 40 年间发表文章总数的二分之一还多。在这类文章中，除了少数论述日本社会独特的政治文化现象的文章外③，大多是为了探讨日本近代化的成功经验，从论说日本企业的独特经营管理模式的角度，来探讨日本国民性的文章。

第二类，是一部分直接以"日本"的"国民性""国民性格""国民特性""民族性""民族性格""民族特性""国民心理""民族心理"等

---

① 严绍璗：《〈中国人与日本人〉序言》，载尚会鹏《中国人与日本人》，北京大学出版社 1998 年版，第 3 页。

② 所谓国民性，简言之，即一个国家的多数人，在社会化过程中，即在家庭等各类集团中，按照一定的社会习俗及社会强制性规范，于有意无意中培养出来的行为方式的倾向性选择。这种特性，体现在人们的交换模式、情感模式、思维方式等方面。另外，民族性并不等同于国民性。相对于较稳定的民族性而言，国民性则更易受到政治变化的影响。在研究日本社会、文化和日本人的文章中，判断某一文章是否属于日本国民性研究、探索的范围，主要看该文所研究的内容是否符合国民性的定义。这里统计的文章题名中含有的关键词，也是国际学界日本国民性研究论著题目中常见的关键词。

③ 参见曹天禄《日本共产党的"日本式社会主义"理论模式论》，《科学社会主义》2003 年第 6 期；顾雯《谈谈日本式中国茶文化与中国茶学》，《农业考古》2003 年第 4 期。

字眼入题的论文。这类文章，要么是对日本国民性的几个特点进行概述分析①，要么就是针对日本国民性的一两个特点，从社会问题、语言、风俗习惯等方面，就其特色、成因等进行剖析②。

第三类，是以"日本人"的某种"意识"为题目的文章。如《从"日本式经营"看日本人的"家族意识"》③ 等文章是较具代表性的论文；有限的几篇论述日本人的"思维模式""感情模式"的论文基本上也可以归为此类文章。

另外，1980年至2020年，从中国学界有关日本国民性研究每十年发表的论文数量、内容情况来看，1980年至1990年可以说是中华人民共和国成立以来从事日本国民性研究的起步阶段；1991年至2000年在学术期刊发表的论文则比上个十年增加了三倍，但研究生论文和报刊文章仅各有一篇，这段时间可谓是中国的日本国民性研究发展期；2001年至2020年比上个十年的学术期刊论文数又几乎翻了一番，而且研究生论文数及报纸文章也相对有了大幅度的增加。再从文章的内容来看，自1980年开始，一直持续到2005年，题名冠以"日本式"的文章依旧占大多数。近几年，虽依然可见题名中冠以"日本式"的文章④，但从大部分文章的题目及内容来看，学界的关注点已经明显转向具体地分析日本国民性的某个特点及成因，以及对日本人的行为模式、感情模式、思维模式、价值意识特点等方面的探讨上⑤。2001—2020年，应该仍属于中国的日本国民性研究持续发展阶段。

---

① 代表性论文如鲍刚《日本传统国民性的基本特征》，《日本学刊》1996第5期。
② 代表性论文如何星亮《保守性与进取性——日本民族性探索之一》，《世界民族》1999年第1期；李锋传《从日语谚语看日本人的国民性格》，《日语学习与研究》2006第2期。
③ 代表性论文如郑欣力《从"日本式经营"看日本人的"家族意识"》，《社会学研究》1988年第6期。
④ 参见文婧《日本式集团主义与日本企业在中国的本土化》，《日本学刊》2007年第3期；陈秀武《论日本型华夷秩序的"虚像"》，《东北师大学报（哲学社会科学版）》2008年第1期；刘绮霞《论金融危机下传统日本式经营的回归》，《社会科学辑刊》2009年第4期。
⑤ 参见刘利华《日本历史认知的民族心理探析》，《云南社会科学》2008年第2期；隽雪艳《日本人的美意识与无常思想》，《日本学刊》2008年第4期；廉德瑰《"伙伴"意识与日本式民主主义》，《日本问题研究》2009年第3期；贾华《浅谈对蒙古族学生日语教学的难点——兼论日本民族特性与日语含蓄表达方式》，《民族教育研究》2010年第3期。

从中国的日本国民性研究著作来看，自20世纪40年代以来，日本国民性研究出现异常沉寂的状态，直至1998年尚会鹏著《中国人与日本人》的出版，才终于打破了长期以来的学术沉寂状态。随后1999年，又有了日本国民性论文集《一笔难画日本人》[①]的问世，人们关注日本国民性的视角也变得越来越丰富。近些年来，正是欲了解日本国民性的日益强烈的社会需求，不仅促动了本尼迪克特的《菊与刀》、戴季陶的《日本人》及周作人的《周作人论日本》等旧作的翻新再版[②]，而且还催生了一批日本人论方面的新作[③]。这些新作，内容丰富多彩，有的还配以彩色插图，可谓是图文并茂。如果是一个对日本一无所知的人，这些新作倒是可以拿来作为较好的日本普及读物，通过它们了解一些日本最新的世相。但是，在这些新作中，既没有见到在研究方法上有何突破，也未见在结论上有更多的创新之处，那些秉承始自《菊与刀》的"用'悖论式'理论来研究日本的学术传统"[④]，所得出的关于日本社会和日本人的所谓两面性、暧昧等特点，也并无多大的新意可言，就无须赘言了。

据管见，近年来，属于日本国民性研究领域的真正逻辑严谨、自成体系的专著的确不多，无论从方法论还是从研究深度看，尚会鹏的《中国人与日本人》及其姊妹篇《中日文化冲突与理解的事例研究》[⑤]，当属目前最出色的研究专著。《中国人与日本人》运用心理文化学的基本理论和研究方法，对中日两大民族的深层文化特征进行了剖析。该书从一般的社会学的泛泛之说中脱出，以心理文化学的理念作为观察中日文化的视角，在

[①] 高增杰主编：《一笔难画日本人》，时事出版社1999年版。

[②] 参见戴季陶《日本论》，上海民智书局1928年初版，九州出版社2005年再版；周作人《周作人论日本》，陕西师范大学出版社2005年版。

[③] 这方面的著作参见夏遇南《日本人》，三秦出版社2003年版；李兆忠《暧昧的日本人》，金城出版社2005年版；周兴旺《日本人凭什么》，世界知识出版社2006年版；马骅等《丑陋的日本人》，山东画报出版社2006年版；祝大鸣《独特的日本人（岛国文化之解读）》，中国画报出版社2009年版；祝大鸣《双面日本人》，世界知识出版社2009年版；萨苏《与鬼为邻》，文汇出版社2009年版；王锦思《日本行 中国更行》，青岛出版社2010年版。

[④] 罗斯·摩尔、杉本良夫编著：《日本人论之方程式》，第23页。

[⑤] 参见尚会鹏《中国人与日本人》，北京大学出版社1998年第1版，2000年第2次印刷，2010年又被中国台湾南天书局再版；尚会鹏、徐晨阳《中日文化冲突与理解的事例研究》，中国国际广播出版社2004年版。

广泛的文化现象中,从"家""族""家元组织""宗教组织"和"性意识"等文化层面上,寻找其表现文化特征的根本之点,阐明了两国国民性的一些倾向性特征。继而,在《中日文化冲突与理解的事例研究》中,著者又以美国作为第三参照物,运用心理文化学的基本理念与方法,结合大量有代表性的社会问题案例,就日本人的思维方式、行为模式、情感模式等进行了有理有据的分析。可以说这是一次运用心理文化学的理论和方法来解释现实问题的有益尝试。

虽然中国的日本国民性研究领域专著匮乏,但是,在日本思想文化著作中单独设立章节论及日本国民性特点的并不少,只是其题目、内容和结论与上述列举的论文几乎都是大同小异。在这类著述中,王家骅的著作较具代表性,如其专著《儒家思想与日本的现代化》中的"第六章 积淀——日本人的民族性与儒学"就是专门论述日本国民性的。他认为,民族性"主要是指人的思维方式、行为方式、情感方式和生活方式等"①,所以在该章中分三节探讨了日本人的民族性与儒学的关系,即"日本的社会结构与儒学""日本人的思维模式、行为方式与儒学""日本人的情感方式、生活方式与儒学"。并且,在"终章 日本现代化的二重性与儒学的二重性"中,王家骅还对日本人的实用主义思想根源进行了细致全面的分析。

中国既是一个崛起的大国,同时也是一个发展中的大国。中国的和平崛起,尤其要处理好亚太地区的大国间关系以及与周边国家间的关系,以确保有一个和平发展的环境。日本既是亚太地区的大国,也是与中国一衣带水的重要周边国家。日本——东洋弹丸之地,不过亿余生民,却让诸多学人至今难以将其述说清楚。从文字到艺道,从器物到典章,日本人几乎一成不变地从中国学去了诸多文化精髓,可以说,历史上没有哪一个国家像中国这样,给日本人以如此巨大的影响。然而,历史上也从没有哪一个国家像日本这样,给中国人如此巨大的伤害。自甲午战争始,哪一次针对中国的战争,都少不了日本;哪一个帝国主义杀人,都没有像日本人那样在南京屠城。中国和日本,比邻而居,彼此间既有深厚的历史文化渊源,也有着广泛的共同利益,诸多说不清的关系、说不清的恩怨,皆用这四个

---

① 王家骅:《儒家思想与日本的现代化》,浙江人民出版社1995年版,第240页。

字带过：一衣带水。1972年中日邦交正常化后，特别是自1978年中日缔结和平友好条约以来，双方在政治、经济等方面的交流发展很快，两国间的人员和经贸往来逐年增加，中日关系随着国际形势的发展进入了一个新的阶段，一些带有根本性的变化开始出现。中日邦交正常化以来，即使是在被称为中日关系蜜月期的20世纪80年代，我国对日本双边贸易进出口总值也不过5万亿日元。而据2015年1月13日海关总署发布的信息，2014年我国对日本双边贸易进出口总值为1.92万亿元人民币（约合36.5万亿日元）。虽然比往年略降，但也足以显示出中日经济关系依存度之高。双方人员往来1978年时尚不足5万人次，2012年增长到近500万人次。据日本《朝日新闻》报道，2014年1月至11月，仅赴日中国游客即高达约222万人次[1]。中国由于改革开放经济迅猛发展，综合国力与国际地位不断提高，成为国际社会与对外交往中独立自主的"一极"。中日之间日趋明显的两强相对局面，从根本上改变了两千年来以一强一弱为基本格局的两国关系史。如今，两国间的人员往来和经济合作虽然日益密切，但中日两强相对的局面却带来了因势均力敌而产生的不安、猜忌与摩擦，对中日关系形成消极影响，媒体以及各研究机构所做的舆论调查结果均显示，两国人民之间的互信度并不是很理想。特别是近些年来，中日关系更是给人一种所谓"居相近，心相远"之感。2014年9月9日由中国日报社和日本言论NPO共同发布的第十次一年一度"中日关系舆论调查"结果显示，日本人对中国"没有好感"的比例达到93%，中国人对日本"没有好感"的比例为86.8%，两国公众对两国关系现状认可度达近十年最低。日本内阁府的《关于外交的舆论调查报告书》数据亦显示，日本民众对中国抱有不亲近感的人自1981年以来开始逐年增加，2014年10月调查数据显示已经高达83.1%。这成为内阁府自1978年开展此项调查以来最高比率，而且是自2012年以来连续三年超过80%。

近年来，在中日双方的努力下，中日关系有所改善，但日本人对华好感度提升并不是很明显。2019年10月24日，由中国外文局和日本言论NPO共同实施的第十五届北京—东京论坛"中日关系舆论调查"结果在北京发布。中国外文局副局长高岸明对中日双方调查数据、调查基本情况和

---

[1] 《日本商家"战场前移"争夺中国游客》，《参考消息》2015年1月10日。

主要调查发现进行了说明。2019年的调查结果显示，中日双方多项调查数据均持续好转，但两国关系发展的民意基础仍不牢固，两国公众受访者对进一步加深中日关系，尤其是对加深中日两国国际合作和民间交往抱有较高的期待。两国受访者在对对方国家的总体印象方面，中日公众受访者持有"印象较好（或相对较好）"的比例都出现增加，但是，维持了近几年持续改善的趋势。其中，中国公众受访者对日本持有"印象较好（或相对较好）"的比例达到近年来最高的45.9%（2018年为42.2%），日方这一数据也出现好转，2019年达到15%（2018年为13.1%），同样为近年最高。对于如何看待当前的中日关系，34.3%的中方公众受访者认为"好（或比较好）"，比去年的30.3%有所增加；8.5%的日方公众受访者认为"好（或比较好）"，同样比2018年的7.2%出现增加。但是，与两国政治关系2018年以来持续改善的大背景相比，两国公众受访者数据改善的幅度并不大，有些数据甚至出现回落，两国关系发展的民意基础并不牢固。中国公众受访者对日本持有"印象较好（或相对较好）"的比例只比2018年增加了3.7个百分点，而日方同一数据也只增加了1.9个百分点；认为当前中日关系好（或比较好）的中方公众受访者比例只比2018年增加了4个百分点，日方的同一数据也只增加了1.3个百分点；只有41.6%的中方公众受访者认为过去一年中日民间交流"活跃（含比较活跃）"，低于2018年的48.6%。只有17.2%的日方公众受访者认为过去一年中日民间交流"活跃（含比较活跃）"，低于2018年的24%。

中日两国间不仅经济交流日益密切、规模庞大，年度人员往来超过500万人次，而且在日华人也是第一大在日外国人群体。日本法务省于2020年7月31日公布了一年一度的在日外国人的最新数据，数据显示，截至2019年12月，在日外国人长期居留（在留资格期限超过三个月）的总人数达到了2933137人。这一数字相较2018年增加了202044人，成为连续三年增幅最大的一年。从国籍来看，在日华人为813675人，为第一大在日外国人群体；在日韩国人紧随其后，为446364人；在日越南人总数为411968人。中国人在日本的职业分布：（1）永住者、（2）留学、（3）技能实习、（4）技术业务、（5）家族滞在、（6）定住者、（7）厨师、（8）日本人配偶、（9）永住者配偶。从中国人在日本的在留资格来看，"永住者"最多，有273006人，占总人数的33%。这类人一般都是在日本摸爬滚打多年的在公司上班或是自营业者及其家属。其次是"留学"和"技能实习",分别为 144264 人、82470 人。这几类人群占了在日华人的很大一部分。在日中国人主要集中在日本三大都市圈(从东京、名古屋、大阪三都市的市中心延伸 50 公里内的范围内),半数集中在首都圈(东京、神奈川、埼玉、千叶),在以东京为中心的首都圈内生活的华人有 443529 人,占全日本中国籍人数的一半以上。除了上面所说的几类人群,还有十几万的华侨生活在日本其他地方。总体来说,所有的在日华人、华侨加一起共有 100 万人左右。

上述这些数据说明中日间的交流不可谓不深,但中日两国关系发展的民意基础却仍不牢固,两国国民感情一直难以深化的原因是多方面的,而缺乏真正的相互理解则是重要原因之一。正是因为缺乏相互理解,所以也就更容易受到部分别有用心的媒体的误导。中日两国在文化上有许多共同点,但是,也要如实地承认存在着"差异"。从某种意义来说,中日文化是"异文化"。我们应当承认中日两国社会制度不同,文化背景各异,两国人民的思维方式、心理心态和价值观都有差异。正因为如此,我们比任何时候都要更加重视发展沟通彼此心灵的文化交流和学术交流,以增进相互理解,真正做到知己知彼。要做到这一点,认真了解日本国家的历史、政治、经济以及外交等固然很重要,但我们更要下大力气加强对日本人的自我认知、对外认识、人际交往模式、价值观等国民性方面的研究。

国民性与社会文化系统的稳定和变迁相关。社会系统的长期存在依赖于它自身是否蕴含着某些心理特点,其中最基本的心理特点是愿意服从一套社会规范,因为所有社会系统都有某种极其普遍的要求。这意味着所有人口的心理结构一定拥有某些共同心理属性,它构成人类共同的心理内核。一个社会文化系统能否成功地适应变化了的内外环境,无论这种适应是主动还是被动,在很大程度上取决于其居民的心理特征。同时,国民性与现代民族国家政治体系密切相关,国民性对政治过程、政治体系的发展和运转都有着很重要的影响。加强日本国民性研究不仅有助于深入解析日本政治生态的国民性根源,而且有利于清晰梳理各类日本问题的社会表征,并解析其变化规律,进而前瞻性地、科学地把握日本社会发展动向。随着全球化深化发展,西方所谓"普遍价值"必将逐渐回归"区域价值"本位,中日两国在文化价值领域的互相理解、相互认同势必加速。积极推动构建中日共同文化价值体系,对统领亚洲多元文化的健康和谐发展,促进中华文明的世界认同,具有重大的理论及现实意义。战后中日关系"居相近,心相远"现状的症结之一,在于双方在共同文化价值体系建构上的努力不足。价值理念在中日关系中所应发挥的重要作用往往被忽略。基于中日在经济产业领域的强大互补性,中日关系表现出特有的"强韧性";但因缺乏共同价值的纽带,加之地缘政治因素,中日关系又表现出极大的"脆弱性"。从中日文化交流的历史经验看,存在重新建构中日共同文化价值体系的文化基础。历史上日本曾向中国派出"遣隋使""遣唐使",从文化制度到法律典章,不遗余力地全面吸收中华文明,其影响至今犹存。从中日关系及人文交流现状看,重构中日共同文化价值体系的动力强劲。中日领导人2019年6月27日在大阪会谈中达成重要共识,决定年内启动"中日高级别人文交流磋商机制"。在中美经贸摩擦背景下,强化中日人文领域交流磋商有助于增进日方对当代中国的正确理解与文化认同,夯实中日关系发展根基。在新冠肺炎疫情常态化、美国主导的逆全球化背景下,欲进一步推动中日高级别人文交流卓有成效地开展,深入了解日本国民性显然是非常必要的。

五 关于日本文化战略的研究

日本文化战略,也是近年来中国的日本文化研究者较为关注的研究领域。随着经济全球化进程的加速,一个共生、共存的国际化社会正在形成,文化与社会经济发展的关系也变得越来越密切,在以创新为驱动力的知识经济时代,文化不仅是可以创造可观经济效益的社会生产力,"更越来越成为民族凝聚力和创造力的重要源泉,越来越成为综合国力竞争的重要因素"①。文化作为一种使该民族不同于其他民族的模式,具有鲜明的多元性和民族性的特点。不同文化体系之间的矛盾、冲突与碰撞由来之久,尤其是作为文化理论层面和心理层面的政治制度、价值观、哲学思想、文学艺术、风俗习惯、道德伦理、历史传统、宗教信仰、民族特质等因素的唯我性和排他性,一直是影响国际冲突的深层次原因。进入20世纪90年代,随着"冷战"结

---

① 赵政原:《日本拓展文化产业的经验及对我国的启示》,《世界经济与政治论坛》2008年第5期。

束，文化因素的影响力进一步凸显，这打破了以往国际关系研究偏重政治、经济、军事方面的模式，展现了文化这一新的视角，使"冷战"后的国际政治染上了浓重的文化色彩。① 甚至有学者还提出了"文化权力"的概念，"所谓文化权力，就是指行动一方通过传统、价值观、制度和政策，以及文化产业的凝聚力、吸引力和实力，来完成自己设定的目标，或者使别人做符合自己意愿的事"。虽然军事权力、经济权力仍然是影响国际事务的主导因素，但其作用已经不像"冷战"时期那么重要，相反，在国际事务中，作为软实力的文化权力的地位日益突出。由于文化的这种特殊力量，很多国家将文化上升到了战略的高度，文化不仅影响着国家战略目标的选择，而且也影响着国家战略方针和战略实施方式，甚至连文化本身往往也被当作一种重要的国家战略手段加以运用。② 在国家战略的层次，通过文化战略手段，通过文化产业的对外扩张，在向其他国家输出和介绍本国的文化产品、本民族的文化传统的同时，将其中附加的本民族的价值观、思维方式、行为模式、宗教信仰等也同时传播出去，借此增强本国文化的影响力、吸引力、凝聚力和实力，潜移默化地实现自己的战略目标。

日本的文化战略，从其涵盖的内容来看，实质就是这样一个包括文化产业、政治文化、社会整合、文化外交等在内的相互联系的有机系统。"冷战"结束以后，特别是进入21世纪以来，日本开始加紧构筑新的文化战略。这主要表现在：对日本文化进行重新定位，由文化认同确立民族自信心；重新进行社会整合，以维持日本社会的和谐发展；构筑文化产业战略，确立新的经济增长点；提升日本文化的软实力，争夺外交上的话语权。日本的这种文化战略，必将对日本的未来发展以及中日长远战略关系产生深刻影响。因此，很多学者不仅仅是从借鉴日本经验的角度，更是带着一定的危机意识展开了对日本国家战略以及日本文化战略的研究，涌现出一批具有较高水平的研究成果。

该领域研究的主要成果有蒋立峰主编《21世纪日本沉浮辨》（中国社会科学出版社2000年版）、李寒梅等著《21世纪日本的国家战略》（上海远东出版社2000年版）等。这些著作的共同特点是通过对日本政治、经

---

① 张骥、刘中民等：《文化与当代国际政治》，人民出版社2003年版，第193页。
② 张玉国：《国家利益与文化政策》，广东人民出版社2005年版，第34—38页。

济、外交、社会文化等各个领域的研究,从总体上把握日本的国家战略和未来走向,代表了我国关于日本国家战略研究的最高水平。但是,这些成果虽然也有有关日本社会文化的内容,但由于它们并不是专门以日本文化战略为研究对象的著作,所以也难以出现对日本文化战略系统而深入的探讨。相对于以上的研究,近年来出现了一些对日本文化战略的某一个侧面进行研究的成果。如从文化产业角度研究的有骆莉《日本文化立国战略推动下的文化产业发展》(《东南亚研究》2006年第2期)、李娟和李月敏《日本动漫文化输出战略》[《河北大学学报(哲学社会科学版)》2007年第4期]、唐永亮《试析日本文化产业战略的内涵和特征》(《日本研究》2013年第3期)、庄严《日本文化产业发展的多重创新及其启示》(《社会科学战线》2014年第3期)等。从外交角度研究的有刘江永《论日本的"价值观外交"》(《日本学刊》2007年第6期)等。这些论文的可贵之处,是对日本文化战略中的某个侧面进行了一定的介绍和研究,并提出了一些建议。但是,这些研究不仅远不能涵盖日本文化战略的所有层面,而且这些研究由于缺少全局的视点,难以把自己的研究放到日本文化战略的大系统中加以认识和考察,因而分析往往又难以切中实质和要害。

2020年4月,崔世广主编的《21世纪初期日本的文化战略》由中国社会科学出版社出版,首次对日本文化战略进行了系统、全面和深入的研究。《21世纪初期日本的文化战略》全书由八章构成,在"序章"对文化与文化战略概念进行了严谨界定后,对研究课题的目的及意义进行了精要阐释。接下来是"第一章 21世纪初期日本文化战略的形成""第二章 日本文化的重新塑造""第三章 日本社会的重新整合""第四章 日本的文化产业战略""第五章 日本的对外文化战略""第六章 日本文化战略的结构特征""终章 日本文化战略的发展前景及影响"。该著作把日本的文化战略放在"冷战"后特别是21世纪日本所处的国内外环境中加以考察,梳理其形成和发展的脉络,运用系统论的方法对日本文化战略的各个部分进行探讨,揭示了其相互依存和相互作用关系。该著作不仅把日本的文化战略作为国家战略的重要一环来把握,归纳出日本文化战略的总体特征,还把日本文化战略放到日本这个大系统中去,进一步考察了其对未来日本政治、经济、社会、外交的影响,尝试建立研究日本文化战略的初步框架,为以后的研究打下了基础。

另外，现在人们谈论日本的文化战略时，往往指的是某个具体领域的战略，如文化产业战略、文化外交战略等。这说明，跳出眼前的具体领域，从全局和整体的高度来看待日本文化战略，并不是一件容易的事。实际上，日本文化战略的各个部分，如文化的重新塑造与文化产业战略、文化外交战略都是相互关联的，文化产业也可以成为文化外交的手段，日本社会的不和谐也会影响政治文化和企业文化的发展。因此，这就要求我们跳出具体研究领域的局限，站在全局的高度来看待日本文化战略。《21世纪初期日本的文化战略》致力于打破以往研究的局限，下大力气揭示日本文化战略的总体特征。该著作既注重对日本文化战略形成的历史脉络的梳理，同时又注重对其基本特征的归纳，努力做到历史与逻辑相统一。并且，把日本文化战略作为一个有机的系统来把握，从相互联系和相互作用的角度对其各个侧面进行研究，然后从系统的角度进行整体分析和把握。从这个意义上可以说，该著作的出版填补了国内关于日本文化战略的系统研究的一个空白。而且，该著作注重研究日本文化战略对日本未来国家走向的影响，注重揭示研究日本社会的重新整合和文化产业战略等对我国现代化建设的启示意义，注重研究日本重视软实力、争夺话语权的对外文化战略对我国对外关系的影响，这些对我国的社会主义现代化建设和制定有关对日政策而言，都具有重要的参考价值和现实意义。

第三节　日本文化研究的主要特点

中国的日本文化研究，从研究者队伍构成、研究成果内容以及研究方法来看，主要有如下特点。

一　研究者队伍构成

首先，从中国的日本文化研究者的本科学历来看，如果以时间为界做一个大概的分期，20世纪80年代至21世纪初期，从事中国的日本文化研究者大多为日语语言文学专业和日本历史专业毕业生。进入21世纪以来，部分非日语专业和日本历史专业毕业的研究人员开始加入进来。例如，不仅来自哲学专业、汉语语言文学专业、英语专业、国际政治专业的报考日本思想文化专业硕士、博士研究生的人员增加了，而且来自相关专业领域的研究人员也在逐渐增加。非日语或日本历史专业出身的研究人员，往往不仅精通日语，尤其擅长英语，而且相应的学科训练扎实，学术积累深厚，这对于拓展日本文化研究视野无疑是非常有益的，也有助于研究人员将研究日本文化的参照物从中国、亚洲扩展到全世界，更加全面深入地研究日本文化，探讨日本国民性，更加前瞻性地研判日本社会的发展态势。与此同时，也有部分起初是从事日本文化研究的学者，中途转向了日本政治、外交、安保等领域的研究。例如，中国社会科学院日本研究所前党委书记兼代所长高洪研究员是宗教学专业出身，就职后投身日本政治学研究，为中国的对日政策建言献策，至今仍在发挥着重要的作用。还有部分在职时从事日本政治或日本经济研究者，退休后仍然壮志不衰，宣称要接着搞日本文化研究。例如，中国社会科学院日本研究所前所长蒋立峰研究员即是如此，不仅在日本政治学研究领域做出了贡献，而且退休后在日本文化研究上也做得有声有色。中国道文化东传问题是中日文化交流史研究中的一项重要专题。蒋立峰2019年连续刊发在《日本学刊》的姊妹刊《日本文论》第一、二辑上的论文《中日文化交流中的道文化东传问题》（上、下），梳理多方面的历史资料及考古成果，对中国道文化东传日本的时间、规模及影响等问题提出了独到的见解。该论文上篇以《日本国见在书目录》为分析基点，认为中国道文化东传日本，在日本弥生时代至平安时代，其规模之盛，超过儒文化、释文化在日本的传播，对古代日本政治和社会发展的影响，也绝不在儒文化、释文化的影响之下。"日本六国史"的翔实记录充分反映出这一点。该论文下篇则从道文化中的四神兽特殊作用和日本天皇的饮食起居两个方面来分析中国道文化对古代日本统治集团的影响是何等深刻、全面。该论文的重点是中国道文化东传与日本神道的形成和发展的关系问题。日本神道的形成与发展，绝不仅仅是"借用"词汇这么简单。丰富多彩的史料证明，中国道文化东传对日本神道的形成和发展具有决定性意义。可以说，没有中国道文化的东传，就没有日本神道。当然，日本有识集团对于东传的中国道文化，并没有刻板照搬，而是充分吸收了中国道文化的营养，结合日本的国情及现实需要进行改造、创新，从而形成既保持传统又独具特色的日本宗教——神道，这也是不容否认的。蒋立峰对中日文化交流中的道文化东传问题的考证研究，也充分展示了老一辈科研人员扎实的学术功底。上述这类情况，在其他大学或者科研机构也有很多，就不一一列举了。

其次，从中国的日本文化研究者所属地域分布以及中国的日本文化研究历史发展来看，中国的日本文化研究者主要集中在天津、北京、沈阳、杭州、长春、上海等地。天津南开大学日本研究院与北京日本学研究中心，为中国的日本文化研究培养了大量的人才，刚刚退休以及现仍活跃在日本文化研究第一线的很多学者都是出自这两个科研机构。杭州的王勇教授带领的日本文化研究团队，对中国的日本文化研究也做出了很大贡献。例如，20世纪90年代，由石田一良、周一良先生任总主编，中西进、王勇教授任副主编的《日中文化交流史丛书》全十卷本，由浙江人民出版社与日本大修馆同时在中日两国出版。该丛书其实主要是由王勇教授组织当时中日两国日本文化研究学界最优秀的学者共同撰写完成的。中日双方学者驱使最新资料，共同执笔，从文学、思想、宗教、科学技术、艺术、风俗、制度、典籍、人物等十个大的领域，在论及中国文化对日本影响的同时，也论述了日本文化对中国文化发展的促进意义。至今，中日两国关于中日人文交流的著作大概尚无出其右者。遗憾的是，目前昔日日本文化研究较为兴盛的一些研究机构几乎没有人在从事日本文化研究，而是转向侧重日本政治、外交和经济领域的研究了。目前，设立有日本文化研究专门部门的只有中国社会科学院日本研究所文化研究室、北京日本学研究中心日本文化专业和南开大学日本研究院历史文化部。

二 研究内容

总体而言，日本文化研究一般被视为基础研究，但自20世纪80年代以来，探讨日本文化研究成果如何研以致用一直是一个主旋律。所谓日本文化研究成果的研以致用，至少包含三个层次的内容。

第一，日本文化研究成果的研以致用，目的是借鉴日本的经验来促进我国的现代化建设。这个层次的日本文化研究成果也是目前积累最多的。20世纪80年代，面对迅速取得现代化的成功、正处于战后巅峰时期的日本，一时间在国内掀起了一股日本文化研究热潮。比较而言，21世纪以前的日本文化研究成果可谓是对日本文化褒多贬少，述而少作。所谓"褒多贬少"，即这一时期的研究成果，大多都是争相对"日本人"或者作为日本人"身份"的对象而存在的"日本文化"的特殊性，进行礼赞或者说是肯定性评价的文章。例如，在公开发表的近600篇日本国民性研究文章中，题名中含有"日本型""日本式"的论文占了绝大部分，这就是最好的例证。当然，也并不是说所有题名中含有"日本型""日本式"的论文都是一味地对日本人或日本文化进行礼赞的，其中有的论文虽也会兼带提到一些"日本型""日本式"的负面之处，但还是肯定多于否定，这一点是毋庸置疑的。另外，这一时期中国的日本国民性研究成果，大多是对日本、美国学者的日本国民性研究成果的复述，或者是从他人的著述中阐发微言大意，或将其改头换面，形成所谓的"创见"。特别是由于受《菊与刀》的研究范式的影响，研究者们大多喜好尝试用几个关键的概念，将日本人或日本文化总括性地作为一个同质的整体来加以把握，并在与外国和异文化的比较中进行讨论。如"罪文化"与"耻文化"、"集团主义"与"个人主义"就曾一度成为这类文章的关键词，但从学术创意上超过《菊与刀》的文章并不多见。在这一时期的研究成果中，崔世广的研究成果还是颇具独创性的。崔世广首先在其论文《日本传统文化的基本特征——与西欧、中国的比较》中提出"西方文化是知的文化，中国文化是意的文化，日本文化是情的文化"的观点[1]，继而又撰文《意的文化与情的文化——中日文化的一个比较》对上述观点进行了论证[2]。2004年，"意的文化与情的文化"还被直接用作国际研讨会论文集的名称，在日本出版[3]。当然，也有学者从心理文化学的视角对此提出了商榷意见，指出"将文化这样归类未必妥当，但如果'情'是指与人的自然情绪相联系的'感情'，'意'指与道德、信仰、修养等相联系的'意志'，那么这种差异至少在主流意识形态层面是存在的。从我们的视角看，这种差异反映了中日两种文化对自然感情的不同评价取向和遵循着不同的控制机制"[4]。类似这样颇具建设性的学术研究成果实在是凤毛麟角，所以说，这一时期的研究成果内容的主要特色，虽然不能说是"述而不作"，但概括为"述而少

---

[1] 崔世广：《日本传统文化的基本特征——与西欧、中国的比较》，《日本学刊》1995年第5期。
[2] 崔世广：《意的文化与情的文化——中日文化的一个比较》，《日本研究》1996年第3期。
[3] 王敏『「意」の文化と「情」の文化—中国における日本研究—』、中央公論新社、2004年。
[4] 尚会鹏：《论日本人感情模式的文化特征》，《日本学刊》2008年第1期。

作"当无大碍。

第二，日本文化研究成果的研以致用，目的是为中国制定有关对日政策提供重要参考。这个层面上的研究成果，是在上述研究积累的延长线上衍生的成果形式。目前，不仅有中国社会科学院日本研究所这样的智库机构，很多大学也纷纷成立了"日本研究中心"之类的综合性智库研究机构，学者们纷纷从日本文化的视角为中国的对日政策建言献策。

第三，随着中日关系的起伏，日本文化研究成果的研以致用，目的在于从文化深层解读现实问题，增进中日相互理解。因此，特别是进入21世纪以来，中国的日本文化研究者也开始把注意力转向了当代日本文化，对日本文化现状及各种文化现象的具体分析增多。如高增杰主编《日本的社会思潮与国民情绪》（北京大学出版社2001年版）、纪廷许《现代日本社会与社会思潮》（中国社会科学出版社2007年版）等著作，对日本社会思潮的主要表现与特征以及对日本政治及外交的影响做了较深入的探讨。崔世广在合著《再生还是衰落：21世纪日本的抉择》（社会科学文献出版社2001年版）中，从社会思潮、国民意识、价值观念、社会结构四个方面，对当代日本文化进行了较系统的分析。另外，学者们还对日本大众文化、文化战略、文化外交，以及历史问题、靖国神社问题等展开了广泛的研究，发表了大量的成果，回应了社会对当代日本文化研究的要求。这表明，日本文化研究越来越贴近现实，并具有了多样性、丰富性的特征。同时，面向普通受众的成果大量涌现。中日关系以及中日国民感情的恶化，使促进中日两国国民的相互理解和友好感情成为21世纪中日之间重要课题之一。《菊与刀》等日本论著的再三出版发行，以及大量日本文化论著及通俗读物的翻译出版，说明在我国存在着希望了解日本文化的广泛受众。就此而言，李兆忠《暧昧的日本人》（金城出版社2005年版）等书的热销，应该说是应和了普通受众的这种需要。有意识地以一般大众为读者对象，为满足他们的需求而研究写作，这种日本文化研究者功能的分化，也是日本文化研究的一种进步和发展。

最后需要特别指出的是，近年来，国内学界日本文化学科方面发表的主要研究成果，无论是著作还是论文，其内容还有一个较明显的特点是关于日本思想文化的宏观和体系性研究成果以及对日本思想文化深入研究的成果骤减，取而代之的是对日本文化细部的关注和研究增多了。受中国访日观光客人增加的影响，一些介绍日本文化现象的译介书也增多了。如李建华译《能从建筑史中发现什么：日本文化的美与心》（清华大学出版社2016年版）。该书作者西和夫一生都致力于日本街区历史风貌的研究与复原工作，为传承历史与文化而四处奔走。这本书是基于其建筑史讲义编写而成，日本的建筑就像历史的一面镜子，映射出那个时代政治、经济、生活、审美情趣等多方面的光辉。《最详尽的日式点心教科书》（煤炭工业出版社2016年版）是东京制果学校校长梶山浩司为所有喜爱和式点心的人们编写的一本家庭和式点心教程，是一本利用家庭常用厨具制作正宗和式点心的教科书。《寿司之神：巨匠的技与心》（湖南文艺出版社2016年版）是被誉为日本三位料理之神的小野二郎、金本兼次郎、早乙女哲哉的自述体著作，该书对日本饮食文化的精粹进行了生动的解说。孙秀萍的《风情日本》（青岛出版社2017年版）、徐静波的《日本人的活法》（华文出版社2017年版）之类的书，从书名也可猜得出其大概内容。

较具专业性的日本文化研究书籍，大概当属肖书文的《樱园沉思》（中央编译出版社2017年版）。该著作从宏观角度概括日本文学中的文化精神，并将其放置在中日文化对比下重新解读，对日本文学史上的名家名作予以精到评析，探讨其美感与缺失。本书着眼于作品中所体现出来的思想深度和精神形态，在众说纷纭的观点中独辟蹊径，所探讨的很多问题都是日本文学史上的难题，属于对文学作品的思想评论。该著作对专业人士而言是一本学术著作，对于爱好者而言亦可引导其领会日本文学的精深之处。此外，如下两部关于日本文明以及日本国民性特点研究的著作值得关注。一本是华东师范大学日本研究新锐学者李永晶所著的《分身：新日本论》（北京联合出版公司2019年版）。作者认为，理解日本的关键在于理解日本近代以来的成长与扩张、毁灭与新生，在于理解近代日本的精神故事。而且，重构近代日本精神史，也是发现中国的另一个"自我"。为什么是日本？日本为什么是中国的另一个"自我"？一条民族主义跟世界主义搏杀，最后融入世界主义的惊心动魄之路。在近代东亚世界史上，我们看到了一种坚忍不拔的面向文明的意志与热情。这种人类自身固有的禀赋和能量，让我们重新确认了东亚文明在迄今为止的世界文明进程中的位置，以及它将在未来的世界文明进程的角色。本书焦点不在于重述人们熟知的近代日本史重大事件，如明治维新、日俄战争、参加第一次和第二次世界大战等,而在于分析这些大事背后的精神机制,同时揭示这种精神机制与东亚史、世界史的关联。

另一本是复旦大学日本研究中心徐静波教授著《解读日本:古往今来的文明流脉》(上海人民出版社 2019 年版)。该书以日本文明的历史沿革为纵轴,试图解读日本到底是一个怎样的国家,居住在日本列岛上的民族到底是一个怎样的民族。对自我和他者的真正理解,有助于矫正我们情绪化的仰视和俯视的视角。该书从四个维度系统而深入地讲述了日本文明:第一,摆脱历史事件的陈旧观念,深度剖析两千年日本文明史中的关键时刻——江户锁国、明治维新、广岛核爆、泡沫经济破灭等,日本文明的命运究竟由何主导?第二,打破历史人物的教条理解,深入解读百位影响日本乃至世界的人物——"终结战国时代"的德川家康、"开启变革"的明治天皇、"启蒙思想家"福泽谕吉等,他们远比教科书里丰富得多。第三,从文化艺术中洞见国民性:茶道、《源氏物语》、动漫、深夜食堂等征服世界的日本文化标签里,可以洞见日本国民复杂的文化基因。第四,极具前瞻眼光的中日对比:房地产泡沫、制造业前景、人口老龄化带来的社会问题等,横向比较亚洲最大的发达国家与发展中国家,从中管窥 21 世纪的发展密码。这本书是一部纵深感和广度、趣味性与知识性兼具,能引起广大读者阅读兴趣的日本文化普及读物。

在论文方面,专门研究日本问题的期刊所刊载日本文化相关研究论文数量明显下降,反倒是一些大众杂志性的刊物刊载了许多有关日本文化的文章。例如,曾令明《日本旅馆传统文化特色研究》(《现代经济信息》2016 年第 15 期)、夏艺《从和果子看日本的饮食文化》(《南宁职业技术学院学报》2016 年第 2 期)、黄劲《从澡堂文化看日本人的国民性》(《才智》2016 年第 9 期)、单海英《从日本的厕所发展来看日本文化》(《青年文学家》2016 年第 6 期)、况云筑《从生活习俗分析日本文化的兼容性》(《科教导刊》2016 年第 19 期)、罗迪《从马桶现象管窥日本文化》(《南风窗》2016 年第 16 期)、李晓光《日本校服的文化研究》(《牡丹江大学学报》2016 年第 9 期)、蔡雨蒙《日本的匠人文化》(《才智》2016 年第 6 期)、蔡凤林《日本地名文化的特点》(《日本问题研究》2016 年第 1 期)、张静《从可爱文化看日本人的逃避心理》(《科技视界》2017 年第 12 期)等,从这类文章题目也可看出,这类文章的发表,明显也是受到了近年来中国游客赴日观光热的影响。关注日本社会文化的细节部分,对于了解日本社会、日本人虽然也能发挥积极作用,但忽略关于日本文化整体性、体系性的研究,长此以往不仅对日本文化学科的发展不利,而且对整个日本研究都将产生非常大的负面影响。

三　研究方法

20世纪80年代曾经出现过对日本文化研究方法的关注和探讨,如高增杰《日本文化研究面临的挑战与机遇》(《日本学刊》1997年第2期)、崔世广《日本文化研究方法论》(《日本学刊》1998年第3期)等。另外,尚会鹏也发表了若干文章,对本尼迪克特、中根千枝、土居健郎、许烺光等人的研究方法进行了批判性介绍。对日本文化研究方法的探讨,也显示了中国日本文化研究的深化。从40年来发表的中国的日本文化研究成果来看,在研究方法上呈现出如下几个特点。

第一,历史学的研究方法依然是日本文化研究领域比较通用的一种方法,尤其是关于中日文化比较、日本吸收外来文化的问题、日本文化与现代化问题等研究领域,历史学研究方法的应用比较突出。但在中国的日本国民性研究领域,单纯应用这种方法进行研究的成果不多,较具代表性的著作有汪向荣的《古代中国人的日本观》等[1]。在论文方面,李文的《日本国民心理嬗变的原理与趋向》是新近发表的力作,正如作者开篇自述其文章的贡献在于:"将散见于已有著述中的相关内容加以系统概括;揭示日本民族性的这一特征与其哲学、美学传统之间的关联性;从已厘清的脉络出发,预见未来一个时期日本国民心理的嬗变趋势。"作者遍览相关文献,对既往关于日本国民心理特征的观点进行了扼要精当的整理,这确是这篇文章最大的贡献。但是,作者所持关于日本国民心理特征的看法却有可商榷之处。例如,作者认为:"日本人看法和态度的变化并非无章可循,实力对比的变化通常是理解日本国民心理变化奥妙的关键。实力对比的结果通常就是权力格局和阶层结构的形成,而日本民族的一大特征就是普遍存在强烈的'权力至上'倾向。"[2] 其实,且不说其他国家国民如何,扪

---

[1] 汪向荣:《古代中国人的日本观》,上海古籍出版社2006年版。
[2] 李文:《日本国民心理嬗变的原理与趋向》,《日本学刊》2010年第3期。

心自问，观古今中国之诸般世相，中国人心理存在的"权力至上"倾向又何尝不强烈呢？而且，究竟该如何判断这种心理在哪国民众身上表现得更强烈一些，对其内政外交的影响更大一些，似乎目前还没有一个更为科学的方法。

第二，文化人类学的方法越来越受到重视，尤其是在日本国民性研究领域。这也是由国民性研究与生俱来的特点造就的。"国民性"，本是西方文化人类学研究规模小且呈单一社会形态时所创出的术语。在西方，国民性研究的产生，最早应追溯到心理学家冯特的民族心理学研究。后来，一批人类学家继承了冯特的研究方法，把心理学引入人类学，开创了文化人类学，国民性研究成为其中的文化与人格学派的重要研究领域。他们不再使用"民族心理"这一概念，而是用"国民性"这一术语取而代之。① 人类学家始终坚持以研究落后民族为职志，随着"原始社会"逐渐现代化，以及地区研究兴起的影响，如今已把重心转移到国内的少数民族，现在几乎成为治理国内少数民族的代名词。"国民性"一词本身虽然无褒贬之意，但由于其内容本是指称所谓未开化民族特性的词，所以也就暗含了一些贬义的成分在内，从这个意义上考虑，"国民性"一词被一些学者称为是殖民话语或也不为过②。"文化人类学家研究国民性使用的主要方法是分析审视一个民族的文学、艺术、语言文字、宗教信仰、风土人情等资料，通过它们投射出国民性格的底蕴；再加上文化人类学的传统方法即实地调查、参与观察、访谈等。我们不能完全否认这种研究方法的科学性，但实践证明，仅用这种方法，要对国民性这样复杂的问题做出高度概括性的结论，还是远远不够的。运用这种研究方法所得出的结论是难以让人信服的。特别是在研究条件受到限制、资料不够充分的条件下得出的研究结论就更是如此。不少被称为著名的研究正是在这样的条件下完成的。"③ 既不懂日语、也没去过日本的本尼迪克特，仅凭日本的报刊杂志及影视资料和对在

---

① 罗教讲：《国民性研究方法之探讨》，载李庆善主编《中国人社会心理研究论集》，香港时代文化出版公司1992年版，第88页。

② 刘禾：《跨语际实践：文学，民族文化与被译介的现代性（中国：1900—1937）（修订译本）》，宋伟杰等译，生活·读书·新知三联书店2008年版，第2章。

③ 罗教讲：《国民性研究方法之探讨》，载李庆善主编《中国人社会心理研究论集》，第90—91页。

美的日本人的访谈撰写的《菊与刀》，就存在这方面的缺陷，并受到大家的批判。

文化人类学中的"文化与人格"学派，专事国民性研究，《菊与刀》的著者本尼迪克特正是这一学派的代表人物。该学派理论的特色在于：它是文化人类学、心理学、精神分析学等诸学科的交接点，旨在重视研究个人与文化的关系，即揭示文化与社会相互作用过程中文化对于人格形成的影响。但由于该学派对"人格"概念的界定缺陷，无法同时处理在某一特定社会被大多数人有意识或无意识共享的信念，以及作为一个群体的大多数人有意识或无意识的行为模式，以至于研究缺乏说服力，遭到严厉的批评。如有的学者就批评说："如果说哲学家是一群在黑屋中寻找根本不存在的黑猫的盲人的话，国民性研究者也大体如此，只不过他们寻找的是文化人类学家所坚信存在的黑猫。但是，近年来他们对此已不那么坚信无疑了。"[①] 苦于没有更好的分析工具，国民性研究徘徊不前。中国的日本国民性研究，直至20世纪末，在研究方法上基本都是在遵循以往的文化人类学的研究方法，所以也存在着基本同样的问题。近年来，脱胎于文化人类学"文化与人格学派"的心理文化学，在华侨大学教授尚会鹏、游国龙等人的不断完善下，越来越成为日本文化研究领域较有解释力的研究工具。

第三，知识社会学方法崭露头角。"知识社会学"的研究方法，在国外的日本国民性研究领域早已不是什么新方法，但被引进到中国的日本国民性研究领域，还是近些年的事。"知识社会学是科学地考察知识是如何在社会、文化环境的约束下得到建构的一种研究方法。"[②] 知识社会学方法的创始人为马克斯·舍勒，完善者为曼海姆。知识社会学的基本主题是，只要思维方式的社会起源是模糊不清的，那就一定存在不可能被充分理解的思维方式。"知识社会学所探求的是理解具体的社会——历史情况背景下的思想"，[③] 知识社会学在对某一时期或某一特定的社会阶层的思想进行分析时，所关注的不仅是盛行一时的思想和思维方式，还有这种思想产生的整个社会背景。此外，知识社会学想要清楚地说明某个社会集团如何在某种理论、学说和知识

---

① V. 巴尔诺：《人格：文化的积淀》，周晓红等译，辽宁人民出版社1989年版，第230页。
② 罗斯·摩尔、杉本良夫编著：《日本人论之方程式》，第5页。
③ 曼海姆：《意识形态与乌托邦》，黎鸣、李书崇译，商务印书馆2000年版，第3页。

运动中找到对自身利益和目的的表达。"从知识社会学的角度来看，日本人论同宗教、数学、物理学一样，也是一种知识。既然是一种知识，探讨其内容受制于何种社会性束缚就成为一种必然。"① 杉本良夫、罗斯·摩尔早在20世纪80年代就已经运用知识社会学的研究方法，对日本人论得以建构的背景进行了深入细致的剖析，② 并进而建构了其新的研究范式——多元化阶层模型③。杉本良夫、罗斯·摩尔编著《日本人论之方程式》，1982年由东洋经济新报社出版发行，1995年由筑摩学艺文库出版增补版，2007年该书才被华东师范大学外语学院日语系的师生翻译成中文，介绍给中国的读者。目前，在中国学界，尚未见有具体应用基于知识社会学理论建构起来的"多元化阶层模型"分析日本国民性的研究。

第四节 日本文化研究存在的问题与展望

20世纪80年代被称为中日关系的蜜月期，友好氛围浓郁，日本文化研究分外引人注目。自从20世纪90年代以来，因日本的历史认识问题以及近年来的领土争端问题等，中日关系历经所谓"政冷经热""政冷经温"乃至"政冷经凉"等发展阶段后，中日两国间政治、外交、安保、经济等所谓应用领域的问题日益引发学界关注。虽然学者们口头上依然会讲日本文化研究如何重要，但从事日本文化研究的队伍却在悄然缩小，特别是近几年来日本文化研究成果在日本研究领域重要专业学术杂志上的发表空间也被严重压缩。在此关于日本文化研究存在的问题与展望，谈如下几点看法。

第一，有效解决基础研究与应用研究相结合问题关乎日本文化学科的未来发展。如何处理基础研究与应用研究的关系问题，是日本文化学科面临的一个重要问题。这也是近年来一直困扰日本文化研究学者的一个主要问题。最理想的状态，自然是基础研究与应用研究能够各得其宜并能相互

---

① 罗斯·摩尔、杉本良夫编著：《日本人论之方程式》，第64页。
② 罗斯·摩尔、杉本良夫编著：《日本人论之方程式》，第7章。
③ 罗斯·摩尔、杉本良夫编著：《日本人论之方程式》，第12章。

补益。但是，在现实开展日本文化研究的工作中，由于研究者工作环境、个人能力等原因，想要达到这种理想状态并非易事。特别是对于本应成为日本文化研究主力的全国高校日语院系教师而言，近年来这一问题尤为突出。

2019年12月21—22日，由广东外语外贸大学日语语言文化学院承办的"中日比较文学国际研讨会暨2019年度广东外语外贸大学日语语言文化学院研究生学术论坛"以及"新文科背景下的国际政治研究论坛""新文科背景下的日本文学文化研究论坛""新文科背景下的日本语言教育研究论坛"，实质上就是基于对该问题的困惑而举办的。从大会的主题来看，会议内容应该是以中日文学比较研究方面的内容为核心，但会议的实际内容的综合性和跨学科性非常强。不仅有日本语言、翻译、文学方面的主题演讲和研究发表，还有日本历史、文化、中日文化比较、日本哲学、教育、政治、经济等方面的主题演讲和研究发表。12月21日晚上的圆桌论坛围绕"新文科背景下的日本文学文化研究""新文科背景下的日本语言教育研究"以及"新文科背景下的国际政治研究"三个主题进行了热烈的探讨，虽然分为三个主题，但讨论的内容其实就是一个，即今后日本语言、文学、文化研究的方向问题。对此，广东外语外贸大学日语语言文化学院院长陈多友教授在就何谓"新文科背景"做破题发言时指出：新文科语境下的国别区域研究面临新的变局。学院派的研究不再停留在语言文学本体研究，要进行内涵方面的拓展，要对标"新国标"，大力开展翻译学研究、跨文化比较研究、比较文学研究以及国别和区域研究；而且，研究方法也必须走出学院派的狭小天地，将社会学、政治学、经济学、外交学等学科的方法、理论加以灵活运用，开展接地气的、直接服务经济社会发展乃至国家战略的研究。同样，科研院所的国别和区域研究也要关注人文研究的价值，能够运用文艺学、文化学、宗教民俗学、伦理学等人文学的方法与理论，从形而上的高度探究政治、经济、军事、外交、安全等领域的问题。因此，新文科的价值导向就是将学院派与科研院所派的研究优势综合起来，共同发力，创辟出新的学术研究与学科发展的道路。

在学科交叉成为潮流的今天，日本文化与国际关系以及经济贸易等学科越走越近，出现了一批打破专业樊笼的跨学科成果，如李金明《明清时期中国文化在琉球的传播——从文化传承看琉球的归属问题》(《福建论坛》2013年第5期)、龚东升《中日文化对中日经济发展的影响研究》(《中国商贸》2014年第20期)等。就如同这些学者所做的尝试一样,今后的日本文化研究要结合中国的实际,为促进中国的改革开放和现代化建设提供服务和借鉴,同时也为加强中日友好关系,推动中日两国之间的经济、文化、学术交流发挥积极作用。带着这种问题意识,有机融合多学科的理论方法工具应用于日本文化研究,也许会有助于进一步解决日本文化研究所面临的基础研究与应用研究相结合问题。

第二,拓展视野、多角度全方位地开展日本文化研究势在必行。在经济全球化趋势日益增强的形势下,日本文化正经历着一场严峻的考验。从哲学角度看,20世纪80年代以来,日本文化的两个趋势即哲学文化的世界化和哲学文化的个性化都有很强的表现。前者如信息化与哲学、环境与伦理共生、自我的本质与普遍价值,后者如历史观问题、哲学与现代、对战后重新评价等。从当前中国的日本文化研究面临的窘况来看,经济的兴衰似乎成了衡量文化的外在标准。日本经济昌盛时,日本文化优秀论、日本文化特殊论也比较盛行,近年来日本经济衰退,日本文化优越论也不见了踪迹。日本文化研究学者大多精通日语,部分学者还兼通韩语、英语等,这对于学者们超越国别研究及中日双边研究的框架,以区域研究的眼光乃至全球视野来审视日本历史文化,前瞻性精准研判全球化时代的日本社会发展态势,推出一些视野宽阔、立意新颖的成果至关重要。

今后的日本文化研究尤其需要扩展视野,多角度全方位地开展研究,建立多角度、多学科、多层次,分工合作、全方位的日本文化研究体系。不是表面、零碎、个别、实用的,而是全面、系统、深入、完整的日本文化研究体系,包括宏观、微观、综合、分科、各领域、各学科。把日本文化放在东亚文化圈的视野中、放在中日文化交流的长河中、放在东西文化摩擦和融合中开展比较研究,既要从世界和亚洲的角度对日本文化进行宏观把握,又要在微观研究、个案分析上下功夫,这样才能使日本文化研究达到新的高度和新的深度,才有助于建设有中国特色的日本文化研究体系。

有些学者已经进行了这方面的尝试,如张晓刚等《锁国时期中日韩三国港口城市发展的政治背景微探——以17世纪的广州、长崎和釜山为中心》(《日本问题研究》2013年第4期)、朴在玉等《朝鲜通信使眼中的日本器物形象》(《东疆学刊》2013年第2期)、宋成有《中日甲午战争——日本历史的拐点与东亚国际格局》(《日本学刊》2014年第5期)等。顺便提及一点,作为一名日本文化研究学者,能够精通英语等多语种对日本文化研究固然是如虎添翼的好事情,但首先还是要对研究对象国的语言做到精通为好。特别是对一名日本文化研究学者而言,仅仅精通现代日语显然是不够的,即使是专门研究现当代日本文化的学者,也需要精通日本古典日语,至少达到能够借助词典等阅读日本文献中的"古文书"等一手文献的水准,否则想获得对日本文化更为深入的了解,往往会因受文献资料的制约等而却步不前。

第三,中国的日本文化研究方法有待进一步提升。所谓"工欲善其事,必先利其器",欲获得可资凭信的科研成果,就必须依凭科学的研究方法。因此,在今后的日本文化研究实践中,努力开创最具解释力的研究方法,探寻在中国语境下的日本文化研究新范式,使我们的日本文化研究更加"接地气",是今后日本文化学科的发展方向之一。

在日本文化研究方法方面,有必要借鉴国外日本文化研究的一些经验。例如,与时俱进的信息技术应用于日本文化研究日趋常态化等。位于日本京都的国际日本文化研究中心井上章一教授主持的"画像数据库的制作与用画像资料进行的日本文化研究"、小松和彦教授主持的"怪异、妖怪文化资料数据库计划"、山田奖治教授主持的"数码人文学研究计划"、仓本一宏教授主持的"摄关期古记录数据库计划"等,都是这方面的典型个案。当今时代已经进入大数据时代,从事人文社会科学研究,若能掌握和自由地驱使日新月异的信息技术,将会如虎添翼。早在日本文部省推进COE以及全球性COE科研资助计划时,数字信息化技术多是应用于自然科学,仅有立命馆大学等部分大学、研究机构尝试将其引进人文科学领域,初期工作难免粗糙。但从京都日本文化研究中心的上述项目来看,将日新月异的信息技术应用于日本文化研究日趋常态化。借鉴国际上运用先进的信息技术从事人文社会科学研究的经验,对提升我们的日本文化研究水平非常有帮助。

此外,近年来一个明显的变化是,学者们还加大了对尝试综合运用遗传学、大脑科学等自然科学领域的理论方法,来研究日本人的社会行为的支持力度。这些研究若能够取得预期成果,将有助于避免既往日本思想文化研究易流于抽象肆意的弊端，特别是对于从事日本国民性研究可以提供更客观的学术性和科学性支撑。日本学术振兴会对其资助金额较大、高达1亿日元以上的科研课题，都会在其网页上进行较详细的立项经过等介绍。2015年度，关于社科人文方面的大力度支持课题有三项：京都大学大学院情报学研究科神谷之康教授主持的课题"内心印象的神经基盘的阐明"（2015—2019年度），该研究旨在对人的意识形成机制进行解析，以期不仅能对人的精神疾患进行更直观的解析，而且对分析人的社会行为也可提供生物学理论和实证的支撑；筑波大学小川园子教授主持的课题"掌管形成和维持社会性的神经内分泌结构的阐明"（2015—2019年度），该研究将运用生理学、神经组织学、光遗传学、行动遗传学等领域的知识，通过对大数据的解析来分析人因性别差异，其荷尔蒙是在人脑的什么部位？又是对哪些部位、何时、如何发生影响，因而导致人们产生了怎样的社会行为？从而明确解析掌控人的社会行为形成与维持的神经内分泌的结构。一桥大学大学院国际企业战略研究科山岸俊男特任教授主持的课题"支撑面向社会行动的心与社会的相互建构"（2015—2019年度），这可谓是山岸俊男特任教授持续多年的相关课题研究的升级版，该研究旨在对多年积累起来的实验数据进行分析，研究具有生物性的人如何在社会化的过程中形成自洽的社会秩序，其目的是为打造一个更加充满活力的日本社会秩序提供理性支撑。上述这些研究，不仅其研究方法值得我们借鉴，因为上述研究课题的对象都是日本人，所以及时关注这些课题的研究进展和成果，对我们深入了解日本人也非常有帮助。

第四，有必要加强日本国民性成因及其应用的研究。中国的日本国民性研究成果中，对于日本国民性"是什么"的研究居多，对于"为什么是这样"的研究较少，即对日本国民性成因的研究较少。日本国民性的成因可以概括为两大方面，一个是物理层面的强制性原因，一个是心理层面的原因。物理层面的强制性原因，包括地理环境、社会结构、社会制度等方面的内容。心理层面的原因，主要是文化艺术、风俗习惯、社会政策、文化战略等对人的心理层面的影响。目前，从这两方面来探讨日本国民性成因的文章都可见到一些，但大多数的论著都还是侧重于从"风土论"，即地理环境的角度来探究日本国民性的成因。毋庸赘言，国民性研究的对象是会想、会思考、会感受的人，不同于石头、木头和其他自然物，其心理层面的原因往往影响会更大。例如，任何社会，只要有利益之争，就免不了因利益分配不均而产生怨恨，发生冲突，出现在集团及个人之间的紧张、对决、争端是以何种形式表现出来的，随着时代、地域、产业的变化将会发生何种变化？结构变化的方式和冲突的内容究竟是一种什么样的相关模式？加强对日本人感情模式之一的怨恨意识的研究，对回答上述问题会提供很大的帮助。分析现代性问题、现实问题，解读日本的国家战略，不仅能从外在的历史的社会结构变迁来规定和把握，而且也能通过内在的感情模式的视角来加以审视，后者的研究则涵盖着对日本人动机结构的考察。只有较准确地把握和分析人的行为背后的动机，方有利于进行与人的行为相关的因果分析，研究化解冲突的机制等。今后，我们应摆脱传统的地缘政治学的片面影响，加强对社会历史因素的分析，特别是要加强对心理层面的原因的探讨。

从骤然增长的日本国民性研究成果数量也可以获知，在中国，了解日本国民性的社会需求也在日益增加。因此，在今天，应该进一步加强日本国民性研究的重要性和现实意义，也就毋庸赘言了。曾以"文明冲突论"引起世人关注的美国资深政治学家亨廷顿，在其2004年出版的新作《谁是美国人？——美国国民特性面临的挑战》一书中指出："国家利益来自国民特性，要知道我们的利益是什么，就得首先知道我们是什么人"，对国民特性的定义不同，就会衍生出"不同的国家利益和政策目标"。"美国的特性问题是独特的，但是存在特性问题的绝不只是美国。国民特性问题上的辩论是我们时代的一个常有的特点。几乎每个地方的人们都在询问、重新考虑和界定他们自己有何共性以及他们与别人的区别何在：我们是什么人？我们属于什么？"[①] 恰如亨廷顿所言，虽然说寻找和探索国民性研究方法的步伐依旧很缓慢，但是，随着现代化、经济发展、城市化和全球化的突飞猛进，世界对国民性研究的社会需求却是越来越强烈。今后，若能够进一步加强中日韩三国国民性比较研究，切实地探讨增进三国国民间相互理解、相互信任的途径，必将更有效地推动遵循"自立与共生"原则的东亚共同体的实现，这既是国民性研究的学科使命之要求，亦符合构建

---

① [美]塞缪尔·亨廷顿：《谁是美国人？——美国国民特性面临的挑战》，新华出版社2010年版，第8—10页。

"自立与共生"的东亚共同体的区域认同意识之需。展望中国的日本国民性研究的未来，为了不再将日本国民性研究成果写成"只是在对某些新颖奇特的表面现象进行漫无边际的杂谈"[①]，加强从国民性视角解析当代日本社会诸问题的研究，对于专事此业的同仁而言，可谓任重而道远！

最后需要指出的一点是，为了明确今后日本文化学科的发展方向，制定日本文化学科的发展规划，需要再度明确我们研究日本文化的目的究竟是什么。作为中国的日本文化研究学者，我们研究日本文化，显然既不是为了帮助日本人化解其身份认同的危机，更不是如日本和美国那样欲寻求意识形态上的对抗。中国学者开展日本文化研究的目的，抛开个人层面的自娱自乐，从社会功能层面上讲，应该是要有益于国人逐渐建立起全面、平衡、合理与弹性的日本观，这就需要从事日本文化研究的学者们不能再满足于对日本文化现象进行简单的，或者哪怕是详尽的记录式描述，而是要做到知其然，还要知其所以然。从描述方式向理论分析方式的转化，已经是国际问题研究现实的耳提面命。日本文化学科的发展，亦不应该滞后于国际问题研究发展的步伐。日本文化研究不能仅停留在对文化现象的罗列上，要透过现象剖析其本质。

---

① 罗斯·摩尔、杉本良夫编著：《日本人论之方程式》，第92页。

第 八 章

中国的日本历史研究*

环顾全球，中国最早记录日本的历史。世纪之初，东汉兰台令史班固著《汉书》，其《地理志·燕地》记曰："乐浪海中有倭人，分为百余国，以岁时来献见云。"① 日本首次列入中国正史。至魏晋时，著作郎陈寿著《三国志》，其《魏志·东夷传》中的倭传，以百倍于《汉书·地理志》的篇幅，记述日本。此后历朝中国正史中的东夷传，持续记述日本。至于研究，则大大滞后。放下身段，正视并研究日本，始于距离东汉1500年的明朝成化至嘉靖年间（1465—1563年）后期倭寇的猖獗。其间，总督胡宗宪主编的《筹海图编·倭国事略》，其部将或幕吏郑若曾的《日本国考》、李言恭等的《日本考》、薛俊的《日本考略》、郑舜功的《日本一鉴》等十余种研究著作刻板刊行。在简述日本的历史沿革、山川形势、语言习俗的同时，着重分析倭寇的缘起、袭扰方式、武器装备及平倭之策。此后，中国则再次沉湎于"天朝上国"的旧梦，直至日本犯台。晚清有识之士再次开眼看日本；继而被甲午之败打痛，方如梦初醒，再次研究日本。黄遵宪的《日本国志》是国人重新睁眼看日本的代表，民国期间，日本成为灭亡中国的最大威胁，对日本评介与研究全面展开，期刊文章、专题研究、学术专著成果累累。即使在全民族抗战的艰苦岁月，食不果腹的学者依旧在坚持研究。

1949年中华人民共和国成立后，中国的日本史研究进入新时期，在曲折中发展，取得长足进步。70年间，既有建国初期的创业艰辛，也有10年

---

* 宋成有，北京大学教授。
① 《汉书·地理志》。

"文革"突如其来的挫折，更有改革开放后 40 年来全方位的巨大发展与收获。较之 2000 年前《汉书》的记述，以及 700 年前的《筹海图编》等开始的研究，40 年不过是短暂的一瞬。然而，就在这历史的一瞬之间，我国的日本史研究却取得空前的业绩①，有若干经验教训值得认真总结。

第一节　改革开放前的奠基与挫折
（1949—1976 年）

无须赘言，改革开放的 40 年，是中国日本史研究喷发式发展的黄金时期。但无论在学科指导、理论承袭、机构设置，还是人脉关联、成果积累等诸多方面，改革后的 40 年离不开改革开放前的 30 年。忽略了前 30 年，后 40 年的问题就说不清楚。因此审视改革后的 40 年，有必要首先回顾建国后的前 30 年。

1949 年 7 月，在人民解放战争凯歌行进之际，中国新史学研究会成立，加盟新政协，展示了史学的经世性及史学者的参政热情。11 月，中国科学院成立，其中有自然科学、理工学科，也有接管不久的原中研院的考古研究所、语言研究所等人文学科研究机构。1950 年 2 月，《中苏友好同盟互助条约》签订，苏联专家包括历史学教授应邀赴华工作，指导新中国的新史学建设。4 月至 6 月，中国科学院增设近代史研究所、社会研究所。1951 年 7 月，中国新史学研究会改称中国史学会，郭沫若为首任主席，吴玉章、范文澜任副主席，各地设置分会，研究机构迅速建立。响应《人民日报》的召唤，中国史学会开展对电影《武训传》的批判等一系列的活动，影响广泛。

1949 年，《光明日报》《新建设》等报刊发刊，与 1948 年创刊的《人民日报》一起，提供了史家论文发表的窗口。1951 年，专门的史学杂志创刊。其中，天津历史教学社创办分成高校、中学两个版本的《历史教学》，山东大学主办的《文史哲》，中国史学会河南分会主办的《新史学通讯》（1957 年改称《史学月刊》），为发表研究成果、宣传和普及马克思主义新

---

① 本文列举的成果为学术著作，不包括学术论文，也未涉及中国港澳台地区学者的论著。

史学，开展学术争鸣，发挥了重要作用。

1952年6月，参照苏联的高等院校专业布局模式，全国高校实施院系大调整。除北大、北师大、南开、复旦、武汉大学等少数文理科综合性大学还保留历史系之外，清华大学、交通大学等高等院校转为单一的工科院校，对高校人文学科的发展产生深远影响。

1954年，模仿苏联设立的国家学术秘书处，筹办哲学社会科学学部，创办最高级别的综合性史学杂志《历史研究》。1955年，成立哲学社会科学学部。1956年，在"向科学进军"的声浪中，学部增设哲学所、经济所、世界经济所、文学所、外国文学所、历史所、世界历史所、民族所、法学所、世界宗教所和情报所等研究所，机构愈加齐备。同年，参照苏联历史专业教学体制，制定高等院校的历史系教学大纲，编写教材、教学计划，着力培养历史系的本科生与研究生。

由于冷战骤发而营垒划分，中国外交"对苏一边倒"，国际学术交流限于苏联东欧或亚非新独立的国家，与欧美世界无缘。在日本，吉田茂—岸信介—佐藤荣作内阁推行"对美一边倒"的方针，敌视新中国。中日两国分属东西方两大阵营，国无邦交且长期对立，致使官方文化学术交流阙如，民间学术交流极端困难。尽管如此，新中国的日本史研究者克服困难，仍取得若干开创性成果。

哲学社会科学部刘思慕研究员率先推出专著《战前与战后的日本》（三联书店1950年版），生动记述了战败后初期日本社会风貌，创新中国学者研究战后日本之嚆矢。在全面学习引进并推广苏联历史学科经验的过程中，马克思主义史学理论进入新中国的人文社科领域，日本史的教学科研领域的面貌为之一新。1955年，南开大学吴廷璆先生在《南开大学学报》创刊号上发表的论文《大化改新前后日本的社会性质问题》，首次运用社会经济形态论和阶级分析方法，提出"大化改新封建说"。他认为"中国高度发展的封建制从各方面不断刺激着日本社会，终于使日本古代社会越过了奴隶制而走向封建制度"，而"自上而下的大化改新，促成了日本封建制度的形成"。① 1956年，周一良先生在论文《日本

---

① 吴廷璆：《大化改新前后的日本的社会性质问题》，《南开大学学报（哲学社会科学版）》1955年创刊号。

"明治维新"前后的农民运动》中，采用唯物史观和矛盾论的研究方法，提出明治维新性质为"不彻底的资产阶级革命说"。他认为，"明治维新是为资本主义的发展开辟道路的资产阶级革命，同时，它是一场未完成的、不彻底的资产阶级革命"。①

1960年，美国福特财团资助的"近代日本研究会议"邀集日美两国学者在箱根举行会议。赫尔、赖肖尔、约翰逊、罗克拉德、川岛武宜、坂田吉雄、丸山真男、古岛敏雄、大内力、远山茂树等美日著名学者与会。会议主席赫尔做了题为"日本近代化——概念构成的诸问题"的基调报告，将"人口向城市高度集中""无生物能源的充分利用""商品流通和服务行业的发达""社会成员的广泛联系和参加经济政治活动""科学知识的普及和读书能力的提高""信息传播网的发达""大规模社会设施逐渐官僚制度化""庞大的人口集团逐渐统一于单一的国家之下""国家间的相互作用逐渐扩大"等近代化的"症候群"，介绍给日本学者。尽管这种美国式的近代化论不过是 ABC 水平的概念解释，却在日本史学界受到近乎狂热的欢迎。② 中日两国的马克思主义史学家，随即对美国的近代化论做出了反应。1960年，应学部近代史研究所副所长刘大年的邀请，"讲座派"史学家井上清访问中国。两国学者对箱根会议的近代化论史观展开评析，点出其背后的政治图谋。

也是在 1960 年，中苏两党关系恶化，苏联专家撤离回国。在造成重大损失的同时，也使中国尖端科学与社会科学获得自主发展的机会。1961年，在中宣部和教育部的支持下，周一良、吴予瑾教授主持编写《世界通史》，翦伯赞、郑天挺教授则出面邀集学者们编写《中国史纲要》。吴廷璆教授发表论文《建立世界史的新体系》，主张"本着不破不立的精神"，"打破了欧洲中心说的世界史体系，保证了世界史高度的科学性和革命性的统一"。③ 一年后，两部通史教材均付梓。《世界通史》中的明治维新一章由周先生撰写。高校历史学科发展显著，培养的本科生与研究生的招生

---

① 周一良：《日本"明治维新"前后的农民运动》，《北京大学学报（人文科学版）》1956年第2期。
② 沈仁安、宋成有：《日本史学新流派析》，《历史研究》1983年第1期。
③ 吴廷璆：《建立世界史的新体系》，《光明日报》1961年4月9日。

人数成倍增加。

1962年，周先生进而运用毛泽东《矛盾论》的研究理论，来分析明治维新。在论文《关于明治维新的几个问题》中，认为明治维新是社会矛盾、统治阶级内部矛盾和日本人民与西方资本主义国家之间的矛盾综合作用的结果。由于农民的土地要求完全未满足、主要投资方向为银行而非工业导致经济力量薄弱、维新政府中主要是武士和贵族而无资产阶级代表，因此，明治维新是一场"不彻底的资产阶级革命"；认为日本"讲座派"的明治政权"专制主义王权说"，存在"忽略了经济基础""用欧洲的尺度来衡量东方"等偏差，强调"日本专制王权的阶级基础是地主与工商业资本家""主观上要发展资本主义"两点上，日本与西欧专制王权不同。①
1964年，吴先生发表论文《明治维新与维新政权》，认为，在封建危机和民族危机双重压力下开展的明治维新运动，由于没有新兴资产阶级的领导，故分为两步走。第一阶段的革命以倒幕派领导农民和城市贫民起义推翻德川封建领主制、解放农奴、建立地主资产阶级政权而告终；第二阶段因倒幕派背弃革命而变成地主资产阶级的改革。因为"明治政权是一个地主资产阶级政权"，故"明治维新是一场不彻底的资产阶级革命。"②

众所周知，自晚清至民国，明治维新始终为中国学者的研究对象。较之诸先贤的撰述，周吴二老运用唯物史观和矛盾论的分析方法审视明治维新，对其由来与定性为中国学者的首次理论阐释，构成我国研究明治维新的基本理论框架。其实，在他们求学的过程中，已对唯物史观产生浓厚兴趣。吴廷璆先生1936年自东京帝大学成回国，并与范文澜结识，接触马克思主义唯物史观。周先生1935年毕业于燕京大学，在其本科毕业论文《〈大日本史〉之史学》的结论部分，即认为："历史之学其究竟仍在于经世致用，非仅考订记述而已。唯其所以用之者代有不同，人有不同，自孔子作《春秋》之寓褒贬别善恶，至近世之唱唯物史论，一例也。"③可见，早在80多年前，两位老先生已经在关注唯物史观。

---

① 周一良：《关于明治维新的几个问题》，《北京大学学报（哲学社会科学版）》1962年第1期。
② 吴廷璆：《明治维新与维新政权》，《南开大学学报（哲学社会科学版）》1964年第7期。
③ 周一良：《〈大日本史〉之史学》，载《周一良集》（第四卷），辽宁教育出版社1998年版，第86页。

此外，二老还面命耳提，指导并培养俞辛焞、王金林、王文定、沈仁安、周启乾、汤重南等一批日本史教学科研的人才，构成第二代学者梯队的骨干。虽然他们的学业也受到各种运动的干扰，但尚能接受"三基四性"，即基础知识、基本训练、基本技能，以及科学性、思想性、系统性、量力性的教育，理论素养强，专业知识扎实。特别是马克思主义历史唯物论的理论素养，与驳论式的著述方法融入治学过程，且根深蒂固。同时，秉承师门学风，对日本学者的成果，采取借鉴而非照搬，商榷而不是追随的立场，展开学术争鸣，突出中国学者的研究立场，足以承上启下，成为我国日本史研究走出国门的主要力量。

除明治维新之外，周先生的《亚洲各国古代史》（高等教育出版社1958年版）中的日本古代史部分，对我国日本古代史的教学科研具有奠基意义。北京大学哲学系的朱谦之教授出版《日本的朱子学》（三联书店1958年版）、《日本的古学及阳明学》（上海人民出版社1962年版）、《日本哲学史》（三联书店1964年版）等，对我国关于日本近世思想史与哲学史的研究来说，堪称开拓之作。总之，在中华人民共和国成立后17年间，日本史研究成果虽然数量不多，但均为有分量的精品，启迪了有志于新史学的年轻学子，发挥了奠基的作用。

毋庸讳言，中华人民共和国成立之初强调史学理论的政治属性，普遍采用阶级分析研究方法。这固然突出了新中国日本史研究的理论方法特色，但一旦成为思维定式，也给当时和此后相当长时期的世界史研究，包括日本史研究，落下了"病根"。概括起来看，即看重理论、突出阶级分析，轻视史料、史料学，甚至出现过"以论代史"的偏差；对晚清、民国时期的日本史研究未能给予客观的评价，或简单否定，以至名人名著在大陆湮没无闻；在历史学教学的过程中，排斥版本学、校勘学、辑佚学、考据学、年代学、目录学等基础性史学方法论，对培养学生、学科建设等影响消极。日本史教学科研也是如此。实际上，中国的日本史研究既需要广阔的理论视野与论述框架，也需要扎扎实实的史料支撑，两个轮子俱备，学术之车才跑得起来。

1966年"文革"狂潮掀起，大学与科研机构均陷入内乱，正在发展中的日本史研究断崖式地跌入谷底，处于停顿状态。学者找不到一张平静的书桌，无缘日本史研究。1970年，高等院校恢复招生，又随同学员"以社会为工厂"，奔波于工厂、农村、部队，仍未回归日本史的教学科研。

1972年，中日两国邦交正常化，为文化学术交流打开了通路。1974年，首批中国学生前往日本创价大学留学，后来担任驻日大使的程永华即为其中之一。学者走出国门，尚需人员交流和资料交换渠道的逐渐拓宽。较之无邦交，毕竟有助于提供日本史研究的条件。此前，仅有河北大学日本研究所的《日本问题研究》（1964年创刊）、辽宁大学日本研究所的《日本问题》（1964年创刊，1972改称《日本研究》）两家学术刊物运转。天津社会科学院日本研究所的《日本研究论丛》1972年创刊，日本研究的平台有所扩展，打破了"文革"以来，日本或日本史研究整体沉寂的冷清局面。但从总体上看，正常的学术研究仍然举步维艰。

就在"文革"行将结束的前夕，1976年1月至6月，日本著名学者、京都大学人文科学研究所井上清教授应邀来北京大学历史系，主持日本近现代史讲座。讲题共有20个，从幕末日本社会、黑船来航、倒幕运动、明治维新到大正民主、侵华战争、天皇制法西斯、太平洋战争、战后民主改革、经济高速发展、现代日本社会等均有涉及。约30名学者来自中国科学院哲学科学部世界史所、北京大学、南开大学、天津历史研究所、辽宁大学、吉林大学、东北师大、武汉大学、河北大学、天津民航学院等高等院校和科研机构，如冯鸿志、汤重南、沈仁安、李玉、张光佩、宋成有、王金林、盛继勤、俞辛焞、刘予苇、禹硕基、杨孝臣、姜孝若、孙世路、胡德坤等汇聚一堂，聆听讲座，这些人后多为所在单位日本史教学科研的骨干。

第二节 焕发生机（1977—1987年）

1977年5月，经中共中央批准，哲学社会科学部升格为中国社会科学院，各地的研究所也随之升格为社科院，从整体上促进了全国社会科学的研究与发展。中国社会科学院定位为马克思主义的坚强阵地、社会科学研究的最高殿堂、党中央国务院重要的思想库和智囊团，统管全国的社科研究。1978年8月，《中日和平友好条约》签订，两国关系再上新台阶。12月，中共十一届三中全会召开，改革开放、解放思想的热潮涌动。1979年12月，《中日文化交流协定》签署，规定开展学者、教师、留学生的交流，对大学从事学习或研究工作提供资金援助，开展合作学术研究与调查、交换图书期刊与学术资料，迅速扩展了文化学术交流的渠道。复交联合声明与和平友好条约的签订，携手对抗苏联的"霸权"，使中日两国关系日趋密切，国民亲近感急速攀升。在日本，对华亲近感一度超过美国而位居第一。总之，在中日两国之间，友好的天时、地利、人和俱佳，举凡日本研究，包括日本史研究均进入前所未有的兴旺发展期。

一 研究机构竞相建立

1979年7月，中国社科院世界历史所、天津社科院、北京大学、南开大学、辽宁大学、东北师范大学、吉林大学、复旦大学、陕西师范大学等单位派代表齐聚北大历史系，举行成立中国日本史研究会（1991年改称中国日本史学会）的筹备会。1980年7月，正式成立大会在天津社科院举行。建国以来，全国的日本史教学研究力量首次汇聚在一起，阵容可观。建国后的第一代学者吴廷璆先生出任首任会长，周一良、邹有恒、吴杰等诸先生任副会长；第二代学者万峰先生任秘书长，王金林、任鸿章先生任副秘书长。两代学者实现了老年与中年学者的结合，树立了砥砺学术、通力合作与奖掖后进的学风，余泽远被。学会对日本史的教学科研进行了规划，布局为日本古代史、近代史、现代史、战后史等几个课题。学会成员约300人，累年举办年会或专业讨论会，发行《日本史研究》《中国日本史学会通讯》。1982年，史学会出版《日本史论文集》（三联书店），1985年编辑出版《日本史论文集》（辽宁人民出版社），对推进全国的日本史教学科研，发挥了引领作用。

20世纪80年代，研究机构如雨后春笋，竞相成立。其中，冠以"史"字的研究机构除中国日本史研究会之外，尚有同在1980年成立的东北地区中日关系史研究会、北京市中日文化交流史研究会，以及1984年成立的中国中日关系史学会。此外，北京市中日关系史学会、苏州中日关系史学会、浙江省中日关系史学会等省市的中日关系史研究团体也先后成立。此外，北大、复旦历史系的日本史组等高等院校的研究团体也冠以"史"字，北京大学、南开大学、辽宁大学、吉林大学、东北师大、复旦大学、北京外国语大学、河北大学等高等院校的日本研究所、研究中心，以及国家或各省社科院的日本研究所等，虽未必冠以"史"字，但日本史的教学科研仍占据重要位置。

日本史研究的刊物，除前述河北大学日本研究所的《日本问题研究》、辽宁大学日本研究所的《日本研究》、天津社会科学院日本研究所的《日本研究论丛》之外，新增吉林大学的《现代日本经济》（1982年）、中国中日关系史研究会的《中日关系史研究会会刊》（1984年）、中国社会科学院日本研究所的《日本问题资料》（1982年）和《日本问题》（1985年，后改称《日本学刊》）等。

二 学术成果

（一）断代史、通史

1978年，中国社科出版社出版万峰撰写的建国后首部日本断代史专著《日本近代史》。该书另辟新径，在撰述风格上突破教科书式的四平八稳，重点围绕明治维新的性质展开讨论，提出性质为"近代民族民主运动"的新说。1984年王金林的《简明日本古代史》与吕万和的《简明日本近代史》由天津人民出版社出版，两部中华人民共和国成立后首次出版的断代史著作，分别对邪马台国、部民制和天皇制、明治维新性质等重大问题提出新看法。两著力求建立日本史研究的新体系，展示中国学者的学术观点，为万峰著作问世之后日本史研究专著的出版潮推波助澜。

（二）古代史专题研究成果

汪向荣的《邪马台国》（中国社会科学出版社1982年版）为建国后首部邪马台国的专题研究著作。该著追述了江户时代以来有关邪马台国的学术研究史，考证了正史，特别是《三国志》的相关记载，阐述了所持"大和说"的理由。两年后，又与夏应元合编《中日关系史资料汇编》（中华书局1984年版），汇集中国正史中有关中日关系史的资料，并加以注释，为读者利用提供方便。伊文成与王金林等编《日本历史人物传（古代中世篇）》（黑龙江人民出版社1984年版）、禹硕基的《日本大化革新》（商务印书馆1985年版）、张声振的《中日关系史》（第1卷）（吉林文史出版社1986年版）、武安隆的《遣唐使》（黑龙江人民出版社1986年版）等，分别就日本古代史的重要人物、历史发展的拐点以及古代中日关系、文化交流等问题，展开探讨。

(三) 日本近现代史专题研究成果

伊文成等主编的《伪满洲国史》(吉林人民出版社 1980 年版) 为中华人民共和国成立后首部研究日本傀儡政权的创新之作,对日本在中国东北的殖民统治进行了全面揭露。高兴祖的《日军侵华暴行——南京大屠杀》(上海人民出版社 1985 年版)、南京图书馆编的《侵华日军南京大屠杀史料》(江苏古籍出版社 1985 年版) 等出版,以扎实的史料,对 1982 年日本文部省审定发行右翼历史教科书否认南京大屠杀的行径,予以坚决的回击。米庆余的《日本西南战争》(商务印书馆 1986 年版),深入探讨明治维新期间倒幕派的分化与博弈。伊文成、马家骏主编的《明治维新史》(辽宁教育出版社 1987 年版) 问世,其理论深度与探索广度,成为我国日本史学界关于明治维新研究的阶段性重要成果。同年,伊文成与汤重南等编的《日本历史人物传 (近现代篇)》(黑龙江人民出版社 1987 年版)、王晓秋的《近代中日启示录》(北京出版社 1987 年版) 出版,史料详实丰富,可读性强,受到读者的好评。

(四) 日本经济开发研究

改革开放以来,特别是进入 20 世纪 80 年代以后,适应大规模经济建设和发展中日经贸关系的需要,战后日本经济研究的专著与论文竞相问世,大有铺天盖地的势头。1980—1988 年的九年间,出版经济类各种专著、工具书 90 余部 (约为改革开放前的 45 倍),译著 130 余部 (约为改革开放前的 13 倍),论文 3000 余篇,译文 1200 余篇,成果数量高居各研究领域之首。① 其中,日本经济高速发展与经济开发的成功经验,为国内研究所关注。经济"热"之下,许多研究日本史的学者加入日本经济研究的行列。刘予苇的《日本经济发展的三十五年 (1945—1980)》(商务印书馆 1982 年版),评述了战后日本经济发展,特别是高速发展的过程,将日本战后非军国主义化的民主改革定性为"革命"等观点,引发讨论。万峰著《日本资本主义史研究》(湖南人民出版社 1984 年版)、刘天纯著《日本产业革命史》(吉林人民出版社 1985 年版) 等,对日本近代化的主导力量、政策方针、精神要素中的民族活力、武士道精神等问题展开深入探讨。

---

① 统计数据参见李玉等主编《中国日本学论著索引 (1949—1988)》,北京大学出版社 1990 年版。

三 研究理论与方法的再探讨

在上述过程中，新的史学理论与研究方法受到欢迎，史学理论研究著作相继出版，对日本史研究者不乏参考意义。摘其要者，即有白寿彝主编的《史学概论》（宁夏人民出版社1983年版）、吴泽主编的《史学概论》（安徽教育出版社1985年版）等著作。1987年可谓史学理论研究著作的丰收之年，出版了历史科学规划小组编的《历史研究方法论集》（河南人民出版社）、庞卓恒的《比较史学》（中国文化书院）、赵吉惠的《历史学方法论》（四川人民出版社）、荣孟源的《史料和历史科学》（人民出版社）、中国社会科学院历史研究所编的《历史科学的反思》（中州古籍出版社）等10余部著作。

多部外国史学理论和方法论著作的中文译本受到欢迎。例如，爱德华·霍列特·卡尔的《历史是什么？》（商务印书馆1981年版）、巴尔格的《历史学的范畴和方法》（华夏出版社1984年版）、克罗齐的《历史学的理论与实际》（商务印书馆1986年版）、巴勒克拉夫的《当代史学主要趋势》（上海译文出版社1987年版）、伊格尔斯的《欧洲史学新方向》（华夏出版社1988年版），以及1989年推出的勒高夫等著的《新史学》（上海译文出版社）、哈多克的《历史思想导论》（华夏出版社）、肖·W.H.的《马克思的历史理论》（重庆出版社）等。

上述史学理论和研究方法的适用范围，既包括中国史，也包括世界史、日本史。在日本史研究的史学理论和研究方法论领域，20世纪50年代领军并奠定了中国日本史教学科研基础的周一良、吴廷璆先生虽年过古稀，依然笔耕不辍，同时关注日本史学术发展方向。60年代崭露头角的第二代学者展示了中坚力量的奋进姿态，作为新时代日本史研究的主力，推进中国日本史的史学理论和方法论的研究工作。80年代逐步成长的第三代学者尚在攻读研究生学位，为将来的发展打宽打深基础。

周先生强调史学研究要以马克思主义为指导。他引用了著名史学家翦伯赞的论述："史料譬如一堆散乱在地上的大钱，必须用一根绳子才能把它们贯串起来，这根绳就是马克思主义理论。"[①] 他认为，"今天外国史学

[①] 周一良：《怎样学习和研究历史》，中国青年出版社1985年版，第177、178、182页。

界流行着不少学派和观点",研究的"方法和途径可以多种多样,最后用来解释历史的观点,还是两家:历史唯物主义和历史唯心主义。我们的态度是,在人类历史发展以及涉及理论性问题的根本解释上,应当坚持历史唯物论";同时"吸取一切有益的研究成果,才能丰富和发展马克思主义的历史科学"。他认为两种倾向值得注意:"我们在学术上要放眼世界,不能闭关自守,盲目自大,不能再满足于过去那样夸夸其谈,只谈规律、意义等抽象的大问题,而不去脚踏实地从具体问题具体史料搞起。另一方面,也不能妄自菲薄,看见人家五花八门的学说观点,就目迷心眩,丢掉历史唯物主义的根本道理。"周先生提议:"我们应当总结解放前和解放后的历史经验教训,把历史的学习与研究推上正确的道路。"①

吴廷璆先生与武安隆教授联名发表的论文《明治维新与资产阶级革命》,进一步论证明治维新是"后进国家"的"没有资产阶级的资产阶级革命"。文章指出,一次资产阶级革命不可能把封建因素完全打扫干净,因而"彻底"的资产阶级革命是极其罕见的。明治维新具备了资产阶级革命的基本特征和社会经济内容,称其为"'后进国的资产阶级革命'可能更妥切一些,因为明治维新之有异于西方先进国家的革命,几乎全部是资本主义发展的后进性所造成的"。②这篇论文,为中国日本史学界关于明治维新性质讨论的终结之作。从此以后,这个从20世纪50年代以来争论多年的课题就淡出中国研究者的视野,学者开始关注明治维新的具体问题研究。

总而言之,20世纪80年代中国的日本史研究充满希望,在如何研究日本历史的理论和方法上,有以下几点值得总结:

(1)马克思主义唯物史观和史论结合的研究方法已成为范式,但理论创新意识也日益增强。在坚持马克思主义、历史唯物主义的基础上,日本史研究者抛弃不动脑筋的贴标签式的理论应用方式,力图突破用五种生产方式演进模式套用日本史。虽然实际效果并不尽如人意,但建立有中国学术特色的日本史研究史学理论和方法论,已成为共识。

(2)自国外输入的系统论、信息论和控制论等"老三论"等研究方法

---

① 周一良:《怎样学习和研究历史》,中国青年出版社1985年版,第30—31页。
② 吴廷璆、武安隆:《明治维新与资产阶级革命》,《世界历史》特刊《明治维新的再探讨》,中国社会科学出版社1981年版。

论，在改革开放、解放思想的热潮中，异军突起于史学界。例如，系统论的要素、层次、结构、功能、有序、无序、动态、静态、环境、模式等分析范式丰富了史学研究方法，其注重整体与局部、层次和环境互动关系的宏观把握，与中国学者的习惯思维方式相适应，并逐渐深入、融合到史学，包括对日本史的研究之中。虽然采用上述研究方法的论文数量不多，但毕竟是新方法的有益尝试。

（3）学术切磋气氛良好。80年代日本史研究者的思路活跃，在日本史学会举行的讨论会上，彼此之间能坦诚地展开面对面的学术观点和研究理论争论。与会者的马克思主义史学理论可谓训练有素，在认真而热烈的氛围中展开争论，同求学术真谛，而非无原则的相互扯皮或彼此吹捧。这种环境，有利于在史学理论和研究方法论上的交流和探索。

（4）中日文化学术交流进一步扩展。80年代，得益于文化交流协定的落实，国民观感基本良好，以及双方文化交流的需求，学者讲学、研修互访、共同研究等各种交流方式全面展开。1980年4月至6月，井上清教授应邀来南开大学，主讲关于明治维新的若干问题。中国社科院世界史所、天津社科院日本问题研究所、辽宁大学日本问题研究所、南开大学历史研究所日本史研究室，以及北京师范大学、辽宁大学、吉林师大、武汉大学、延边大学等多所大学的教师与南开大学研究生参加讲学班，对推进中国明治维新史的进一步展开不无助益。

此外，日本外务省支持下的国际交流基金、特殊法人日本学研究中心、日本学术振兴会、国际日本文化研究中心（"日文研"）等团体，资助中国学者访日研修、申请研究项目、学术考察、共同研究等活动。与中国大学、社科院签订学术交流协定的日本大学教授讲学、联合培养研究生、交换研究资料等学术活动日趋活跃，为中国日本史研究的发展，做出积极贡献。

第三节　成果丰硕与走出国门（1988—2000年）

20世纪80年代末至整个90年代，一方面，中国内地改革开放热潮一浪高过一浪，经济持续高速发展。中日贸易稳定增长、各种资助力度加大，为日本研究提供了源源不断的动力。另一方面，又因不时曝光的"大臣狂言"、右翼历史教科书臆造"自虐史观"的伪命题、日本政府拒绝在两国的联合宣言中承认侵略并正式道歉，两国关系摩擦丛生，国民好感度下滑。热点问题要求历史溯源，中国抗日战争史学会（1991年）、南京侵华日军南京大屠杀史研究会（1995年）等新学会应运而生。据不完全统计，截止到1996年12月，大陆设有日本研究机构98个，日本研究学会43个，含参加两个以上研究团体的会员万余人；各类日本研究杂志和学术刊物33种；1949年至1993年，出版著作、译作3529种，发表论文19456篇，其中绝大多数为1978年以后取得的研究成果。① 其中，日本史研究的统计数字是：1949—1996年间，日本史著作共有203种，其中1979—1996年间有162种；译著193种，其中1979—1996年间有132种；日本史研究论文1956篇，其中1979—1996年间有1849篇。所占比率分别为80%、68.4%和94.6%。② 90年代日本史研究的兴旺发展，主要表现为以下几个方面。

一 新成果大量涌现

（一）日本通史领跑

1989年，由赵建民、刘予苇主编，王金林、汤重南、孙仁宗、周家骅、蒋立峰等学者协力合作的我国第一部《日本通史》，由复旦大学出版社出版，这是中华人民共和国成立以来首部日本通史。全书共有正文20章，以约40万字的篇幅，记述自日本列岛形成至竹下登访华的历史过程。在体例上，力图突破五种生产方式的阶段说；在观点上，由于撰著者谙熟某一时段的日本史，对部民制性质、天皇制的演变、江户时代文化特征、明治维新的民族民主运动、近代化过程、战后民主改革评价等方面，不乏新论。

1994年，吴廷璆主编的《日本史》（南开大学出版社）出版，分为古代、近代和战后3卷，共计10篇、35章，百余万字。南开大学和辽宁大

---

① 骆为龙、徐一平主编：《中国的日本研究》，社会科学文献出版社1997年版，第23—25页。
② 李玉、汤重南、林振江主编：《中国的日本史研究》，世界知识出版社2000年版，第42—43页。

学两校十余名日本史的学者参加此书的编纂,书稿初成于20世纪70年代末,然再经过十余年的反复修改与校核,通力合作,最终撰成。全书坚持以辩证唯物史观为指导,反映了90年代之前中国日本史研究的最高水准。概括起来看,全书著述观点鲜明,措辞严谨,史料丰富扎实,体现了中国学者的学术研究特色。多年来,该书为国内研读日本史教师备课,特别是研究生掌握日本史专业知识的案头必备之书。

(二)专题研究成果丰富,反映了中国日本史研究的关注点

其一,日本侵华战争与抗战史研究。20世纪80—90年代,日本右翼日趋活跃,歪曲历史、美化侵略的谬论甚嚣尘上,中国学者予以驳斥并推出新作。1989年,陈本善主编的《日本侵略中国东北史》(吉林大学出版社)、禹硕基主编的《日本帝国主义在华暴行》(辽宁大学出版社)等出版。此外,朱庭光主编的《法西斯新论》(重庆出版社1991年版)、徐康明的《中国远征军战史》(军事科学出版社1995年版)、张传杰等著《日本掠夺中国东北资源史》(大连出版社1996年版)、章伯锋等编著的《抗日战争》(四川大学出版社1997年版)等出版,从不同视角,以事实澄清历史是非。

其二,日本文化研究。90年代,文化研究风头正健,研究成果汗牛充栋。继1987年主编《中外文化交流史》(河南人民出版社)之后,1990年,周一良主编的《中日文化关系史论》(江西人民出版社出版)问世。书中提出广义、狭义、深义文化等三种文化概念,认为前两者可以学习、引进,但作为"一个民族文化中最为本质或最具有特点"的深义文化则只能理解与欣赏,不易"移植引进,拿过来化为我有",认为日本文化的本质特征为"苦涩""闲寂"。[①] 1992年,刘德有、马兴国主编的《中日文化交流事典》(辽宁教育出版社)出版,涉及政治、历史、文学、宗教思想、哲学、教育、民俗、经济贸易等领域,评述两千年中日文化交流史中的重要人物与事件,学术价值含量高。王家骅的《儒学思想与日本文化》(浙江人民出版社1990年版)、《儒家思想与日本的现代化》(浙江日报出版社1995年版)、《日本的近代化与儒学》(农文协出版社1998年版)等出版,从思想史的视角,探讨了儒学传入日本及其对日本近代化的作用等问题。

---

① 周一良:《中日文化交流史论》,江西人民出版社1993年版,第18、20页。

武安隆的《文化的抉择与发展——日本吸收外来文化史说》（天津人民出版社1993年版），王家骅《中日儒学比较》（六兴出版社1988年版）等，对两国文化的互通，作出新的探讨，展示了扎实的治学功力。1991年蒋立峰的《历代天皇列传》（东方出版社）出版，引起日本媒体的关注，纷纷加以评论。

其三，日本经济研究。米庆余《明治维新——日本资本主义的起步与形成》（求实出版社1988年版）、宋绍英的《日本崛起论》（东北师大出版社1988年版）、金明善和宋绍英等著《战后日本经济发展史》（航空工业出版社1988年版）、李公绰著《战后日本的经济崛起》（湖南人民出版社1988年版）、李国振著《美、德、日、苏经济发展比较》（上海交通大学出版社1988年版）、宋绍英著《日本崛起论》（东北师大出版社1990年版）、金明善著《日本经济：昨天、今天、明天》（辽宁民族出版社1992年版）等著作探讨了新问题。王振锁的《自民党的兴衰——日本"金权政治"研究》（天津人民出版社1996年版）等出版，对日本经济、政治展开新一轮的探讨。

其四，日本外交史与中日关系史。如米庆余《日本近代外交史》（南开大学出版社1988年版）。1990年，最早派往日本并常驻东京的新华社记者吴学文，以历史见证人的资格，主编并出版了《日本外交轨迹（1945—1989）》（时事出版社）。此著为中华人民共和国成立后首部战后日本外交史，受到好评。1995年宋成有与李寒梅等著《战后日本外交史（1945—1994）》（世界知识出版社），1996年冯昭奎与刘世龙等著《战后日本外交（1945—1995）》（中国社会科学出版社）、王振锁《日本战后五十年》（世界知识出版社）出版。各著竞相出台，战后日本外交史的研究出现新局面。1997年，推出新作甚多，包括俞辛焞的《唇枪舌剑：九一八事变时期的中日外交》（广西师范大学出版社1997年版）、王晓秋的《近代中日关系史研究》（中国社会科学出版社1997年版）。1998年，南开学者推出三部著作，即俞辛焞《黄兴在日活动密录》（天津人民出版社）、米庆余主编的《日本百年外交论》（中国社会科学出版社）及其独著的《琉球历史研究》（天津人民出版社），为中华人民共和国成立后研究琉球历史的首创之作，拓展了新的研究领域。

(三) 工具书出版

某种国别史工具书的出版，往往是在该国历史的研究与普及达到一定程度之后。1988年，沈仁安、马斌等对竹内理三主编《日本史小辞典》和《日本近现代史小辞典》（角川书店出版）的词条加以筛选，出版了近50万字的《日本历史辞典》（天津人民出版社），国内始有第一部中文版的日本史辞典。1992年，复旦大学出版社出版吴杰主编的《日本史辞典》。这部辞典共收入词条4000余，总字数100余万字，由79位日本史研究者，经八年的辛劳编纂而成，为国内学者编写的第一部日本史辞典。1997年，骆为龙及徐一平主编的《中国的日本研究》（社会科学文献出版社）出版，首次将中华人民共和国成立以来日本研究，包括日本史研究的成果作了系统梳理，还介绍了国内主要研究机构，对于把握学术研究动态、开展学术联络提供了方便。

研究团体继续增加，相关学术刊物陆续出版。1989年，北京大学日本研究中心的年刊《日本学》第一辑出版。1991年，中国中日关系史研究会改称中国中日关系史学会，会刊为《中日关系史研究》，与杭州大学日本文化研究所的《中日文化论丛》同年出版。同年，北京日本学研究中心编辑的《中国日本学年鉴》（1949—1990）出版，并逐年续编。1993年，复旦大学日本研究所的《日本研究集刊》出版。1996年，南开大学日本研究中心的《南开日本研究论集》创刊（2010年改版为《南开日本研究》）等。

二 中国日本史研究走出国门

毋庸讳言，日本学术界对中国的日本史研究水准向来评价不高。改革开放后，中国的日本史研究取得长足的进步，令日本学术界不得不承认与正视。具体表现如下：

(一) 对等交流的国际形势讨论会

1988年8月，中国日本史研究会邀请著名古代史学家门胁祯二、铃木靖民、佐藤宗淳、鬼头清明、吉村武彦等来华访问，在北京大学召开了中日"大化改新国际学术讨论会"。两国学者围绕着大化改新观、社会矛盾、东亚形势、改新诏书真伪、班田制、改新性质和意义等问题热烈讨论，彼此受益颇多。门胁认为中国学者发表的研究成果内容"非常丰富，大大超出了我们的想象。"原先担心无法展开对话交流的鬼头清明则感慨说"中日学者从不同的角度对大化改新进行探究,是很有启发性的"。①首次对话圆满成功,为此后的交流奠定了基础。

（二）日本出版界推出中国学者的系列研究成果

1988—1990年,中国日本史学会与日本六兴出版社合作,在天津社科院主持下,推出日文版的"东亚之中的日本历史"13卷研究专著系列。其中,沈仁安的《倭国与东亚》、张玉祥的《织丰政权和东亚》等两卷突出东亚研究视角。王金林的《奈良文化与唐文化》、任鸿章的《近世日本和日中贸易》、王家骅的《日中儒学的比较》、吕万和的《明治维新与中国》、周启乾的《明治的经济发展与中国》、马家骏与汤重南的《日中近代化的比较》、俞辛焞的《孙文的革命运动与日本》、万峰的《日本法西斯主义的兴亡》、易显石的《日本的大陆政策与中国东北》、武安隆与熊达云的《中国人的日本史研究》、沈才彬的《天皇与中国皇帝》等卷注重中日之间互动关系的研究。出版后,受到日本学术界的关注。西岛定生、门胁祯二、鬼头清明、池田温、铃木靖民、吉田孝、吉村武彦等日本学者纷纷出席座谈会或发表评论,引起媒体的高度关注。日本历史学会特意发行评论专刊,六兴出版社也因此套丛书获得日本出版界最高荣誉奖。中国第二代学者坚持成一家之言的立场与学术水平得到日本学界的承认。元老级学者远山茂树评论说:"最近十年间,中国的日本史研究,发展惊人",中国学者"谦虚地学习日本学界成果的真挚态度和站在历史大潮流前列坚持尖锐且率直的批评",使之"深受感动"。②

（三）大陆学者首次获得山片蟠桃奖

1990年,周一良先生的《中日文化关系史论》（江西人民出版社）出版。此著运用史学、史料学与考据学的深厚学术功底,就中日文化交流中的汉字、交流与选择、文化异同、唐代书仪、推论小说、圆仁、荣西等问题,推出15篇新作,受到日本学者的关注。与此同时,周先生将新井白石的《折焚柴记》译成中文。1997年,周先生荣获日本山片蟠桃

---

① 贺山文:《中国日本史学会的成立与发展》,《中日关系史研究》2013年第1期,第74—75页。
② 王金林:《六十年以来中国的日本史研究》,《南开日本研究2013》,第358页。

学术奖。这个奖项相当于国际日本文化研究的"诺贝尔奖",每年从世界各国从事日本文化研究的申报者中遴选一名。此前这个奖项已颁发 14 届,多半颁发给欧美学者,亚洲学者此前仅颁给过一位韩国学者。因此,周先生是中国学者获此国际学术奖项的第一人,为我国日本史研究赢得了迟到的荣誉。

(四) 中日学者合作,出版了成系列的研究丛书

1995 年,两国学者通力合作,推出历史、文学、艺术、宗教、民俗、法制、科技、人物等 10 卷本的日文版《中日文化交流史大系》(大修馆出版社)。1996 年,大系获亚洲太平洋出版协会学术图书金奖,浙江人民出版社将其汉译出版。大系的各卷均由相关领域的中日学者共同撰述,其中历史卷有王晓秋与大庭修,文学卷有严绍璗与中西进,宗教卷有杨曾文与源了圆,艺术卷有王勇、上原昭一等。大系用中日文出版,见证了两国学术的对等交流。以上事例,表明中国学者正在以扎实、创新的学术成果,赢得日本学术界的认可。

三 第三代学者崭露头角

20 世纪 80 年代尚在国内外攻读研究生学位的第三代学者,在 90 年代展示了生力军的进取势头。其中,藤军的《日本茶道文化概论》(东方出版社 1992 年版)、武寅的《从协调外交到自主外交》(中国社会科学出版社 1995 年版)出版。1997 年,武寅的《近代日本政治体制研究》(中国社会科学出版社)、李卓的《家族制度与日本的近代化》(天津人民出版社)、王新生的《现代日本政治》(经济日报出版社)出版。1998 年,杨栋梁的《国家权力与经济发展——日本战后产业合理化政策研究》(天津人民出版社)、与薛敬孝合编的《日本经济现状分析》(中国社会科学出版社)、周颂伦的《近代日本社会转型期研究》(东北师范大学出版社)以及宋志勇及祁建民合著的《近代日本在华殖民统治》(天津人民出版社)、李卓主编的《日本文化研究——以中日文化比较为中心》(中国社会科学出版社)、尚会鹏的《中国人与日本人社会集团行为方式和文化心理的比较研究》(北京大学出版社)、齐红深编著的《东北沦陷时期教育研究》(辽宁人民出版社)等。1999 年,李小白的《信仰·利益·权力——基督教布教与日本的选择》(东北师范大学出版社)出版。2000 年,李卓的《传统文化与家族文化——中

日比较研究》(天津人民出版社)、刘毅的《高天原浮世绘——日本神话》和《悟化的生命哲学——日本禅宗》(辽宁大学出版社)出版,对补足日本古代史成果颇具意义,展示了新锐力量的整体兴旺景象。

四 研究方法与理论日益丰富多彩

20世纪90年代,国外各种社会科学新思潮,包括新史学理论愈加层出不穷,给中国史学研究带来更强劲的冲击力。社会史学、人类文化学、政治学研究理论和方法,以及全球史观、文明史观、世界体系论、现代化史观等新史观,与耗散结构论、协同论、突变论等"新三论"先后进入研究者的视野。总的看来,跨学科的研究理论与方法吸引力强劲,对马克思主义史学理论和研究方法在中国史学界的主流地位,构成日益严峻的挑战。

与此相适应,若干日本学者的专著被汉译出版。丸山真男著的《日本近代思想家福泽谕吉》(区建英译,世界知识出版社1997年版)、升味准之辅的《日本政治史》(董果良等译,商务出版社1997年版),有助于了解近现代日本的政治思想。厉以平、杨宁一等译计量史学的八卷本《日本经济史》,包括速水融的《经济社会的成立17—18世纪》、新保博等共著的《近代成长的胎动》、梅村又次与山本有造的《开港与维新》、西川俊作的《产业化的时代》(上下)、中村隆英等共著的《双重结构》、中村隆英编的《"计划化"和"民主化"》、安场保吉的《高速增长》等著作,在1997—1998年,由三联出版社陆续出版,推出了史学研究的新理论。1999年,村上专精的《日本佛教史纲》(商务印书馆)、梅原猛的《诸神流窜》(经济日报出版社)出版。加上丸山真男《日本政治思想史研究》(三联书店2000年版)出版,有助于开阔中国读者的视野。

与此同时,介绍国外社会科学理论的杂志日益活跃。其中,1992年3月,《史学理论》更名为《史学理论研究》(季刊),继续提供史学理论和方法论的探讨园地。1997年,上海社会科学院信息研究所等单位推出的年刊《国外社会科学前沿》,对最新学术理论、研究方法和发展趋势,以及各种新思潮、新流派、新理论、新著作作出评介,一刊在手,尽知一年之间的新动态。

概括起来看,20世纪90年代在日本史研究的理论和方法上,存在着一些倾向性问题。其中,理论创新问题尤其突出。沈仁安教授认为,我国的日本史研究已经过20世纪五六十年代以引进苏联、日本学者的研究成果，以及七八十年代的吸收和消化，至80年代末和90年代初，进入创新阶段。中国学者的日本通史、断代史、专题史以及多卷本《东亚视角中的日本历史》的出版，产生了很大影响，"建立有中国特色又走向世界的日本研究的时代已经到来"。但是，在引进与创新的关系上，还存在着若干误解：例如，论文选题、观点和理论方法"只从国内角度看创新"，"但从国际上看，不过是国外某种理论方法观点的翻版，并无新意"，如"盲目轻信他人的结论"；再如，"创新似无是非之分"以及"引进不结合中国国情"等；结果造成"没有自己的理论、方法、概念、术语，用的都是别人的"，自身反而"失语"现象。① 周一良先生则在晚年回忆当年燕京大学本科毕业论文用中国史的传统标准评论《大日本史》，受到日本学术界的重视，加藤繁教授在其著作《日本史学史》中就"大段引用"。周先生说，"当时对这篇论文题目的意义认识不够"，但"现在看来，这篇文章是中国学者研究并评论日本重要历史著作的第一篇文章，而且引起日本学者的注意与重视，不宜妄自菲薄"。② 以上看法，从不同视角强调治学的自主性与创新性，不乏现实意义。

改革开放、实施联合培养日本史研究生以来，如何把握日本史研究方法的动向，引人注目。中国留学生出国前本来就根基不深的马克思主义史学理论与研究方法被逐渐淡忘，深受日本导师的影响，在不知不觉中逐渐发生变化。在研究方法上，注重实证方法、关心人物和事件的演进过程，即研究对象"是什么"，较少思考"为什么"；或者埋头史料，对研究日本史的目的和方向相对茫然。然而，随着赴日留学的一段时间过后，会面对如何取人之长、为我所用的问题，并最终形成自身的研究理论和方法。当然，青年学子在成长过程中出现的某种偏差，与他们的学术历练、经验的积累有关，属于发展过程中的问题。这与急功近利者，直译或照搬日本学者的理论与方法，拿来哗众取宠，显然不是一回事。

---

① 沈仁安：《〈日本学〉编辑点滴思考》，载北京大学日本研究中心编《日本学》第10辑，世界知识出版社2000年版，第438—441页。

② 周一良：《郊叟曝言》，新世界出版社2001年版，第87页。

第四节　进入新世纪（2001—2020年）

世纪之交，特别是进入新世纪之后，中国日本史研究面临着新的机遇与挑战。中国社会在重新打量日本，要求学者从历史上作出探源性的解释。与此同时，随着中国经济持续高速增长，政府加大了对社科基金、教育部研究项目的经费投放力度，为推出多卷本的研究成果，提供了有力保障。就中国日本史研究群体而言，实现了新老交替。吴杰、周一良、吴廷璆、邹有恒等老一代学者先后逝世，第二代学者陆续离退休而告别讲台，第三代学者承担起承前启后的时代重任，新世纪之初崛起的第四代、第五代学者充满活力，展现着中国日本史研究的未来发展希望。研究阵容在增强，学者勤奋努力，再次出现成果井喷的盛大场面。据统计，2001—2010年，各类日本史著作共出版1305种；2011—2018年，出版665种。[①] 按出版先后，列举如下。

一　通史与断代史
（一）通史

计有刘建强编著的《新编日本史》（外语教学与研究出版社2002年版）、浙江大学日本文化研究所的《日本历史》（高等教育出版社2003年版）、王新生的《日本简史》（北京大学出版社2005年版）等。2006年，王保田的《日本简史》（上海人民出版社）、孙秀玲的《一口气读完日本史》（京华出版社）出版。2008年，王仲涛和汤重南的《日本史》（人民出版社）、冯玮的《日本通史》（上海社会科学院出版社）、王雪松编的《简明日本史教程》（武汉大学出版社）等出版。六年间，八种日本简史或通史出版，反映中国读书界急欲了解日本社会，包括把握日本历史进程的强烈需求。

---

① 杨栋梁、郭循春：《改革开放40年来我国的日本史研究——基于"大数据"统计的分析》，《历史教学》2019年第3期。

(二) 断代史

宋成有的《新编日本近代史》(北京大学出版社 2006 年版)、王海燕的《日本古代史》(昆仑出版社 2012 年版)、王金林的《日本中世史》(上下卷)(昆仑出版社 2013 年版)、王新生的《战后日本史》(江苏人民出版社 2013 年版)、李卓、许译兮和郭丽的《中世史》(昆仑出版社 2016 年版) 等出版。这些著作或提出新观点，或弥补了学术研究的空白。

二 日本古代史专题研究

沈仁安的《日本史研究序说》(香港社会科学出版社 2001 年版)、《德川时代史论》(河北人民出版社 2003 年版)、《日本起源考》(昆仑出版社 2004 年版) 等涉及课题广泛，不乏深度。王金林接连出版《日本天皇制及其精神结构》(天津人民出版社 2001 年版)、《日本人的原始信仰》(宁夏人民出版社 2005 年版)、《日本神道研究》(上海辞书出版社 2008 年版) 等专著，近年来又推出《日本历史与文化论集》(天津社会科学院出版社 2014 年版)、《日本历史基本史料集》(第 1 卷)(人民出版社 2017 年版) 等，可谓宝刀不老。王晓秋与陈应年出版了《黄遵宪与近代中日文化交流》(辽宁师范大学出版社 2007 年版)，通过人物交往的侧面，研究近代文化交流。夏应元等推出新作《策彦周良入明史迹考察及研究》(中国社会科学出版社 2016 年版)，年过耄耋，笔耕不辍。

第三代学者也在日本古代史研究领域，显示活力和实力: 2001 年，赵德宇的《西学东渐与中日两国的对应》(世界知识出版社)、王勇的《日本文化: 模仿与创新的轨迹》(高等教育出版社) 出版，分别对日本近世吸收西欧文化，以及日本吸收外来文化的模式，作出有益探讨并提出新看法。2003 年，王宝平的《神道与日本文化》(北京图书馆出版社)、戚印平的《日本早期耶稣会史研究》(商务印书馆) 等出版，展开日本宗教研究的新生面。2004 年，出现研究成果集中出版的喜人场面，李虎的《中朝日三国西学比较研究》(中央编译出版社)、李卓的《中日家族制度比较研究》(人民出版社)、王维先的《日本垂加神道的哲学思想》(山东人民出版社) 等出版，展示了群体科研能力。2005 年，王勇的《书籍的中日交流史》(国际文化工房)、王宝平的《清代中日学术交流之研究》(汲古书院) 等出版，从物与人的视角，探讨中日文化交流。2006 年，徐建新的力作《好太王碑拓本研究》（东京堂出版）受到日本学术界的肯定，被译成日文成果出版；李卓在《日本家训研究》（天津人民出版社2006年版）研究专题特色独具，著述令人印象深刻；王健的《神体儒用的辨析》（大象出版社）等出版。2007年、2008年，王宝平等的《邻交征书》（上海辞书出版社）、《中日文化交流史研究》（上海辞书出版社）相继出版。2010年，陈小法的《日本书法艺术》（上海文艺出版社）出版。2013年，娄贵书的《日本武士兴亡史》（中国社会科学出版社）出版。上述成果，均为著者多年研究，功底扎实，不乏新意。

韩东育继2012年出版《从"脱儒"到"脱亚"——日本近世以来"去中心化"之思想过程》（台湾大学出版中心）之后，2016年又在台大出版中心出版《从"请封"到"自封"——日本中世以来"去中心化"的过程》，2020年出版《从"道理"到"物理"——日本近世以来"化道为术"之格致过程》（台大出版中心），对近世日本对华的政治、思想演进，作出有力的探讨。2017年，王新生主编的《宗教与东亚近代化》（江苏人民出版社）出版，探讨了宗教在现代化进程中的作用。细心人不难发现，以上著者多为南开大学日本研究院、浙江工商大学东亚研究院和东北师范大学历史文化学院的学者，在一定程度上展示了新世纪日本史研究的集群力量所在。

新世纪之初崛起的第四代乃至第五代学者，也开始在日本古代史领域推出新作，展现着中国日本史研究未来发展的希望。陈文寿的《近世初期日本与华夷秩序研究》（香港社会科学出版社有限公司2002年版）、王海燕的《古代日本的都城空间与礼仪》（浙江大学出版社2006年版）与《日本古代史》（昆仑出版社2012年版）等各有所长。2010年，江静的《赴日宋僧无学祖元研究》（商务印书馆）、吴玲和江静的《日本茶道文化》（上海文艺出版社）、郭万平的《日本人文地理》（上海文艺出版社）出版。刘峰的《明治初年地税征收制度改革研究》（经济科学出版社2014年版），以及2018年钱静怡推出《战国初期的村落与领主权力》（吉川弘文馆）等，显示了作者的治学功力。以上成果的作者，多有读博期间前往日韩等国留学研究的经历，观点创新、史料扎实丰富，研究方法实证周密，成为其共同特点。

进入新世纪，德川时代史研究成为一大亮点。冯天瑜的《"千岁丸"上海行——1862年日本人的中国观察》（商务印书馆2001年版）、韩东育的《日本近世新法家研究》（中华书局2003年版）等具有启发意义。韩立红的《石田梅岩与陆象山思想比较研究》（天津人民出版社1999年版）、王青的《日本近世儒学家荻生徂徕研究》（上海古籍出版社2005年版）等着重对儒学思想展开研究。2008年，叶国良与陈明姿的《日本汉学研究续探》（华东师范大学出版社）、王炜的《日本武士名誉观》（社会科学文献出版社）、张宝三等编的《德川时代日本儒学史论集》（华东师范大学出版社）等出版。刘琳琳的《日本江户时代庶民的伊势信仰研究》（世界知识出版社2009年版）、周爱萍的《日本德川时代货币制度研究》（中国社会科学出版社2010年版）、李永春的《19世纪50—60年代日本和朝鲜封建政权改革比较研究》（社会科学文献出版社2013年版）、董灏智的《"四书化"与"去四书化"：儒学经典在"近世"中日两国的不同际遇》（中国社会科学出版社2018年版）等专著，均不乏新意。

三 日本近现代史专题研究

（一）近现代日本政治外交史研究

王振锁的《战后日本政党政治》（人民出版社2004年版）、蒋立峰主编的《21世纪日本沉浮》（中国社会科学出版社2000年版）及其与高洪合著的《日本政府与政治》（台湾扬智文化事业股份有限公司2002年版）、高洪的《日本政党制度论纲》（中国社会科学出版社2004年版）等著，展开了翔实的研究。徐思伟的《吉田茂外交思想研究》（新华出版社1999年版）、郑毅的《铁腕首相吉田茂》（世界知识出版社2001年版）等著，多角度研究了吉田茂。俞辛焞的《辛亥革命时期中日外交史》（天津人民出版社2000年版）和《辛亥革命期的中日外交史研究》（东方书店2002年版）、米庆余的《战后日本对中东政策研究》（天津人民出版社2000年版）和《战后日本国家安全战略》（新华出版社2000年版）与《近代日本的东亚战略和政策》（人民出版社2007年版）等著论述明晰，史料丰富。黄大慧的《日本对外政策与国内政治》（当代世界出版社2006年版）和《日本大国化趋势与中日关系》（社会科学文献出版社2008年版），以及刘世龙的《美日关系（1791—2001）》（世界知识出版社2003年版）、李凡的《日苏关系史1917—1991》（人民出版社2005年版）、乔林生的《日本对外政策与东盟》（人民出版社 2006 年版）等著，扩大了对日本外交研究的视野。

（二）日本近代化与日本社会研究

2001 年刘金才的《町人伦理思想研究：日本近代化动因新论》（北京大学出版社），从江户时代町人的价值观与行为方式，探讨了日本近代化新的精神要素。祝曙光的《铁路与日本近代化》（长征出版社 2004 年版）、吴光辉的《转型与建构：日本高等教育近代化研究》（世界知识出版社 2007 年版）、唐利国的《武士道与日本的近代化转型》（北京师范大学出版社 2010 年版）、姚传德的《日本近代城市研究（1868—1930）》（苏州大学出版社 2015 年版）等，分别从铁路建设、大学教育、武士道、城市化等不同角度出发，进一步深入探讨日本近代化进程。

2011 年，世界知识出版社推出由杨栋梁主编的十卷本的"日本现代化历程研究"系列丛书。其中，包括宋志勇与田庆立合著《日本近现代对华关系史》、赵德宇等著《日本近现代文化史》、李卓著《日本近现代社会史》、臧佩红著《日本近现代教育史》、米庆余著《日本近现代外交史》、杨栋梁著《日本近现代经济史》、王健宜等著《日本近现代文学史》、刘岳兵著《日本近现代思想史》、王振锁与徐万胜合著《日本近现代政治史》、彭修银著《日本近现代绘画史》等，共约 500 万字，研究具有整体性、系统性、学术性，展示了南开日本研究院教学科研的群体实力。

（三）近现代日本经济史研究

王振锁主编的《东亚区域经济合作：中国与日本》（天津人民出版社 2002 年版）、杨栋梁的《近代以来日本经济体制变革研究》（人民出版社 2003 年版）及《日本后发型资本主义经济政策研究》（中华书局 2007 年版）等著，探讨了日本经济改革与东亚经济发展等问题。张健的《战后日本经济外交》（天津人民出版社 1998 年版），突出了日本经济外交的基本特征、起源与作用。白雪洁的《日本产业组织研究》（天津人民出版社 2001 年版）、张玉来的《丰田公司企业创新研究》（天津人民出版社 2007 年版）、雷鸣的《日本战时统制经济研究》（人民出版社 2007 年版）等著作，研究深入且具体。温娟的《关于明治初期地租相关事业推进过程的基础性研究》（せせらぎ出版社 2004 年版），展示了地税改革的历史面貌。

（四）日本近现代思想文化研究

王中田的《日本人学思想史纲》（北京出版社 1999 年版）、崔世广等合著的《日本的社会思潮与国民情绪》（北京大学出版社2001年版）、李文的《日本文化在中国的传播与影响（1972—2002）》（中国社会科学出版社2004年版）展开了宏观性研究。2004年，中华书局出版刘萍的《津田左右吉研究》、钱婉约的《内藤湖南研究》、张哲俊的《吉川幸次郎研究》，是深入的人物研究代表。刘岳兵的《日本近代儒学研究》（商务印书馆2003年版）与其主编的《明治儒学与近代日本》（上海古籍出版社2005年版）、《中日近现代思想与儒学》（三联书店2007年版）等著，追踪了儒学在日本社会发展的踪迹，研究有相当深度。韩立红的《日本文化概论》（南开大学出版社2006年版）、纪廷许的《现代日本社会与社会思潮》（中国社会科学出版社2007年版），提供了日本文化及战后日本社会思潮演进的若干重要信息。

（五）中日关系史研究

周维宏等编译的《永远的忏悔：归国日本战犯的后半生》（解放军出版社1999年版）、王晓秋的《近代中日文化交流史》（中华书局2000年版）等，为第二个20年的新作。2001年，孙雪梅的《清末民初中国人的日本观》（天津人民出版社）、纪亚光的《周恩来与池田大作》（中共中央文献出版社）出版。蒋立峰等合著的《战后中日关系史》（中国社会科学出版社2002年版）、徐静波与胡令远的《战后日本的主要社会思潮与中日关系》（上海财经大学出版社2003年版）、刘天纯等著的《日本对华政策与中日关系》（人民出版社2004年版）、石云艳的《梁启超与日本》（天津人民出版社2005年版），以及2007年出版的冯昭奎和林昶著《中日关系报告》（时事出版社）、刘江永的《中国与日本：变动中的"政冷经热"关系》（人民出版社）受到欢迎。在日本与台湾地区关系方面，2004年，陈奉林的《战后日台关系史（1945—1972）》（香港社会科学出版社）与张耀武的《中日关系中的台湾问题》（新华出版社）出版，与龚骞的《中日邦交正常化以来日本与台湾関系研究（1972—2003年）》（香港社会科学出版社2008年版），对日本与台湾地区研究关系展开了探索。

2006年12月启动的中日共同历史研究，是根据两国政府协议，委托中国社科院近代史研究所所长步平与日本政策研究大学大学院教授北冈伸一牵头，邀请多位学者展开历时三年的共同研究。2010年1月，公布成果《中日共同历史研究报告》，中文版2014年由社会科学文献出版社出版。报告分为古代史卷和近代史卷，围绕东亚国际秩序与体系的变革、中国文化的传播与日本文化的创造性发展的诸形态、中日社会的相互认识与历史特质的比较、近代中日关系的开端与演变、战争年代等大课题，以及涉及的12章子课题，双方学者各出一位撰写论文，表述各种的观点。研究课题以古代、近代中日关系的演进为中心，堪称特殊形态下的两国关系的探讨方式。通过共同研究，有助于促进相互的历史理解，但解决困扰两国关系的近代历史认识问题依然任重道远。

适应重新审视日本的社会需要，杨栋梁的《近代以来日本对华认识及其行动选择研究》（经济科学出版社2015年版）出版，力求对日本人的中国观作出理论性的新审视。同年，由其主编的《近代以来日本的中国观》（江苏人民出版社）出版。全书六卷，近200万字，杨栋梁著第一卷总论；赵德宇、向卿、郭丽著第二卷（1603—1840年）；刘岳兵著第三卷（1840—1895年）；王美平、宋志勇著第四卷（1895—1945年）；王振锁、乔林生、乌兰图雅著第五卷（1945—1972年）；田庆立、程永明著第六卷（1972—2010年）。全书总结了古代，特别是近代以来日本人中国观的演变轨迹，对历史经验教训做了讨论。

（六）侵华战争研究

苏智良的《慰安妇研究》（上海书店出版社1999年版）以及2000年出版的《日军性奴隶》（人民出版社）和其主编的《罪孽滔天——二战时期日军慰安妇制度》（学林出版社）、与荣维木等合编的《日本侵华战争遗留问题和赔偿问题》（商务印书馆2005年版），集中揭露了性奴"慰安妇"问题。时广东等著的《中国远征军史》（重庆出版社2001年版）、郭汝瑰等编的《中国抗日战争正面战场作战记》（江苏人民出版社2002年版）、韩永利的《战时美国大战略与中国抗日战场》（武汉大学出版社2003年版），以及2005年徐康明的《论反法西斯盟国的对日作战》（云南大学出版社）、其与他人合著的《飞越驼峰：二战中规模最大的战略空运》（解放军出版社）出版，两年后又出版《中缅印战场抗日战争史》（解放军出版社），积极评价正面战场的贡献。王真著的《抗日战争与中国的国际地位》（社会科学文献出版社2003年版）、胡德坤等主编的《第二次世界大战史纲》（武汉大学出版社2005年版）、蒋立峰和汤重南主编的《日本军国主义论》（河北人民出版社2005年版）、雷园山的《日本侵华决策史研究》（学林出版社2006年版）、李洪锡的《日本驻中国东北地区领事馆警察机构研究》(延边大学出版社2008年版)等著,展开了新的探索和审视。

(七) 东亚视野中的日本史研究

2000年,金龟春主编的《中朝日关系史》(黑龙江朝鲜民族出版社)、李昌植的《朝日近代思想的形成及其比较研究》(吉林教育出版社)出版。安成日的《东亚国际关系史论》(吉林文史出版社2005年版)、刘德斌主编的《东北亚史》(吉林人民出版社2006年版)等著,提供多种视角观察日本的新思路。中日韩三国学者共同编撰的《东亚三国的近现代史》(社会科学文献出版社2005年版)与《超越国境的东亚近现代史》(社会科学文献出版社2013年版)出版,力图揭示东亚近现代史的真相。2013年,又出版两卷本《超越国境的东亚近现代史》(社会科学文献出版社),上卷纵向叙述东亚三国近现代社会结构的演进,下卷横向记述东亚民众的生活与交流,达成历史记忆的共识。2015年,刘岳兵的《"中国式"日本研究的实像与虚像》(中国社会科学出版社)出版,对国内日本研究的成绩与问题展开评析,主张"回归原典",不是凭臆想而是依据原典的解读与翻译,重建日本研究的学术传统。

(八) 资料集的新进展

2001年,黄纪莲编的《中日"二十一条"交涉史料全编》(安徽大学出版社)、黑龙江省档案馆编辑的《七三一部队罪行铁证——关东宪兵队"特殊输送"档案》(黑龙江人民出版社)出版。2003—2004年,金宇钟主编十卷本《东北地区朝鲜人抗日历史史料集》(黑龙江朝鲜民族出版社)等史料集、居之芬等主编的《日本掠夺华北强制劳工档案史料集》(社会科学文献出版社)出版。2005年,张宪文主编的《南京大屠杀史料集》前八卷(江苏人民出版社)、李晓方主编的《泣血控诉——侵华日军细菌战炭疽、鼻疽受害幸存者实录》(中央文献出版社)、何天义主编的《二战掳日中国劳工口述史》(齐鲁出版社)、上海市档案馆编辑的《日本华中经济掠夺史料》(上海书店出版社)等资料集出版,有助于深入揭露日本侵华的罪行。

近年来,搜寻日文档案资料并影印多卷本的资料集堪称一大亮点。吉林省档案馆编的《日本关东宪兵队报告集》(广西师范大学出版社2005年版)率先出版。2014年,吉林省档案馆两次公布500多件日本宪兵队原件影印档案。由张宪文主编、关捷副主编，王希亮、苏智良等百余位研究者编著的《日本侵华图志》25卷（山东画报出版社2015年版），收入图片25000余张，配以说明文字，图史互证，生动具体。

汤重南主编的《日本侵华密电·九一八事变》（线装书局2015年版）59册，选用了近万份密电密件，多为首次公开。2017年，出版《日本侵华密电·七七事变》（线装书局）51册，收录了1931—1941年日本军政部门的往返密电密件。2019年，其与刘传标共同主编《日本侵华军事密档·侵占台湾》（线装书局）。2020年，汤重南主编的《日本侵华战争军事密档·最高决策》（线装书局）出版，并将重要文件译成中文，大大提高了资料集的使用价值。上述资料集均超千万字，完整、系统地揭示了日本侵华战争的全过程，史料价值高。徐勇、臧运祜主编的《日本侵华决策史料丛编》（社会科学文献出版社2018年版）46册影印件史料丛书，资料来源于不同国家、中日学者共同编著与解说，是其特色。沈阳九一八事变历史博物馆等编《九一八事变机密军事档案 关东军卷一》20册（线装书局2018年版），收录1931年9月至12月关东军的影印件原始档案，史料详尽。

四 工具书

2000年，世界知识出版社同时出版了李玉与汤重南等主编的《中国的日本史研究》以及夏应元、汤重南主编的《中国的中日关系史研究》，作为索引书，可谓开卷有益。2010年，南开大学日本研究院的《中国的日本研究（1997—2009）》，讨论了1997—2009年中国日本研究的现状与展望，对政治外交、经济、日本史、日本文化与社会的研究加以评价；附有中国主要的日本研究学会和机构，信息量大。

五 国外日本史著的出版

翻译国外学者的日本史研究著作，始终受到重视。其中，日本通史类著作，至少有肯尼斯·韩歇尔的《日本小史：从石器时代到超级强权的崛起》（李忠晋等译，世界图书出版公司2007年版）等。另外，历史人物的译著颇多：2004年，小森阳一的《天皇的玉音放送》（陈多友译，生活·读书·新知三联出版社）、比克斯的《真相：裕仁天皇与侵华战争》（新华出版社）等出版。山冈庄八的《织田信长》（杨世英译，重庆出版社2007年版）、《德川家康》（岳远坤译，南海出版公司2008年版）、《丰臣秀吉》（郭宏达译，重庆出版社 2013 年版）等历史小说有助于形象理解日本近世史。依田熹家的《近代日本与中国》（卞立强等译，上海远东出版社 2004 年版）、五百旗头真的《战后日本外交史：1945—2005》（吴万虹译，世界知识出版社 2007 年版）等各有专攻并提出有参考价值的新观点。2008 年，约翰·托兰的《日本帝国的衰亡（1936—1945）》（郭伟强译，新星出版社）、约翰·W. 道尔的《拥抱战败》（胡博译，生活·读书·新知三联书店）出版。马场公彦的《战后日本人的中国观》（苑崇利等译，社会科学文献出版社 2010 年版）出版。

南京大屠杀的研究取得新进展，外国人记述的日军暴行成果陆续推出。除章开沅出版《天理难容：美国传教士眼中的南京大屠杀（1937—1938）》（南京大学出版社 1999 年版），又有《拉贝日记》（江苏教育出版社 1997 年版）、《东史郎日记》（江苏教育出版社 1999 年版）、《魏特琳日记》（江苏人民出版社 2000 年版）、《东史郎战地日记》（世界知识出版社 2000 年版）等出版。2005 年，又推出《南京难民宣教师证言集》（南京大学出版社）、《南京大屠杀史料集：美国传教士的日记与书信》（江苏人民出版社）等，构成国外人士提供的关于南京大屠杀的佐证史料。2012 年，出版《美国外交官的记载——日军大屠杀与浩劫后的南京城》，收录为《南京大屠杀史研究与文献系列丛书》第 30 卷。美籍华裔女作家张纯如的《南京大屠杀：第二次世界大战中被遗忘的大浩劫》（中信出版社），详细记录了日军占领南京后，历时三个月惨绝人寰的战争暴行与反人类罪行，被译成 15 种语言，发行全球。2016 年，日本学者松冈环的英文版《南京：被撕裂的记忆》在加拿大出版，此前松冈环出版与南京大屠杀相关的日文、中文版书籍 5 本，参与制作纪录片 3 部，她走访南京 90 余次，采访 300 多名受害者和 250 名加害者，多方的证言高度一致，具有很强的说服力。①

六 新世纪日本史研究的特点

（1）研究梯队呈现年轻化。据不完全统计，2008 年，研究梯队各年龄段学者的比率是 30—39 岁占 26%，40—49 岁占 30%，50—59 岁占

---

① 《日学者出英文专著：为让更多人知道南京大屠杀》，中国军网，2016 年 4 月 26 日，http://www.81.cn/gjzx/2016-04/26/content_7024108.htm［2021-01-01］。

22%，60岁以上（含退休者）占8%、下降了近10个百分点。① 至2018年，60岁以上者继续降为6%，51—60岁者上升为38%，31—50岁者为44%。② 由此可证实第三代学者为领军人物，发挥核心作用；第四代、第五代学者崭露头角，展现着日本史研究的希望。（2）研究重点变化不大。总体看来，日本近现代史依旧是着力最大、成果最多的领域，古代史和战后史的研究成果依然屈指可数。（3）科研团体的属性决定了自身的兴衰隆替。20世纪80年代，实体型或虚体型的日本研究机构、团体竞相成立，百舸争流且难分伯仲。进入21世纪之后，两者之间的优劣立判。无编制、无经费、无固定办公地点的虚体科研团体如同水上浮萍，随波逐流而逐渐萎缩，并被边缘化。相形之下，实体型的科研单位的经费、编制有保障，展示了可持续的发展前景，构成中国日本史科研单位的中坚集团力量。

七 研究理论与方法取得新进展

进入21世纪，日本史研究理论与方法论更趋多彩多元化，利与弊兼而有之，有必要展开辨析。

2003年，教育部在北京师范大学设立的史学理论与史学史研究中心开始出版《史学理论与史学史学刊》，发表国内外学者关于唯物史观的理论文章，研讨东西方史学的进展和中国史学史的研究成果。2004年，中共中央启动了马克思主义理论研究和建设工程。胡锦涛总书记强调思想理论建设是党的建设的根本，面对一系列新变化、新矛盾和新问题，用发展的马克思主义指导新的实践，并在实践中不断丰富马克思主义。③ 2005年中国社会科学院成立史学理论研究中心，出版不定期的《马克思主义史学理论论丛》，加大马克思主义史学理论方法论的研究力度。史学理论著作陆续出版。例如，白寿彝的《中国史学史》（北京师范大学出版社2004年版）、姜义华和瞿林东等合著的《历史导论》（复旦大学出版社2004年版）、赵士发的《世界历史与和谐发展：马克思世界历史理论的当代研究》（人民

---

① 南开大学日本研究院等编：《中国的日本史研究（1997—2009）》，2010年5月。
② 杨栋梁、郭循春：《改革开放40年来我国的日本史研究——基于"大数据"统计的分析》，《历史教学》2019年第3期。
③ 《理想 信念 责任 使命——于沛研究员访谈录》，《历史教学》2006年第1期。

出版社2006年版)、徐浩和侯建新的《当代西方史学流派》(中国人民大学出版社2009年版)等。这些著作坚持唯物史观的理论立场,对史学方法论、治史观念、史学形态的演进等问题加以新的阐释和评析,力求突出中国学派的风采,强调建立中国马克思主义史学理论体系。

进入21世纪,日本史研究成果进入丰产期。从分析研究成果的研究理论可知,史学跨学科的研究理论,即综合运用社会学、经济学、政治学、国际关系学、人类文化学、民族学、实证史学等理论的成果层出不穷,包括大量进入答辩程序的博士论文,均采用了多元化的研究理论。这种现象表明21世纪中国日本史研究理论依然是有待探索的重要问题。在这里,有必要重温周一良先生多次强调过的话:"若不努力钻研马克思主义理论,不认真掌握并且善于运用历史唯物主义理论,显然是不能成为一个好的历史学工作者。"[1] 应该说,准确、完整地理解和把握马克思主义唯物史观,运用历史唯物主义的理论立场和方法撰写日本通史,依然是今后推进我国日本史研究的重要课题。为推进今后国内的日本史研究,需要继续深入探讨史学理论,讲究方法论问题。为此,需要思考以下几个问题。

例如,中国的日本史研究目标问题。从学术研究的价值来说,打破西欧强势解释体系,构筑中国学者对东亚历史的认知与解释体系,准确定位日本历史在此体系中的位置,意义深远。至于具体目标,诸如探寻日本历史发展规律、日本特色、演进模式等问题,客观而真实地理解这个与我国恩怨交织两千年的邻国;把握日本民族性格、深层文化的独特性和基本特点等,依然是常谈常新的课题。需要一代又一代中国学者的不懈努力,最终形成具有中国学术特色的日本历史研究系列。

再如,坚持唯物史观与研究理论多样化的问题。在新世纪,坚持马克思主义的唯物史观,体现中国日本史研究学术特色的理论立场。不可数典忘祖,以致理论迷失或自我矮化。坚持唯物史观,并不等于僵化理论。唯物史观的基本原理是史学研究的立场、观点和手段,并非将马克思主义史学理论经典著作家论述过的每一个理论细节,都奉为不容置疑的金科玉律。建国后初期教条式的照搬和贴标签的教训值得铭记,搞历史研究总不能被同一块绊脚石绊倒两次。

---

[1] 周一良:《怎样学习和研究历史》,中国青年出版社1985年版,第27页。

关于日本史研究的主体性与理论创新问题，习近平总书记在哲学社会科学工作座谈会上的讲话具有指导意义。他认为"以我国实际为研究起点，提出具有主体性、原创性的理论观点，构建具有自身特质的学科体系、学术体系、话语体系，我国哲学社会科学才能形成自己的特色和优势"；强调"理论创新只能从问题开始。从某种意义上说，理论创新的过程就是发现问题、筛选问题、研究问题、解决问题的过程"。① 上述讲话，指明日本史研究理论自主创新的目标和途径，有助于推进建立有中国学术特色的日本史研究体系。

中国学者的实证研究方法，同样强调史料的考订和注重过程的研究，与国外实证研究的学术立场并无二致。但是，接受马克思主义唯物史观的指导的中国的实证研究方法并不满足于就事论事，总要对研究对象加以理论的探讨和归纳，因而又不同于国外的实证史学。在研究方法上，应大力推进研究方法的多样化，包括学科综合、交叉兼容、多样化的研究手段，追踪国内外最新前沿，把握其最新动向，呼吸新鲜的学术空气，继续精心营造研究方法百花齐开的学术园地，开阔视野，与时俱进。

毋庸讳言，近些年来，"浮华""浮夸""浮躁"的"三浮"之风在侵袭着学术界，包括中国的日本史研究领域。实际上，这不过是有哗众取宠之心而无实事求是之意的旧习气在新世纪的复活而已。此外，科研课题立项与运作的那只"看不见的手"握有的指挥棒、职称评定的压力、某些项目审议的形式化操作、为抢时间而赶制急就章等因素，既有违学术研究的规律，也无助于营造使学者专心治学的大环境。学术界流行的"项目成果无精品"的说法，虽然有失偏颇，却也道出了近年来课题申请、审议与完成等环节中的某些问题，应该给予足够的重视，为出精品创造条件。可以预测，上述问题逐步得以消除之日，必定是中国日本史研究，包括史学理论和研究方法更上一层楼之时。

八 新一代学者的新成果

新成果丰富，计有孙立祥的《中日邦交正常化研究》（吉林人民出

---

① 习近平：《在哲学社会科学工作座谈会上的讲话》，新华网，2016 年 5 月 18 日，http://www.xinhuanet.com//politics/2016-05/18/c_1118891128_3.htm2 ［2021-01-01］。

版社2000年版）与《战后日本右翼势力研究》（中国社会科学出版社2005年版）、崔岩的《日本经济体制变革研究》（辽宁大学出版社2004年版）、胡澎的《战时体制下的日本妇女团体（1931—1945）》（吉林大学出版社2005年版）与《性别视角下的日本妇女问题》（社会科学出版社2010年版）、向卿的《日本近代民族主义》（社会科学文献出版社2007年版）、姜春洁的《企业文化之中日比较研究》（中国海洋大学出版社2008年版）等。2009年，出版了张晓刚的《东北亚开港与早期现代化研究》（东方出版社）、安成日的《当代日韩关系研究（1945—1965）》（中国社会科学出版社）、戴宇的《志贺重昂国粹主义思想研究》（吉林教育出版社）、王蕾的《旧金山媾和与中国（1945—1952）》（世界知识出版社），王蕾还于2016年出版了与《日本政府与外交体制》（世界知识出版社）。此外，王键的《战后日台经济关系的演进轨迹》（台海出版社2009年版）与《日据时期台湾米糖经济史研究》（凤凰出版社2010年版）及《战后美日台关系史研究（1945—1995）》（九州出版社2013年版）、唐利国的《武士道与日本的近代化转型》（北京师范大学出版集团2010年版）、朱玲莉的《日本近世寺子屋教育研究》（中国社会科学出版社2010年版）、樊建川的《明治前启蒙教材研究》（商务印书馆2010年版）、郭丽的《近代日本的对外认识——以幕末遣欧美使节为中心》（北京大学出版社2011年版）、程永明的《裕仁天皇传》（天津社会科学院出版社2011年版）、张跃斌的《田中角荣与战后日本政治》（中国社会科学出版社2014年版）、文春美的《二战前日本农业问题与政党内阁的农业政策研究》（中国传媒大学出版社2014年版）、张东的《近代日本政治史研究》（世界图书出版公司2014年版）、江新兴的《隐居制度研究》（中国社会科学出版社2014年版）等著作出版，展现了第四代学者的功力。还有唐利国的《兵学与儒学之间：论近代化先驱吉田松阴》（社会科学文献出版社2016年版）以及湛贵成的《明治维新期财政研究》（北京大学出版社2017年版）等出版。以上成果多为用功多年的博士学位论文，在资料收集、观点形成与研究理论与方法等方面，均有新的探索与进展。

第五节　中国日本史研究的展望

一　中国的日本史研究历来受中日关系、国际格局变化的制约

无论是古代对日本的记述早、研究晚，还是近代乃至战后中日关系的曲折发展及国际形势的变化，都对中国的日本史研究产生直接的影响。进入 21 世纪，推进中国日本史研究的机遇与挑战并存，中日关系日趋结构性的复杂化。2012 年安倍晋三再度执政后，配合美国奥巴马政府"亚太战略再平衡"的对华遏制方针，推行"自由与繁荣之弧"与"价值观外交"，对抗"一带一路"构想，致使中日关系再陷低谷。2017 年 10 月，自民党大选获胜，安倍内阁继续执政。在支持美国特朗普政府的"印太战略"的同时，颇感特朗普贸易保护主义政策压力的安倍，为稳定日中关系进而获取对华经贸利益、对美交涉的筹码，提议开启"竞争转为协调"的对华新方针。2018 年 5 月，李克强总理访问日本。10 月，安倍首相正式访华，与习近平主席达成若干共识。中日双方签署 2000 亿元人民币额度的货币互换协定以及在第三方市场合作的协议，两国关系重回正轨。[①] 事实表明：中日两国合则两利，斗则互伤，谁也离不开谁。中日关系的竞争与合作转换不定，但日本史研究的动力并未缺位。随着日本进入令和时代，普遍关注中日关系的走向，日本史研究的力度只会进一步加强。

二　伴随着中国进入网络时代，日本史研究与网络结缘

1993 年 9 月，中国公用分组交换数据通信网（ChinaPAC）开通，标志着中国进入网络时代，网络用户仅有 2000 余名。经过跳跃式的发展，至 2018 年 6 月，中国网民达 8.02 亿，手机网民规模达 7.88 亿，使用手机上网的人群升至 98.3%。[②] 网络化对中国的日本史研究提出新的要求。中国的爱思想、中国知网、国家哲学社会科学文献中心、百度、搜狗、360

[①] 《安倍访华：中日关系按下"重启键"》，《新京报》2018 年 10 月 30 日。
[②] 《CNNIC：2018 年第 42 次中国互联网络发展状况统计报告》，2018 年 8 月 20 日，http://www.199it.com/archives/762773.html［2021-01-01］。

搜索等50多个中文搜索引擎，可供查询各种资讯。

在日本史研究领域，中国社科院日本研究所、南开大学日本研究院、浙江工商大学东亚研究院、北京日本学研究中心、复旦大学日本研究中心等科研单位竞相建立网站，借助其传播的便捷，走出象牙塔，面向国内外大众开放，另辟一片广阔的新天地，扩大研究的社会效应。非历史学科班出身的社会人士搭建网络平台，相互交流、切磋，形成网络版的在野史学。例如，2005年8月建群的日本古代史论坛（www.ribenshi.com），至2012年，已发展为具有日本古代历史讨论、历史剧译制、相关资源共享、文化交流讨论等多种功能的大型网络社区，入群者6600余人。入群者来自国内外，具有非专业性、兴趣第一、生动活泼、来去自由等特点，显示了草根史学的旺盛生命力。2020年之初，新冠肺炎疫情席卷全球。在中国，群起严控严防，很快遏制了疫情的蔓延。很快，创造出线上与线下相结合、网络会议与面对面讨论相结合的各种交流方式。随着手机的日常化与普及化，微信中的各种同道者群十分活跃，随时交流观点、动态、资料、研究成果等，做到了随时随地，联络便利，交流无所不能。

三　今后应着力解决的几个问题

（1）继续推进中国特色日本史研究体系的建设，是首先应该关注的问题。实际上，自古以来，中国的日本史解说体系始终不曾中断。中国古代正史《二十四史》里的"倭传""倭国传""日本传"，即为古代中国人的日本史解说体系。毕竟在日本人尚未掌握文字之前，中国人已经代其记述倭国初建的历史，这是不争的事实。甲午之战、马关缔约后，中国成了被日本蔑视、宰割的对象。清末民初，虽日本史成果不少，但得到日本学术界首肯的，不过戴季陶的《日本论》而已。

中华人民共和国成立后，经过中国学者多年奋斗，以过硬的研究成果，让日本学者改变了看法，展示了中国特色日本史研究的风采。进入21世纪，围绕日本文化、中日文化交流、日本近代化、日本人的中国观等重要研究课题，推出多卷本的系列研究丛书。中国特色的日本史研究体系已俨然成形，今后应该以前辈学者为表率，走出国门，向世界展示中国日本史研究的风采。客观地说，日本史的研究课题在国内创新较易，国际创新很难。若满足于国内创新或照搬国外成果、傲视本国同行，出息不大。消化吸收需要时间，要耐得住坐冷板凳，名实相符，出精品。

（2）中国形成研究日本史的传统仍需光大。改革开放后40年的中国日本史研究并非孤立存在，而是有着悠久的学术传承史。从纵向来看，《二十四史》正史的"倭传""倭国传""日本传"记述的秉笔直书一脉相承。从横向来看，日本政治、经济、文化、思想、社会史的专题研究，也为扩展或深化日本史研究提供丰富多彩研究空间。纵向继承、横向汲取，推出21世纪日本史研究的新局面。

近代以来，中国的日本史研究具有鲜明的现实性。自马关缔约后，中国人研究日本，均离不开救亡图存的现实。诚如黄遵宪的《日本国志》的编著原则所说："详今略古，详近略远，凡牵涉西法，尤加详备，期适用也。"① 延至民国，乃至今日，中国的日本史研究者依旧关注现实的日本。此一传统利弊兼有，如何处理好，依旧值得思考。如何调整日本古代与近现代史研究比重的失衡问题，也值得关注。

（3）日本史的研究理论与方法仍需持续探索。从近代梁启超提倡新史学，史学理论与研究方法颇为学人关注。中华人民共和国成立后，经过多年努力，马克思主义唯物史观确立了主导地位。与此同时，中国日本史研究的唯物史观已与实证研究方法深度融合。换言之，马克思史学理论成为绝大多数研究者的思维模式，构成世界史研究，包括日本史研究的显著特点。史学研究方法，则以不尚空谈、周密细致的中国式、日本式实证研究为基础。时至今日，没有理论思维的中国日本史研究，难以在国际学术界成气候；缺乏真实、丰富、新史料支撑的日本史研究，也同样苍白无力。在21世纪，如何尽快推出日本史研究理论方法的研究著作，为当务之急。迄今为止，仅有坂本太郎的《日本的修史与史学》在1991年出版了中译本，由中国学者撰述日本史研究理论与方法论的专著仍告阙如。新世纪呼唤着中国的日本史学史论著问世，堪当重任者当有其人，毕竟"没有理论就没有历史科学"②。

---

① 王宝平主编：《晚清东游日记汇编》·《日本国志·凡例》，上海古籍出版社2001年版，第4页。
② 于沛：《没有理论就没有历史科学》，《史学理论研究》2000年第3期。

第 九 章

中国的日本思想研究*

思想史研究是研究思想的发展史，即研究思想的内部结构、传承过程、发展规律及其与国内外诸种影响因子的关系。从研究对象而言，主要有两类，即特定个人的思想和不特定的多数人的思想。后者又分为两个层面，即具有逻辑体系性的思想，通常被称某种主义；非人格性的，也没有明确的逻辑形态，通常我们称之为社会意识或时代精神的思想（丸山真男语）。日本的思想史研究亦如此。中国的日本思想研究是日本研究的重要维度，改革开放以来中国的日本思想研究走过了恢复发展期、不断完善期和全面深化期三个阶段，取得了丰硕的成果。

第一节 日本思想研究的恢复发展期——20 世纪 80 年代

一 20 世纪 80 年代日本思想研究的基本情况

中华人民共和国成立以来我国的日本思想研究相比其他一些学科方向来说，起点还是比较高的，朱谦之、吴廷璆、刘及辰等老前辈留下了许多高水平的成果，为中国的日本思想史研究打下了坚实基础。

"文化大革命"结束后，一度几乎停滞不前的日本思想研究随着改革开放和中日邦交正常化而重新活跃起来，涌现出了许多优秀的研究成果。据不

---

* 唐永亮，中国社会科学院日本研究所研究员。

完全统计，这一时期共发表了有关日本思想研究的学术论文百余篇，出版专著主要有四部。这些著述既涉及一些较新的领域，如启蒙思想、自由民权思想、现代化思想等，也涉及一些具有继承性的领域，如社会主义思想研究和法西斯主义思想研究，等等。虽然是继承性的研究，但这一时期的研究，特别是有关社会主义思想的研究思路明显扩宽，研究深度也明显增强。出现了以方昌杰、宋官德著《日本社会主义思想史》（《东方哲学研究》1979 年第 1 期）为代表的通史性著述，并且对片山潜、幸德秋水、堺利彦、户坂润、山川均、德田球一等一批社会主义思想家也进行了专门研究。

改革开放对中国思想界的影响绝不亚于经济界，它向思想界至少提出了两个棘手问题：其一，改革要达到何种具体目标？其二，如何在中国的国情下进行改革？围绕这些问题，中国的日本思想研究界也进行了深入研究，主要形成了三个研究热点。

（一）启蒙思想研究

从"文化大革命"结束至 20 世纪 80 年代末，在中国出现了思想解放的浪潮。如何进行启蒙，怎样的启蒙适合中国社会，中国的学者在向世界寻求着经验。在这种背景下，日本 19 世纪中叶经历过的启蒙运动成为中国学者关注的重点，许多学者做出了开创性的工作。

崔世广撰写的《近代启蒙思想与现代化——中日近代启蒙思想比较》（北京航空航天大学出版社 1989 年版）一书对明治启蒙思想进行了全面而深入的研究，堪称 20 世纪 80 年代启蒙思想研究的集大成之作。该书的主要贡献在于：（1）对启蒙的概念界定、类型以及与近代化的关系做了系统梳理。他认为启蒙不仅包括早期资产阶级社会思潮、近代启蒙现象，还应包括后进国当代所进行的一系列思想解放运动，启蒙的划分不仅有先进和后进的标准，而且可以把不同文化圈作为划分标准。（2）该书全面研究了日本启蒙思想的形成、内容和内在逻辑，颇有见地地指出，日本近代启蒙思想的共同逻辑是由"天赋人权"出发，在现实中把其转换为"天赋国权""国赋人权"，最后再要求"人权"服务和回归于"国权"。（3）把日本近代启蒙思想放在世界的范围内，通过与欧美、中国近代启蒙思想的对比加以分析指出，中日启蒙思想在出发点、目的、归宿以及启蒙思想的形成过程方面具有相似性，但是启蒙发生的直接契机、时间以及启蒙成员的成分和素质、启蒙思想的内容等方面存在着差异性。尽管中日之间存在着这样或那样的差异性，但在启蒙以前却走着极其相似的一条思想路线，只不过日本比中国走得早，节奏快一些。因此，绝不能据此得出中国没有实现日本那样近代化可能性的结论。

此外，一些学者对福泽谕吉、西周、加藤弘之、森有礼等启蒙思想家也进行了深入研究。其中福泽谕吉和西周的思想研究颇令人瞩目。卞崇道、区建英、沈才彬、赵乃章、贺新城等人对福泽谕吉的现代化思想、政治思想、文明观、哲学思想、国际政治思想做了具体而深入的研究。对于西周思想的评价在这一时期还没有达成统一意见。刘及辰在《论西周对近代日本哲学的贡献及其实证主义的立场》（《东方哲学研究》1979年第1期）中主张西周既不是唯物主义者也不是唯心主义者，而是凌驾于二者之上的实证主义者。王守华在《西周哲学的性质及在日本哲学史上的地位》[《山东大学学报（哲学社会科学版）》1988年第3期]一文中认为西周哲学的主要倾向是实证主义，但他认为以往学者忽视了西周哲学中具有强烈的儒学影响，而具有强烈的儒学影响是西周哲学的第二重属性。崔新京在《辩证思考西周哲学思想的基本性质》（《日本研究》1988年第1期）一文中则持完全不同的意见，认为西周哲学思想的基本性质是唯物主义的。

（二）自由民权思想研究

从日本历史上看，以"明六社"为中心开展的启蒙运动因领导者的局限性未能彻底完成对日本国民的启蒙任务，接下来发生的自由民权运动在某种意义上承续了对日本国民进行近代启蒙教育的任务。中国学者开始关注自由民权运动，主要从两方面展开了对自由民权运动的研究。其一，围绕自由民权运动思想家的研究。其二，对自由民权运动的研究。中江兆民和植木枝盛是自由民权运动的主要理论家，中国学者在这一时期对这两个人物已有所关注。崔新京在《刍论中江兆民的哲学思想和政治学说》[《辽宁大学学报（哲社版）》1989年第6期]一文中对中江兆民的哲学思想和政治思想做了较为深入的剖析。贾纯的《中江兆民及其〈续一年有半〉》（《外国问题研究》1981年第3期）中对中江兆民的唯物论作了研究。杨孝臣在《论植木枝盛的改革思想》（《外国问题研究》1987年第2期）一文中剖析了植木枝盛的改革思想，为中国的植木枝盛思想研究奠定了基础。沈才彬是这一时期研究自由民权运动的代表学者。他在《论日本自由民权运动的性质及其历史地位》（《世界历史》1982年第3期）一文中指出：关于自由民权运动的性质主要有三种观点，"革命说""反动说"和"前近代说"，而他认为自由民权运动在性质上是一次日本人民自下而上地争取资产阶级民主自由权利和民族独立的群众性政治运动。在《日本自由民权运动的社会背景及其思想渊源》（《历史教学》1983年第5期）一文中，沈才彬指出自由民权运动的产生与明治维新有密切联系，明治政府的一系列资产阶级改革激化了社会矛盾，是自由民权运动产生的要因。

（三）现代化思想研究

中华人民共和国成立以后，如何将一个贫困落后的农业国转变为强大的社会主义现代化国家是中国政府面临的最大课题。中国共产党人先后提出了工业化、四个现代化的现代化发展目标。改革开放后，国人对于现代化的理解进一步深刻化，认识到现代化不仅是工业、农业、国防和科学技术的现代化，而且还包括政治、社会、思想文化的现代化。然而如何实现现代化的发展目标，除了"摸着石头过河"外，还可借鉴发达国家的经验。彼时的日本是唯一实现了现代化的亚洲国家，由于中日两国在文化上存在接近性，日本的经验值得学习。高增杰著《日本近代成功的启示——谈传统文化与西方文化》（中国和平出版社1987年版）一书是中华人民共和国成立以来第一部从思想文化角度论述日本近代化的著作，是日本文化近代化研究的集大成之作。该书从日本近代文化的起点——"文明开化"、群体与个体、协调与竞争、日本近代文化的双重结构等方面论述了文化因素在日本实现近代化过程中所起的作用。该书指出，日本近代的发展主要来源于日本传统文化与西方文化的营养，近代以来日本民族依据文化的时间相位和空间相位有选择地摄取西方文化要素并使之日本化，在传统文化的土壤上扎根生息。正是经历了这个过程，日本近代文化才得以迅速发展，日本资本主义近代化才得以成功。只有坚持民族文化的优秀传统，才能吸收外来文化的营养，丰富和发展原有文化。否则，"皮之不存，毛将焉附"，盲目否定一切传统文化，就失去了消化和容纳外来文化的依托，从而也根本谈不上文化发展，只能带来民族的衰亡。

改革开放初期，为了防止传统思想文化中消极因素的复苏造成对现代化的抑制，传统思想文化被自觉或不自觉地置于边缘地位，外来文化被置于"上位"。然而随着社会主义现代化建设的全面展开，人们日益感到中国传统思想对社会主义现代化建设依然具有影响力。因此，如何重新认识传统思想与现代化的关系，在20世纪80年代的中国学术界引发了一场激烈的讨论，不仅大陆学者，海外华裔学者和西方汉学家也参与其中，形成了所谓的"思想文化热"。中国的日本思想研究学者也积极地参与到这场大讨论当中。王家骅著《儒学和日本的现代化》（《日本问题》1989年第4期）中具体分析了儒学与日本现代化之间的关系。严绍璗在《儒学在日本近代文化运动中的意义（战前篇）》（《日本问题》1989年第2期）中从儒学与近代文化关系的角度，论述了儒学对于日本近代化的意义。

二 20世纪80年代日本思想研究的范式

20世纪80年代中国的日本思想研究，在研究理论上主要还是延续着传统的研究范式，即用思想史和哲学的研究框架来研究日本思想，如重视对思想家、哲学家的思想及思想流派的研究。然而值得注意的是，文化现代化理论等新的研究理论也被引入日本思想研究之中，成为日本思想研究的新范式。

文化现代化理论始于马克斯·韦伯，他从20世纪初就开始关注西方资本主义发展的文化精神来源，将文化与现代化联结起来，开启了文化现代化理论研究的先河。但是他认为非西方世界的文化中没能发展出经济理性资本主义。贝拉继承和发展了韦伯的理论。他承认文化与经济存在深刻关系，但他批评韦伯得出的非西方国家没有发展出像西方那样的理性资本主义的结论。他认为日本是唯一一个实现现代化的非西方国家，日本德川时代的宗教是日本实现现代化的精神动力。日本的文化研究学者们进一步丰富和发展了贝拉的结论。森岛通夫通过比较研究指出，中国的儒教进入日本后发生了很大变化，它强调"忠"的意义，并且更加世俗化。儒教与佛教、神道教相结合，成为促进日本经济发展的精神动力。1986年森岛通夫著《日本为什么"成功"》的中译本由四川人民出版社出版。1987年于晓、陈维纲等人将马克斯·韦伯著《新教伦理与资本主义精神》译介到中国。由此，文化现代化理论正式传到中国，伴随着中国国内的"文化热"，这一理论为中国学者所接受，将它运用到日本现代化研究中。《日本近代成功的启示——谈传统文化与西方文化》（高增杰著，中国和平出版社1987年版）、《日本的传统与现代化》（叶渭渠、诸葛蔚东著，《日本问题》1989年第6期）、《儒学和日本的现代化》（王家骅著，浙江人民出版社

1995 年版）等著述都一定程度上受到了这一理论的影响。

20 世纪 80 年代，中国的日本思想研究方法比较传统，主要采用的是史学和哲学的研究方法。史学方法注重史料的爬梳整理、研究思想的演变过程，哲学研究方法主要关注思想的内部结构和逻辑的分析。这两种方法基本都得到了相互配合使用。除这两种方法外，比较研究法在这一时期的日本思想研究中也经常被用到。欧美学者经常运用比较研究法，然而在中国学者看来欧美学者通过对比研究得出的结论有时未能抓住日本思想的特殊性。中日同处于东亚文化圈，在思想上存在相似之处，同时还存在许多差异之处。通过中日思想的对比，更能揭示日本思想的独特性，同时对进一步认清中国思想的本质特征也具有重要意义。

三　20 世纪 80 年代日本思想研究的特点

从研究内容上看，20 世纪 80 年代的日本思想研究呈现出以下几个特征。

（一）思想家研究多，思潮研究少

思想家成长于社会之中，同时他的思想对当时的社会也会产生影响，因此思想家研究是理解当时社会的一把钥匙，是思想研究不可或缺的重要组成部分。从在中国期刊网上查询的结果看，1919—1977 年发表的有关日本思想研究的学术论文中事件研究居多，而个人思想研究数量相对较少，只有黄心川和朱谦之对安藤昌益的研究等为数不多的几篇论文。从这个角度上说，20 世纪 80 年代的日本思想家研究取得了不小成绩，对社会主义思想家户坂润、片山潜、幸德秋水、河上肇、德田球一，启蒙思想家福泽谕吉、西周、加藤弘之、森有礼，自由民权运动思想家中江兆民、植木枝盛，以及法西斯主义者北一辉、大川周明等都做了专门研究。从切入角度上看，这一时期不仅注重对思想家哲学思想的研究，还有学者开始从政治思想、哲学思想、文明观和历史观的角度对思想家进行了研究。这是 20 世纪 80 年代日本思想研究中值得称道的成绩。这一时期国内学人对启蒙主义、自由民权运动、社会主义和法西斯主义等思潮也进行了研究，出现了以《近代启蒙思想与近代化：中日近代启蒙思想比较》（崔世广著，北京航空航天大学出版社 1989 年版）为代表的一批优秀成果。除此之外，卞崇道、李甦平的《当代日本哲学新思潮》（《中州学刊》1987 年第 2 期）

和钱建南的《影响日本发展的两大思潮》(《世界经济与政治》1988年第10期)对现代日本思潮也做了深入研究。但是，从整体上看，与思想家研究相比，思潮研究在这一时期没有受到足够重视。

（二）精英思想研究多，国民意识研究少

20世纪80年代国内学者非常注重对精英思想家、政治家的研究，而对生发于普通民众之中的国民意识的研究重视不够。国民意识是以一国国民的国民性为基础的，对特定社会存在和时代背景的反映，其主要包括生活价值观、世界观、政治意识、国家意识、国际观念等内容。这一时期也有些学者开始关注日本国民意识的研究。如，武安隆在《日本人涉外文化心理的史学考察》（《世界历史》1989年第5期）一文中从历史学的角度运用心理分析的方法，考察了日本人对外心理演变的历程。周颂伦在《简论近代日本人"脱亚"意识的形成》（《外国问题研究》1987年第2期）一文中分析了日本人"脱亚"意识的形成原因和过程。王家骅在《幕末日本人西洋观的变迁》（《历史研究》1980年第6期）一文中对幕府末年日本人对西洋认识的变化过程做了深入探讨。从这些成果中我们可以看到：这一时期学者们主要关注的是日本人国际观的研究，对日本人的政治意识、国家意识和生活价值观还没有深入研究。毋庸置疑，这与改革开放后国人急于了解日本人对中国、对世界抱有的真实心态有很大关联。

（三）近代思想研究多，战后思想研究少

20世纪80年代对近代、前近代思想进行研究的成果居多，主要关注的是日本近代化的经验。对战后、当代日本思想状况进行研究的成果很少，只有几篇论文。刘世龙的《论当代日本的"现实主义"战略思想》（《日本问题》1989年第5期）论述了日本现实主义战略思想的内涵和特征。张萍的《日本哲学现状》[《国外社会科学》1981年第1期]对日本现代哲学的状况进行了梳理。张北在《日本"东亚经济圈构想"初析》（《日本问题》1989年第1期）中对竹下登政权上台后提出的"东亚经济圈构想"的背景和内容做了深入分析。高中路在《关于日本的"环太平洋联合设想"问题》（《外国问题研究》1981年第1期）、《再论日本的"环太平洋合作构想"问题》（《外国问题研究》1983年第1期）中对大平正芳提出的"环太平洋合作构想"的提出背景和内容做了深入分析。吴晓琳的《论丸山真男的民主主义思想》(《日本问题》1988年第6期)是较早以战后思想为研究对象的作品。他在文中指出,丸山真男的自由民主思想是在战前特定的历史环境中形成的,西欧自由主义、民主主义是他思想的养料和来源。丸山民主主义思想中有两个鲜明的特征:第一,他继承了西欧自由主义左翼坚持思想和价值观多元化原则的传统,其特点就是强调保障思想、言论的自由和对其他意识形态的宽容,承认人民主权基础上的反抗权;第二,他的民主主义思想斗争的锋芒直接指向法西斯专制统治和天皇制的思想意识。

总之,20世纪80年代中国的日本思想研究迎来了"春天"。研究成果纷纷涌现,学术成果数量明显增加,并出现了一批较高水平的研究成果。研究领域也大为拓宽,既承续了一些传统的研究领域,又顺应时代开辟了一些新的研究领域,深化了对日本思想的研究。国家在恢复相关原有机构的同时,还增设了许多从事日本研究的专门机构,如中国社会科学院日本研究所、中国社会科学院哲学研究所东方哲学研究室、北京日本学研究中心、天津社会科学院日本研究所、延边大学日本问题研究室等,这些机构的成立为这一时期的日本思想研究打下了坚实基础。"中国日本史研究会""中华全国日本哲学学会"(1991年改称"中华日本哲学学会")在20世纪80年代初的成立对于整合日本思想史研究人才,促进学术交流也起到了很大作用。

第二节　日本思想研究的不断完善期——20世纪90年代

一　20世纪90年代日本思想研究的基本情况

20世纪90年代,在中国经济取得飞速发展的同时,文化领域也百花齐放,取得了令人瞩目的成就。日本思想研究突飞猛进,成果大幅增加。据不完全统计,日本思想研究方面的学术论文有近200篇,专著有40余部。这些成果中有因学术研究惯性而延续下来的老课题,如启蒙思想研究、自由民权思想研究、社会主义思想研究。虽然是老课题,但是研究的视野不断扩展,研究的深度也不断加强。其中值得一提的是启蒙思想研究在这一时期依然持续"高温",并出现了许多新视点。高增杰著《福泽谕吉与近代日本人的中国观——思想史和国际关系的接点》(《日本学刊》1993年第1期)从国际政治思想史的角度探讨了福泽谕吉的中国观对近代日本的影响。王中江著《严复与福泽谕吉——中日启蒙思想比较》(河南大学出版社1991年版)一书以严复与福泽谕吉为中心,具体探讨了中日启蒙思想的异同。崔新京著《日本明治启蒙思想》(辽宁大学出版社1995年版)一书则将日本启蒙思想置于世界启蒙思想体系之内,与法国18世纪启蒙思想和中国戊戌启蒙思想做了比较。此外,高增杰、王家骅、关松林、王军彦、桂勤、窦重山、丁惠章、徐剑梅、潘昌龙等人对福泽谕吉的实学思想、儒学思想、教育思想、思想转向、人才观、道德思想、国家观、政治革新观、经济思想也做了深入研究。

然而,从学术成果的数量上看,传统领域的研究整体上呈现降温状态。与其相对,这一时期形成了两个比较明显的研究热点。

(一)日本传统思想研究

20世纪90年代依然延续了80年代"现代化"的主题,但是基本问题和基本思路却有相当程度的转型。80年代在文化上是"反传统时期"。然而,这场文化思潮在80年代末却遭受挫折,学界围绕着传统文化与现代化的关系展开了争论。进入90年代后,争论出现了一边倒的结果。在亚洲的"经济奇迹"制造的"儒学复兴"的神话中,人们的怀古情绪被激发,掀起了一股复兴国学、回归传统的热潮。中国的日本思想史研究界也积极融入到这场讨论中,开始研究日本传统文化的现代意义。王家骅著《儒学思想与日本文化》(浙江人民出版社1990年版)和《儒家思想与日本的现代化》(浙江人民出版社1995年版)就是其中的代表。王家骅认为日本现代化具有成功与失败、发展与牺牲、现代与传统、进步与困境并存的二重性,日本儒学也具有积极方面和消极方面并存的二重性。日本现代化的消极面与日本儒学的消极面不无关联,但是,日本儒学的积极面对形成日本现代化的积极面也有贡献。这一观点对客观分析日本儒学传统与现代化的关系具有重要意义。除此之外,武寅《尊皇与日本传统文化》(《日本问题》1990年第5期)、汤重南等《日本文化与现代化》(辽海出版社1999年版)、王中田《江户时代日本儒学研究》(中国社会科学出版社1994年版)、崔新京《论儒学观念与日本的现代化》(《日本研究》1993年第4期)、徐远和《"礼"在日本的传播和演变》(《哲学研究》

1996年第7期)、李甦平等《中国·日本·朝鲜实学比较》(安徽人民出版社1995年版)、朱七星主编《中国、朝鲜、日本传统哲学比较研究》(延边人民出版社1995年版)等论文、著作都对日本的传统思想进行了深入研究。

(二) 日本右倾化思潮研究

20世纪90年代日本经济陷入了"失去的十年"之中，在政治层面上左右两翼严重失衡，社会上涌动着强烈的右倾化思潮。这一右倾化思潮引起了中国学术界的高度关注，成为90年代日本思想研究的一个新热点。日本右倾化思潮研究主要是从改宪思潮、新国家主义思潮两个维度展开的。

1. 改宪思潮。实际上，20世纪50年代以来，日本就已出现改宪的动向，只不过那时候还没有形成气候。直到90年代受国际形势和国内环境的影响，日本国内改宪论甚嚣尘上，各种政治力量竞相登场，形成了一股改宪浪潮。张碧清在《浅析日本的改宪风潮及政界改组》(《日本学刊》1993年第4期)一文中将改宪风潮与日本政界改组结合起来，认为90年代初改宪思潮的特点是来势凶猛、波及范围广、涉及问题多。它不仅触及宪法第九条，而且与政界改组问题纠缠在一起。刘杰在《战后日本"改宪"思潮论》(《外国问题研究》1995年第1期)中明确地将改宪思潮视为战后日本新右翼思潮的一部分。戚洪国在《试论战后日本改宪思潮及影响》(《日本学论坛》1999年第3期)一文中对于90年代改宪思潮的特点做了概括。

2. 新国家主义思潮。新国家主义思潮是战后右倾化思潮的重要组成部分。黄大慧在《试论战后日本的新国家主义思潮》(《外国问题研究》1990年第1期)一文中对新国家主义思潮的产生及界定作了论述。他认为新国家主义是以日本经济高速增长并成为经济大国为基础，于20世纪70年代后期和80年代作为日本统治阶级的意识形态而出现的关于日本未来发展的一种政治思潮。它与战前日本国家主义不同，具有五个明显特征。其一，新国家主义是主张把日本打造成西方一员、与美国平起平坐、自成一极的具有政治大国地位的国家主义；其二，新国家主义主张通过操纵舆论和使用先进的技术，进行"脱政治"且具有"民主主义"外衣的高度管理国家化；其三，新国家主义是建立在强有力的统一社会基础上的一种

"柔结构"的国家体制；其四，企业、财界、资本等的主导权在国家统治中占有决定性的比重；其五，新国家主义不否认个人生活中心主义。丁惠章在《日本新国家主义与福泽谕吉国家观之比较》（《长白学刊》1998年第2期）中，通过将新国家主义与福泽谕吉的国家观进行对比研究指出：新国家主义抛弃了福泽谕吉的民主启蒙思想，只继承了扩张国权的思想；新国家主义以输出日本经济模式、宣扬日本民族和文化优越性为手段，企图通过日本雄厚的资金购买通往世界政治大国的通行证。

二 20世纪90年代日本思想研究的范式

20世纪90年代日本思想研究的主体研究范式并没有改变，依然是以史学理论和哲学理论为主。然而值得注意的是，这一时期因为开拓出了几个新的研究领域而伴生出新的研究范式。

（一）社会思潮的研究

关于社会思潮，20世纪90年代的中国学界展开了广泛的讨论，主要形成了以下几种观点：（1）从与社会存在的关系出发，将社会思潮看作意识形态的一部分，是"某一个时期内，在一个阶层或者跨阶层的相对多数的日本国民中，反映当时的社会经济政治状况特别是时代课题，并体现他们的利益和要求，从而产生广泛深刻的社会影响及强烈持久的心理共鸣的思想倾向"①。（2）从文明的独特性出发，将社会思潮视为是生发于社会心理之上的思想倾向，是"指社会上某种思想的流行、某种理论的传播、某种心理的共鸣。以一定范围内广泛流行的社会心理为基础，以相应的思想体系为代表的思想倾向"②。（3）从形式上，将社会思潮看成是具有理论导向的思想体系，"是一定时期内，反映某一阶级或阶层群众利益和要求的、以某种理论学说为主导或依据的思想趋势或倾向"③。（4）从内涵上看，认为社会思潮既是一种思想潮流，也包含与之相应的社会行动，是"大多数国民具有的、形成时代主流的意识和行动"④。

---

① 朱听昌、师小芹：《90年代日美关系的调整及其影响》，《日本学刊》1999年第3期。
② 曲洪志：《探讨社会思潮的发展规律》，《思想教育研究》1995年第2期。
③ 许启贤：《社会思潮研究》，《淮南工业学院学报（社会科学版）》1999年第1期。
④ 王新生：《战后日本社会思潮的演变及其对政治体制的影响》，《日本学刊》1993年第6期。

虽然对社会思潮的认识存在差别，但其中也有共通之处。其一，社会思潮是群体意识，而非个体意识。其二，社会思潮具有明显的时代特征，是能引起某一特定时代人们心理共鸣的思想潮流。其三，社会思潮是某一阶级或阶层的利益或要求的反映。从这一点上说，社会思潮未必是主流意识形态，随着某一阶级或阶层成为统治阶级，其所主倡的思潮也可演变为主流意识形态。其四，社会思潮是动态的，具有传播性，具有一定的社会影响力。社会思潮有广义和狭义之分。广义的社会思潮是包含政治思潮、经济思潮、文化思潮和狭义社会思潮等复杂内容的社会性思想潮流和行动。狭义的社会思潮指的是对社会生活具有深刻影响的思想潮流和行动。

（二）国民思想意识研究

20世纪90年代国民思想意识研究得以兴起，国内学者主要从生活价值观、国际观念和青年心理等方面对日本国民的思想意识进行了深入研究。其中青年思想研究表现得颇为突出。青年作为一个群体，有独特的思想特征和发展规律。中国的日本青年思想研究受日本学界的影响，由思想研究和青年心理学研究结合形成，主要应用的是心理学理论，特别是人格心理学理论、社会心理学理论、教育心理学理论、发展心理学理论和犯罪心理学理论。张日昇在《日本青年心理学的发展》[《北京师范大学学报（社会科学版）》1992年第1期]中，对日本青年心理学的发展历程和研究现状做了介绍。武勤在《日本心理学界青年价值观研究的新进展》[《山东师大学报（社会科学版）》1995年第4期]中，介绍了1992—1993年以大阪教育大学秋叶英教授为首的"90年代课题组"在制定新的青年价值观检测尺度、青年价值观与行为方式的关联研究、现代青年价值观的投影法研究方面所取得的成果。

（三）跨学科思想研究

20世纪90年代中国的日本思想研究在研究方法上，除了采用历史学和哲学的研究方法外，还出现了一些新突破，这些突破大多是因学科交叉而产生的结果。（1）思想史研究与翻译史研究之结合。王克非的《中日近代对西方政治哲学思想的摄取——严复与日本启蒙学者》（中国社会科学出版社1996年版）采用的就是这个方法。翻译文化史和思想史的结合，将翻译家、翻译事件及翻译规律的研究置于当时社会思想的大背景下来探讨，有利于深入翻译史研究。而从翻译文化史的角度来研究思想史，将思想史纳入到文化交流的背景下来考量，则会使思想史研究更加具体化和丰富化。（2）思想史研究与国际关系研究之结合。高增杰的《福泽谕吉与近代日本人的中国观——思想史和国际关系的接点》（《日本学刊》1993年第1期）采用的就是这个方法。思想史偏重思想演变规律的探究，而国际关系研究则重视国际格局、国家间关系博弈规律的研究。从某种意义上说，思想史研究着眼于细处而后放眼于宏观；而国际关系研究似乎正相反，其着眼于大局而后求证于微观。将两者结合起来，把思想放在国际格局中来把握，无疑会增加思想史研究的理论性。（3）思想研究与大众传播学研究之结合。郭冬梅的《大正民主与新闻舆论》（《日本学论坛》1999年第2期）就运用了这一方法。以往日本思想研究主要关注的是思想的本体论研究，而忽视了对思想的传播载体和传播途径的研究。将大众传播学研究方法引入日本思想研究领域，有利于揭示思想大众化传播的过程和规律，从而为思想研究从精英层下移到大众层提供了一个重要方法。（4）舆论调查法与日本思想研究之结合。90年代一些中国学者将舆论调查法引入日本思想研究中。如陈晖的《日本人的价值观管窥》（《日本问题》1990年第1期），葛延风、巩琳的《战后日本人价值观念的变化及启示》（《日本研究》1993年第2期），平凡、边疆的《当代日本青年的价值观与行为》（《外国问题研究》1991年第3期），等等。舆论调查法偏重实证、强调调查数据的客观化和科学化，这一方法的引入使日本思想研究在科学化上前进了一步。

三 20世纪90年代日本思想研究的特点

从研究内容上看，20世纪90年代的日本思想研究呈现出了以下几个特征。

（一）精英思想研究仍处于日本思想史研究的主流

值得一提的是，这一时期关于思想家的研究成果非常丰富，既关注到了启蒙思想家、自由民权思想家、社会主义思想家，还出现了对佐久间象山、横井小楠、海保青陵、三浦梅园、安藤昌益、石田梅岩等近世思想家的研究成果。研究视角也更加多样化，既有对思想家的综合研究，也有从思想家的哲学思想、政治思想、外交思想、经济思想等方面展开的具体研究。相比上一个年代，这一时期的研究成果明显厚重起来。如，王家骅著《儒家思想与日本文化》（浙江人民出版社 1990 年版）和《儒家思想与日本的现代化》（浙江人民出版社 1995 年版）、王守华等编《战后的日本哲学家》（山东人民出版社 1996 年版）、卞崇道著《战后日本哲学思想概论》（中央编译出版社 1996 年版）、韩立红著《石田梅岩与陆象山思想比较研究》（天津人民出版社 1999 年版）、汤重南等著《日本文化与现代化》（辽海出版社 1999 年版）、王中江著《严复与福泽谕吉——中日启蒙思想比较》（河南大学出版社 1991 年版）、王中田著《江户时代日本儒学研究》（中国社会科学出版社 1994 年版），等等。

（二）研究的时代感明显增强

日本战后以来在政治、经济和社会文化领域取得了令人瞩目的成就，20 世纪 90 年代中国学者开始着眼日本战后思想的研究，以图揭示日本迅速崛起的思想源头，取得了令人瞩目的成绩，如《战后日本哲学思想概论》（卞崇道主编，中央编译出版社 1996 年版）、《现代日本哲学与文化》（卞崇道著，吉林人民出版社 1996 年版），等等。此外，这一时期中国学者还开始关注吉田茂、岸信介、中井正一等一批在日本战后举足轻重的政治家和哲学家的思想及其对日本社会的影响，代表作是黄大慧著《岸信介的大亚洲主义思想及其实践》（《外国问题研究》1993 第 3 期）、徐思伟著《论吉田茂战后经济外交思想的主视觉——"来栖·吉田公司"》（《日本问题研究》1995 年第 3 期），等等。

（三）强化了对社会思潮的研究和对国民意识的研究

在思潮研究领域，这一时期的国内学者主要关注的是学术思潮和政治思潮。以卞崇道为代表的一批学人扎实地研究了日本战后的马克思主义、实存主义、实用主义、分析哲学等哲学思潮。在政治思潮研究方面，国内学人对战后新国家主义思潮、新军国主义思潮、改宪思潮的发展过程、表现及产生原因等方面做了分析。在国民意识研究领域，这一时期的研究主要是从生活价值观、国际观念和青年心理三方面展开的，主要采用的是历史学研究方法、国际政治学研究方法、文化学方法和青年心理学研究方法，扩宽了研究视野，增加了研究的深度。

（四）研究的视角多元化

这一时期的日本思想研究突破了传统的老路子，通过采用跨学科交叉研究的方法，拓宽了研究视角。仅从对比研究来看，与上一时代相比，这一时期对比研究的范围明显扩大，不仅将日本与中国进行比较，而且还将中日韩三国放在一起进行比较研究。如朱七星主编《中国·朝鲜·日本传统哲学比较研究》（延边人民出版社1995年版）、李宗耀著《东西方思想文化比较研究：东西方思想文化在中国、朝鲜、日本之比较》（延边大学出版社1995年版）、李甡平著《中国·日本·朝鲜实学比较》（安徽人民出版社1995年版）、潘畅和著《中朝日比较哲学初探》（延边大学出版社1994年版），等等。这一现象的出现，是学术研究不断深化的结果，同时也是现实视角产生的结果。20世纪90年代初日本提出了"环日本海经济圈"构想，使经济上的东亚经济区域一体化成为当时的热门话题，而进一步探究东亚是否存在一体化的思想基础也自然成了思想研究者考虑的问题。

总之，20世纪90年代中国的日本思想研究处于不断完善期。研究成果比80年代更加丰富，仅从数量上看，90年代出版的专著就是80年代的十几倍。从研究的内容上看，这一时期的学者既继续关注启蒙思想研究、自由民权思想研究和社会主义思想研究，又开始重视战后思想研究；既注重传统思想的研究，又能将传统思想与现代化联系起来加以研究。从研究队伍上看，恢复高考后经过大学教育、研究生教育，甚至博士生教育培养起来的中青年学者开始在学界崭露头角。90年代还增设了许多新的日本研究机构，成立了中华日本学会，培养了众多人才，为中国的日本思想研究的进一步发展奠定了良好基础。

第三节　日本思想研究的全面深化期——进入21世纪以来

一　21世纪初期日本思想研究的基本情况

21世纪初期中国的日本思想研究进入了全面深化时期。日本思想研究内容相比20世纪90年代更加丰富。其中传统课题的研究不断深入，特别是福泽谕吉研究热度不减，呈现以下几个特征：首先，主体性思维明显。学者开始将福泽谕吉与梁启超、康有为、王韬、张之洞、严复、胡适等中国思想家做对比研究。如郑浩澜著《福泽谕吉与梁启超国民思想之比较》(《江西社会科学》2000 年第 5 期)、崔新京著《中日近代文化史上的胡适与福泽谕吉》(《日本研究》2000 年第 2 期)、何云鹏著《张之洞与福泽谕吉政治法律思想管窥》(《社会科学战线》2009 年第 2 期),等等。

其次,对福泽谕吉的国际政治思想,特别是脱亚论思想进行了深入研究。韩东育在《福泽谕吉与"脱亚论"的理论与实践》(《古代文明》2008 年第 4 期)中指出,福泽谕吉的脱亚论思要完成两大任务,一是使日本从西方"条约体系"中摆脱出来建立主权独立的近代国家;二是以武威建立"大东亚秩序"来取代礼教的"华夷秩序"。这两大任务显隐交替、互为前提。何为民在《〈脱亚论〉解读过程中的误区》(《日本学刊》2009 年第 4 期)中指出,以往人们对于"脱亚论"的解读存在误区,脱亚论并非一出笼就受到日本思想界的追捧。佐藤贡悦、王根生则在《重评福泽谕吉的儒学观与"脱亚论"》[《中山大学学报(社会科学版)》2006 年第 3 期]中进一步指出,福泽谕吉将中华思想分为"周公孔子之教"与"腐败之余毒"。福泽谕吉不仅对"周公孔子之教"无非难之词,反而认为它是道德人伦之标准应当敬重。福泽谕吉所谓的"脱亚"主要是指摆脱业已腐朽的、儒教式的政治体制而绝非整个东亚文化;所谓"入欧"也只是要导入西欧的科学技术而非主张包括道德人伦在内的全面欧化。

再次,进一步丰富思想史研究的对象。譬如田边元思想研究,学界在 20 世纪 80—90 年代只出现了零星几篇研究论文①,而廖钦彬在 2019 年出版的《近代日本哲学中的田边元哲学》(商务印书馆)一书充实了该领域的研究。该书深入探讨了田边元的历史哲学、存在论等思想的发展脉络和思想史意义。那希芳著《日本思想家植木枝盛作品的鉴别问题——兼论史料鉴别对明治前期研究的重要性》(《日语学习与研究》

---

① 譬如,乃章、春阳《田边元的"绝对辩证法"和"种的逻辑"浅析》,《外国问题研究》1986 年第 4 期;翟卞《"田边哲学"》,《外国问题研究》1986 年第 4 期;赵乃章、平波《评田边元的科学论和目的论哲学》,《外国问题研究》1989 年第 3 期;赵乃章、战军《评田边元的忏悔道哲学》,《外国问题研究》1990 年第 3 期;等等。

2019年第3期）论述了日本明治前期思想家植木枝盛的无署名文章需要鉴别的原因及鉴别方法。张东著《近代日本"一君万民"构造下选举权观念的流变及其特质》（《世界历史》2020年第4期）讨论了日本近代选举观念的流变问题，其指出"一君万民"构造使近代日本的普选与天皇统治密切相关，保守势力、国体论者可直接从天皇统治中导出普选之义。同时，天皇为解除自身政治责任而标榜公正无私，进而趋于"虚化"。钱昕怡的《战后日本历史学中的"大正民主"研究》（《日本研究》2015年第3期）以大正民主主义为案例，考察了战后日本史学界在不同时期基于该时期的问题意识对大正民主主义形成的三种不同认识。20世纪50年代以信夫清三郎和今井清一等为代表的历史学家受马克思主义史学影响，认为作为资产阶级民主主义运动和思潮的"大正民主"虽然起到了遏制专制政治的作用，但并不反对日本的"军国化"，未能阻止战争，终究只是"改良的理论"，本质上是"帝国主义资产阶级的思想代言"。20世纪60—80年代，这一时期的日本史学界开始将普通民众作为主要研究对象，重视民众在历史中的主体作用，通过发掘从中央到地方的大量史料，松尾尊允证实了大正民主主义运动是具有广泛群众基础的社会运动，其中所蕴含的民主主义、自由主义和和平主义要素是战后民主主义的源流。对于大正民主主义运动的对内立宪主义、对外帝国主义的局限性，松尾认为吉野作造和石桥湛三等人的思想中也蕴含着"逐步克服帝国主义"的意识。20世纪90年代至今，超越帝国主义对民主主义二元对立视角的大正民主主义研究开始成为主流，大正民主主义运动与社会的关系受到关注，大正民主主义运动作为"日本帝国"状况下的意识形态受到重新审视和评价。瞿亮、徐骁《江户时代后期日本知识分子的"虾夷地开发论"》（《东北亚学刊》2019年第4期）提出，直至1711年沙俄开始对北海道地区展开争夺，冲击了虾夷对松前藩的"朝贡关系"，进而诱发日本将虾夷地置于版图内的主张。这一主张发端于本多利明、佐藤信渊、吉田松阴等知识分子并在幕府的日趋重视下逐渐付诸实践。此外，陈秀武《近代日本国家意识的形成》（商务印书馆2008年版）、田学梅《近代日本国民的塑造——从明治到大正》（商务印书馆2016年版）、庄娜《日本"国体论"研究——以近代国家建构为视角》（中国社会科学出版社2016年版）等从精神层面对日本近代化的深入讨论，也颇有新意。

最后，值得一提的是，这一时期开始出现总结性的研究成果。譬如在近代思想史研究领域，崔世广主编"日本近代思想研究丛书"，该丛书由《日本近代启蒙思想研究》《日本自由民权思想研究》《日本明治中期的平民主义思想研究》《日本明治中期的国粹主义思想研究》《日本天皇制国家主义思想研究》《日本明治时期的社会主义思想研究》《日本大正民主主义思想研究》《日本大正与昭和前期马克思主义思想研究》《日本法西斯主义思想研究》《近代日本的对外认识研究》构成，已出版了《日本明治中期的国粹主义思想研究》（王俊英著，中国社会科学出版社2015年版）、《日本明治时期的社会主义思想研究》（卢坦著，中国社会科学出版社2016年版）《日本明治中期的平民主义思想研究》（陈斯著，中国社会科学出版社2017年版）、《日本大正民主主义思想研究》（孙道凤著，中国社会科学出版社2020年版）。崔世广在丛书总序中指出，通过对日本近代思想的系统性、整体性、学术性研究，一方面充分展现日本近代思想的丰富性和多样性，同时透过各种错综复杂的思想现象，发掘日本近代思想的内在逻辑和规律性，揭示日本近代思想与日本近代历史之间的内在关联，以有助于理解和把握日本近代历史的特性。关于日本近代思想发展演变的主要线索、脉络和逻辑，可尝试归结为三大课题、两个周期和一条主线。"首先，日本近代思想自始至终是围绕着三大课题来展开的。这三大课题是：第一，如何处理传统文化与近代文化、日本思想与西方思想的关系；第二，如何处理个人与社会、个人与国家的关系；第三，如何处理日本与亚洲、日本与世界的关系。可以说，以上三大课题贯穿日本近代思想的始终，而对这些课题的不同理解、不同思考便形成了不同的思想或思想流派。其次，日本近代思想的发展经历了前后两个周期性的发展。第一个周期是从明治维新开始，到明治时代结束为止；第二个周期是从大正时代开始，到日本战败投降为止。这两个周期的共同体特征，则是前期以欧化主义、近代主义、世界主义为基本倾向，后期以国粹主义、传统主义、日本主义为基本倾向。再者，日本近代思想发展中还存在着一条主线，那就是民族主义和国家主义。这条主线虽然时明时暗、时强时弱，但一直从根本上规定着日本近代思想发展的基调。"

在这一时期，从思想层面探究日本缘何走上军国主义道路的研究也取得了突破性进展。

1. 在讨论法西斯主义思想源流方面出现了一些重要成果

譬如，崔新京等著《日本法西斯思想探源》（社会科学文献出版社2006年版）从历史的视角梳理了日本法西斯思想源流和形成过程，对日本法西斯思想的内容和特点以及战后日本出现的各种思想逆流做了深入剖析。渠长根著《日本侵华思想理论探源》（新华出版社2009年版）一书则具体从侵华思想的视角梳理了日本侵华思想理论的发展轨迹。史桂芳著《日本侵华战争时期的"东亚协同体论"》（《历史研究》2015年第5期）分析了"东亚协同体论"的本质，其指出"东亚协同体论"发展了近代以来日本的亚洲主义理论，为野蛮的侵略战争披上"文化""文明"外衣，比赤裸裸的武装侵略更有隐蔽性和欺骗性。徐倩在《日本明治中期国粹主义思潮中的亚洲观变迁——以政教社机关杂志〈日本人〉为中心》[《武汉理工大学学报（社会科学版）》2019年第6期]中从亚洲观的变迁对这一问题做了深入探讨。其认为以政教社为核心的日本国粹派的亚洲观总体可分为三个发展阶段：第一阶段是1888年至1890年，政教社以"国粹保存"为旗号对抗欧化浪潮，《日本人》的问题意识也集中于"日本式开化"；第二阶段是1890年至1894年甲午中日战争，政教社学人试图扩张"国粹"并建立一个以日本为主导的东亚共同体，"征亚主义"也成为主旋律；第三阶段是1894年甲午战后至1898年，"国粹主义"遇到理论发展瓶颈并渐被"日本主义"取代，《日本人》的亚洲主张转为"门罗主义"，"战后经营"成为核心话题。熊淑娥著《日本近代思想家陆羯南对外认识的双重结构》（《东北亚学刊》2016年第6期）从对外认识角度分析了日本走上法西斯主义道路的思想源流，其指出陆羯南对外认识的立足点在于内治安国，重视对外关系和国内政治的联动性，同时强调对内方面的国民的统一和对外方面的国民的独立，并主张"蚕食"和"狼吞"是国际竞争的主要手段。许晓光著《民族扩张理论与明治时期日本思想界》（《历史研究》2019年第3期）梳理了明治日本思想界宣扬的扩张"理论"的内在逻辑。陈秀武著《日本右翼思想的源流及海军右翼团体的行动逻辑》（《西南大学学报（社会科学版）》2020年第4期）则深入探讨了作为军国主义思想源流的日本右翼思想，经过分析指出日本右翼思想以"天皇"为内核，以"爱国"与追求"民权"为特征。吴限在《日本明治时期的右翼研究》（社会科学文献出版社2018年版）一书中，通过对右翼起源、思想构造、组织谱系、行动选择等问题的考察，分析了明治时期日本右翼思想特点，指出无论日本右翼组织和思想如何变化，以天皇为旨归，以神国观、天皇观（国体观）、使命观为"三元构造"的核心价值观从未改变。这一时期也有学者从文明观的角度讨论了其与法西斯主义的关联。杨栋梁著《近代以来日本文明观的变迁》［《北京师范大学学报（社会科学版）》2016年第1期］指出，近代以来，原本"以中华为是"的日本传统文明观，先后经历了"脱亚入欧""脱欧归日"和"脱日入美"的三次转换。瞿亮、李佳乐则在《近代以来日本的文明论与国家走向——文明论视域下的"东洋"与"西洋"》（《南开日本研究》2020年）一文中指出，近代以来日本文明论的变迁反映了日本在亚欧身份定位上的两难处境。也有学者从种族主义角度，探讨了其与法西斯主义的关联。许赛锋著《近代中日关系背景下的"同文同种"表述》（《世界历史》2019年第5期）认为，在近代中日关系背景下"同文同种"表述有不同含义。中日甲午战争后，面对西方列强的压力，中国各主要政治力量对日本"同种联合论"的认同与呼应促进了"同文同种"表述在双方交涉话语中的普及和定型。而随着此后中国人对日本侵略主义实质的逐步认清，开始排斥"同文同种"表述。在《战败前日本的"种族主义"及其特征——与纳粹德国相比较》［《北华大学学报（社会科学版）》2020年第2期］中，许赛锋进一步指出日本与德国在种族主义层面有诸多共性，但也有独特性，其一方面暗自利用所谓人种上的"同一性"，极力以"有色人种联合反抗白种殖民统治"之类的口号，来欺骗和裹挟亚洲其他国家受其奴化、与其合作。另一方面，又非常惧怕由此引发美、德等白色人种国家对其的集体敌视，进而陷入战略上的孤立与被动。日本种族意识里存在希望左右逢源、唯利是图的两面性。李凯航著《明治日本的黄祸论与人种论》（《史林》2020年第2期）中指出，日本近代思想史上有关黄祸论的言论空间中，不仅仅有反对人种主义的一面，更有利用黄祸论而重新建构其帝国主义秩序的一面。

2. 从阶层角度，各阶层人士与日本法西斯主义的关系

王向远的《日本对中国的文化侵略——学者、文化人的侵略战争》（昆仑出版社2005年版）从日本对华文化侵略的视角，史论结合地剖析了日本右翼学者、文化人配合日本的侵华政策对中国实施文化侵略的方案、

策略、实施途径、方式及危害，揭示出对华文化侵略是日本开辟的有别于军事和经济侵略的又一侵华行为。周晓霞著《日本神道思想家今泉定助的"道义国家"论考察》(《东北亚学刊》2020年第6期)经过分析指出，作为神道思想家的今泉定助认为日本具有无与伦比的国体，作为天照大御神化身的天皇自是神圣的，日本是"君民一体"的国家。于是，日本所从事的改造世界秩序的行为也因之被赋予了合理性。唐利国著《两面性的日本近代化先驱——论吉田松阴思想的非近代性》(《世界历史》2016年第4期)认为，一直被视为日本近代化先驱的吉田松阴在思想中也有非近代性保守一面，他通过旧思想的极端化而将自身行动正当化，成为一个典型的"激进的保守主义者"。王春芸、陈秀武著《昭和思想史上的"转向"辨析》(《东疆学刊》2020年第1期)深入分析了日本共产主义者放弃共产主义信仰行为的原因。

这一时期主要出现了以下几个新的研究热点：

其一，日本人的中国观研究。20世纪90年代日本经济陷入低谷，进入21世纪后日本经济虽有所恢复，但还未能完全挣脱萧条。与之相对，中国经济自改革开放以来快速发展，进入21世纪后这种快速增长的势头与庞大的国家结合在一起，使中国成为21世纪最受世人瞩目的国家之一。经济实力、国力的强大必然振奋一国之民心，在学术上则表现为开始关心中国在世界中的形象。进入21世纪后日本政府开始调整对亚洲的策略，提出了"海洋经济圈""东亚共同体"等口号，为了摸清日本政府的真实意图，更需从历史和现实双重维度研究日本人的中国形象。吴光辉在《日本的中国形象》(人民出版社2010年版)中将日本的中国形象分为两个时期，即文明帝国时期日本的中国形象与文明比较时期日本的中国形象。诸葛蔚东在《战后日本舆论、学界与中国》(中国社会科学出版社2003年版)中指出，战后初期日本学者试图通过对新中国的分析探求出一条全新的日本社会变革之路，从而使这一时期的中国观表现为，中国走的是一条正确的近代化之路，而日本明治维新后走的道路是失败的。20世纪60年代特别是70年代之后，由于中日间经济差距明显拉大，日本知识分子对美认同感明显增强，使他们的中国观发生了方向转换，认为日本的近代化是成功的，而中国的近代化有许多不足之处。刘家鑫著《日本近代知识分子的中国观——中国通代表人物的思想轨迹》(南开大学出版社2007年版）中采用了个案研究法，对以后藤朝太郎、长野朗为代表的"中国通"的中国认识作了深入分析。薛天依在《辛亥革命至国民革命时期日本的对华认识》（社会科学文献出版社2019年版）一书中重点考察了中国革命运动对近代日本的冲击，指出这一时期日本的对华认知反映了民主主义思想与帝国主义思想的博弈。田庆立著《二战后日本政界的中国观》（《日本问题研究》2009年第4期）从日本政界人士的中国观出发，将日本第二次世界大战结束至中日复交前日本政界人士的中国观大体分为"情感型"和"意识形态型"两种类型。刘林利在《日本大众媒体中的中国形象》（中国传媒大学出版社2007年版）中指出，日本报纸媒体的中国报道存在五种模式："非理性报道"模式、"虚构报道"模式、"下订单报道"模式、"冷处理报道"模式和"概念化"模式。张宁则著《日本媒体上的中国：报道框架与国家形象》（吉林人民出版社2006年版）以日本三大报的涉华报道为中心，对中日间政治、经济、军事、教育等领域具有代表性案例作了实证分析。郑毅、李少鹏在《近代日本社会"满蒙观"研究》（吉林文史出版社2018年版）一书中基于历史资料对战前日本的"满蒙观"进行了全面分析，揭示出当时日本"学术研究"和"武装侵略"之间存在互动关系。

其二，传统、现代与后现代思想的研究。如果说在中国社会，20世纪80年代是西方自由民主思想激荡的年代，90年代是反省西方思想和回眸重观中国传统思想的时代，那么21世纪初期则是充斥着现代思想、传统思想和后现代思想的混杂年代。然而，现代思想、传统思想、后现代思想如何相互融合，成为推动现代化发展的正面力量，仍然是摆在国人面前的重大课题。这一时期中国的日本思想研究者以日本的经验为研究对象，主要从三个维度寻找着答案。（1）中日接受西方思想的对比研究。赵德宇在《西学东渐与中日两国的对应——中日西学比较研究》（世界知识出版社2001年版）中，通过对林则徐与渡边华山的对比指出，中日两国在国门打开前后存在着西学水平上的差异。于桂芬在《西风东渐——中日摄取西方文化的比较研究》（商务印书馆2001年版）一书中指出，中日两国摄取西方文化的基本差异在于各自对西学的态度不同、摄取的层面不同。李少军在《甲午战争前后中日西学比较研究》（湖北人民出版社2007年版）中指出：造成近代中日西学摄取状况不同的原因是两国对西学的指导思想不同,两国政权的相关作为不同,两国社会对西学传播和吸收的呼应面不同。(2)传统思想与现代化关系研究。这一时期的中国学者继续深化对儒学与日本现代化关系的研究,出现了诸如刘岳兵著《日本近代儒学研究》(商务印书馆2003年版)等成果,吴震在《19世纪以来"儒学日本化"问题史考察:1868—1945》[《杭州师范大学学报(社会科学版)》2015年第5期]一文将"儒学日本化"放在"近代化"和"日本化"的双重维度思考,指出,明治以降特别是1890年明治晚期以后,无论是保守的还是开明的知识人,他们大多意识到在迎接和拥抱西学之际,足以响应西学之挑战的日本自身的文化资源却很有限,除了神道和国学所宣扬的"国体"思想以外,不得不借助于"日本儒教",而为了与中国原有的"儒教"划分清楚,又有必要指明日本的儒教乃是"日本化"的儒教,而非导致中国停滞不前、被"近代化"甩在身后的那个原有的中国儒教。刘岳兵《儒学与日本近代思想序论——以西晋一郎为例》[《深圳大学学报(人文社会科学版)》2015年第6期]中指出,如何推进日本近代儒学研究是日本近代儒学史研究者和日本近代思想史研究者都面临的问题。要想在已有研究基础上进一步提高,最重要的是要将儒学与日本近代思想的发展紧密结合起来,不仅要注意儒家思想因素对日本现代化的影响,更要注意发掘那些既对西方近现代思想有深刻领会、又对儒学深有感悟甚至在思想上归宗于儒学或有其倾向的那些思想家。以刘金才著《町人伦理思想研究:日本近代化动因新论》(北京大学出版社2001年版)为代表,从社会分层的视角对传统思想与日本现代化的关系也作了深入研究。吴光辉著《传统与超越——日本知识分子的精神轨迹》(中央编译出版社2003年版)对日本知识分子在处理传统文化与西方文化关系上的思想变迁轨迹作了深入研究。唐利国著《近世日本兵学与幕末的近代化转型——从山鹿素行到吉田松阴》(《世界历史》2020年第4期)通过以山鹿素行(1622—1685)所开创的山鹿流兵学为例,揭示长期被忽视或者被低估的日本近世兵学在幕末日本转型期的思想意义。李凡、程浩著《德川后期日本知识分子对外思想转变中的俄罗斯动因——以本多利明为例》(《日本问题研究》2016年第2期)指出,德川后期日本兰学家及经世学家之所以能够在对世界的认识上摆脱传统束缚,同时产生出最早的近代思想萌芽,与此时期俄罗斯的对日接触有着不可分割的关系。奚皓晖著《精神史视野下的夏目漱石与

"自己本位"》(《浙江学刊》2020年第6期)通过对夏目漱石留英前后的心理动机与创作活动的关系展开分析,揭示出夏目漱石"自己本位"本质上是一种具有弹性的、实践理性的智慧,是在法与伦常、进化与守旧、个人与国家、自我与他人等诸多矛盾的批判继承中不断深入思考的结果。

其三,后现代思想研究。主要代表作是赵京华著《日本后现代与知识左翼》(生活·读书·新知三联书店2007年版)。该书避开了以线性时间为主的历史叙述,采取了"个案分析"的方法,通过解读理论批评家柄谷行人、思想史研究者子安宣邦、文学批评家小森阳一、哲学研究者高桥哲哉等几位至今依然活跃于日本思想界的代表性批评家和理论家的思想实践,揭示了20世纪70年代以来日本后现代主义思想在日本学界扩散和渗透的基本状况。

其四,社会思潮研究。伴随着日本经济高速增长,日本民众的生活大为改善,以至于出现了所谓"一亿总中流"的情况。日本社会的大众化和中流化现象也影响到了日本学术界,在历史研究方面表现为出现了民众思想史这样一个新领域,学者们开始研究民众的思想,关注民众对日本现代化的支撑作用。这种学术思路在中国步入大众社会的20世纪90年代逐渐受到中国学者的重视,而到了21世纪初期得以兴盛起来,形成了社会思潮研究热,在理论研究和方法论上都取得了重大突破。高增杰主编《日本的社会思潮与国民情绪》(北京大学出版社2001年版)一书是国内第一部研究日本社会思潮的专著。该书通过对社会思潮的三种主要载体——舆论、政党宣传、市民运动的分析来把握日本当代社会思潮,并且将社会思潮与社会背景结合起来,分析了社会思潮的社会基础以及社会思潮对日本内政和外交的影响。纪廷许在《现代日本社会与社会思潮》(中国社会科学出版社2007年版)中,运用历史学、社会学、政治学相结合的方法,梳理了现代日本社会思潮的演变过程,指出日本战后社会思潮的演变分为四个阶段,即战后初期至20世纪60年代和平民主主义阶段、20世纪70年代现实主义阶段、20世纪80年代大国主义思潮阶段和20世纪90年代新民族主义与相对化意识为主流思想的阶段。这些研究为日本社会思潮研究奠定了重要基础。在和平主义思潮研究方面,邱静著《战后日本的"和平主义"与"积极的和平主义"》(《国际政治研究》2015年第6期)指出,战后日本和平运动的指导思想并不仅限于"非战、非武装、非暴力"

意义上的"和平主义",在和平运动的不同时期,"和平主义"分别与民主主义、自由主义、立宪主义等思潮相关联。近年来,日本政界保守势力宣扬"积极的和平主义"已走到"和平主义"的反面。韩前伟著《冷战、讲和问题与日本和平思想——以和平问题谈话会为中心》(《史林》2018年第6期)认为日本战后初期以吉野源三郎、安倍能成、大内兵卫、恒藤恭、末川博、丸山真男等为代表的50多位著名学者组建的和平问题谈话会所发表的一系列和平声明,既从理论层面分析了战争与和平的基本原理,也就日本面临的讲和问题,提出全面和平与东西方和平共存的主张,成为当时日本全面和平论的代表。谈话会的活动推动了战后日本各阶层广泛参与的和平运动的发展,构成了战后日本和平思想的源流之一。王振涛、唐永亮《试析清水几太郎的战后和平思想》(《日本研究》2020年第4期)认为,清水几太郎是日本战后著名思想家,其战后和平思想是围绕着和平运动展开的,主要包括反对单独媾和、军事基地、再军备、修宪等内容。蔡亮《冷战后日本小国主义思潮探析》(《国际展望》2019年第5期)指出,尽管自近代以来,大国主义长期占据日本社会主流,但小国主义也始终在日本的思想领域占有一席之地,尤其为战后日本和平主义社会氛围的产生提供了重要的理论支撑。现阶段,以添谷芳秀的"中等国家"论和鸠山由纪夫的"去大日本主义"论为代表的小国主义,一方面呈现出近代以来日本小国主义思潮的历史承袭性,另一方面又体现出鲜明的时代特征。在保守主义研究方面,孙岩帝在《中曾根康弘的新保守主义政治理念及其实践》(《社会科学战线》2020年第7期)一文中指出,中曾根的新保守主义不但与英美两国的新保守主义迥然有别,而且与发轫于吉田茂的日本传统保守主义不尽相同。吉田茂的传统保守主义是"利益优先型",以重建经济大国为努力目标。中曾根的新保守主义则是"意识形态型",以重塑政治大国形象为奋斗目标,其实质是要提振因经济不再高速增长而产生迷茫的日本国民精神,为重建政治大国乃至军事强国做准备。欧美国家的新保守主义是一种建立"福祉国家"的民主主义,主要体现在经济领域。而中曾根的新保守主义是一种实现政治和军事"大国梦"的民族主义,集中体现在政治和外交领域。在《小泽一郎的新保守主义政治理念及其实践》[《武汉科技大学学报(社会科学版)》2020年第5期]一文中以小泽一郎为研究对象,孙岩帝进一步指出小泽一郎通过提出和践行"保守两党制"和"普通国家化"两大政治理念，确立了日本新保守主义"理论旗手"的地位，其思想理论对日本政治右倾化及未来日本政治走向和中日关系走势带来了深远影响。王珊在《安倍的国家主义及其政策实践》(《现代国际关系》2016年第12期）中指出，安倍国家主义面向日本的传统和过去，具有复古主义倾向，宣扬天皇在统合国民精神方面的作用，强调日本文化的同一性、主体性和独特性。它还表现出所谓的"国际性"和"时代性"两个看似矛盾的特点。其实质是，安倍想借助一切手段，唤醒国民的国家主义意识，以此为动力，把日本推进政治、军事大国行列。在民族主义思潮研究方面，王超著《国外学界战后初期日本民族主义论研究综述》[《北华大学学报（社会科学版）》2017年第5期]通过对国外学界的日本民族主义研究情况的分析指出，已有研究的分析框架各有所长，论点丰富多样，然而缺少细致的文本分析与对思想家的内在理解。王广涛著《战后日本右翼势力的思想谱系与行动逻辑》(《南京社会科学》2020年第11期）聚焦日本右翼，其指出，冷战后日本右翼势力呈现如下特征：(1) 日本的右翼势力看似有所衰落，但实则在以新的斗争形式得以延续。(2) 右翼势力同现实政治的关系越来越紧密。(3) 右翼势力的发展既受到有关各方的掣肘，同时也影响着日本的内外政策，这是一个长期的博弈过程。张跃斌著《平成时期日本右翼势力的动向和特点》(《晋阳学刊》2020年第4期）则指出，平成时期是战后日本历史过程中的一个重要转折期，日本右翼势力先后呈现出一些重要的动向和特点。其一，隐性右翼走向显性右翼。其二，网络右翼的出现和活跃。其三，右翼势力进入权力中枢，右翼思想政策化。此外，刁榴著《三木清的哲学研究——以昭和思潮为线索》(社会科学文献出版社2008年版）对昭和时代的日本哲学思潮，门晓红著《当代日本社会主义思潮》(中共中央党校出版社2007年版）对当代日本社会主义思潮也都做了深入研究。

其五，进入21世纪，特别是从21世纪头十年开始，伴随着全球化、区域一体化的深化，中国学界不仅从经济层面探讨亚洲经济一体化的途径，在思想层面也开始深入思考亚洲是否存在共通性要素，亚洲或东亚是否存在一体化的可能性，就如孙歌在《"作为方法的亚洲"的思想可能性——孙歌访谈》(《电影艺术》2019年第6期）一文中所言，1996年其在《读书》上发表了《亚洲意味着什么——读〈在亚洲思考〉》等三篇文章,介绍了日本学界从亚洲出发、以亚洲为视角与方法重新思考诸多重要课题。但彼时中国社会各个层面都在面对美国,亚洲这个范畴因此显得有点空洞。也就是说,它几乎没有获得意义。20多年之后,亚洲这个范畴获得了内容。一个最值得关注的变化,是历史学领域积累的成果开始发生影响,它推动了中国知识界自我认识和认识世界的自觉。就目前对于"亚洲"的思考来说,最难的是自我发现。亚洲的历史到底有没有自己的逻辑?套用或者修改欧美理论来解释亚洲的历史,看到的是许多不到位的西方要素。比如我们也有民族、有社会,也有现代性,也有个性解放,但好像是一堆碎片,很难组合到一起成为有机整体,于是往往会觉得这些因素还不到位,但那是因为使用了西方的衡量标准和价值判断。如果亚洲人打算认真面对自己的历史,包括历史中的黑暗面,就不得不放弃很多既定前提,从原理开始思考。很多人会认为强调亚洲就是在跟西方对抗,就是排除掉这些年大家都习惯使用的西方概念,这是过于肤浅的想当然。西方的概念并不需要排除,但是它不能作为前提和结论,只能转化为我们的一部分分析工具。亚洲原理的真正意义在于它让世界的各个部分在平等的意义上相对化。

(1)关于亚洲原理、亚洲共同认识方面,出现了一些重要成果。孙歌在《世界史中的亚洲》(《世界历史评论》2020年第2期)一文中通过对上原专禄的世界史研究指出,亚洲在不是欧洲的意义上,拥有了自己的历史命运。但是,亚洲也不可能像西欧那样,成为一个有机的统一体。在亚洲内部至少可以看到三个成熟的文明圈,就是以中国为中心的儒教文明圈,以印度为中心的佛教和印度教文明圈,以及西亚的伊斯兰文明圈。亚洲内部的这些地域,各自独立构成了相对自足的世界。在漫长的历史过程中,它们之间也存在着交流和互动,但是不足以破坏这些地域世界的自足性。从兰克的时代一直到今天为止,由欧洲人造型的世界史意象,其最大的缺陷,毫无疑问,就在于欧洲中心主义。当今,亚洲人应该基于自身的主体性,重新书写世界史中的亚洲。盛邦和著《亚洲认识:中国与日本近现代思想史学研究》(上海人民出版社2019年版)一书深入揭示了近现代中日知识人如何开展对"亚洲"历史时空的回顾、东西特征的辨认、"亚洲"文化坐标的寻认及文明前景的展望。赵京华著《中日间的思想:以东亚同时代史为视角》(生活·读书·新知三联书店2019年版)分为上下两编,上篇以日本与东亚—中国的相互关联为主要议题,下编以中国与亚洲—日本的彼此互动为讨论对象,从文学思想史的视角,尝试构筑思想、文学上的中日同时代史,进一步丰富了东亚同时代史的内涵。吴光辉编著《哲学视域下的东亚——现代日本哲学思想研究》(厦门大学出版社 2018 年版)一书收录了一批代表性日本哲学者的研究论文,尝试描绘哲学思想视域下的东亚图景。

(2) 对历史教训进行反思。刘峰在《近代日本亚洲主义的早期发展与概念定型》[《东北师大学报(哲学社会科学版)》2016 年第 4 期]、《近代日本的"亚洲主义"政策与〈中日陆军共同防敌军事协定〉》[《东北师大学报(哲学社会科学版)》2020 年第 6 期]等文中对日本近代亚洲主义做了专门探讨,指出:在近代,日本萌生"亚洲意识"是为了应对西方文明的冲击,因此缺乏对亚洲的价值认同和主体认识。19 世纪 90 年代前半期"亚洲主义"概念开始定型,然而它所呈现出的本质,不过是日本民族主义的一种扩张性、侵略性的发展形态而已,且两者之间通过"日本盟主论"这一桥梁最终实现了连接,其价值核心不是"亚洲",而是"日本"。杨立影、赵德宇在《"日本型华夷秩序"辨析》(《古代文明》2021 年第 1 期)一文中对"日本型华夷秩序"和以中国为核心的华夷秩序做了比较分析,指出后者是由"华"对"夷"以"薄来厚往"的给予方式来维持区域国际秩序的稳定,前者则是不惜动用武力对周边地区进行掠夺,是在损害区域国际秩序的稳定。高伟著《日本近世国学者的华夷论与自他认识》(社会科学文献出版社 2018 年版)从历史学的视角,以日本近世国学者茂贺真渊、本居宣长、平田笃胤、隆正的华夷观为分析对象,梳理了日本近世以来华夷论的变迁轨迹。董灏智《近世日本"自文化中心主义"的初步形成——以〈大学〉〈中庸〉的"日本化"为中心》(《历史研究》2017 年第 4 期)指出,以古学派为主的江户学者通过对《大学》和《中庸》的新诠释,将其去"中国脉络化"而建"日本脉络化",其重点不再阐述"格物穷理""天道性命""人心道心",而着重论述"人伦日用之道",进而在文化层面上实现日本的"脱夷入华",初步完成了近世日本"自文化中心主义"的建构。

(3) 亚洲思想文化交流的历史资源研究方面,出现了一些重要成果。刘金、邓洪波著《日本崎门学派对〈白鹿洞书院揭示〉的接受与传承》

(《孔子研究》2020年第4期）通过研究指出，崎门学派在对《揭示》讲解与传承的过程中，不仅呈现出一种体系化、完整的师徒授受关系，同时也以个体自觉的方式致力于《揭示》在日本的本土化与实践性。王青著《近世日本的"德治"与"法治"观念解析——以朱子学者芦东山〈无刑录〉教育刑论为中心》（《哲学动态》2017年第9期）经过分析指出，日本虽然在基本原则上接受了儒家的德治主义，但始终排斥中国式的放逐不德非道君主的易姓革命，其结果导致德治主义在日本逐渐沦为一种空洞的教条。吴光辉、肖珊珊著《日本江户时代朱子学的表象与位相》[《厦门大学学报（哲学社会科学版）》2016年第1期]指出，日本江户时代朱子学的形象变迁，经历了从"实理之学"到"真儒之学"再到"正统之学"的历史转向。瞿亮在《中国儒学对日本江户时代"孝"思想的影响》（《武陵学刊》2018年第5期）一文指出，古代日本最初没有关于"孝"的概念。在吸收中国文化特别是中国儒学的过程中，日本发展出了自己的"孝"思想。尤其是在日本儒学发展进入高峰的江户时代，日本儒学诸派系发展出了诸多独具特色的"孝"思想，历经了从朱子学派的"仁体孝用"到阳明学派的"至孝"再到后期水户学的"忠孝合一"的变化。彭卫民著《日本江户时代知识人对朱子〈家礼〉的继受》（《云南社会科学》2017年第5期）经过分析指出，江户时代知识人对于"家"的礼法认知，建基于朱子《家礼》。学者们依托"名分"、"伦常"与"时中"三个关键词，对日本的"家"在天理层面加以改造。作为礼制在私域中的重要表达，江户时代的《家礼》呈现出：一方面把"家"视为拟制的血缘集团，另一方面又把它扩大为继承社会机能的经营集团，以此形成忠孝一体的"家族国家观"。张品端著《藤原惺窝的朱子学思想》[《福州大学学报（哲学社会科学版）》2017年第3期]经过分析指出，作为日本朱子学派的开创者，藤原惺窝一生致力于朱子学的研究，同时也受到其他中国理学家如陆九渊、林兆恩和王阳明，朝鲜李退溪等理学思想的影响，对东亚诸儒的思想采取了兼收并蓄的态度。刘毓庆、王岩著《朱熹与伊藤仁斋关于孟子仁说之异同及其意义》[《山西大学学报（哲学社会科学报）》2020年第2期]指出，朱熹在中国传统天人一体观念背景下理解"仁"，通过"仁"使天地万物与人连为一体，人心德行与宇宙真理融化为一。仁斋则是以日本本土神道文化为背景理解"仁"，将天道与人道独立、人心德行与自然法则相分离,从而将"仁"看作是真实无伪的人伦情感以及推己及人的大爱之德。二人思想的不同既透视出儒学对中日两个民族的不同影响,也可以看出两个民族不同的思维方式、文化传统和对于人与世界关系的不同把握。朱玲莉著《中江藤树的伦理思想述评》(《伦理学研究》2016年第4期)指出,日本阳明学派的创始人中江藤树深受中国朱子学和阳明学的影响,他主张以"全孝"为主的孝道伦理,制定以"明明德"为道德教育目标,强调个人道德修养的重要性。李少鹏著《儒家"尊王攘夷"思想在日本的传播与发展——以后期水户学派为中心》(《船山学刊》2019年第3期)中指出,水户学与《春秋》的"尊王攘夷"除"王"的身份不同外,二者的思想结构并无本质区别。水户学在儒家"尊王攘夷"思想的基础上,创造性地提出适应日本的"尊王攘夷"号召,并以此为核心,消解了江户时期以来"华夷观念"给日本儒学者带来的认同困惑,更由此萌发了日本的民族主义意识,从政治思想上为后来的明治政府提供了理论支撑和架构设想,对近代日本的国家定位产生了深远影响。韩立红著《石田梅岩的三教合一思想》[《深圳大学学报(人文社会科学版)》2015年第6期]认为,日本江户时代石门心学的创始人石田梅岩以广泛的庶民为教育对象,提倡神、儒、佛三教一致,主张以"正直"与"俭约"的实践方法,在日常生活中求得"知心",并以此为日本近世商人构筑了"商人道"思想。陈毅立著《横井小楠中庸思想之研究》(《日本问题研究》2015年第6期)中指出,日本江户末期著名的思想家横井小楠的中庸思想不仅深受中国儒家经典之影响,而且也从熊泽蕃山的"时、所、位"思想中汲取了诸多养分。刘岳兵著《近代中日思想文化交涉史研究》(江苏人民出版社2019年版)一书以近代中日思想文化交流史为研究对象,揭示出近代中日学者之间通过相互往来、著作的相互翻译、思想的相互启发等,实现了各自适应社会需要的自身发展创新,达成了双赢。彭春凌著《章太炎与井上哲次郎的交往及思想地图》[《杭州师范大学学报(社会科学版)》2020年第4期]一文经过分析指出,章太炎通过井上哲次郎来框定其周边的重要阅读对象,采择支撑或组建自身思想的元素,但面对进化学说所揭示的人类命运的巨大不确定性,章太炎的认识论和伦理观与井上哲次郎大相径庭。商兆琦著《田中正造的思想世界——关于明治儒学的个案研究》[《复旦学报(社会科学版)》2020年第5期]讨论了儒学对田中正造的影响,认为田中正造在幕末的儒学大环境中汲取了大量碎片化的宋学概念和思维模式,并利用这些资源构建了属于自己的思想体系。该思想体系的特征乃是利用"前近代"的儒学自然观和思维模式,对日本的近代化展开了无情的批判,这在明治时代是独具特色的思想实践。

(4) 对当下日本亚洲论述的批判。齐珮在《日本的亚洲论述与当下思想课题——以白石隆的〈海洋帝国——如何思考亚洲〉为中心》(《东北亚外语研究》2020 年第 4 期)中指出,日本的亚洲主义探讨大致经过了三个阶段:"脱亚入欧论"、"亚洲一体论"以及"日本海洋文明论"。明治维新后以福泽谕吉为代表的"脱亚论"与冈仓天心为代表的"亚洲一体论"两种思考方向在日本思想史的脉络中交替更迭。无论是"脱亚"还是"兴亚",他们的论调共通的本质是针对西方的近代入侵构筑起一个"符号化""理念性"的亚洲,后者可以称之为"想象的亚洲"。针对这一东西二元对立的思考方式和符号理念,20 世纪中期出现了以和辻哲郎为首的另一条思考路径,其基本特点是摆脱东西方对立的模式,从日常事实而非观念和意识形态出发认识亚洲,这一线索历经和辻哲郎的"风土论"和梅棹忠夫的"文明生态史观",到白石隆发展为"海洋亚洲论"。白石隆 2000 年出版了《海洋帝国——如何思考亚洲》一书,以"海洋亚洲"VS"大陆亚洲"、"海洋文明"VS"大陆文明"的逻辑,建构出以此推演亚洲近代文明的发生、发展进程。基本观点是:首先,在建构以自由贸易制度和近代资本主义体系为标榜的"海洋亚洲"的过程中,始终围绕一个根本问题——东南亚地域的前近代性与近代民族国家之间存在的紧张关系。其次,确认美国在亚洲新地域秩序重建中的主导作用。最后,主张日本与东南亚构成了亚洲地域秩序的两极,日本通过经济合作、地域统合、日美合作互助等行动准则,也就是通过推行"经济增长型政治"与亚洲保持连带感。陈秀武在《20 世纪 90 年代以来日本海洋思想的变迁》(《日本问题研究》2018 年第 3 期)中认为,海洋文明论的特点在于:本着历史虚无主义,否定了东亚文明的传承和历史连续性。在压制和否定中国文明的同时,将具有地缘优势的日本推向了前台,将其确定为近代文明的发端。

二 21 世纪初期日本思想研究的范式

21 世纪初期大众传播学理论、精英·大众思想研究和跨学科研究方法在日本思想研究中受到重视。

（一）大众传播学研究范式

大众传播学是在第二次世界大战后，伴随着报刊、书籍、广播、电视等大众传播活动的兴起而诞生的一门新学科。根据大众传播学的构成要素，可以将大众传播学理论分为五类，即研究传播主体的控制分析理论、研究传播内容的内容分析理论、研究传播媒介的媒介分析理论、研究传播对象的受众分析理论、研究传播效果的效果分析理论。20 世纪90 年代在日本思想研究界，郭冬梅、冯玮等学者已经注意到新闻舆论对研究日本思想的重要作用，但是还没有成为学术界的共识。进入 21 世纪，大众传播学理论被张宁、刘林利等传播学专业出身的学者引入日本思想研究中，通过《日本媒体上的中国：报道框架与国家形象》（张宁著，吉林人民出版社 2007 年版）、《日本大众媒体中的中国形象》（刘林利著，中国传媒大学出版社 2007 年版）等著作使学术界充分认识到了大众传播学理论在日本思想研究中的有效性，为日本思想研究提供了一种新的研究范式。

（二）精英·大众思想研究

进入 21 世纪初期，有些中国的日本思想研究者开始自觉或不自觉地从社会分层的角度研究日本思想，特别在日本精英思想和大众思想研究方面作出了重要的成绩。刘金才著《町人伦理思想研究：日本近代化动因新论》（北京大学出版社 2001 年版）、王炜著《日本武士名誉观》（社会科学文献出版社 2008 年版）、王希亮著《战后日本政界战争观研究》（社会科学文献出版社 2005 年版）、刘家鑫著《日本近代知识分子的中国观：中国通代表人物的思想轨迹》（南开大学出版社 2007 年版）、陈秀武著《日本大正时期政治思潮与知识分子研究》（中国社会科学出版社 2004 年版）等是这方面的代表成果。

（三）跨学科研究方法的新进展

21 世纪初期，在研究方法上，继承和强化了前一个时代的跨学科交叉研究方法，同时也出现了一些新的跨学科研究方法。(1) 中国思想史与日本思想史相结合的研究方法。中国思想史研究偏重于中国，而日本思想史研究偏重于日本，将两者结合起来更有利于厘清两国思想的相互影响过程。郑匡民著《梁启超启蒙思想的东学背景》（上海书店出版社 2003 年版）就采用了这个方法。（2）科学社会主义研究与日本思想史研究结合的研究方法。科学社会主义不仅具有普遍性，而且还有民族性。将科学社会主义研究与日本思想史研究结合起来研究，有利于丰富科学社会主义研究和日本思想史研究。门晓红著《当代日本社会主义思潮》（中共中央党校出版社2007年版）和朱艳圣著《冷战后的日本社会主义运动》（中央编译出版社2008年版）都采用的这种研究方法。（3）国际比较的方法也颇为引人关注。林美茂《公共哲学序说——中日关于公私问题的研究》（中国人民大学出版社2020年版）就以中日关于公私问题比较研究为视点，讨论了公共哲学作为一门新研究领域的核心问题。

三 21世纪初期日本思想研究的特点

21世纪初期中国的日本思想研究在内容上具有以下几个特点。

（一）前近代思想研究增多起来

相比20世纪80年代和90年代，21世纪初期的日本前近代思想研究更加深入，特别是在近世思想研究方面取得了重要突破。王青著《日本近世思想概论》（世界知识出版社2006年版）将近世儒学、神道、国学、水户学、兰学、洋学以及近世佛教等哲学思想都纳入其中，对日本近世思想本身及其源流做了较为全面的考察，填补了我国关于日本近世断代思想史研究的空白。龚颖著《"似而非"的日本朱子学：林罗山思想研究》（学苑出版社2008年版）采用对比研究的方法，将林罗山与朱熹、李退溪等人的思想进行比较研究，揭示了林罗山朱子学思想的特质。赵刚著《林罗山与日本的儒学》（世界知识出版社2006年版）从思想史的视角讨论了林罗山的儒学思想。王青著《日本近世儒学家荻生徂徕研究》（上海古籍出版社2005年版）对江户时期儒学的一个重要分支——"古文辞学派"代表人物荻生徂徕的思想进行了较为系统的梳理和解析。在近世国学思想研究方面，蒋春红著《日本近世国学思想——以本居宣长研究为中心》（学苑出版社2008年版）对日本近世国学思想作了深入探讨，具有重要的理论贡献。

（二）战后思想研究比重明显提高

如果说20世纪90年代国内学界开始关注战后日本思想研究，进入21世纪初期后日本战后思想研究的比重则明显增大。仅从专著数量上看，研究战后日本思想问题的专著达数十部。(1) 从具体研究领域上看，在精英思想研究方面成绩斐然。赵晓靓著《战后日本塑造价值观的历史资源——以吉野作造思想及实践为例》(《日本研究》2017年第1期) 通过对吉野作造思想与实践的分析指出，日本"战后改革"存在着本土历史经验与外来元素之间的复杂关系。周晓霞著《日本战后初期精神伦理困境管窥——以对天野贞祐思想的考察为中心》(《日本学刊》2018年第4期)，分析了天野贞祐关于战后初期精神伦理困境的认识及应对。韩东育著《丸山真男的原爆体验与"十五年战争观"》(《读书》2020年第8期) 分析了原爆体验与丸山真男学术研究的关联。王超著《丸山真男的民族主义论："现代性危机"的反思》(《日本学刊》2020年第4期) 指出，丸山对民族主义内在非理性要素的警惕直面了现代性的危机，其"民族主义的合理化"呼吁，不仅是战后初期的日本，也是整个现代世界的思想课题。谭仁岸著《极端民族主义之后的民族主义——战后初期的丸山真男、竹内好与石母田正为例》(《山东社会科学》2018年第6期) 指出，与竹内好与石母田正的强烈移情不同，丸山真男对底层民众的视线更加冷峻一些，不是一味地美化，因为他经历过并认识到日本农村共同体同样可以成为法西斯的温床。唐永亮著《日本的"近代"与"近代的超克"之辨——以丸山真男的近代观为中心》(《世界历史》2017年第2期) 通过梳理丸山的近代观及其对"超克论"的批判，揭示出了"超克论"的思想本质和丸山近代观的变迁。(2) 研究战后思想为中心的思潮研究和国民意识研究的比重明显增强。在社会思潮领域出版专著四部，论文数十篇。对日本社会思潮研究的理论和方法、战后日本民族主义思潮、和平主义思潮、社会主义思潮和后现代思潮都做了深入分析。在国民意识研究领域出版专著多部，论文数十篇，虽然在日本国民意识研究理论和方法上没有太多成果，但对日本人的价值观、国家意识、国际观念 (中国观、亚洲观、国际秩序观、对外认识)、历史认识、战争观等具体内容都展开了较为深入的分析。即使是战前思想研究，大部分成果也是基于现实问题而做的历史性追溯研究。如军国主义研究和武士道研究均有回应日本国内军事大国化发展的意味在里面。张帆著《战后日本现实主义国际政治思想的原点——日本型现实主义析论》(《日本学刊》2018年第2期) 中指出，日本型现实主义具有两个特点：超越范式的权力观、内向型的问题意识。正因为如此，日本型现实主义不拘泥于范式思维，始终立足于本土意识，保持了自身的独特性，具有发展成为非西方国际关系理论的潜力。邱静著《当前日本的知识分子护宪运动》（《日本学刊》2016年第2期）指出，当前知识分子护宪运动组织思想多样，但最有代表性的是立宪主义思想。学者们在主张国民主权的同时，更多关注通过立宪主义限制权力，但是对于国民主权的根本性意义、启蒙国民主体性意识等方面尚未充分展开。学者们的分析建立在对安全形势的现实思考上，并非基于理想化的和平主义理念。护宪思想的出发点和方向性多样，"违宪论"并不一定等于"护宪论"。

（三）研究态度趋于客观，研究角度日益多元

21世纪初期中国国力明显增强，中国人的自信心也随之增强。这一心态上的变化也表现在学术研究层面上，学者在看待国际问题时更加自信和客观。从某种意义上说，20世纪80年代和90年代中国学界主要是抱着学习的态度来研究日本思想的。日本的现代化思想对于刚刚改革开放的中国有何经验可供借鉴？这是这一时期中国学者主要思考的问题。而进入21世纪后，伴随着中日两国国力的拉近、逆转，中国学者似乎更多的是抱有弄清楚"何为日本"，把握未来日本走向的心态来研究日本思想。在研究态度上更加理性和客观，使得研究角度更加多元化。学者们不仅关注日本政界、知识分子等精英的思想，而且开始重视研究日本大众的思想；不仅重视前近代近代思想的研究，还重视现代思想的研究；不仅重视思想理论的研究，还重视社会与思想关系的研究。

（四）思考学科发展，研究日益科学化

进入21世纪，中国学界开始积极思考日本思想史学科建设问题。葛兆光在《谁的思想史？为谁写的思想史？——近年来日本学界对日本近代思想史的研究及其启示》（《中国社会科学》2004年第3期）一文中认为，日本学界对日本近代思想史的研究，特别关注思想史的社会环境、日常生活和常识世界的实际情况；注意"顺着看"而不是"倒着看"，也就是注意从日本自身的资料和历史脉络来追溯思想史，而不是以某种后设的、现代的价值立场来描述思想史；同时他们也有很自觉的亚洲史视野，十分关注日本以外，特别是互为背景和资源的近代东亚尤其是中国和朝鲜的思想史。在《"王权"与"神佛"：日本思想史的两极》（《读书》2020年第5期）一文中，葛兆光通过对末木文美士著《日本思想史》的解读指出，末木在书中运用了"大传统""中传统"与"小传统"概念，来对应"古代＋中世＋近世""近代"和"当下（第二次世界大战后）"，具有创新性。另外，通过对该书的阅读，其认为中国学者和日本学者同样都面临"思想史写法"的难题。而这难题来自三方面：一是西方哲学史的影响，即如何挣脱近代西方哲学史叙述概念和方法之笼罩；二是思想史的视野，即如何把一国的思想史放置在更大的视野中来重新定位；三是思想史的内容，即重写思想史的时候，什么可以写进思想史中。

区建英、邱静等通过对丸山思想史学的研究，对思想史学科建设做了深入思考。区建英在《丸山真男思想史学的轨迹》（《日本学刊》2019年第3期）一文中将丸山关于思想史的学问称为"丸山思想史学"。并指出，在丸山看来，思想史不应把历史仅仅固定为一次性的"已完结的过去"，而要发现历史上的思想的问题性和价值及其所包含的各种可能性，并将其诠释出来。丸山还以音乐演奏家的作用来比喻思想史学，说思想史家与思想家的关系，就像演奏家与作曲家的关系。在1960年的一个讲座中，丸山又从思想史学与历史学的关系来阐述，思想史学与一般历史学共通，但在从史料中发现价值的方面，思想史与一般事实史不同，还要发挥解释学的作用。也就是说，思想史学家既要严格考证原作及其历史背景和逻辑，又要通过演奏家的二次创作来再现原作品的灵魂和神韵。邱静著《"非西方"的可能性：丸山真男的日本政治思想史研究方法及启示》（《日本学刊》2019年第4期）一文指出，丸山在1964年、1965年的讲义中对"思想"的层次进行了如下概括：（1）学说、理论（抽象性、理论性、概括性最强），（2）意见（对个别问题的意义赋予），（3）思潮、时代精神（相对而言是非自觉的，但未必是非理性的），（4）生活感情、生活感觉（抽象程度最低，但也最有活力）。上层的最高点是"学说史""理论史"（"固体"），而下层的最低点是"世相史""生活史"（"气体"）。丸山通过对日本思考模式的讨论，触及了对整体思想史研究方法的反思，"横向""个性"和"透视法"揭示了既有思想史研究方法未能充分揭示或关注的思想空间。

王萌则通过对村冈典嗣思想史学研究对思想史学科建设做了深入讨论。他在《村冈典嗣思想史学探析》（《史学理论研究》2019年第2期）中指出，家永三郎在其20世纪40年代写成的《日本思想史的过去与将来》一文将日本思想史学研究分为"本居宣长—村冈典嗣"模式与"富永仲基—津田左右吉"模式。家永认为,前者的特色是内在的、宽容的,长于理解,以思想家为对象,对文艺重视不足。与之相对,后者是外在的、超越的,长于尖锐批判、偏重逻辑,注重文艺,并注重从社会整体进行考察。王萌认为村冈的思想史学,首先是一门旨在探讨和促进日本学术近代化的学问,尤其关注近代人的精神困境。他试图对人物思想进行内在的、本质的理解,并由此开辟了以性格为纲的思想史研究路径。但其无批判的态度和对事物固有本质的强调,客观助长了日本战时的民族主义意识形态。在《村冈典嗣的日本思想史学理论方法与历史认识》(《史学史研究》2020年第4期)中,王萌指出,村冈所构建的日本思想史学理论的第一步,是借助伯克文献学改造国学,充实其研究目的,将其方法科学化。其还借用文德尔班关于哲学史的任务的论述,阐述了思想史的研究对象:"第一是从各个哲学者的传记、精神的发展及其学说所给予的资料进行探求。第二是阐明各个哲学者的学说与先驱、与一般时代,以及与他自身的性质和教养等方面的关系,以此作为首要的事实进行系谱的重建。第三,对于已经明了的学说,从哲学史整体来判断其价值。"并认为"包含第一、二方面的语言—历史科学比起批判—哲学科学更为有力,在这里存在着思想史的中心"。此外,村冈引入了李凯尔特"选择"与"发展"的概念作为思想史的研究法。"所谓选择,就是从史家的见地,以一个本质的东西为中心对资料进行取舍。……所谓发展,是价值观念的时间性的展开。尽管未必意味着直线的进步,但是是以最终的理想为目标行进的过程。……对于被选择的资料的这种发展进行阐明,此时,向着在此的种种关系中一贯展开的最高价值、即理想归趋的思想过程就被明确出来。在这里,思想史就成立了。"由此可见,村冈的思想史研究成为天才思想家及其个性组成的历史,且是贯穿着某种理念或理想发展的历史。

宋媛媛在《对日本思想范畴界定的思考——以〈讲座 日本思想〉为例》[《成都大学学报(社会科学版)》2019年第3期]一文中引用日本著名历史学家鹿野政直的观点,指出:"思想史的认识对象不仅应是有序形态的秩序意识(即思想家的思想),还应扩大到无序形态的日常生活意识,还应以行动为对象。"该文通过分析《讲座 日本思想》的构成及思路指出,该书打破了以往学者将思想按流派、阶层或是按时代来划分的常规手法，而是以自然、知性、秩序、时间、美这五大主题将思想分门别类，考察隐藏于各种思想底层中日本人特有的思考方式和感知方法，以此来凸显日本思想的独特性。这样的研究视野不仅拓宽了对思想界定的范畴，也为中国研究日本思想提供了新的探索空间和途径。

总之，21世纪初期中国的日本思想研究取得了显著进展。研究队伍不断扩大，对日学术交流不断增多。研究成果大量增加，成果质量也明显提高。传统领域的研究不断细化，无论是思想家研究还是断代史研究都涌现出了许多优秀成果。在社会思潮研究和国民意识研究领域，研究理论和方法上的创新比较明显，大众传播学理论和社会分层理论等新的研究范式和跨学科的研究方法被引入其中。而对日本思想史学科建设的思考在一定程度上表明，中国的日本思想史研究学科正在走向成熟。

第四节　日本思想研究存在的问题与展望

改革开放40多年来，中国的日本思想研究取得了巨大成绩。研究队伍不断壮大，研究成果数量可观，从整体上初步建立了日本思想研究的框架。中国的日本思想研究是以历史学和哲学理论为主要研究范式，以史学和哲学方法为主要研究方法，以日本人的思想观念为研究对象，以在学理上把握日本人思想的时代特征和演变规律为主要目的。古代至当代的日本人的思想都是日本思想研究的研究对象，从时间维度上看可以具体分为思想的通史研究和断代史研究。

从研究领域上看，主要有日本精英思想研究、日本社会思潮研究和日本国民意识研究三大领域。

精英是影响社会发展的重要力量，他们提出的思想理论往往会成为引导社会舆论的精神力量，所以精英思想是日本思想史研究的重要组成部分。日本精英思想研究主要包括个人思想研究和精英阶层思想研究两部分。个人思想研究以日本思想家研究为主，主要研究思想家的思想形成、理论主张和社会影响。精英阶层思想研究是以具有某些共同特征的日本精英群体为研究对象，主要讨论这些群体的思想共性和社会影响。

社会思潮是在某一时期内，以某种理论学说为依据，生发于一国国民性格和社会心理之上，反映某一阶级或阶层利益或愿望，并得到广泛传播、具有持久影响的思想潮流和行动。如果说精英思想研究偏重的是对思想本身的探讨，社会思潮则重视的是思想与社会关系的研究。日本社会思潮研究又具体包括政治思潮、经济思潮、文化思潮和学术思潮等内容。

国民意识是以一国国民的以国民性为基础的，对特定社会存在和时代背景的反映，日本国民意识主要包括生活价值观、政治意识、国际观念等内容。如果说精英思想研究关注的是少数精英的思想理论，那么国民意识研究则重点关注普通民众的观念和意识。如果说社会思潮代表的是思想发展的未来可能性，而国民意识则表现为国民精神的主流样态；如果说精英思想和社会思潮通常表现得比较理论化，国民意识则往往比较分散化和非理论化，具有明显的统计性特征。

然而，从总体上看我国的日本思想研究还没有完全形成自己的话语体系，没有形成在世界上具有重要影响力的关于日本思想研究的中国流派。理论创新不足，角色定位还不够清楚，还没有完全将学者型研究、政研型研究和幕僚型研究区分清楚。从学科建设的角度上看，未来中国的日本思想研究可以在以下几个方向上着力发展。

（1）将日本思想研究进一步向国民思想研究方向扩展。日本思想研究不仅仅是精英思想研究，一般民众的思想也是重要的研究内容。国民意识研究是研究民众思想的重要领域。改革开放以来中国的国民意识研究取得了重要进展，出现了一些高质量的著述，然而毕竟是新的研究领域，缺乏系统研究，研究理论和研究方法还不成熟，许多方面都存在研究空白。今后这个领域是日本思想研究的重要生长点，可以期待出现更多更好的研究成果。

（2）将日本思想研究纳入日本社会系统中研究。思想观念生发于社会之中，又反过来对社会产生着重要影响。在研究日本思想时，思想与社会的关系是不能不关注的维度。日本社会思潮研究是着眼于思想与社会关系的重要领域。这个领域的研究虽然40多年来取得了重要发展，高增杰、崔世广、纪廷许等许多学者在研究理论和研究方法上都做出了一些开拓性的工作，但仍然有许多问题没有解决，需要进一步充实研究。

（3）将日本思想研究寓于文化研究之中研究。在这一方面，已经有些学者率先进行了探索。如，卞崇道著《现代日本哲学与文化》（吉林人民出版社1996年版）、卞崇道等著《跳跃与沉重——二十世纪日本文化》（东方出版社1999年版）、汤重南著《日本文化与现代化》（辽海出版社1999年版），等等。但是，这方面的研究仍然有待加强。因为思想是文化的重要组成部分，一个民族的文化结构和民族性格制约着思想的发展方向。将日本思想研究寓于文化之中来研究，可以提高日本思想研究的深度。

总之，改革开放40余年中国的日本思想研究已经发展起来，初步建立起了日本思想研究的研究框架，但未来的路依然任重道远，需要我国学者勇于创新、拓宽视野、强化交流，携手共同推动日本思想研究学科的创新发展。